ISBN 978-0-282-19342-3
PIBN 10583548

FB &c Ltd, Dalton House, 60 Windsor Avenue, London, SW19 2RR.
Company number 08720141. Registered in England and Wales.

For support please visit www.forgottenbooks.com

Das Wissen Gottes

nach der Lehre

es heiligen Thomas von Aquin.

von

Dr. Ceslaus M. Schneider.

Erste Abteilung.

Das Selbstbewußtsein Gottes.

Regensburg.

Druck und Verlag von Georg Joseph Manz.

1884.

An den Leser.

Vor einigen Monaten kam bei M. Jakobi in Aachen eine Broschüre heraus unter dem Titel: „Kritische Bemerkungen zu der Schrift: Die Entstehung der thomistisch-molinistischen Kontroverse, dogmengeschichtliche Studie; gerichtet an den Verfasser P. Gerhard Schneemann, S. J., von einem Thomisten.“ Es bildet diese Broschüre gewissermaßen das Programm zu den ausführlicheren Abhandlungen über das Wissen Gottes, über die Gnade und die göttliche Vorherbestimmung, von denen in diesem Bande die erste Abteilung vorliegt.

Die seit Jahren in den „Stimmen von Maria Laach“, in der Innsbrucker „Zeitschrift für katholische Theologie“, im „Katholiken“ und in verschiedenen Broschüren veröffentlichten molinistischen Theorien mußten dem Verfasser den Gedanken nahe legen, daß seitens der Molinisten die Überzeugung herrsche, der Zeitpunkt sei gekommen, wo eine Besprechung der Gnadenkontroverse für die Entwicklung der Theologie in Deutschland von günstigen Folgen begleitet sein werde. Die Zuschriften, welche er von anerkannten theologischen Autoritäten über die erwähnte Broschüre erhielt, konnten ihn nur in der Ansicht bestärken, daß diese Überzeugung eine gerechtfertigte sei.

In der einen von kompetentester Stelle kommenden Zuschrift wurde der Arbeit das Prädikat einer „wohldurchdachten, reifen, der vollen Sachkenntnis aller einschlägigen Materien mächtigen, wesentlich unparteiischen und stilgewandten Untersuchung erteilt und deren Veröffentlichung im Interesse der katholischen kirchlichen Wissenschaft" für geboten erachtet. In einer anderen wurde „die Präcision der Sprache, der Ernst der Polemik, die Wärme, die aus jedem Satze spricht", hervorgehoben. „Bekehrt werden Sie Ihre Gegner zwar nicht haben," so heißt es in einer dritten, „aber einzelne Punkte sind so klargelegt, daß es schwer ist, darauf etwas Stichhaltiges zu erwidern; ich nenne z. B. die Wahrheit (und darum dreht sich alles), daß auch die Selbstbestimmung als solche auf Gott als die erste Ursache zurückzuführen ist." „In der Hauptsache," schreibt dem Verfasser eine andere bekannte Autorität, „im Übernatürlichen, haben Sie ohne Zweifel Ihren Gegner besiegt."

Dem gegenüber ist es um so bedauernswerter, wenn die Molinisten, welche so häufig in den ihnen zur Verfügung stehenden zahlreichen Blättern nach allen Richtungen hin den Thomismus angegriffen haben und angreifen, bei der geringsten entschiedenen Erwiderung in Aufregung geraten, anstatt die gegen sie vorgebrachten Gründe ruhig und klar zu widerlegen. Von „Arroganz", „Kompromittieren der ganzen Kirche", „Trugschlüssen" und in ähnlicher Weise sprechen, wenn jemand es wagt, den in jeder Weise angegriffenen Thomismus mit Entschiedenheit zu verteidigen — und dabei nicht den geringsten objektiven Grund zu Gunsten der eigenen Lehre beibringen; das kann nur zu dem Schlusse führen, daß die modernen Molinisten im Punkte der Gelehrsamkeit und was den wissenschaftlichen Ernst betrifft, weit hinter denen aus vergangener Zeit zurückstehen und keine stichhaltigen Gründe für ihre Meinung besitzen.

Das einzige Positive, was ihrerseits erwidert worden, bestand darin, daß gesagt wurde, der Ausdruck „unwillkürliche Willkürlichkeiten oder Willensbewegungen" sei in der (molinistischen) Theologie ein ganz gebräuchlicher. Nun darin ist ja ein Einverständnis möglich. Ich würde ihnen z. B. diesen Ausdruck als einen terminus technicus ihrer Theologie gern überlassen.

Die Molinisten mögen nicht meinen, daß andere Geschütze, als jene, welche sie der nüchternen Forschung entlehnen, von irgendwelcher Wirksamkeit für die Lösung der hier vorliegenden Frage sind. Ich möchte hiermit ganz offen und ausdrücklich nur gegen eine ihrer Manieren protestieren, dagegen nämlich, daß sie ihr Vorgehen und ihre Behauptungen mit dem Jesuitenorden decken. Wer den Molinismus angreift, der soll damit zugleich sich gegen die großartige Stiftung des heiligen Ignatius wenden. Der Grund dieser Taktik ist allzu durchsichtig. Die Verdienste des Jesuitenordens um die gauze Kirche Gottes sind, auch in der neuesten Zeit, so groß, daß jedes wahre Kind der Kirche nur mit tiefster Ehrfurcht erfüllt sein kann für eine Stiftung, die eine reiche Quelle des Segens und eine wahre Schule der Heiligen für die Christenheit genannt werden muß, und daß darum jedes katholische Herz sich scheuen wird, etwas anzugreifen, was unter dem ausdrücklichen Schutze dieses Ordens steht.

Die Voraussetzung der Molinisten ist aber eine durchaus falsche.

Der Jesuitenorden hat zwar seine Kinder mit Mutterliebe verteidigt, aber er hat sich niemals in seiner Lehre mit dem Molinismus identifiziert. Zu jeder Zeit konnte der Jesuit Thomist sein, ohne mit seinem Orden in Konflikt zu geraten. Es besteht von seiten des Ordens für seine Mitglieder keinerlei Verpflichtung, den Molinismus festzuhalten. Alles diesbezügliche Vorgehen der Ordensautorität beschränkte sich darauf, daß der Orden als solcher das Buch eines seiner Kinder gegen den Vorwurf der Häresie geschützt hat.

In den disputationes de auxiliis handelte es sich nicht darum, welches von zwei sich mit gleichem Rechte gegenüberstehenden Systemen etwa das richtige sei — Rom zieht ja nie in dieser Weise dogmatische Fragen vor seinen Richterstuhl —; sondern es war Molina angeklagt worden, in seiner concordia häretische Lehren vorzutragen und gegen diese Anklage schützte ihn, wie sich das von selbst versteht, der Orden, in dem er gelehrt und dessen Jugend er unterrichtet hatte.

Die Disputationen hatten kein positives Endergebnis. Molinas Lehre wurde nicht für häretisch erklärt. Non liquet war die Antwort auf die Anklage. Damit hatte aber weder die Kirche noch der Orden als solcher für die Richtigkeit der Molinaschen Lehre sich ausgesprochen, sondern nur dafür, daß es nicht an der Zeit sei, dieselbe als eine häretische zu erklären. Aus welchen Gründen es nicht an der Zeit war, darüber hat die Kirche nichts gesagt. Jedermann weiß aber, daß solche Gründe verschiedener Art sein können. Zu

Gunsten der Richtigkeit der Lehre Molinas ist nicht die geringste Entscheidung getroffen worden.

Das ist die ganze Teilnahme des Jesuitenordens als solchen an der molinistischen Kontroverse. Daraus folgt zuvörderst keineswegs, daß er den Molinismus als seine Ordenslehre anerkannt hat und es folgt ferner nicht einmal, daß, wenn je derselbe Fall wiederkäme, der Orden, nachdem nun seit Molina so viel Zeit verflossen ist und selbst keiner der Molinisten mehr die eigentliche Lehre Molinas festhält, auch wieder als Orden in den Streit eintreten werde mit der Absicht, die Verurteilung des von einem Jesuiten geschriebenen Buches zu verhüten.

P. Kleutgen verwies es mir einmal, als ich von der „Meinung der Jesuiten" sprach, indem er scharf betonte, es dürfe nicht von einer „Meinung der Jesuiten" in der Gnadenfrage gesprochen werden; der Jesuitenorden lasse seinen Mitgliedern innerhalb der Kirchenlehre volle Freiheit und empfehle bloß den heiligen Thomas; sehr bedeutende Jesuitenpatres seien für die thomistische Lehre gewesen.

Ich selbst habe im collegium Germanicum unter der Leitung und der oft wiederholten Aufmunterung eines Jesuitenpaters, eines sowohl wegen seiner Wissenschaft als auch seiner erleuchteten Frömmigkeit allgemein verehrten Mannes, das thomistische System studiert.

Zu derselben Zeit, während der ersten Hälfte der sechziger Jahre, daß im collegium Romanum der moderne Atomismus von P. Tongiorgi oft unter Verspöttelung der thomistischen Lehre von der Materie und Form vorgetragen wurde, verteidigte die neapolitanische Provinz in ihren höheren Unterrichtsanstalten mit aller

Entschiedenheit das letztgenannte System von der Materie und Form und ward in Feldkirch, wenn ich mich nicht täusche, der Rosminianismus gelehrt. Man braucht bloß die betreffenden Werke aus dieser Epoche miteinander zu vergleichen, um die Richtigkeit des Satzes bestätigt zu finden, daß der Jesuitenorden als solcher kein eigenes Lehrsystem aufgestellt und auch keines von den vorhandenen für sich ausschließlich angenommen hat. Noch in der letzten Zeit hat P. Limbourg eine Broschüre geschrieben, in welcher er mit den Argumenten des P. Suarez die distinctio realis zwischen Sein und Wesen entschieden bekämpft, während die civiltà cattolica dieselbe ebenso entschieden verteidigt hat. Dagegen hat der Dominikanerorden ein eigenes Lehrsystem. Er bekennt sich in seinen Generalkapiteln offiziell zum Thomismus, d. h. zu der vor Thomas von ihm begründeten theologischen Schule und zu deren Lehrsystem. Aus dieser Schule ging Thomas als deren größtes Licht hervor und nach ihm hieß sie dann die thomistische Schule. Nach und vor Thomas aber liegt die autoritativ im Bereiche der Schule entscheidende Lehrgewalt nicht in den stummen Büchern, welche Thomas geschrieben, sondern im Beschlusse des Ordens-Generalkapitels, in ähnlicher Weise etwa wie nicht in der stummen Bibel allein die Richtschnur des geoffenbarten Glaubens liegt, sondern in der Tradition, d. h. in der obersten Lehrgewalt der Kirche.

Entscheidet diese letztere jemals zu Gunsten des Molinismus, so ist diese Entscheidung gegen die historische thomistische Schule gerichtet, deren offizieller Lehrinhalt die scientia media aus- und die gratia ex se efficax einschließt. Damit wäre sie aber nicht zugleich zu Gunsten des Jesuitenordens ausgefallen, außer daß ein Jesuit, resp. sein Buch, das da unter der Anklage der Häresie gestanden und welches die Gesellschaft Jesu beschützt hatte, von dieser Anklage definitiv befreit wäre. Findet das Gegenteil statt, so ist wohl die Lehre der thomistischen Schule dogmatisiert, aber nichts ist verworfen, was der Jesuitenorden offiziell gelehrt hätte. Molina wäre nur verurteilt trotz des Schutzes, den sein Orden ihm als seinem Kinde mit Recht gewährt hatte. Wurde ja doch auch in der hitzigsten Epoche der disp. de auxiliis die Verteidigung Molinas von seinen Verteidigern darauf beschränkt, daß das System Molinas nicht gegen den geoffenbarten Glauben verstoße, wie er bis dahin explicite in ausgesprochenen Glaubenssätzen vorlag; und niemals erstreckte sich die Verteidigung dahin, daß in Molina das allein Richtige gefunden sei. Vielmehr haben die späteren Patres den Molina in den wesentlichsten Punkten modifiziert.

Zudem aber haben heute die Orden nicht mehr jene Stellung zum öffentlichen Unterricht in der Theologie, welche sie noch zur Zeit dieser disputationes einnahmen. Die Universitäten sind zum allergrößten Teil, wahrlich nicht zum Vorteil der theologischen Lehre, den Orden entrissen und befinden sich dem Wesen nach in den Händen des Staates. Die kirchliche Autorität wird nur gehört bei Besetzung der Lehrstühle und kann gegen Professoren, die gegen die kirchliche Lehre verstoßen, nur durch das an die Studierenden gerichtete Verbot vorgehen, bei diesen Lehrern zu hören. Mögen also auch wirklich früher sich die Orden als solche, vielleicht manchmal zu sehr, in den Streit gemischt haben, so ist es heutzutage nicht erforderlich, diesen Teil der Geschichte der Gnadenkontroverse zu reproduzieren, ehe nicht der dogmatische Teil möglichst geklärt worden.

Ich bin von tiefster Dankbarkeit und Verehrung gegen den Jesuitenorden durchdrungen und habe da die größten Wohlthäter meines Geistes gefunden. Aber eben deshalb protestiere ich dagegen, daß die Molinisten immer gleich ihre Zuflucht nehmen zum „Jesuiten“. Es ist das keine würdige Weise der Kontroverse, bei jeder Schwierigkeit, die entgegengehalten, bei jedem Angriffe, der gemacht wird, sich auf diesen großen Orden zu berufen und über Beleidigungen des Ordens zu schreien.

Der Jesuitenorden ist in der That zu groß, um in solcher Weise die Verlegenheiten des Irrtums zuzudecken. Wer denselben so behandelt und anstatt Gründe seinen von Gott verliehenen Beruf, die Eigenschaft nämlich, Jesuit zu sein, vorschiebt oder gar gleich denunzieren möchte, weil man jemanden, der zufällig Jesuit ist, wegen der Widersprüche und Unklarheiten in seiner Lehre angegriffen hat, der leistet dem Orden schlechte Dienste.

In der Kirche gilt bloß die Autorität der Bibel, der Väter und der Kirchenlehrer bei der wissenschaftlichen Erklärung von Dogmen. Kein Orden hat da eine entscheidende Autorität und kein Orden hat eine solche in irgendwelcher Weise jemals beansprucht. Die thomistische Schule selber, die um die wissenschaftliche Theologie sich so hohe Verdienste erworben, besitzt bloß jene Autorität, welche die Kirche ihr im einzelnen Falle geben will.

Mögen die Molinisten, wie dies die älteren mit

dem größten Eifer thaten, nach Gründen für ihre Behauptungen suchen. Es kann nichts Edleres und Erhabeneres gefunden werden als ein mit aller Aufopferung geführter Streit zur Feststellung der Wahrheit. Die Beimischung aller anderen Elemente ist vom Übel. Die Geschichte der Gnadenkontroverse wird sich gemäß der sachlichen Wahrheit leicht feststellen lassen, wenn einmal in den Lehrpunkt selber Klarheit gebracht worden ist und dieses letztere kann nur durch die vereinten Bemühungen beider Teile geschehen. Es besteht keinerlei Notwendigkeit, behufs leichterer Feststellung der dogmatischen Wahrheit die frühere Geschichte der Streitfrage aufzuwärmen. Nicht etwa, als ob dieselbe die Thomisten in Verlegenheit bringen würde, sondern weil alle Erregtheit und Herbeiziehung von Dingen, die der Sache an und für sich fremd sind, vermieden werden muß.

Mit Phrasen, wie die oben angeführten und wie „in die Schranken zurückweisen", „Unangemessenheit des Tones" und dgl., legen die Molinisten keine Ehre ein und machen ihr Lehrsystem dadurch nicht achtenswerter. Es mag ihnen allerdings nicht angenehm sein, zu erfahren, daß ihr System noch nicht widerspruchslos durchgedrungen ist; nachdem sie bereits den Thomisten „die nüchterne Vernunft" abgesprochen, das Konzil von Trient des öfteren gegen sie citiert und den Charakter des P. Bannez, des Hauptvertreters der Thomisten, verunglimpft hatten; aber das mögen sie überwinden. Gründe gegen Gründe; das ist hier die Devise, der beide Teile treu zu bleiben haben. Die Lehre des Gegenparts muß in ihrer ganzen Haltlosigkeit gezeigt werden; dafür ist keine Schärfe zu groß und kein Ausdruck kann entschieden genug sein. Je zutreffender die Gründe auf der einen Seite sich darstellen und je schlagender die Widersprüche, welche auf der anderen Seite sich finden, als solche gezeigt werden, desto besser ist dies für die Erkenntnis der Wahrheit.

Dies ist der einzige Zweck der vorliegenden Abhandlung: Die Vorbereitung zu jenem nimmer mit den Schatten des Zweifels und der Ungewißheit vermischten Wissen, welches unser Herr und Heiland mit den Worten kennzeichnete: „Damit sie Dich erkennen, den wahren Gott und den Du gesandt hast, Jesum Christum.“

Malmedy, den 4. August am Feste des heiligen Dominikus.

Der Verfasser.

Inhalt
des ersten Bandes.

Erste Abteilung.
Das Selbstbewußtsein Gottes.

Erstes Kapitel.

Zweites Kapitel

Das Selbsterkennen in Gott.

Drittes Kapitel.

Das Selbstbegreifen Gottes.

Viertes Kapitel.

Die unbeschränkte Identität zwischen dem substantiellen Sein und dem Wissen in Gott.

Erste Abteilung.

Das Selbstbewußtsein Gottes.

Einleitung.

„Bei Ihm ist Weisheit und Macht; Ihm steht zu die Tiefe des Ratschlusses und das Wissen.“ [1]) In diesen Worten findet seinen Trost der selige Dulder Job inmitten des körperlichen schweren Elends, das er trägt und unter den verachtungsvollen Spottreden, die seine eigene Frau und falsche Freunde über ihn ergießen. Ein Haufen Schmutz war des Ärmsten Sitz; mit einer Scherbe schabte er sich den beißenden Aussatz von der Haut; als eine einzige Wunde erschien sein Körper von der Fußsohle bis zum Scheitel. Zehn blühende Kinder hatte er gehabt: sieben Söhne und drei Töchter. An einem Tage, gerade als sie bei fröhlichem Mahle saßen, waren sie insgesamt unter den Trümmern des zusammenstürzenden Hauses begraben worden. Siebentausend Schafe, dreitausend Kamele, fünfhundert Paar Ochsen und fünfhundert Eselinnen weideten auf den fruchtbaren Triften des reich gesegneten Mannes; ein feindlicher Einfall ver-

---

[1]) Job 12, 13.

wüstete die Felder, zerstörte die Häuser, trieb fort die zahlreichen Viehherden.

Verlassen von seiner Frau, beraubt seiner Kinder, bettelarm, siech am ganzen Leibe; — so fanden ihn die drei Freunde, welche auf die Kunde seines Unglückes hin gekommen waren, um ihn zu trösten. Das Elend war dermaßen herzzerreißend, daß die Freunde ihn zuerst gar nicht erkannten, dann laut aufschrieen vor Schmerz, ihren Thränen freien Lauf ließen, ihre Kleider zerrissen und zum Zeichen, wie die menschliche Ohnmacht zum Allgewaltigen um Hilfe schreit, Staub über ihr Haupt zum Himmel emporwarfen. „Und sie saßen da sieben Tage und sieben Nächte und niemand sprach ein Wort, denn sie sahen, der Schmerz war gewaltig.“ Da hub der Dulder, welcher vor der Ankunft der Freunde noch auf die Lästerreden seiner Frau erwidert hatte: „Wenn wir Gutes angenommen haben von der Hand des Herrn, das Üble warum sollen wir es nicht tragen?“ —, da hub er an von Schmerz durchwühlt und fluchte seinem Tage: „Es gehe unter der Tag, an dem ich geboren bin und die Nacht, in welcher gemeldet wurde, ein Mensch ist empfangen worden. Finsternis soll werden dieser Tag, Gott soll von oben her nicht nach ihm suchen und kein Licht soll ihn erhellen. Dunkel mag ihn umhüllen und Todesschatten, finster mag er sein und getaucht in Bitterkeit. Und von jener Nacht möge Sturm und Ungewitter Besitz ergreifen, unter den Tagen des Jahres sei sie nicht gezählt und in der Reihe der Monate finde sie keine Stätte; einsam sei sie und nichts Lobwürdiges finde sich in ihr. Warum bin ich nicht gestorben im Leibe der Mutter oder entschlafen alsogleich, da das Licht mich beschienen? Warum gab es einen Busen, der mich nährte, einen Schoß, auf dem ich ruhte? Still sein würde ich nun und ausruhen im Todesschlafe zusammen mit den Königen und den Räten der Erde, die sich da Wüsten aufbauen .... Da ist der Große zusammen mit den Kleinen; der Sklave gewinnt da Freiheit von seinem

Herrn! Warum leuchtet dem Unglücklichen das Licht? Warum ist das Leben in dem, der von Bitterkeit überfließt? der da den Tod erwartet und er kommt nicht, gleich dem, der mit Sehnsucht nach Schätzen gräbt und vor Entzücken sich nicht faßt, hat er sie gefunden? Bevor ich Speise nehme, seufze ich und wie die strömenden Wasser, so rauscht dahin meine Klage."

Einen erhabeneren Accent des unsäglichen Leides, welches die erste Sünde über den Menschen gebracht, giebt es nicht. Seit dem Tage, daß sie geschehen und seit der Nacht der Verwerfung von Gottes Antlitze wütet der Schmerz im Menschengeschlechte und er wurde jenes Welträtsel, welches niemand lösen konnte, bis daß das Kreuz auf Golgatha stand. Der Schuldige büßte mit dem Schuldlosen; der Gerechte mit dem Ungerechten; nicht die Strafe der persönlichen Sünde des einzelnen war der Schmerz, sondern die gerechte Buße des ganzen Geschlechtes für die Sünde des gemeinsamen Stammvaters, bis da vom Kreuze herab das Leid in Süßigkeit verwandelt ward und der Gottessohn aus ihm dem Quell des Lebens machte.

Nicht aber so verstanden die drei Anwesenden den Klageruf ihres armen Freundes. Der anscheinend so bittere Ausdruck des Schmerzes galt in ihren Augen als Zeichen persönlicher Unzufriedenheit und als offenes Murren gegen Gottes allgütige Vorsehung. Die Behauptung des Dulders, er habe durch eigene Sünden so viel Leid zwar nicht verdient, Gottes Gerichte aber seien undurchdringlich, wenn auch immer anbetungswürdig; erschien ihnen als eine Lästerung der göttlichen Barmherzigkeit. Der selige Job sollte auch noch seinen letzten Trost verlieren.

Das Mitleid der Freunde verwandelt sich plötzlich in den bittersten Hohn; anstatt der Worte inniger Liebe entströmen ihrem Munde die härtesten Vorwürfe; als einen Gottverlassenen schmähen sie ihn, der da den Herrn gepriesen hatte inmitten seines Elends. Alles, was sie sagen, zielt dahin, dem Hartgeprüften die Ruhe seines Gewissens zu rauben und der Verzweiflung an Gott und an sich selber ihn zu überantworten. Er, der da der Stab war des Armen, das Auge des Blinden, von dessen Herz zugleich mit dem Leben die Barmherzigkeit Besitz genommen hatte, der mit seinen Augen einen Bund geschlossen, auf daß er nicht einmal einen unlauteren Gedanken hege an eine Jungfrau; der da fern von aller Eitelkeit gelebt und niemals irgend jemanden betrogen hatte; er, vor dem Fürsten aufstanden, da er vorüberschritt — er wird als geheimer Sünder und Verbrecher hingestellt. Viele hatte er belehrt — und nun muß er anhören, wie er selbst in verstockter Blindheit dahingelebt. Gottes Liebe und die Furcht vor seinen geheimen, aber immer gerechten Ratschlüssen beherrschte von jeher seine Seele — und nun mußte er hören, wie er ein Feind des gerechten Gottes sei, weil dieser unmöglich jemanden, der für seine Person unschuldig wäre, leiden lassen könne. Stets hatte er die Sünde verabscheuet und von weitem bereits geflohen — und nun wird er mit dringenden und schwer beleidigenden Worten zur Buße ermahnt.

Noch mehr! Sein Gott; jener Gott, für dessen Ehre er mitten in seinen Leiden mit den herrlichsten und ergreifendsten Worten eifert; dessen züchtigende Hand er küßt: „und das ist mein Trost, daß er mich in seiner Züchtigung nicht verschont;" die Ehre dieses Gottes, den er so stark liebt und dem er so unerschütterlich fest vertraut, wird in Wahrheit erniedrigt von den falschen Freunden unter dem Vorwande, dieselbe zu retten. Die göttliche Gerechtigkeit messen sie nach dem Maßstabe der menschlichen.

Wozu nimmt da dieser mächtige Geist, der umgeben und durchdrungen ist von unermeßlicher Betrübnis, seine Zuflucht? Was giebt dem erhabenen Dulder den inneren Halt; ihm, den nichts zu brechen vermag, weder der Verlust irdischer Güter, noch der Tod seiner Kinder, noch der Spott seiner Frau? Unter dem Hohne und den Schmähungen seiner Freunde, unter den demütigendsten Anklagen, unter den von allen Seiten mit übermenschlicher Kraft hereinbrechenden Wogen der Verzweiflung; was ruft er an, woran denkt er, was hält ihn aufrecht im Glauben? „Wer weiß es nicht, daß alles dies die Hand Gottes gemacht hat ... bei Ihm ist Weisheit und Stärke; Ihm steht zu der Ratschluß und das Wissen."

Der Gedanke an die Allwissenheit Gottes erfüllt den betrachtenden Menschengeist mit dem erhabensten Troste und bringt ihm zugleich seine tiefe Ohnmacht voll zu Bewußtsein: „Wer von den Menschen kann wissen den Ratschluß Gottes?" so ruft[1]) der forschenden Vernunft die ewige Weisheit zu und wiederum nur noch allgemeiner: „Deinen Sinn aber, o Gott, wer vermag ihn zu erkennen?" Der Mensch möchte voll heiligen Glaubens sich nahen, um von aller Schönheit den Urgrund zu schauen und aus der Weisheit unversieglichem Born zu schöpfen: im Ewigen selber möchte er ergründen, wie all das Wunderbare in der Schöpfung geworden, nach welcher Regel die einzelnen Naturen in süßester Harmonie ineinander greifen, warum dies so ist und jenes so; das Auge in die Schicksale und Entwicklung der Welt versenkt, möchte er durchdringen bis tief hinein in die erste leitende Idee, welche die Schicksale der Völker sowie das Los der einzelnen entscheidet und das Große wie das Kleine zur entsprechenden Vollendung führt; — aber da fühlt er alsbald, daß mit voller Wahrheit gesagt worden ist: „Wer die unermeßliche Majestät durchforschen will, wird von der Herrlichkeit erdrückt werden." (Prov. 25, 7.)

Und trotzdem sagt dieselbe Weisheit (c. 15): „Wir sind dein, o Gott, denn wir wissen deine Größe" und wiederum: „deine Gerechtigkeit und deine Macht zu wissen, das ist die Wurzel seliger Unsterblichkeit."

Der Apostel Paulus stand im Geiste vor dem Geheim-

---

[1]) B. d. W. 9, 13.

nisse der Verwerfung des auserwählten Volkes. Warum, so fragt er sich voll Schmerz über das Unglück seiner eigenen Stammgenossen, warum hat Gott dieses sein ehemals so geliebtes Volk verworfen; jenes Volk, dem so großer Ruhm beschieden, das zum Volke Gottes und zu seiner auserwählten Weide berufen war; mit dem Er den heiligen Bund geschlossen und welches das weiseste Gesetz erhalten hatte; dem die Verheißungen gehörten; aus welchem die größten und erhabensten Geister herstammten; dessen Glied Christus, der Messias, unser in Ewigkeit gebenedeiter Gott, zu sein sich würdigte dem Fleische nach; — warum, so fragt sich der Apostel, ward ein so bevorzugtes Volk vom Angesichte Gottes verstoßen? „Wer bist du?“ so antwortet er sich selber, „daß du über Gott urteilen willst; sagt denn das Tongebilde zu dem, der es gestaltet, warum hast du mich so gemacht? Wessen Er sich erbarmen will, dessen erbarmt Er sich und den Er verhärten will, den verhärtet Er. O Erhabenheit des Reichtums der Weisheit und der Wissenschaft Gottes; wie unbegreiflich sind seine Ratschlüsse und unerforschlich sind seine Wege!“

Anderseits aber schreibt derselbe Apostel an die Epheser: „Damit wir begreifen die Weite und die Länge und die Höhe und die Tiefe, damit wir erfassen die über alles erhabene Wissenschaft Christi.“

Wie läßt sich das vereinen? Warum wird uns das göttliche Wissen bald als schlechthin unerreichbar hingestellt und bald werden wir ermahnt, es zu erfassen und in demselben die Wurzel unserer Glückseligkeit zu erblicken?

Der heilige Gregor der Große löst uns das Rätsel:[1]) „Im selben Grade, daß wir unsere Ohnmacht wissen, treten wir ein in die Erforschung der Erhabenheit des göttlichen Wissens; je mehr wir uns überzeugen von dem Mangel in unserem Erkennen, desto mehr klärt sich vor unserem Geiste auf die überreiche Fülle der göttlichen Weisheit.“

---

[1]) **Moral. lib.** 28. c. 5 **in fine.**

Da liegt auch der Zweck dieser Abhandlung vor. Sie will die Überzeugung recht lebendig machen, daß alles geschöpfliche Wissen „Stückwerk" ist, mehr vom Mangel und von der Ohnmacht hat, wie von Kraft und Fülle und daß deshalb der Anker des menschlichen Hoffens nicht das eigene Wissen sein darf, sondern das Wissen dessen, von dem der fromme Dulder sagt: „In Ihm ist Weisheit und Kraft; Ihm steht zu der Ratschluß und das Wissen." Gott allein ist die Ehre; außer Ihm ist nur Ohnmacht. Sein heiliger Ratschluß leitet in vollster Unabhängigkeit die Herzen der Menschen. Der Mensch hat Freiheit, Kraft, Wissen nur, inwieweit Gott des Menschen Ohnmacht zu Sich selber erhebt und an seinem eigenen Glanze teilnehmen läßt. —

„In Ihm ist Weisheit," sagt Job zu allererst und der Apostel drückt dasselbe aus mit der Bezeichnung die „Weite der Wissenschaft Christi". In der That lehrt Ekklesiastikus (1. 10): „Er hat ausgegossen seine Weisheit über alles, was Er gemacht." Das Wissen Gottes ist ganz allgemein; es erstreckt sich ohne Ausnahme über jegliches Sein. „Alles," sagt der Apostel, „ist nackt und offen vor dem, zu welchem wir sprechen." „Ich weiß," heißt es bei Job, „daß Du, o Gott, alles vermagst und daß kein Gedanke Dir verborgen ist;" und im Psalm (93): „Der Herr weiß die Gedanken der Menschen;" ebenso der Apostel (Röm. 8, 27); „Er durchforscht die Herzen und Er weiß, wonach der Geist begehrt." Wenn aber der Heiland selber spricht: „Wahrlich, von jedem unnützen Worte werdet ihr Rechenschaft geben;" was anders will Er damit bezeichnen, als daß der Ewige jedes Wort kennt, mag es auch noch so leicht dahingeworfen sein; gleichwie übrigens schon der Psalmist sagt: „Meine Lippen will ich nicht verhindern, Herr, Du weißt es." (39, 10.)

Der Apokalypse ist es geläufig, die Wissenschaft, welche Gott von den Werken der Menschen hat, ausdrücklich zu bekräftigen: „Ich weiß deine Werke," tönt es da mehr wie einmal aus dem Munde Gottes, „und wie anders sollen die

Toten selig sein, denn ihre Werke folgen ihnen nach," als weil diese Werke in der unvertilgbaren Kenntnis des ewigen Gottes aufrecht dastehen, mögen sie auch für die Zeit schon lange der Vergangenheit angehören!

Gerade aus diesem göttlichen Wissen entquillt für heilige Seelen ein überfließender Reichtum von Friede und von trostvollem Gottvertrauen. Gott selbst weist auf diese Quelle lebendigen Wassers hin, wenn Er in der Apokalypse (2, 9 und 2) versichert: „Ich kenne deine Trübsale und deine Versuchungen . . . ich weiß deine Werke und deine Arbeit und deine Geduld." Auf diese Versicherung gestützt, betete und weinte die heilige Mutter des herrlichen Augustin um die Bekehrung ihres geliebten Sohnes; sie betete und weint jahrelang; aus angstvollem Herzen stiegen täglich und stündlich die Gebete wie feurige Pfeile zum Himmel hervor und flossen in der Stille der Nacht ihre Zähren, daß mit der Gnade Gottes ihr armer Sohn die Fesseln der Sünde zerreißen möge; — und keine Thräne war verloren, kein Gebeteswort umsonst gesprochen: „Ich weiß deine Werke und deine Arbeit und deine Geduld;" der Herr „erhörte ihre Thränen", Augustin bekehrte sich und noch dazu ward der heiligen Monika der ewige Lohn.

O du armer Kranker, der du ans Bett gefesselt im elenden Siechtum vergehst, von allen verlassen bist und nur aus Gnade und Barmherzigkeit ein Almosen erhältst, um dein Dasein zu fristen; keiner deiner Seufzer geht zu Grunde, keiner deiner Schmerzen ist umsonst gelitten. Der da den armen Lazarus nicht vergessen hat, welcher siech vor der Thüre des reichen Prassers lag, der gedenkt auch deiner. Du bist nicht verlassen, anstatt der Menschen dienen dir unsichtbare Engel, stärken dich in deinen Leiden und schreiben in goldenen Lettern deinen Namen in das Buch des Lebens. „Und wenn auch jetzt," so der Dulder Job (10, 13), „Deine Absichten verborgen sind, scio tamen quia universorum memineris; ich weiß, daß alles vor Dir gegenwärtig bleibt;" und mit Vertrauen betet deshalb David: „Du weißt, o Herr, meine Unvernunft und meine Sünden sind nicht verborgen vor Dir .... Du weißt meine Schande, aber Du weißt auch meine Scham und meine Reue." (Ps. 68.)

Wie verschwindet da vor der Betrachtung der Herrlichkeit des göttlichen Wissens der ohnmächtige Menschengeist mit seiner armseligen Wissenschaft. „Was ist der Mensch, daß Du seiner gedenkst und des Menschen Sohn, daß Du auf ihn achtest!" Was da erscheint, was gleichsam auf der Oberfläche schwimmt, das erreicht in etwa sein müder Blick; „Gott aber durchdringt das Herz," Er durchforscht die tiefsten Absichten der menschlichen Handlungen. Und selbst an der Oberfläche wie gering ist, was der Menschengeist zu erkennen vermag. Nur soviel gerade, daß er bei jedem wirklichen Fortschritte im selben Maße die unendliche Menge dessen ahnt, was er nicht erkennt. Einer, der es wohl erfahren, spricht dies ganz offen aus:[1]) „Und ich gab mein Herz hin, auf daß ich Klugheit lernte und weise Lehre; daß ich ergründete die Irrtümer und die Thorheiten des Lebens; — doch siehe, auch darin war viele Arbeit und Geistesqual; je mehr Wissen, desto mehr Unmut und wer da fortschreitet im Erkennen, der fügt zu den alten Leiden neue hinzu."

Und doch ist der Wissensdrang das Edelste im Menschen: „Der Mensch dürstet danach, zu wissen," so faßt schon der Heide das Sehnen der ganzen menschlichen Natur zusammen. Der Weise aber sagt: „Scire te consummata justitia est," „Dich, o Gott, zu kennen ist der Gipfel aller Gerechtigkeit" und der Heiland selber: „Das ist das ewige Leben, daß sie Dich erkennen, den wahren Gott, und den Du gesandt hast, Jesum Christum." Wenn aber dieses Edelste in der menschlichen Natur, wenn die Grundlage all ihres Sehnens nur mangelhaft und mit Aufwendung

---

[1]) Eccles. 2, 17.

aller Mühe befriedigt werden kann; oder vielmehr, wenn jede irgendwelche Befriedigung des Wissensdurstes diesen Durst nur vergrößert; — welch anderer Ausweg bleibt dann übrig, als daß der Mensch von sich ab sich dahin wendet, wo die Fülle der Weisheit und der unversiegbare Lebensborn alles Wissens sich findet; daß er in der Einfalt des Glaubens Licht von dem erwartet, der da in einem für alle natürliche Gewalt unzugänglichen Lichte thront. Deshalb ruft der selige Job aus (31, 6): „Möge Gott wissen meine Einfalt;" jene Einfalt, die da frei und offen bekennt, daß[1]) „nicht in der Gewalt des Menschen sein Lebensweg ist (non est hominis via ejus)", sondern daß[2]) „vom Herrn da oben seine Schritte gelenkt werden"; die da überzeugt ist, daß „die Haare auf dem Haupte des Menschen gezählt sind" und die somit den eigenen Geist öffnet für den belebenden und erleuchtenden Einfluß von oben, wie sie es beim Psalmisten that (118): „Gieb mir Verstand, damit ich wisse Deine Gebote."

„Bei Ihm ist Weisheit und Stärke." Elend ist des Menschen Wissen, Stückwerk ist es, Mangel vom Anfange bis zum Ende. Aber das ist nicht alles. Mag der Mensch auch wirklich viel wissen, er bliebe doch deshalb nicht minder schwach und ohnmächtig. Der Apostel lehrt das ausdrücklich. „O unglückseliger Mensch, der ich bin!"[3]) Und warum, o großer Völkerapostel, nennst du dich unglückselig? Hat dich nicht die Weisheit Christi durchleuchtet, wie keinen anderen der Apostel? Bist du nicht entzückt worden bis in den dritten Himmel und hast da gehört geheimnisvolle Worte, die keine Zunge auszusprechen vermag? Sagst du nicht selber: „Ich weiß, wem ich geglaubt habe" und bekennst damit, daß dir die Bedeutung der gottmenschlichen Würde Christi, der denkbar höchsten nach dem Dreieinigen,

---

[1]) Jerem. 10, 23.

[2]) Ps. 36, 23.

[3]) Röm. 7.

so klar vor dem Geiste steht, wie dies nur immer während der irdischen Pilgerfahrt möglich ist? Welcher Schwäche, welchem Elende können solche Erleuchtungen noch unterliegen? „Und es ist mir belassen worden der Stachel des Fleisches, der Bote des Satans, der mich quält. Und dreimal bat ich zum Herrn, Er möge mich davon befreien und Er antwortete: Es genügt dir, Paulus, meine Gnade, in der Schwäche vollendet sich die Kraft.“ Er geht noch weiter.[1]) „Die Kenntnis des Gesetzes, das zum Leben war, ist mir erfunden worden als todbringend. Denn die Sünde habe ich nicht gekannt außer vermittelst des Gesetzes; sie lebte wieder auf, als ich das Gesetz erkannte. Das Gesetz Gottes also, das heilige Gesetz, hat mir den Tod gebracht? Das sei fern. Aber die Sünde hat das Gute gemißbraucht und ist offenbar geworden als Sünde durch das Gesetz und so bin ich, trotzdem ich das Gesetz kannte, über alle Maßen Sünder geworden.“

Das menschliche Wissen birgt keine Kraft in sich, um danach zu handeln. Nur unglückseliger wird der Mensch, der da, erleuchtet durch seine natürliche Vernunft, durch das Gesetz Gottes und durch besondere Gnaden dem Hange des Fleisches trotzdem nachgiebt. Mögen wir weise sein, wie Salomon; damit ist uns noch keine Kraft gegeben, dieser Weisheit zu folgen; der hohe Grad derselben ist nur ein Beweis mehr für die Ohnmacht der menschlichen Natur. Es ist einer der verderblichsten Irrtümer im praktischen Leben, zu glauben, daß es genüge, die Tugend zu kennen, um sie auch zu üben. Die festeste Überzeugung von einer Wahrheit ist weit davon entfernt, die Kraft zu verleihen, um danach zu handeln. Nur zu oft vergrößert hohes Wissen die Bosheit und erleichtert den Fall. Salomon war der weiseste der Menschen und trotzdem sank er hinab zur niedrigsten Wollust, ja sogar bis zur Anbetung von Götzenbildern. David war einer der

---

[1]) Röm. 7.

erleuchtetsten Propheten und trotzdem fiel er so tief, daß er nicht nur die Verbrechen des Ehebruchs und des gemeinen Mordes beging, sondern sogar nicht daran dachte, sie zu bereuen; erst eines Propheten bedurfte es, damit er sich als Sünder erkenne. Judas ging zu Grunde trotz seines jahrelangen Umganges mit der ewigen Weisheit. Was fehlte an Licht dem Morgensterne,[1]) der da frühe, im Beginne aller Kreatur am Firmamente des Geistes aufging; wie Edelgestein strahlte der volle Glanz seines Wissens von ihm hinaus in die Schöpfung. „Ich will hinaufsteigen und meinen Thron aufstellen auf dem Berge des Testamentes und ähnlich will ich sein dem Höchsten," so sprach er — und er stürzte alsogleich in den Abgrund. Sein Wissen ward keineswegs minder, aber eben deshalb wurde es in ihm die erste Quelle seiner Qualen; der unabweisbare, nimmer stumme Zeuge seines traurigen Falles.

Nicht vom Menschen und ebensowenig von einem irgend welchen anderen Geschöpfe heißt es: „In Ihm ist Weisheit und Stärke," sondern einzig und allein vom Ewigen gilt dies. Nur in Gott ist Wissen Macht und seine Macht ist nichts anderes als Wissen. Nicht deshalb weiß Er, was auch immer ist, weil es ist; sondern weil Er die Dinge weiß, deshalb sind sie. Denn, so sagt der königliche Sänger: „Alles hast Du in Weisheit gemacht" und der heilige Geist spricht dieselbe Wahrheit in den Sprichwörtern noch bestimmter aus: „Die Weisheit hat sich ein Haus aufgebaut." Der Prophet ebenso:[2]) „Er hat die Erde gemacht in seiner Stärke, den Erdkreis hat Er bereitet in seiner Weisheit und die Himmel hat Er ausgedehnt in seiner Klugheit." Von dieser Weisheit sagt Job (26, 12): „Und seine Weisheit zerschlug den Hochmütigen." Sie preist der Weise:[3]) „Ich habe gefleht und es kam in

---

[1]) Isai. 14.
[2]) Jerem. 51, 15.
[3]) Sap. 7, 7.

mich der Geist der Weisheit und ich habe sie vorgehalten den Königen und Fürsten und alle Reichtümer habe ich für nichts erachtet im Vergleich zu ihr." Das ist die[1] „Weisheit, die in ihrer alles überragenden Kraft von der Bosheit nicht überwunden wird",[2]) denn „sie heilt alle diejenigen, die dem Herrn gefallen".[3]) „Sie hat dem ersten Menschen die Kraft verliehen, alles zu leiten .... und sie wiederum, die göttliche Weisheit, hat, als Wasser den Erdkreis überflutete, denselben geheilt und auf verächtlichem Holze den Gerechten geleitet."[4]) „In seiner Weisheit hat Er die Erde gegründet und in seiner Klugheit die Himmel gefestigt;"[5]) „Er hat sie geschmückt mit dem Geiste der Wahrheit" und wie die Mutter das unmündige Kind an der Hand führt, so hat nach dem Psalmisten die Weisheit des Herrn die Kinder Israels geführt aus Ägypten durch die Wüste in das gelobte Land et intellectu manuum suarum deduxit eos.

Da ist keinerlei Ohnmacht, keinerlei Mangel; diese Weisheit schließt in sich:[6]) „den Reichtum und die Ehre glänzende Schätze und Gerechtigkeit; ihre Frucht ist besser als Gold und Edelgestein und ihre Blüten überragen an keuschem Glanze das herrlichste Silber." Sie ist der Anfang der Wege Gottes ..... aus ihr fließen die Abgründe und brechen hervor erfrischende Wasserquellen; in ihr stehen die Berge zusammen mit ihrer schweren Last und erheben sich die Hügel; weder die Erde war vor ihr vorhanden, noch die Ströme, noch die Säulen des Erdkreises. Sie war da und die Himmel dehnten sich aus; mit Grenzen und festen Gesetzen wurden die Abgründe umzäumt, der Äther gefestigt

---

[1]) Sap. 7, 30.
[2]) Ibid. 9, 19.
[3]) Ibid. 10.
[4]) Prov. 3, 19.
[5]) Job 26, 13
[6]) Prov. 8, 18.

da oben und die Wasser gewogen hier unten; das Meer erhielt seine Gestade und die beweglichen Wasser ihre Bestimmung; die Grundfesten der Erde hängen an ihr; alles ist mit ihr gebildet worden."

Nur dann, wenn der Mensch nicht der vermeintlichen eigenen Weisheit, sondern den Spuren dieser göttlichen mit Hingebung folgt, erhält er selber auch Kraft und Stärke. Deshalb ermahnt der heilige Text: „Höret auf die Lehre und seiet weise und verachtet nicht die Weisheit." Nur wer die Gesetze der göttlichen Weisheit, wie sie in den Kreaturen niedergelegt und in der Offenbarung ausgedrückt sind, nicht verachtet, wird Friede und Freude im Herzen bereits hier besitzen und unermeßliches Leben in der Ewigkeit. Denn so sagt diese ewige Weisheit selber: „Meine Freude ist es, mit den Menschenkindern zu sein." Sie ist selber ewige Seligkeit und kann deshalb auch nur Seligkeit verbreiten; und: „Wer mich findet, der findet Leben und wird sein Heil schöpfen aus dem Herrn."

Nur etwas bedarf Gott, auf daß seine Weisheit schaffe. Er bedarf nur seines eigenen Willens, keinerlei äußeren Veranlassung: „Was auch immer Er will, das thut Er im Himmel und auf Erden;" „Er sprach und es ward; Er gebot und die Geschöpfe standen da."

Was nun in diesem Texte der heilige Dulder „Kraft" nennt, das bezeichnet Paulus mit der „Länge" der Wissenschaft Christi. Warum in der That ist das Wissen Gottes Kraft und Macht? Weil es ewig oder vielmehr weil es die Ewigkeit ist. Nur was dauert, ist stark; nur was die Dauer selber ist, ist die Stärke. Deshalb stellt die Weisheit als Urgrund ihrer schaffenden Macht die Ewigkeit hin:[1] „Von Ewigkeit her bin ich," sagt sie, ehe sie von ihren Werken spricht und der Herr versichert dasselbe von dem

---

[1]) Sap. 8, 23.

vornehmsten Ausdrucke der Weisheit: „Das Wort Gottes aber währt in Ewigkeit."

„In Ihm ist Weisheit und Stärke, Ihm steht zu der Ratschluß." Paulus drückt diese Grundeigenschaft des göttlichen Wissens mit dem Worte „Tiefe" aus. „Damit wir erfassen," sagt er, „die Weite und die Länge und die Tiefe und die Höhe der Wissenschaft Christi." Wahrlich, das ist das unterscheidende Merkmal zwischen dem göttlichen Ratschlusse und dem menschlichen. Die ganze Ohnmacht und Schwächlichkeit des geschöpflichen Wissens tritt offenbar hervor in seinem Ratschlusse. Nicht tief, sondern durchaus oberflächlich ist der menschliche Ratschluß.

Wie sehr recht hat der Weise:[1]) „Die Gedanken der Menschen sind furchtsam und unsicher ihre Voraussicht. Cogitationes mortalium timidae et incertae providentiae nostrae." Und warum sind unsere Gedanken mit Furcht untermischt und gewährt unsere Voraussicht keinerlei Sicherheit? „Was anderes ist denn die Furcht," so antwortet derselbe Weise (17, 11): „wie die Offenbarung des Bedürfnisses nach Beistand von außen her!"

In allseitiger Abhängigkeit von den äußeren Dingen steht der Mensch da. „Der Körper,[2]) der da vergeht, beschwert die Seele und die irdische Behausung drückt den Sinn nieder, der da so vielerlei erwägt." Der Mensch kann nichts geistig auffassen und er kann demnach auch nichts wissen außer vermittelst seiner Sinne. Die Sinne sind ihrer Natur nach in ihrer Thätigkeit auf die Außenwelt angewiesen; die Dinge aber in der Außenwelt, sowie der Körper des Menschen selbst ist beständigem Wechsel und unabsehbaren Veränderungen unterworfen. Daher kommt das Leid in der menschlichen Wissenschaft, worüber Salomon

---

[1]) Sap. 9, 14.

[2]) Ibid. 9, 15.

klagt: „Häufiges Nachdenken ist Betrübnis für das Fleisch;“ [1]) daher die Unbeständigkeit in den Ratschlüssen und Entschlüssen der Menschen, welche der Apostel als die Folge des Einflusses der Sinne hinstellt: [2]) „Unbeständig ist der Mensch in allen seinen Wegen.“ Der Geist will Festigkeit und das Fleisch wird von seiner Natur dazu getrieben, in nichts beständig zu sein. Der Geist möchte alles umfassen und das Fleisch hat nur am Besonderen, am Beschränkten Freude. Unvergängliches erstrebt der Geist und das Fleisch vergeht. Trotzdem aber kann der Geist nur im Wechsel die Festigkeit, nur aus beschränkten Dingen das Allgemeine, nur mittelst des Vergänglichen das Unvergängliche erkennen. „Wie oft wirft eine einzige neue Erscheinung das Ergebnis jahrelanger Forschung um! Wie lange dauert es, ehe aus allen den verschiedensten Wechselfällen der einzelnen Dinge etwas Sicheres geschöpft wird! Wie wäre es möglich, daß die „menschliche Voraussicht nicht unsicher und schwankend“ sei, da die Quelle und Norm unseres Wissens, die Dinge, welche uns umgeben, „niemals in demselben Zustande verharren“ und somit „unsere Gedanken stets furchtsam sind“. „Was ist die Furcht?“ fragte bereits oben die Weisheit und sie antwortete: „Die Offenbarung des Bedürfnisses nach Beistand von außen.“

O wahrlich! Nicht der Schöpfer darf sich umsehen, um seine Ratschlüsse gemäß dem Willen, den Verhältnissen der Geschöpfe einzurichten. In keinem Falle; nein, das Geschöpf muß rufen mit dem Psalmisten: [3]) „Zu Dir, o Herr, habe ich meine Seele erhoben; auf Dich, o Herr, vertraue ich und ich werde nicht erröten.“ Nicht der Herr muß sich den Wegen des Knechtes anbequemen; da kämen wir ja niemals aus dem Kreise heraus. Der Knecht muß aus sich heraus-

---

[1]) Eccl. 12, 12.

[2]) Jac. 1, 8.

[3]) Ps. 24.

treten und sagen: „Deine Wege zeige mir, o Herr, und Deine Pfade lehre mich."

Der Mensch darf nicht, wenn auch auf Umwegen, zu der Veränderlichkeit seiner Natur zurückkehren, um in ihr das Fundament für das Streben nach Unveränderlichkeit zu finden, er muß im Gegenteil mit größter Entschiedenheit flehen:[1]) „Erkenne Du, o Gott, meine Pfade und siehe, ob in mir die Bosheit einen Weg findet und führe mich inmitten der Veränderlichkeit, die mich umgiebt, hinab bis zum Abgrunde des Todes auf dem ewigen, d. h. keiner Schwankung ausgesetzten Wege."

Gott allein steht der wahre unveränderliche Ratschluß zu, denn Er allein ist ewig, ohne Anfang und ohne Ende. In Ihm sind keine furchtsame Gedanken und seine Vorsehung schwankt niemals, denn auch nicht ein Schatten äußerlichen Einflusses besteht für Ihn. „Mein Ratschluß wird stehen,"[2]) so sagt Er selber im Propheten, „und meine Ehre gebe ich keinem anderen." Denn nur in Sich selber schaut Gott seine freien Entschließungen; nur weil Er der bewirkende Urgrund ist von allem, was außer Ihm besteht, erkennt Er alles. Und weil Er selber immer Er selbst bleibt in unerschütterlicher Freiheit nach außen und in unabhängigster Notwendigkeit, was sein eigenes Sein betrifft; deshalb sind seine Ratschlüsse zugleich unerforschlich für jedes äußere Auge und allzeit unveränderlich und allumfassend in sich selber. Mutat sententiam et non consilium sagt der große Gregor.

Der königliche Prophet enthüllt uns das Verständnis für die Unabänderlichkeit des inneren göttlichen Ratschlusses und den damit bestehenden Wechsel in der Ausführung (Ps. 105): „Wer will beschreiben die Vielseitigkeit der Macht Gottes; wer will künden den Geschlechtern der Sterblichen sein Lob?"

---

[1]) Ps. 138.

[2]) Is. 46, 10; 42, 8.

Weshalb dieser erwartungsvolle Anfang? Scheint doch der Psalm in seinem Verlaufe nichts anderes zu enthalten, als die Vereitelung der Absichten Gottes und die empfindlichen Strafen der Übertreter des göttlichen Gesetzes. Der Herr trocknet aus das rote Meer; die Kinder seines auserwählten Volkes gehen durch die Abgründe trockenen Fußes und Er führt sie später auch durch die unwegbare Wüste. Ertönt das Lob Gottes von ihren Lippen? Erstrahlt die Ehre Gottes vor den Menschen? Bleiben sie treu ihrem mächtigen Herrn? Einen Augenblick glauben und vertrauen sie; — doch nur einen Augenblick. „Schnell thaten sie; sie vergaßen der göttlichen Werke, sie blieben nicht die Träger des göttlichen Ratschlusses.“ Sie fielen elendiglich. „Und die Erde öffnete sich und verschlang Dathan und hinabsank die Versammlung Abiron. Und Feuer entbrannte gegen sie, die Flamme verzehrte die Sünder.“ Moses erhob seine flehende Stimme vor dem Antlitze Gottes und Gott vernichtete das Volk nicht. Bald aber „verschmähten und verachteten sie das gepriesene Land der Verheißung und murrten in ihren Zelten und hörten nicht auf die Stimme Gottes... sie aßen von dem Opferfleische des Todes und vereitelten die Erfindungen seiner Güte und das Verderben mehrte sich unter ihnen. „Da stand Phinees vor dem Angesichte Gottes und versöhnte und zu Ende ging das Unheil. Aber „wiederum erzürnten sie Ihn.“ So geht es weiter. „Und oft befreite sie der Herr.“ Doch ebenso oft beleidigten sie Ihn. Die Strafen vervielfältigten sich. Immer strenger offenbarte sich die ewige Gerechtigkeit. Kann denn weder die Güte noch der Zorn Gottes den ewigen Ratschluß vollenden? Ist dieser letztere von elenden Geschöpfen abhängig? Gilt in ungemessener Ausdehnung das Wort des Psalmisten: „Sie aber erzürnten Ihn und vereitelten seinen Ratschluß?“ Scheint nicht der kummervolle Ruf der Kinder Israels am Ende des Psalmes dem Anfange schnurstracks zu widersprechen? „Errette uns, Herr, unser Gott, und sammle uns aus den

Völkern!" Zerstreut unter fremden Nationen, der Spott der Völker, verworfen von Gott, gehaßt von den Menschen, das Kainszeichen der Furcht und der Ruhelosigkeit auf der Stirne heben die Kinder jenes Volkes, das da vor allen andern von Gott erwählt worden und welches der Träger überaus herrlicher Verheißungen gewesen, nach Jahrhunderte langer Schmach in tiefster Demut auf den Knieen liegend die Hände zu Gott empor mit dem erschütternden Flehen: „Errette uns, Herr, unser Gott, und sammle uns wieder zu einem Volke." Ist denn das Elend der Menschen das Lob Gottes, und deren Niederwerfung die Ehre seiner Macht?

Gewiß nicht. Wohl aber führt Gott seinen unabänderlichen Ratschluß aus unter gleichzeitiger Wahrung der menschlichen Freiheit. Vielmehr beruht gerade darin die unermeßliche Tiefe des göttlichen Ratschlusses, daß die volle geschöpfliche Freiheit und Selbstwirksamkeit das Hauptmittel in dessen Ausführung ist. Erreicht der Sünder den von ihm gewollten Zweck? Niemals. Er will Frieden, Ruhe, Glück und gerade das Gegenteil bringt ihm der Gegenstand seines boshaften Strebens. Dieser selbe Gegenstand wird aber in der Hand des unfehlbaren Gottes ein Werkzeug seiner Gerechtigkeit und ein Mittel zur Ausführung seines Ratschlusses. Gezwungen dient der Sünder dem Ruhme Gottes, freiwillig thut es der Gerechte. „Ziehe mich nicht mit den Sündern,"[1]) fleht der Prophet. „Das ist mein Trost, daß Er meiner nicht schont,"[2]) spricht der gerechte Job.

Gott führt mit gewaltiger Hand die Israeliten aus Ägypten durch das rote Meer, um ihnen das gelobte Land zu geben; sie aber beten das goldene Kalb an und sehnen sich nach den Fleischtöpfen Ägyptens; „sie halten nicht aus den Ratschluß Gottes," wie es im Psalm heißt. Ändert das den göttlichen Ratschluß? Nein! Derselbe offenbart sich dadurch

[1]) Ps. 27.

[2]) Job 6, 10.

nur ausdrücklicher als Ratschluß der reinsten Barmherzigkeit. Die Lästerer werden gezüchtigt und die übrigen preisen die göttliche Güte um so mehr, als sie sich derselben unwürdig finden und die Strenge des Zornes Gottes erfahren haben. „Den Herrn sollen preisen seine Erbarmungen und seine Wunderthaten die Menschenkinder.“ [1]) Sie fallen wieder, „sie beten Beelphegor an und opfern ihre Söhne und ihre Töchter den Götzenbildern Kanaans.“ Der Urteilsspruch Gottes, wie Gregor sagt, kann geändert werden, aber der Ratschluß nicht, mutat consilium et non sententiam. Aus ihrer eigenen Schuld fallen die Sünder dem Urteilsspruche der göttlichen Gerechtigkeit anheim, während sie an den Verheißungen der Barmherzigkeit Gottes teilnehmen konnten. Aber der Ratschluß der letzteren bleibt der nämliche, er tritt nur deutlicher hervor. Mit größerer Innigkeit singen die Auserwählten:[2]) „Preiset den Herrn, weil Er gut ist; denn in Ewigkeit währt seine Barmherzigkeit. So sollen lobpreisen, die da erlöst sind, die Er befreit hat aus der Hand des Feindes.“

Und je mehr sich die Sünde vervielfältigt, desto glorreicher erscheint der barmherzige Ratschluß des Herrn. Es offenbart sich vor aller Welt gleichsam sichtbarerweise, wie nichts Geschöpfliches, keine Handlung und kein Vermögen die Ursache des Heiles irgendwie ist; sondern wie vielmehr Gott trotz der geschöpflichen Schwäche und Bosheit aus reinster, freiester Liebe und Barmherzigkeit, nur weil Er Er selber ist, der Frei-Lebendige mitten in der Umgebung des Todes, inter mortuos liber, seine Geschöpfe zum Heile leitet. Oder ist nicht das Volk Israel, wie es oben der Psalmist geschildert, ein Bild der Auserwählten, die da zerstreut unter den Nationen, in Sünden empfangen, des Todes schuldig und nicht selten durch eigene Sünden von Gott getrennt sind, welche

[1]) Ps. 106.
[2]) Ibid.

aber geläutert durch Reue und Buße, geprüft durch Schmerz und Mühseligkeit, trotz der Sünder und Lästerer, die sie umgeben, im Angedenken an die Gnaden, die sie ungeachtet ihrer Unwürdigkeit und vor so vielen anderen erhalten, zerknirscht von dem Gewichte der göttlichen Güte, die sich in ihnen offenbart, in vollstem Vertrauen ausrufen: „Rette uns, o Herr, unser Gott, und sammle uns in deine heiligen Tabernakel mitten unter den Völkern!" Nicht als ob der Ratschluß Gottes das Elend bezweckte, und nicht als ob der Herr seine Feinde niederwerfen möchte; nicht deshalb haben die Auserwählten gelitten und leiden sie noch. Nein; nur damit sein ewiger Ratschluß in ihnen offenbar würde, daß allein seine Barmherzigkeit, allein seine Liebe sie retten könne; daß allein seine Barmherzigkeit, allein seine Liebe Macht und Gewalt habe und daß alles andere ihr dienen müsse; nur damit sie in der Ewigkeit Gott mehr loben können und sonach eine größere Herrlichkeit genießen, damit „Preis und Lob und Danksagung" ihre Seele mehr und mehr entflamme und sie in Wahrheit singen können: „Wir beten Dich an, wir verherrlichen Dich, wir sagen Dir Dank ob Deiner großen Herrlichkeit."

Nun begreifen wir, wie der Psalmist beginnen kann mit der Aufforderung, Gott zu preisen, weil Er gut ist und weil seine Barmherzigkeit ewig währt, wie er also das Lob des barmherzigen Gottes in hervorragender Weise gerade in diesem Psalm verkünden will und dann das Elend, die Bosheit und die Strafen des Volkes Israel erzählt. Er will den Ratschluß Gottes als den tiefen, durch nichts zu beeinflußenden, durch keine Bosheit zu verändernden, durch kein Elend zu hindernden; wohl aber mitten durch alles dieses hindurch immer stärker sich offenbarenden Ratschluß der ewigen Barmherzigkeit preisen und die Offenbarung dieser Vollkommenheit als die Quelle aller Macht und aller Gewalt verherrlichen, in deren Hand selbst das Höchste im Geschöpfe, das nämlich, was da seiner Natur nach niemals dienen kann, die Freiheit, ein nie versagendes Mittel zum Zwecke wird; oder besser, jene herrliche Barmherzigkeit will er preisen, welche die Freiheit und Unabhängigkeit selbst ist. Deshalb schließt er den Psalm nicht etwa mit den Worten, die das tiefste Elend ausdrücken: „Rette uns, Herr, unser Gott, und sammle uns mitten unter den Völkern," sondern er fährt fort: „Damit wir preisen Deinen heiligen Namen und in Deinem Lobe unsere Ehre und Herrlichkeit finden. Gepriesen sei der Gott Israels von Ewigkeit zu Ewigkeit und alles Volk soll rufen: So sei es, so sei es."

Der fromme Dulder kennzeichnet in erhabenster Weise das Gott eigentümliche Wissen, wenn er sagt: „In Ihm ist Weisheit und Kraft, Ihm steht der Ratschluß zu und das Verständnis." Der heilige Gregor bemerkt erklärend zu den letzten Worten: „Gott hat den Ratschluß und das Verständnis; denn durch seinen Ratschluß giebt er nach seinem eigensten Willen die Zweckrichtung; vermöge seines Verständnisses kennt Er unsere Angelegenheiten **consilio disponit sua, intelligentia cognoscit nostra.**"

Es darf nämlich nicht vorausgesetzt werden, daß Gott nur etwa so im allgemeinen alles, was vorkömmt, gemäß seiner Barmherzigkeit benützte und in dieser Weise sein Ratschluß immer der nämliche bliebe, weil derselbe am Ende immer in etwa seine Barmherzigkeit verherrliche. So verhält sich die Sache nicht. Vielmehr ist gemäß den geringsten Einzelnheiten alles Geschöpfliche in seinem Ratschlusse vorgesehen und verherrlicht genau so wie Er will und nach keinerlei anderem Maßstabe seine Liebe und seine Barmherzigkeit. Der Trunk Wassers, der aus Liebe dem Durstenden gegeben wird, ist ebenso fest in seinem Ratschlusse begründet, wie das schnell gesprochene und wieder schnell vergessene Wort der Verleumdung derselben nicht fremd bleibt. Keinen guten Gedanken können wir von uns selbst uns geben und nicht einmal das Wort Jesu sprechen außer daß von Gott die Kraft dazu gegeben würde. Ebenso wenig kann den Herrn in seinem Ratschlusse ein schlechter Vorsatz oder ein sündhaftes Werk stören.

„Und Gott leitet meine Schritte,“ sagt der Psalmist (Ps. 39) und wiederum: „Leite meine Schritte nach Deinem Worte“ (118.) oder mit anderen Worten: „Er wird meine Schritte auf den rechten Weg bringen“ (84). Die Sprichwörter erinnern gleichermaßen an diese Vorsehung, an das Verständnis alles dessen, was uns betrifft: „Denke an den Herrn und Er wird deine Schritte leiten“ (3, 6.); und sie ermahnen: „Deine Blicke mögen deinen Schritten den Weg bahnen“ (4, 25.), als ob sie genau die Art und Weise angeben wollten, wie der Herr des Menschen Schritte leitet; dadurch nämlich, daß Er den Geist erleuchtet und somit den Samen guter Gedanken in denselben wirft.

Daß aber und wie der Herr die Sünder zugleich mit den Peinen und den Trübsalen, welche von ihnen kommen, von seinem Ratschlusse geleitet werden läßt, das erläutern zahlreiche Stellen. So sagt der Psalmist (33): „Es schrieen zum Herrn die Gerechten und der Herr erhörte sie und Er befreite sie aus allen ihren Drangsalen; es steht der Herr bei denen, die in Trübsal sind und Er errettet die von Herzen Demütigen... Der Herr behütet alle ihre Gebeine, nicht eines derselben wird Schaden leiden; der Tod der Sünder ist erschrecklich.“

Der Apostel Johannes aber schreibt ausdrücklich in der geheimen Offenbarung: „Der Herr wird alle ihre Thränen trocknen;“ ohne Zweifel, weil Er alle Leiden der Gerechten kennt. Es ist ganz natürlich, daß, wenn Gott die Verfolgungen, denen die Guten unterworfen sind, kennt und zu deren Verherrlichung leitet, Er auch die Sünden der Bösen, den Stolz, den Haß, die Habsucht, die Wollust &c. ebenso je nach ihrem Grade kennen muß, da aus ihnen die Verfolgungen hervorgehen und dem Maße und der Größe der betreffenden Sünden entsprechen. „Alles wegen der Auserwählten;“ auch das Positive in der Sünde und was daraus folgt.

Die Sünde dient eben gezwungenerweise nicht nur der göttlichen Barmherzigkeit, sondern auch den einzelnen Auserwählten und nach diesem Maßstabe tritt sie ein in die vom göttlichen Rathschlusse ausfließende Ordnung.

Wenn sonach die Schrift des öfteren davon spricht, daß die Ratschlüsse Gottes vereitelt würden von den Bösen, so bezicht sich das auf das Böse, soweit es dem Sünder selbst schadet. Der Sünder hat Vermögen und Fähigkeiten bekommen, welche an und für sich gleich der Natur selber auf das Gute gerichtet sind und demnach die Erreichung des ewigen End-Zweckes ermöglichen. Das ist die sententia, wie Gregor sagt; d. h. der eine Ausdruck des ewigen Ratschlusses. Der Sünder mißbraucht aber thatsächlich diese seine Fähigkeiten und Vermögen; er fällt. Da ist die Erreichung des persönlichen Zweckes seitens des Geschöpfes nicht mehr möglich; die sententia, soweit sie das einzelne Geschöpf betrifft, ist nicht mehr dieselbe, sondern eine andere. Nicht in der Kenntnis Gottes, beziehungsweise in seinem Ratschlusse ist eine Änderung eingetreten. Gott hat niemals eine entgegengesetzte Entscheidung im Geschöpfe irgendwie gesehen, der gemäß Er seinen Ratschluß hätte ändern müssen; sondern Er sieht im Sünder ebenso nach wie vor der Sünde dasselbe, nämlich die Neigung und Befähigung zum Guten, wohl aber trägt das Geschöpf in sich den Gegensatz und inneren Widerspruch. Es hat das in seiner Natur oder in der Gnade wurzelnde V e r m ö g e n, den guten Zweck zu erreichen — und das ist die eine sententia oder die Folge des barmherzigen consilium Gottes. Dann aber trägt es in sich den thatsächlichen Abfall von diesem selben Vermögen im einzelnen Akte — und das ist die andere sententia, oder die Vereitelung des guten Ratschlusses Gottes für das eigene Wohl des Geschöpfes; die Folge der persönlichen Schwäche und Bosheit.

Die Sentenz Gottes oder sein Urteil ist insofern geändert, als er nach dem einen und nämlichen Ratschlusse seiner Barmherzigkeit die Fähigkeit, den Zweck zu erreichen gab und den Abfall davon im einzelnen Falle erlaubte. Warum giebt Er aus Güte und erlaubt aus Gerechtigkeit? Das ist, was die einzelnen anbetrifft, ein undurchdringliches Geheimnis; beides aber geschieht immer im letzten Grunde aus Barmherzigkeit. Niemand soll sich rühmen im Vergleich zum anderen; denn was in den einen aus Gerechtigkeit zugelassen wird, das geschieht, damit die anderen nur der Liebe und Macht Gottes die Ehre geben und in keiner Weise den eigenen Verdiensten. „Ich will euch nicht verbergen das Geheimnis," so der Apostel an die Römer (c. 11), „damit ihr euch nicht vor euch selber rühmet. Von einer teilweisen Blindheit ist Israel befallen, bis da die Fülle der Völker in das Reich Gottes eintrete; und dann wird ganz Israel gerettet werden, wie geschrieben steht: Aus Sion wird kommen, der da herausreißt die Beute und die Gottlosigkeit abwende von Jakob; und das ist mein Testament, wenn ich von ihnen entfernen werde ihre Sünden. Gemäß dem Evangelium zwar sind sie Feinde euretwegen; gemäß der Auswahl aber sind sie die teuersten Freunde um der Väter willen. Ohne Widerspruch sind nämlich die Gaben und die Berufung Gottes. Denn sowie auch ihr (die Heiden) einstmals Gott nicht geglaubt habt, nun aber euch Barmherzigkeit zu teil geworden ist wegen des Unglaubens jener (der Juden); so nun haben diese (die Juden) jetzt nicht geglaubt, daß sich Gott eurer erbarmt habe, und auch ihnen wird einst Barmherzigkeit zu teil werden. Gott hat erlaubt, daß der Unglaube alles beherrsche, damit Er sich aller erbarme. O die Höhe des Reichtums, der Wissenschaft und Weisheit Gottes: wie unbegreifbar sind seine Ratschlüsse und wie unerforschlich seine Wege .... Aus Ihm und durch Ihn und in Ihm ist alles; Ihm sei die Ehre in Ewigkeit."

Hatte Job recht, in dieser Weisheit, deren unversiegbare Quelle die Liebe und Barmherzigkeit Gottes ist, seinen Trost zu suchen? Sie umfaßt alles, sie kann alles, sie durchdringt alles. „Sie ist erhabener als der Himmel,' so heißt es von ihr im selben Buche Job, „was willst du thun; tiefer als die Unterwelt, woher willst du sie kennen; länger als die Erde ist ihr Maß und breiter ist sie als das Meer." Dazu bemerkt Gregor der Große:

„Erhabener ist die göttliche Weisheit wie der Himmel, weil sie durch ihre Unermeßlichkeit über alles hinausragt; tiefer ist sie als die Unterwelt, weil sie alles überragend zugleich alles trägt; länger ist sie als die Erde, weil sie das Maß der Kreatur durch die ununterbrochene Dauer ihrer Ewigkeit übersteigt; breiter als das Meer, weil sie die Wogen des Wassers der Zeitlichkeit so regelt und besitzt, daß sie dieselben durch die allseitige Gegenwart ihrer Macht umgiebt und in den gehörigen Grenzen hält. Es können nun auch unter dem „Himmel" die Engel verstanden werden und unter der „Unterwelt" die Dämonen; die „Erde" aber kann die gerechten Menschen bezeichnen und das „Meer" die stets unruhigen Sünder. Sie ist daher erhabener als der Himmel, weil selbst die seligen Geister eine solche Lichtfülle nicht zu durchdringen vermögen; tiefer ist sie als die Unterwelt, weil sie die boshaften Anschläge der bösen Geister weit feiner als diese gemeint hatten, erfaßt und zu Schanden macht; breiter ist sie als die Erde, weil sie in der Geduld ihrer Langmut unsere Langmut weit übertrifft, da sie uns, wenn wir sündigen, erträgt und wenn wir uns bekehren, ewigen Lohn vorbehält; breiter ist sie wie das Meer, weil sie überall die Handlungen der Sünder durch ihre Gegenwart für die gebührende Strafe festhält und wenn sie auch nicht mit den Augen der Sinne geschaut wird, doch im Gewissen sich bemerklich macht. Der Psalmist hatte sein Herz erhoben, aber da fühlte er erst, wie erhaben Gottes Weisheit sei, denn er sagte: Als eine völlig wunderbare erschien mir Deine Wissenschaft, je mehr ich sie betrachtete, desto stärker kam sie mir vor und meine Ohnmacht fühlte ich erst recht. Daß sie tiefer sei als die

Unterwelt, das wußte jener, der sein Gewissen prüfte, aber in der Furcht vor ihrem tiefer dringenden Blicke ausrief: Ich bin mir nichts bewußt, deshalb bin ich aber noch nicht gerechtfertigt; denn der mich richtet ist der Herr. Als länger als die Erde hatte ebenderselbe die göttliche Weisheit erkannt, da ihm klar wurde, die menschlichen Wünsche selbst könnten sie nicht erreichen: Der da mächtig ist (Ephes. 3.), alles weit besser und vortrefflicher herzustellen, als wir erbitten oder wünschen können, sagt Paulus. Jener hatte erfahren, daß sie breiter sei als das Meer, der da voll Furcht erwog, daß die menschliche Vernunft, wie sehr sie sich auch anstrengen möchte, niemals die Unermeßlichkeit ihrer Strenge erfassen könne (Ps. 89): Wer kennt die Gewalt Deines Zornes und wer kann in der Furcht vor Dir Deinen Zorn ermessen? So sagt ja auch Paulus: Damit ihr erkennen könnt mit allen Heiligen, welches sei die Breite, die Länge, die Erhabenheit, die Tiefe des Wissens Christi. Die göttliche Weisheit ist breit, weil ihre liebevolle Vorsehung bis zur Berufung ihrer Feinde sich erstreckt. Sie ist lang, weil sie mit Geduld und Langmut uns zum himmlischen Vaterlande geleitet. Sie ist erhaben, weil sie das Verständnis der Seligen im Himmel übersteigt; sie ist tief, weil sie über die Verworfenen unermeßlich schwere Strafen verhängt."

Dies ist die göttliche Weisheit, in welche Job sein Vertrauen setzte und die ihm mitten im tiefsten Leid innigsten Trost gewährte. Sie führte ihn auch heraus aus der bitteren Prüfung. „Die Geduld des Armen wird nicht bis zum Ende vergehen." Job war ohne Grenzen arm geworden; arm an äußeren Gütern, arm an Freunden, arm selbst — und das war das Entscheidende — arm war er geworden am eigenen Urteile und an eigenem Willen. Er kämpfte und litt für seinen Glauben, daß die Weisheit Gottes in allem, was sie schickt, keinen anderen bestimmenden Grund habe als sich selbst, und nur sich selbst; nämlich die in ihr wohnende völlig freie und unabhängige Liebe und Barmherzigkeit; daß sie handle nicht nach Maßgabe dessen, was das Geschöpf thut oder gethan haben würde, sondern einzig und allein nach dem unerforschlichen ewigen Ratschlusse. Und Gott nahm den Armen, der sich Ihm ganz überlassen, barmherzig auf und die Freunde, die da für das Leid, das Gott dem Dulder gesandt, durchaus einen geschöpflichen bestimmenden Grund in vorhergegangenen oder vorausgesehenen Sündeu finden wollten, tadelte und bestrafte Er. „Ihr habt nicht recht zu mir gesprochen wie mein Knecht Job; deshalb ist entbrannt mein Zorn gegen euch."

Möge die theologische Abhandlung, in welcher die soeben kurz nach der Schrift gekennzeichneten Grundmerkmale des göttlichen Wissens entwickelt und eingehend begründet werden sollen, nicht nur den Verstand aufklären, sondern zu ähnlichem Vertrauen auf die Führung der göttlichen Weisheit uns entflammen, wie den heiligen Dulder. Die trockene Wissenschaft dient wenig, wenn sie nicht gar im Gegenteil aufbläht und demnach verderbliche Folgen hat. Sie muß erhellen und wärmen; die Leuchte muß sie werden für das praktische christliche Tugendleben. Das wird aber dann geschehen, wenu vermittelst derselben auf die Ehre Gottes und den Glanz seiner erhabenen Vollkommenheiten hellere Strahlen geworfen werden und dementsprechend die menschliche Ohnmacht klarer herrortritt. Das sei der Zweck der folgenden Erwägungen, zu denen Gott seine Gnade geben wolle. Je mehr die menschliche Ohnmacht erkannt wird, desto eifriger wird der Mensch Gott suchen, um mit Hilfe Gottes die Wege seiner Gebote zu wandeln. So sagt der Psalmist (118): „Deine Gebote habe ich beobachtet und den Zeugnissen Deiner Macht bin ich gefolgt, weil alle meine Wege offen lagen vor Deinem Angesichte."

Die Methode ist im ganzen dieselbe, wie die in der Arbeit: „Natur, Vernunft, Gott" befolgte.

Erstes Kapitel.

§. 1.

Die Existenz der Allwissenheit Gottes.

Im ersten Artikel der vierzehnten Quästion im ersten Teile der summa fragt Thomas zwar nur, ob in Gott Wissen sei; er antwortet jedoch am Ende seiner Darlegung, daß Gott den unbedingt höchsten Grad des Wissens besitze. So heißt es im Texte:

1. Text.

„Ich antworte,[1]) Gott besitzt das Wissen in seiner höchsten Vollendung. Um davon sich klar zu überzeugen, ist zu er=

---

[1]) Respondeo dicendum, quod in Deo perfectissima est scientia. Ad cujus evidentiam considerandum est, quod cognoscentia a non cognoscentibus in hoc distinguuntur, quia cognoscentia nihil habent nisi formam suam tantum, sed cognoscens natum est habere formam etiam rei alterius: nam species cogniti est in cognoscente. Unde manifestum est quod natura rei non cognoscentis est magis coarctata et limitata; natura autem rerum cognoscentium habet majorem amplitudinem et extensionem, propter quod dicit Philosophus (3 de anima) quod anima est quodammodo omnia. Coarctatio autem formae est per materiam. Unde et superius diximus quod formae secundum quod sunt magis immateriales, secundum hoc accedunt ad quandam

wägen, daß die Wesen, welche etwas zu erkennen vermögen, von den anderen, denen das nicht möglich ist, in folgendem Punkte sich unterscheiden. Die letzteren nämlich haben nur ihre eigene Substanz, während das erkenntnisfähige Wesen dazu berufen ist, auch die Substanz eines anderen Dinges in sich zu haben, denn die Substanz oder Natur des Erkannten ist im Erkennenden. Daraus geht hervor, daß die Natur jener Wesen, welche aller Erkenntnis bar sind, mehr eingeschränkt und beengt ist; die Natur der erkenntnisfähigen Wesen aber eine größere Weite hat und sich auf vieles richtet; weshalb Aristoteles sagt, die Seele sei gewissermaßen alles. Nun liegt aber der Grund des Beschränktseins der Substanz im Stoffe. Deshalb hatten wir schon früher gesagt, daß die Substanzen sich insoweit den Grenzen oder Schranken entziehen und der Unendlichkeit nahekommen, inwieweit sie vom Stoffe losgelöst sind. Demnach ist im allgemeinen die Losgelöstheit vom Stoffe für ein Ding der maßgebende Grund von dessen Erkenntnisfähigkeit und nach dem Grade solcher Stofflosigkeit richtet sich der Grad der Erkenntnisfähigkeit. So sind z. B. die Pflanzen gar nicht des Erkennens fähig, weil sie ganz an den Stoff gebunden sind. Der Sinn aber kann etwas erkennen, weil er Bilder der äußeren Dinge ohne deren subjektiven Stoff in sich aufzunehmen vermag; und die Vernunft kann dies in noch höherem Grade, weil sie in höherem Grade vom Stoffe getrennt und völlig ihrer Natur nach unvermischt ist. Gott aber ist im

---

infinitatem. Patet ergo quod immaterialitas alicujus rei est ratio quod sit cognoscitiva et secundum modum immaterialitatis est modus cognitionis. Unde in 2 de anima dicitur quod plantae non cognoscunt propter suam materialitatem. Sensus autem cognoscitivus est quia receptivus est specierum sine materia; et intellectus adhuc magis cognoscitivus, quia magis separatus est a materia et immixtus, ut dicitur in 3 de an. Unde cum Deus sit in summo immaterialitatis est, ut ex superioribus patet, sequitur quod ipse sit in summo cognitionis.

schlechthin höchsten Grade stofflos und deshalb steht Er auch auf der schlechthin höchsten Stufe des Wissens."

§. 2.

Erläuterung des Textes.

2. Gedankengang.

Es ist beim heiligen Thomas zu bemerken, daß solche Artikel, die er an die Spitze der Behandlung einer Haupteigenschaft Gottes stellt, den Grund für alle folgenden enthalteu. Die späteren Ausführungen stehen durchaus auf dem im ersten Artikel gelegten Fundamente; sie wenden die im ersten Artikel aufgestellten Grundsätze nur an, um die von den verschiedensten Seiten her auftauchenden Fragen zu beantworten und alle möglichen Zweifel zu zerstreuen. Demnach muß einem solchen gewissermaßen tonangebenden und thatsächlich bahnbrechenden Artikel immer erhöhte Aufmerksamkeit geschenkt werden. Besonders aber ist in dem vorliegenden, der da in die Besprechung einer der Hauptvollkommenheiten, wenn nicht der Hauptvollkommenheit Gottes einführen und die Lösung der größten und tief einschneidendsten Schwierigkeiten anbahnen soll, jedes Wort von Bedeutung und bedarf der Erklärung.

Warum erkennt Gott? Weil Er vom Stoffe losgelöst ist. Warum erkennt Er in dem schlechterdings höchsten Grade? Weil Er im schlechterdings höchsten Grade stofflos genannt werden muß. Woran liegt es nun, daß der Stoff die Erkenntnisfähigkeit hindert und daß souach die Thatsache allein, wonach ein Sein in seinem Wesen vom Stoffe sich entfernt, einen unerschütterlichen Beweis bildet für die Erkenntnisfähigkeit? Daran, daß der Stoff die Quelle der Beschränktheit und der Abhängigkeit von anderem Sein ist. Er leidet und empfängt vielmehr, als daß er wirkt und giebt; bedarf des bewegenden Anstoßes von außen vielmehr, als daß er bewegt und bestimmt. Ist aber der Stoff die Quelle der Beschränktheit und Abhängigkeit, so muß der Grad seiner Abwesenheit in einem Sein auch die Richtschnur bilden für die Unbeschränktheit und Freiheit. Und wer in keiner Weise, weder in der Substanz noch im Handeln an den Stoff gebunden erscheint, also auf denselben nicht die geringste Rücksicht zu nehmen hat, der ist auch völlig und durchaus unbeschränkt in der Erkenntnis und unterliegt demgemäß auch nicht dem geringsten Einflusse von außen. Das ist der Gedankengang des engelgleichen Lehrers.

3. Einwürfe.

Sind nun die zu Grunde gelegten Sätze wirklich ganz unbestritten? Sind sie so klar, wie es auf den ersten Blick den Anschein hat? Ist Stofflosigkeit in der That das Maß der Erkenntnisfähigkeit?

„Die rein stofflichen Dinge," sagt Thomas, „besitzen nur ihre eigene Substanz; sie können andere Substanzen nicht in sich aufnehmen," wie dies die Grundbedingung für die Erkenntnisfähigkeit ist. Aber der Stein nimmt wohl die Form anderer Seinsarten an, wie z. B. die Farbe, die Trockenheit, die Figur. Das Wachs ist sogar sehr geeignet für die Aufnahme und für das Festhalten fremder Seinsformen. Die Luft spiegelt die verschiedenartigsten Dinge wieder und das klare Wasser läßt das Bild der hineinschauenden Sonne in ganz genau entsprechender Weise sehen.

Zudem scheint das ganze Vorgehen kein Beweis, sondern eine petitio principii zu sein. Denn indem Thomas annimmt, daß das Stofflose andere Seinsformen in sich aufzunehmen geeignet ist, setzt er eben voraus, was zu erweisen wäre. Erkennen ist nämlich nach der allgemeinsten Definition die Identität zwischen dem Erkannten und dem Erkennenden, und demnach ist Erkenntnisfähigkeit jedenfalls die Möglichkeit, fremde Seinsformen in sich aufzunehmen und danach zu handeln. Das Vorgehen des heiligen Thomas besteht nun kurz darin: Daß das Stofflose erkennt, ist in dem Umstande begründet, daß es andere Seinsformen aufnehmen, also etwas anderes werden kann. Gerade dies aber will das Erkennen besagen, daß etwas in seinem subjektiven Sein verbleibt und doch durch Aufnahme einer fremden Wesensform zugleich etwas anderes wird; also beweist Thomas den Satz, daß nur Stoffloses, insoweit es stofflos ist, erkennt, mit diesem anderen, daß Stoffloses erkennt, eben weil es erkennt.

Es tritt hinzu, daß der Vorzug, stofflos zu sein, der Erfahrung gemäß durchaus nicht den Erkenntnisgrund zu bilden scheint; denn der Wille, der Glaube, die Liebe, die Gnade und unzähliches Ähnliche ist wohl stofflos, aber nicht erkenntnisfähig.

Eine andere Unzuträglichkeit liegt zudem darin, daß Thomas ausdrücklich die Sinne als erkenntnisfähig hinstellt, während dieselben doch, zumal nach seiner Lehre, naturgemäß an den Stoff gebunden, somit keinesfalls immateriell sind.

Endlich sind Mensch und Tier, ebenso wie Mensch und reiner Geist und noch mehr das erkennende Geschöpf und der erkennende Schöpfer, ohne Zweifel dem ganzen Wesen nach voneinander unterschieden. Wird aber die alleinige Losgelöstheit vom Stoffe als maßgebende Bedingung für die Erkenntnis festgehalten, so erscheint nur ein gradueller Unterschied, nämlich ein Mehr- oder Minder-Entferntsein vom Stoffe als annehmbar. Thomas selbst scheint das anzudeuten, wenn er sagt: intellectus est magis cognoscitivus quam sensus.

4. Grundunterschied zwischen Stofflichem und Stofflosem. Erfahrung.

Auf diese Einwürfe ist zu erwidern, daß der Beweis des heiligen Thomas mit metaphysischer Notwendigkeit darthut, wie Gott seinem Wesen nach nicht nur erkennt, sondern vielmehr die schlechthin höchste Stufe in dieser Vollkommenheit einnimmt.

Zuvörderst bezeichnet Thomas die Losgelöstheit vom Stoffe nicht speciell für das geistige Erkennen als Grundbedingung, sondern für das Erkennen überhaupt, soweit dieses auch die Sinne umfaßt. Und ferner ist hervorzuheben, daß es im Texte nicht heißt: „formam alteram", sondern „formam alterius". Nicht also um irgendwelches Aufnehmen einer anderen Seinsform handelt es sich, sondern es zeichnen sich die erkennenden Wesen durch den Vorzug aus, daß sie die Seinsform eines anderen Dinges in sich aufnehmen und daß trotzdem dieses letztere, ganz wie es ist, bestehen bleibt, nach wie vor also ein anderes, vom erkennenden Wesen dem subjektiven Sein nach getrenntes ist.

Damit berührt Thomas den Grundunterschied zwischen stofflichem und stofflosem Sein und deutet die Notwendigkeit der substantiellen und nicht bloß graduellen Verschiedenheit zwischen beiden vollkommen klar an. In den erkennenden Dingen ist Platz für das Bestehen anderer, in sich selbständiger Seinsarten; die stofflichen sind nur mit sich selbst beschäftigt.

„Der Leib, der da verdirbt, beschwert die Seele," sagt die Schrift, „und die Erdenwohnung drückt den Sinn, der vieles denkt." Wie anders beschwert der Leib die Seele, als weil er immer etwas bedarf und ohne alle Rücksicht auf anderes Sein die Befriedigung seiner Bedürfnisse fordert. Bald treibt er zur Thätigkeit an, um den Hunger zu befriedigen, den er fühlt; bald will er unbedingte Ruhe, weil der Genuß die Lust zu jeglicher Arbeit genommen hat. Bald verlangt er in der Kälte warme Kleider, bald möchte er, ist ihm zu warm, die Kleider lieber entfernt wissen. Bald wollte er hinaus aus dem Zimmer in die frische freie Luft, bald möchte er sich abschließen und fürchtet für sein Wohl von dem unschuldigsten Lüftchen. Wer kann die Bedürfnisse zählen, die sich täglich geltend machen und von denen das eine nicht selten, kaum ist es befriedigt, das gegenteilige hervorruft? Wer kann den Druck beschreiben, den ein jedes dieser Bedürfnisse auf die Seele ausübt? Dieselbe möchte so oft sich im Bereiche des Idealen, d. h. in der Betrachtung anderer Naturen, als sie selbst ist, aufhalten, immer aber ist etwas von seiten des Körpers da, was sie zwingt, zur Sorge für die eigene Natur zurückzukehren. Ich, ich und nur ich, sagt fortwährend der Leib — und glückt es der Seele, für einige Zeit Widerstand zu leisten, so muß sie später nicht selten nur um so mehr mit ihm sich beschäftigen. Nur danach, daß seine eigene Natur erhalten und vervollkommnet wird, strebt der Körper und damit giebt er das Wesen alles Stofflichen wieder, was da von sich aus nur geeignet ist, wie Thomas sagt, „die eigene Form zu haben.“

Hilft aber am Ende dieses Streben dem Leibe? Die Schrift sagt bezeichnend: „Der Leib, welcher verdirbt, beschwert die Seele.“ Dadurch eben, daß der Leib nur an sich denkt und nur seinen eigenen Vorteil berücksichtigt, zieht er sich selber das Verderben zu. „Die eine stoffliche Form ist das Verderben der anderen,“ wiederholt Thomas oft. Gehen und kommen, entstehen und vergehen, blühen und verblühen; das ist das Los alles Stofflichen. Ewiger Wechsel ist seine Lebensbedingung; damit aber auch das Verderben des einzelnen. Der Same, der in die Erde versenkt wird, muß seine eigene Form erst verlieren; er muß verderben, ehe die Frucht möglich sein kann. Die Speise, welche der menschliche Leib zu sich nimmt, kann nur dann dem letzteren dienen, wenn sie ihr eigenes Dasein aufgiebt und in die Natur des Körpers übergeht. Und der Körper selber nimmt mit jedem Einflusse von außen auch zugleich einen Keim des Verderbens für sich selber auf.

Was dem einen Organ gut ist, verdirbt immer mehr oder minder ein anderes und wenn es im Übermaße genossen wird, sogar das betreffende Organ selber. Schaut das Auge etwas Angenehmes, so stehen die Füße still, das Ohr schließt sich, selbst der Hunger vermindert seine überwältigende Qual. Hören andererseits die Ohren eine wunderbare Musik, so sehen hinwiederum die Augen nicht, die Häude hören auf, zu arbeiten und erst, wenn das Ohr anfängt, gesättigt zu werden, wachen die anderen Organe wieder auf. Die Thätigkeit des einen ist das Verderben für die Thätigkeit des anderen. Erhält der Magen Speise und Trank, so wird beinahe der ganze Mensch dabei in Anspruch genommen und erst wenn der Magen für sich befriedigt ist, giebt er ab an andere Organe.

„Non habent,“ sagt Thomas, „nisi formam suam tantum.“ Jegliches Stoffliche erstreckt sich nur auf sich selbst und hat gerade deshalb die Quelle des eigenen Verderbens in sich, denu cs kennt kein Maß. Nicht nur nützt die eigene Thätigkeit es ab, sondern es ist auch dem Einflusse äußerlicher Kräfte preisgegeben, ohne daß cs dicse letzteren begreifen und in ihrer Thätigkeit lenken könute. Jede Leidenschaft verdirbt sowohl den Gegenstand, den sie in Anspruch nimmt, als auch jenes Sein, von dem sie ausgeht. Sie sieht nur sich selbst. Die Gaumenlust verzehrt nicht nur das Kostbare, was ihr geboten wird, sondern sie verdirbt auch den Feinschmecker. Der Geiz nimmt nicht nur dem Gelde seinen Nutzen, sondern hindert zudem den Geizigen, sich angenehme Tage zu machen. Der Neid vernichtet, soweit es an ihm liegt, das Gute in anderen und bereitet zugleich dem Neidischen unaufhörliche Qual. Der Leidenschaftliche verfolgt nur den Gegenstand seiner Leidenschaft, ohne in seinem Gcifte Raum zu haben für andere Seinsarten und gemäß denselben sich sclbst und anderes leiten und lenken zu können. Soweit auch immer der Stoff und sein unmittelbarer Einfluß reicht, so weit geht auch die Beengtheit und Beschränktheit — est magis coarctata et limitata. — Der Gesichtskreis eines jeden stofflichen Seins als solchen ist einzig und allein auf sich gerichtet oder wie die Schrift sagt: „Der Leib, der da dem Verderben geweiht ist, beschwert die Seele und drückt den Sinn, der an vicles denkt.“

Der Adel im Menschen fängt damit an, daß er sich den Seinsbedingungen eines anderen Seins anbequemt und daß schließlich das Beste anderer die Richtschnur für sein eigenes Handeln bildet. Der Maler behandelt die Leinwand nicht nach den Verhältnissen seiner Seinsweise, sondern wie die Natur der Leinwand es verlangt und vervollkommnet dadurch sich und sie. Der Bildhauer richtet sich nach den Eigenschaften des Steines und setzt seine Kraft und seine Gewandtheit darein, denselben so, wie dieser es erfordert, zu bearbeiten. Je gerechter der Baumeister den Bedürfnissen anderer wird, desto mehr wird er auch selbst vollkommen sein. Je höher der Mensch sich erhebt, desto ausgeprägter wird in ihm das Wirken zum Vorteile anderer und die Spitze dieses wahrhaften Adels der Menschheit, den kein Titel, sondern nur der Geist zu geben vermag, und den kein Unglück nehmen kann, ist die Dahingabe des eigenen körperlichen Lebens zu Gunsten des Wohles anderer. „Eine größere Liebe,“ sagt in diesem Sinne der Herr, „hat niemand, als jener, der sein Leben dahingiebt für seine Freunde.“

Der Mensch wird in demselben Grade frei, in welchem er nicht der Sklave der eigenen körperlichen Bedürfnisse ist. Denn in demselben Grade ist er nicht von äußeren Einflüssen abhängig, sondern leitet vielmehr das Äußere und vervollkommnet sich selbst in der erhabensten Weise; dadurch nämlich, daß er anderes vervollkommnet.

Er hat infolge des erkennenden Geistes, den er besitzt, nicht nur *seine eigene* Form, d. h. seine eigene Natur als Richtschnur des Handelns, sondern „er nimmt die Wesensform anderen Seins in sich auf“ und wird Lenker der Entwicklung fremder Wesen dadurch, daß er deren Bestes begreift.

Dieser Grundunterschied zwischen Stoff und Geist ist sonach eine Thatsache, welche von der Erfahrung bereits gelehrt wird; es erübrigt noch, denselben philosophisch zu begründen.

5. Philosophische Begründung des Unterschiedes zwischen Stofflichem und Stofflosem.

Wir finden nämlich in den einzelnen Dingen eine Vollkommenheit, welche um so schärfer hervortritt, je mehr ein jedes von den Vorzügen entfernt bleibt, die dem Wesen anderer Dinge eigentümlich sind. Das Werk des Künstlers ist in seinem Einzelnbestande dann vollendet, es ist verfertigt, es ist fertig, wenn es sich von der bildenden Künstlerhand getrennt findet. Wird z. B. der bloße Marmor betrachtet, der dem Phidias zu seinem Zeus gedient hat, so war das Material eben so passend für eine Juno oder für einen Mars, wie für den „Zeus", und es bestand sogar während seiner Bearbeitung eine gewisse Zeit, in welcher dem Bildhauer es immer noch von seiten des Stoffes überlassen war, die eine oder die andere Figur daraus zu machen. Es kam jedoch der Augenblick, wo der „Zeus" die Vollkommenheit aller anderen Standbilder von sich ausschloß und nur seine eigene Vollendung besaß. Da war er eben in keiner Hinsicht mehr Juno oder Mars oder irgend etwas anderes und konnte auch zu keinem anderen Standbilde mehr dienen, sondern der Marmor war nur Zeus und nichts anderes.

Ist die Pflanze im Werden begriffen, so ist sie offen für diese oder jene Vollkommenheit und auch für die gegenteilige; ist sie aber einmal voll entwickelt, so besagt dies zugleich, daß sie nur die Vollkommenheiten besitzt, welche ihr als dieser einzelnen Pflanze zukommen.

Es findet sich also in den Dingen ein Vorzug, welcher ein jedes von ihnen entfernt von den Vorzügen der anderen und es bis in die einzelnsten Einzelnheiten hinab vollendet innerhalb seiner genau abgegrenzten Art. Demgemäß fehlt so viel Vollkommenheit dem einzelnen Dinge, als andere an eigener Vollendung besitzen. Dadurch, daß der Löwe ganz und vollkommen Löwe ist, fehlt ihm die Vollkommenheit, welche den Elefanten zum Elefanten macht und dadurch, daß der Mensch Mensch ist, schließt er die Möglichkeit von sich aus, daß er ein Engel sei und so in seinem subjektiven Sein die Vollkommenheiten des Engels besitze.

Diese Ursache nun, welche im Dinge bewirkt, daß es nur es selbst und nicht ein anderes ist, und daß es die Vollkommenheiten der anderen Dinge von sich ausschließt, wird die Materialursache genannt, die causa materialis. Daß der Mensch subjektiv Mensch ist und weder die Vorzüge besitzt, welche das Tier zum Tier machen, noch jene, welche nur dem Engel eigentümlich sind; daß er dann dieser einzelne Mensch ist und somit auf nichts Anspruch machen kann, was anderen Menschen als einzelnen Personen zukommt; das wird begründet durch die in ihm bestehende Materialursache. Sie bewirkt, daß, was in den Menschen tritt, etwas Menschliches wird. Der Leib des Menschen ist ein menschlicher, sein Geist ein menschlicher, seine Nahrung eine menschliche. Der Wille, die Vernunft, die Sinne mögen ihrer Natur nach von anderen Wesen ebenfalls ausgesagt werden. Es mag das Wollen, das Wissen u. dgl., soweit es im Engel ist, an sich nicht anders begrifflich bestimmt werden, als soweit es im Menschen sich vorfindet; ebenso wie das Sehen, Hören, Fühlen als solches dem Menschen und Tier dem Wesen nach gemeinschaftlich sein mag. Alle diese Vermögen und Thätigkeiten werden aber im Menschen menschliche, und dem ganzen Sein nach von denen im Engel und im Tiere geschiedene kraft der causa materialis, die sie dem betreffenden einzelnen Menschen so zu eigen macht, daß sie einerseits keinem anderen zugehören, andererseits die Vorzüge der anderen zu fremden Vorzügen machen.

In diesem Sinne ist auch die von außen kommende Idee, obwohl sie in allen Wesen, die von ihr wahrhaft Kenntnis haben, dem Begriffe nach durchaus als ein und dieselbe erscheint, im Menschen eine menschliche. Ihre Allgemeinheit macht sich da nach menschlicher Art und zwar im einzelnen Menschen je nach dessen einzelnen Verhältnissen geltend;

die Wirksamkeit derselben wird kraft der dem einzelnen innewohnenden causa materialis eine durchaus menschliche, alles andere Sein nach dieser Seite hin ausschließende.

Deshalb sagt Thomas: „Die Beengung und Beschränkung der Wesensform auf einzelne bestimmte Verhältnisse geschieht durch die Materie." Die Materialursache in jedem Dinge hat zur Folge, daß alles, was in dasselbe eintreten mag, die Seinsweise des betreffenden Dinges annimmt und von der Seinsweise aller anderen entfernt und derselben fremd ist. Wir sagen ausdrücklich „in jedem Dinge", weil die Materialursache, so aufgefaßt, auch in den rein geistigen Geschöpfen, nicht nur in den stofflichen, sich vorfindet, denn auch diese haben nur so ein Sein, daß sie ein anderes nicht haben.

6. Kurzgefaßte Bedeutung der Materialursächlichkeit.

Wir formulieren das Gesagte in folgenden Sätzen:

1) Die Materialursache ist innerhalb des einzelnen Seins der Grund, daß dieses nicht das andere ist.

2) Die Materialursache schließt deshalb, so weit ihr Einfluß reicht, die Vollkommenheiten aller anderen Dinge von dem betreffenden einzelnen aus.

3) Die Materialursache hat zur unmittelbaren Folge, daß das einzelne Sein empfängt oder leidet von anderen, nicht aber, daß dasselbe thätig ist oder auf das außenbefindliche einwirkt. Es ist dieser Punkt ganz natürlich; denn was der Grund des Nichtseins ist, das kann nicht den Grund des Seins bilden. Die Materialursache aber ist formell der Grund, daß das einzelne nicht die Vorzüge des anderen Seins hat. Wo also sie allein vorhanden wäre, da würde das Verhältnis zum anderen Sein nur im Empfangen, nur im Leiden bestehen, und wo sie gar nicht wäre, da würde auch kein Nichtsein und kein Empfangen oder Leiden denkbar sein.

4) Die Materialursache ist demzufolge auch die erste Quelle des Bedürfnisses. Kraft derselben kann das einzelne,

soll es überhaupt durch die Entfernung oder Minderung des Nichtseins vervollkommnet werden, dies nur dadurch, daß es dem Einflusse von außen unterliegt, wie derselbe auch immer beschaffen sein mag.

5) Wo schließlich eine Materialursache und in welchem Grade auch immer sie besteht, da ist auch in demselben Grade das einzelne nach außen gerichtet und erwartet von außen seine Vervollkommnung und Entwicklung, die eben nichts anderes sein kann als die möglichste Hebung des Nichtseins.

Daraus erhellt bereits zugleich, wie der Unterschied von „stofflich" und „stofflos" innerhalb des Seins immer einen Unterschied im ganzen Gattungswesen oder in der ganzen Art bedeutet und nicht bloß einen Unterschied in der Stufe oder im Grade des einzelnen Seins. Denn was da in derselben Art und nach derselben Seite hin zu empfangen vermag, das ist augenscheinlich seiner ganzen Art nach verschieden von dem, was nicht nach dieser selben Richtung hin das Sein empfangen kann. Nicht etwa, als ob die Materialursache, die ja an und für sich nur Nichtsein besagt, die specifisch bestimmte Art und Weise zu leiden oder zu empfangen im einzelnen Dinge positiv begründete; wohl aber ist sie das ausdrückliche Zeichen davon, wie das einzelne Sein, welches von sich aus nur eine fest bestimmte Art des Seins aufnehmen kann, also ein ganz bestimmtes Vermögen zur Entwicklung und Vollendung in sich trägt, nicht in ebendemselben Verhältnisse zu einer anderen Seinsart steht, also nicht das anderen zu geben vermag, was es von anderen empfangen soll.

Ist aber gar ein Sein dem ganzen Wesen nach völlig stofflos; hat es, allgemeiner ausgedrückt, gar keine Materialursache in sich und ist es demzufolge keinerlei Entwicklung, keinerlei Vollendung, keinerlei Vermögen, von außen her beeinflußt zu werden, zugänglich oder fähig, so ist ein solches Sein nicht nur durchaus wesentlich von allem stofflichen Sein getrennt, sondern es muß demselben gegenüber sich verhalten wie Thätigkeit zum Leiden, wie Fülle zum Bedürfnisse, wie reine Vollendung zum reinen Vermögen.

So steht nun aber das göttliche Sein da, welches, in sich nur Thatsächlichkeit, nur Vollkommenheit, nur wirkende Kraft, an der Spitze aller vollendenden Kräfte sich befindet.

7. Der Gegensatz der Erkenntnis zum Stoffe.

Denn auf daß jenem aus der Materialursache entspringenden Mangel abgeholfen werde, wonach jegliches Ding, weil es eben ist, kein anderes ist, und somit auch die Vorzüge anderer Seinsarten nicht in sich einschließt, erscheint nun im Bereiche des Geschöpflichen eine bestimmte Art und Weise, die Vollkommenheiten der anderen Wesen zu besitzen: nämlich vermittelst der Vorstellung oder der Idee. Durch die Idee wird das eine Wesen im anderen gegenwärtig und demgemäß wird zugleich, eben durch die Gegenwart der Wesensform eines anderen Seins, ein Einwirken auf dieses Sein, soweit es subjektiv für sich abgeschlossen ist, ermöglicht. Die Idee wird das leitende Princip des Wirkens und Handelns, d. h. des Einflusses auf anderes Sein.

Es stellt sich immer mehr heraus, wie fein die Ausdrucksweise des Aquinaten ist: cognoscens natus est habere formam alterius. Nicht formam alteram wird gesagt, sondern formam alterius. Das Erkannte wird Vorstellung oder Idee in der Erkenntniskraft; mit anderen Worten: Das Einzelne tritt vermittelst seiner eigensten Wesensform in das erkennende Vermögen und bleibt trotzdem in seinem subjektiven, außen bestehenden Sein unberührt. Ebenso bleibt andererseits das subjektiv materielle Sein des Erkennenden völlig das gleiche. Der letztere wird durch die Gegenwart der Idee weder größer noch kleiner, weder dicker noch dünner, weder heller noch dunkler. Als die Wesensform eines subjektiv anderen Seins, soweit dieses Sein wirklich und thatsächlich ein anderes, vom erkennenden getrenntes ist, wird die Idee das Mittel des Erkennens.

Das Nichterkennende hat nur eine einzige Wesensform (entitative und informative); und diese, sowie alles, was zu ihrer subjektiven Entwicklung dient, hört, sobald sie dem einzelnen bestimmten Sein zu eigen ist, damit auf, einem anderen Sein zuzukommen. Das Weiße dieser Mauer ist eben nicht das Weiße an jener; ebenso wie die Seele des einen Menschen nicht die eines anderen zugleich sein kann. Alles, was im Nicht-Erkennenden ist, vervollkommnet insoweit nur das betreffende eigene Sein des Subjektes. Es verliert bei der Nahrung die Speise ihren subjektiven Bestand, sie bleibt nicht eine andere Substanz; eine forma altera ist sie nur, nicht eine forma alterius, ein fremdes Sein, welches nämlich der subjektiven Dauer des tierischen Lebens dient und mit demselben durchaus sich identificiert.

Das erkennende Sein jedoch nimmt dadurch, daß es erkennt, die Vollkommenheit eines anderen subjektiv bestehenden Seins in sich auf und macht sie zur eigenen; trotzdem bleibt aber diese selbe Vollkommenheit subjektiv die des anderen, sie bleibt forma alterius. Die Wesensform eines anderen Dinges ist im Erkennenden nicht entitative und informative, sie wird nicht zum subjektiven Sein und zur subjektiven Form des Erkennenden, wie dies bei der Speise z. B. der Fall ist; sondern sie ist im Erkennenden repraesentative und intentionaliter. Die Idee hält dem Erkennenden das erkannte Sein vor, wie dieses in Wirklichkeit subjektiv ist, und auf Grund dessen formiert und leitet sie seine Absicht im Wirken. Der Adler stürzt sich auf die erschaute Beute, weil die letztere in seinen Augen ist, nicht als materiale Form, wie die Farbe der Pupille, sondern als Bild, welches das subjektive Sein des Auges nicht im mindesten verändert, außer etwa zufälligerweise. Dieses Bild geht und kommt; leitet aber, so lange es im Auge ist, die Richtung des Fluges, ist somit das Princip der betreffenden Thätigkeit. Dasselbe gilt vom Schalle, vom Geruche und den übrigen Sinneseindrücken und noch mehr vom Geiste.

Die geistige Idee giebt nicht nur eine vereinzelnte Eigenschaft wie z. B. die Farbe wieder, sondern das ganze Wesen und die innerste Natur des erkannten Gegenstandes, den subjektiven Ursprung aller sonstigen Eigenschaften. Der Mensch faßt die Sonne, die Sterne, das Meer, die Luft geistig auf — und trotzdem bleibt sowohl die Sonne wie auch jeglicher Stern, den er geistig schaut, und ebenso das Meer und die Luft vollständig dasselbe Sein wie früher. Ja vielmehr ebendeshalb, weil das erkannte Sein subjektiv dasselbe bleibt, kann es im Geiste durch die Idee wiedergegeben werden; denn die Idee hat keine andere Aufgabe, als das Wirken des Geistes gemäß dem Wesen und der Natur des Erkannten zu leiten.

Würde demnach durch die Idee als solche das subjektive Sein des Erkannten in etwa geändert, so würde sie keinen Zweck mehr haben, denn sie würde nicht mehr das Wirken der Vernunft gemäß dem subjektiven Sein des Erkannten regeln; hätte doch letzteres nicht mehr dasselbe subjektive Sein nach dem Erkennen wie vor dem Erkennen.

Es erscheint nun ganz klar, wie der Grad des Einflusses der **causa materialis** oder die Stofflichkeit eines Seins auch den Grad der Unmöglichkeit des Erkennens ergiebt und im Gegenteil die Entfernung vom Stoffe zugleich die Stufe des Erkennens ist. Die Natur der causa materialis ist durchaus entgegengesetzt der Natur des Erkennens.

Die Materialursache ist der Grund, daß das eine nicht das andere ist; das Erkennen bewirkt, daß das eine das andere ist: die Seele ist gewissermaßen „alles, sagt Aristoteles.

Die Materialursache schließt, soweit sie reicht, die Vollkommenheiten aller anderen Dinge von dem betreffenden einzelnen aus; das Erkennen ist um so tiefer, je mehr es die Vollkommenheiten der anderen dem Erkennenden zu eigen macht.

Die Materialursache ist die Quelle des Empfangens

oder Leidens, denu sie hat keinen Einfluß auf das andere, sie ist nur sie selbst; das Erkennen ermöglicht die Führung und Benutzung anderen Seins gemäß dessen eigenem subjektiven Bestande und gesetzt den Fall, daß es ganz rein ist, d. h. ohne irgend welche naturnotwendige Verbindung mit der Materialursache, so ist es nur Thätigkeit, nur Wirken.

Der Materialursache entspringt das Bedürfnis, dic Abhängigkeit; das Erkennen schließt ein und hat zur Folge die Fülle und die Freiheit.

Die Materialursache richtet nach außen, um von da den Anstoß zur Thätigkeit und Vollendung zu erhalten; das Erkennen kehrt den Erkennenden nach innen zu sich selbst.

Es ist ganz unleugbar, daß hier ein vollständiger Gegensatz obwaltet. Jenes Sein, welches der Materialursache zu Grunde liegt, muß, weit entfernt, auch dem Erkennen zu dienen, von diesem durchaus entfernt werden. Die Materie beschränkt, das Erkennen erweitert; die Materie ändert, dem Erkennen liegt Dauer zu Grunde; die Materie bedarf der Vielheit, denu sie ist auf den Anstoß von außen zu ihrem Bestande angewiesen; das Erkennen ist um so ticfer und umfassender, je größer die Einheit ist, die zwischen dem Erkannten und dem Erkennenden obwaltet.

Daraus ergiebt sich, welcher Art der Gegensatz ist, der da zwischen den erkennenden und nicht erkennenden Wesen besteht. Nicht daß da, wo das stoffliche Sein existiert, das Erkennen in jeder Beziehung ausgeschlossen wäre; nein, vielmehr fordert gerade im Gegenteil die Existenz des Stoffes gemäß der Natur desselben das Dascin erkennender Kräfte. Denn was nur zum Leiden und Empfangen geeignet ist, kann zwar von sich aus keinerlei Existenz beanspruchen; existiert es aber, so muß notwendig in letzter Stelle ein Erkennendes vorhanden sein, von welchem das Wirken und das Geben ausgeht. Uud ist in jcder Kreatur ein Nicht-Sein, und somit ein Platz für angemessene Entwicklung und Vollendung vorhanden; besteht also in jeder Kreatur eine Materialursache und ist nach dieser Seite hin im ganzen Bereiche des Geschöpflichen ohne Ausnahme eine Seinsbedingung da, welche ihrer Natur gemäß nach außen weist, so ist die Existenz eines Wesens notwendig, welches nur Erkennen ist, das da also, in sich selbst ganz und gar vollkommen und am Ende aller Entwicklung stehend, nach außen hin nur zu wirken und zu geben vermag, in keiner Weise aber empfangen und leiden kann.

8. Verschiedenheit in der Stofflosigkeit.

Wenn sonach der heilige Thomas im Texte die Fülle der Erkenntnis in Gott von seiner gänzlichen Stofflosigkeit ableitet, so soll damit nicht gerade die Abwesenheit von materiellem Stoffe in Gott als der Grund für das göttliche Wissen bezeichnet werden, sondern es ist vielmehr der Umstand entscheidend, daß, soweit der Stoff und sein Einfluß reicht, auch die Beschränktheit auf das eigene Sein und damit zugleich die Unfähigkeit sich erstreckt, anderes Sein als solches irgendwie sein eigen zu nennen; „materia non habet nisi formam suam," sagt treffend Thomas. Stofflich-sein heißt danach im allgemeinen Aufsichbeschränkt-, von allem anderen Getrennt-, nicht etwas anderes sein. Wo also keinerlei Stoff oder allgemeiner keinerlei Materialursache besteht und notwendigerweise gar nicht bestehen kann, da ist auch keine Quelle der Beschränktheit; da ist kein solches subjektives Sein, welches den Ausschluß alles anderen Seins bedeutet. Da ist vielmehr sowie größtmögliche, weil wesentliche Entfernung vom Stoffe, auch größtmögliches, weil im tiefsten Wesen selbst liegendes Wissen.

Wo aber eine Materialursache vorhanden ist, die nicht das ganze einzelne Sein durchdringt, sondern von Schranken freie Vermögen zuläßt, da ist wohl wahre Erkenntnis, aber naturnotwendig ist die Art und Weise dieses Erkennens eine beschränkte und weiterer Entwicklung fähige. Denn einerseits bestehen in solchen Seinsarten die freien, d. h. auf das subjektive einzelne Sein nicht beschränkten Vermögen und andererseits ist die Quelle der Beschränktheit vorhanden, nämlich die wie auch immer an den Stoff gebundene Natur und demgemäß die Materialursache.

So erkennt der Mensch wahrhaft geistig; aber seine Ideen muß er aus dem Stoffe schöpfen, er muß sie ausbilden, er kann sie auch wieder verlieren. Wahres Wissen dem Begriffe nach, beschränkter Zustand desselben dem Sein nach.

Wo aber die Materialursache das ganze Sein durchdringt mit allen seinen Vermögen und Fähigkeiten, wo also nur Stofflichkeit, nur Materie ist, da besteht auch die Unmöglichkeit, zu erkennen. Die Beschränktheit auf sich selbst ist das leitende Moment für alles, was in das betreffende einzelne Sein als entwickelnd und vervollkommnend eintritt.

Danach beantwortet sich die Frage nach den vollendenden Kräften.

Das rein stoffliche Wesen erhält ganz und gar seine Vollendung von außen.

Das gänzlich stofflose, also von jeder naturnotwendigen Verbindung mit dem Stoffe durchaus gelöste Sein erhält keinerlei Vollendung von außen.

Die gemischten Seinsarten empfangen ihre Vollendung von außen, soweit ihre Substanz und damit ihre geschöpfliche Beschränktheit reicht; sie vollenden sich selbst von innen heraus, insofern sie freie erkennende oder vom Erkennen geleitete Vermögen haben. Da aber die Substanz die tiefste innere Ursache von deren ganzem Sein bildet und somit auch die Erkenntniskraft, trotzdem dieselbe wesentlich und an sich betrachtet allgemein ist, doch von der einzelnen Substanz getragen wird, sonach auf Grund der Materialursache als eine einzelne und vom übrigen Sein getrennte erscheint, so vollenden sich die genannten Seinsarten nur insoweit selber, inwieweit sie in entsprechender Weise von außen her vollendet werden. Sie erhalten ihre Vollendung durch die allein in jeder Beziehung vom Stoffe unabhängige Seinsfülle in der Weise, daß sie selbst ebenfalls die Ursache ihrer Vervollkommnung sind, während die ganz stofflichen bloß leiden.

Immer bleibt der Ewige „der Vater der Erleuchtungen, bei dem keine Veränderung und auch nicht der Schatten eines Wechsels zu finden ist"; alle anderen Erleuchtungen kommen in erster Linie von Ihm. Immer bleibt Er „der eine Lehrer", weil Er „der eine Gute" ist; denn die übrigen haben es von seiner Güte, wenn sie lehren können. Er ist die reinste Fülle, nur Sein, nur That und deshalb, „obwohl viele es giebt, die da Götter genannt werden im Himmel und auf Erden, ist Er doch der einzige Herr;" „Er ist der Vater, von dem alle Vaterschaft im Himmel und auf Erden ihren Namen hat, vor dem wir die Kniee beugen, auf daß Er uns mitteile von den Reichtümern seiner Herrlichkeit." Der heilige Thomas bestätigt unsere eben angegebene Auseinandersetzung in II. de Ver. art. 2.

9. Text des heiligen Thomas über den Gegensatz zwischen den erkennenden und nicht erkennenden Wesen.

„Es ist zu erwägen,[1]) daß ein Ding in doppelter Weise als vollendet erfunden wird, einmal nach Maßgabe seines

---

[1]) Sciendum est quod res aliqua invenitur perfecta dupliciter. Uno modo secundum perfectionem sui esse, quod ei competit secundum propriam speciem. Sed quia esse specificum unius rei est distinctum ab esse specificio alterius rei: ideo in qualibet re creata hujusmodi perfectioni habitae in unaquaque re tantum deest de perfectione simpliciter, quantum perfectius in aliis speciebus invenitur; ut cujuslibet rei perfectio in se consideratae sit imperfecta, veluti pars totius perfectionis universi, quae consurgit ex singularum rerum perfectionibus invicem congregatis. Unde ut huic imperfectioni aliquod remedium esset, invenitur alius modus perfectionis in creatis, secundum quod perfectio quae est propria unius rei, in altera re invenitur: et haec est perfectio cognoscentis inquantum est cognoscens; quia

eigenen Seins, welches ihm gemäß seiner Gattungsart zukömmt. Da aber das Wesen oder die Gattungsart des einen verschieden ist von der des anderen, so ist es selbstverständlich, daß einem jeden geschaffenen Dinge rücksichtlich dieser Vollkommenheit so viel mangelt, als andere Dinge davon besitzen. Es ist jedes Ding in dieser Art Vollkommenheit unvollendet, nur ein Teil der Vollendung, welche

---

secundum hoc a cognoscente aliquid cognoscitur quod ipsum cognitum est aliquo modo apud cognoscentem . . . Et secundum hunc modum possibile est ut in una re totius universi perfectio existat. Unde haec est ultima perfectio ad quam anima potest pervenire secundum philosophos, ut in ea describatur totus ordo universi et causarum ejus . . . Perfectio autem unius rei in altera esse non potest secundum determinatum esse quod habebat in re illa: et ideo ad hoc quod nata est esse in re altera, oportet eam considerare absque his quae nata sunt, eam determinare. Et quia formae et perfectiones rerum per materiam determinantur; inde est quod secundum hoc est aliqua res cognoscibilis secundum quod a materia separatur; unde oportet quod etiam id in quo suscipitur talis rei perfectio, sit immateriale; si enim esset materiale, perfectio recepta esset in eo secundum aliquod esse determinatum, et ita non esset in eo secundum quod est cognoscibilis; scilicet prout, existens perfectio unius est nata esse in altero . . . Res enim materiales non sunt intelligibiles nisi quia nos facimus eas intelligibiles: sunt enim intelligibiles in potentia tantum, sed actu intelligibiles efficiuntur per lumen intellectus agentis, sicut et colores actu visibiles per lumen solis Sed res immateriales sunt intelligibiles per seipsas, unde sunt magis notae nobis. Quia igitur Deus est in fine separationis a materia, cum ab omni potentialitate penitus sit immunis; relinquitur quod ipse et maxime cognoscitivus et maxime cognoscibilis: unde ejus natura secundum hoc quod habet esse realiter secundum hoc competit ei ratio cognoscibilitatis. Et quia secundum hoc etiam Deus est, secundum quod natura sua est sibi: secundum hoc etiam cognoscit, secundum quod natura ejus est maxime cognoscitiva, unde Avicenna dicit (c. 7 et c. 6) quod ipse est apprehensor et comprehensor sui; eo quod quidditas ejus a materia spoliata est res quae est ipsemet.

dem Weltall innewohnt und die da aus den Vollkommenheiten aller Dinge zusammen entsteht. Damit nun diesem Mangel an Vollendung für das einzelne Ding abgeholfen würde, findet sich eine andere Art Vollkommenheit innerhalb des Bereiches der geschaffenen Wesen, der gemäß das, was in dem einen vollendet ist, vorgefunden wird im anderen: und das ist die Vollkommenheit des Erkennenden, insofern er thatsächlich erkennt; denu insoweit wird vom Erkennenden etwas erkannt, als das Erkannte irgendwie im Erkennenden ist . . . Und in dieser Weise ist es möglich, daß in einem einzelnen Wesen die Vollkommenheit des ganzen Weltalls existiert. Deshalb ist dies auch nach den Philosophen die letzte Vollkommenheit, zu welcher die Seele gelangen kann, daß in ihr sich abbilde die Gesamtordnung des Weltalls und der Zusammenhang aller Ursachen desselben . . . Dies ist jedoch unmöglich, daß die Vollkommenheit des einen Dinges sich im anderen finde gemäß dem bestimmten und genau abgegrenzten Sein, welches in jenem Dinge ist und es zu einem einzelnen macht: vielmehr muß, wenn anders das, was vollkommen in ihm ist, in einem anderen sein soll, abgesehen werden von allem, was geeignet ist, es abzugrenzen und einzeln zu bestimmen. Und weil die Wesensformen und die Vollkommenheiten der Dinge durch den Stoff in gewissen Grenzen und Verhältnissen festgehalten werden, daher kommt es, daß ein Ding insoweit erkennbar ist, als es dem Stoffe fernsteht, und somit wird erfordert, daß das Subjekt, welches die Vollkommenheit einer solchen Sache in sich aufnimmt, stofflos sei. Wäre es nämlich stofflich, so würde das sich ergebende Sein wieder bestimmt abgegrenzt werden, so daß es nicht in einem anderen sein könnte, während es doch erkennbar sein soll, so beschaffen also, daß es in seinem subjektiven Bestande bleibt und trotzdem geeignet ist, in einem anderen zu sein . . . Denn die stofflichen Dinge sind nicht an sich erkennbar, sondern nur, weil wir selber sie zu erkennbaren machen; als stoffliche betrachtet haben sie allerdings das Vermögen, erkannt und verstanden zu werden; sie werden jedoch thatsächlich erst erkennbar vermittelst der Einwirkung des Lichtes der Vernunft; wie ja auch die Farben an sich außerhalb des Auges als sichtbare thatsächlich nicht bestehen, sondern nur dem Vermögen nach und erst wirklich sichtbar werden vermittelst des Sonnenlichtes. Die stofflosen Dinge aber sind an sich, unabhängig von der erkennenden Vernunft, erkennbar. Gott nun steht aller Entwicklung fern; Er besitzt keinerlei empfangendes Vermögen; ist durchaus stofflos; also ist Er auch schlechthin am meisten erkennbar und erkennt am meisten und seine Natur ist sonach auf Grund ihres subjektiven Seins die Formalursache ihrer Erkennbarkeit. Und weil Gott insoweit Gott ist, als Er Sich selber seine eigene Natur ist: demgemäß erkennt Er auch, insofern seine eigene Natur aus sich erkennbar ist; weshalb Avicenna sagt, daß Er sein eigener Erfasser und sein eigener, völlig erschöpfender Begriff ist; denn sein vom Stoffe völlig freies Wesen ist Er selber."

10. Der sichtbare Stoff Quelle der Beschränktheit und somit Hindernis des Wissens.

Wir haben bis jetzt die Worte: „Die Beschränkung der Wesensform vollzieht sich durch die materia" auf die Materialursache im allgemeinen bezogen, so daß sie von allen Geschöpfen galten und somit von ihnen allen auf Grund der in jedem derselben herrschenden Beschränktheit die Notwendigkeit des schlechthin alles umfassenden Wissens Gottes verkündet wurde. Es erübrigt noch, diese selben Worte auf den Stoff im engeren Sinne anzuwenden und sonach zu zeigen, in welcher Weise eigens wir Menschen kraft der uns umgebenden stofflichen Welt zur Anerkennung der unbeschränktesten Allwissenheit Gottes gezwungen werden. Welche Grundeigenschaft des sichtbaren Stoffes bewirkt, daß derselbe die Dinge beschränkt und beengt und somit es hindert, daß die Vollkommenheiten anderer Dinge darin Platz finden, daß er das Wissen also oder das Erkennen unmöglich macht?

Der heilige Thomas giebt dies mit aller wünschenswerten Klarheit und Schärfe in den Worten an:[1] „Das Sein des körperlichen Stoffes besteht im Empfangen; es ist in dem, was zu höherer Vollendung emporgetragen ist, das Sein des zu Grunde liegenden Subjekts."

Es ist das Kreuz der modernen Naturwissenschaft, zu bestimmen, worin eigentlich die Grundelemente der Körper bestehen. Aus dieser Quelle fließen alle Zweifel und Haltlosigkeiten, welche selbst den glänzendsten Ergebnissen ihrer Beobachtung viel von deren Werte rauben. Der große Newton gestand offen, daß ihm die positive physikalische Unterlage für sein Gesetz der Anziehung und Abstoßung der Körper mangele; dieses sein Gesetz ergebe sich bloß aus der Berechnung der äußeren Erscheinungen. Gegen die atomistische Körpertheorie, die sich so lange unter den modernen Gelehrten der Naturwissenschaft einer beinahe ausnahmslosen Herrschaft erfreute, mehren sich in neuester Zeit die naturwissenschaftlichen Stimmen. Der berühmte Physiker W. Thomson erklärt sich entschieden gegen sie; Kirchhoff neigt in seinen „Vorlesungen zur mathematischen Physik" (1877 Vorrede) ebenfalls zur entgegengesetzten Ansicht hin; — Lecher (Repertorium für Physik, München, R. Oldenbourg, 1883, Heft 1 u. 2) begründet seinen Zweifel an der atomistischen Theorie mathematisch auf die bis jetzt erforschten Gesetze der Ausstrahlung der Körper; — Professor Mach (Entwicklung der Mechanik, 1883, S. 463) hält die Annahme von Atomen nur für eine das Verständnis erleichternde Fiktion; — Wernicke erklärt in der Vorrede zu seinen „Grundzügen der Elementarmechanik" diese selbe Theorie bereits als haltlos und als gefallen.

Lockyer (Studien zur Spektralanalyse, Leipzig 1875)

---

[1]) C. G. II. 68. Esse materiae est esse recipientis et subjecti ad aliquid altius elevati.

geht noch weiter. Er leugnet den Unterschied der Elemente voneinander, also in letzter Stelle die Elemente selber als allein maßgebende Faktoren der Beschaffenheit des einzelnen Körpers. Er nimmt an, daß unsere sogenannten Elemente zusammengesetzt sind und sich noch weiter „dissociieren" können, so daß nach ihm ein gemeinsames Urelement existieren muß.

Es ist von verschiedenen Seiten dem Verfasser der Vorwurf gemacht worden, er gehe in seinem Werke: „Natur, Vernunft, Gott" zu weit und schade deshalb dem Ansehen des heiligen Thomas, weil er auch auf seine naturwissenschaftlichen Principien Gewicht lege und behaupte, die moderne Naturwissenschaft nähere sich denselben. Wir glauben, es handelt sich um ein Mißverständnis. Es ist in jenem Werke niemals die Behauptung ausgesprochen, Thomas habe bereits Spektroskop, Teleskop, Spektralanalyse u. s. w. gekannt, wie das der Kritiker der Litterarischen Rundschau vorauszusetzen scheint; wohl aber ist die Ansicht, wie sie Papst Leo in dem Breve **Aeterni Patris** hinstellt, angenommen und mit Stellen aus Thomas und den Vertretern der modernen Naturwissenschaft belegt, daß die letztere in ihren leitenden Hauptergebnissen „nicht nur durch die Wiedererweckung der Philosophie des heiligen Thomas nicht beeinträchtigt, sondern vielmehr von derselben werde unterstützt werden". Ist denn die Thatsache, daß heutzutage das Ziel Amerika vermittelst des Dampfes erreicht wird, ein Beweis, daß im vorigen Jahrhunderte und noch früher dieses selbe Ziel nicht erreicht worden ist? Die Leugnung davon bedeutet nicht im mindesten eine Verminderung der Verdienste jener Geistesheroen, die den Dampf der menschlichen Vernunft dienstbar gemacht haben.

Wenn nun die Spektralanalyse, das Teleskop, die Elektricität, der Magnetismus u. s. w. über den Zusammenhang der Sternsubstanz mit der irdischen, über die Natur des Lichtes und das Wesen der Bewegung heute dieselben Grundsätze darthut, welche bereits Thomas, ja vor ihm noch Ari-

stoteles aufgestellt und allein auf Grund vernünftiger Schluß-folge bewiesen haben: so ist dies nur ein Beweis für die ganz vernunftgemäße Kontinuität des menschlichen Wissens und nimmt weder irgendwelche Ehre dem scharfsinnigen Forschen der Neueren, noch dem tiefen Denken der Alten. Der Unterschied liegt nicht im Erreichten, sondern in den Mitteln, die angewandt worden sind. Mit ihren feinen Instrumenten und genauen Theoremen, welche ganz ihr angehören, thut die neuere Naturwissenschaft dasselbe dar und wird immer mehr dasselbe darthun, was bereits früher als Ergebnis reiner Vernunftforschung erkannt worden ist. Sie bestätigt also ihrerseits die Ergebnisse der Arbeiten des rein vernünftigen Denkens längstvergangener Jahrhunderte und bahnt für sich selber als einflußreichsten Vorteil die Einheit ihrer verschiedenen Zweige in den grundlegenden Principien an, sowie gleicherweise die Einheit mit den metaphysischen Wissenschaften. Die reine Vernunft als immerdar vornehmstes Werkzeug alles menschlichen Schaffens wird auf diese Weise nach jeder Richtung hin beleuchtet. In ihr erscheinen die neueren, epochemachenden Entdeckungen erst wahrhaft und in edelster Weise fruchtbringend, denn sie bestätigen nur das, was vor Jahrtausenden bereits die spekulative Vernunft für die eine und selbe Wahrheit geleistet hat.

Seit der Veröffentlichung des oben genannten Werkes haben sich die Stimmen gewiegter Autoritäten zu Gunsten der Leugnung aller inneren Schwerkraft in den Körpern und damit zu Gunsten des von Thomas verteidigten Wesens der Bewegung, respektive zu Gunsten der metaphysischen Bedeutung des Satzes: „Was bewegt wird, erhält den Anstoß dazu von außen“ nur vermehrt. Die Verteidiger einer von außen unabhängigen Anziehungs- und Abstoßungskraft, die ihren Sitz und somit ihre leitende Richtschnur nur im Inneren der Körper hätte, verzichten selber ganz ausgesprochenermaßen auf jegliche wissenschaftliche Erklärung derselben und sagen mit Laplace: (Darstellung des Weltsystems, 4. B.

15. K.). „Ist aber dieser Grundsatz (von der allgemeinen Schwere) ein ursprüngliches Naturgesetz? Ist es nicht bloß die allgemeine Wirkung einer unbekannten Ursache? Hier nötigt uns die Unwissenheit, worin wir uns in Ansehung der inneren Eigenschaften der Materie befinden, stille zu stehen, und benimmt uns alle Hoffnung, diese Fragen auf eine befriedigende Art zu beantworten."

Nun hier ist eben der entscheidende Punkt, wo die moderne Naturwissenschaft, wenn sie nicht in ewigen Zweifel oder in das denkträge Ignorabimus Dubois-Reymond's fallen will, von der Metaphysik Licht und Unterstützung erhalten muß; wo sie nachdrücklich von sich selbst aus auf die Principien der Scholastik als auf den Rettungsanker hinweist. Denn eben die Scholastik und an der Spitze ihr Fürst, Thomas von Aquin, hatten die naturwissenschaftlichen Beobachtungen unter den leitenden Gesichtspunkt metaphysischer Grundsätze gebracht. Das Wesen der Bewegung kann nur im Anschlusse an das Wesen des Stoffes erläutert werden, dessen natürliche Eigenschaft sie ist Was aber der Stoff ist, das sagt uns keineswegs die beobachtende Naturwissenschaft trotz ihrer noch so feinen Instrumente; vielmehr helfen letztere dazu, es zu beweisen, daß die innerste Natur und das eigenste Sein des Stoffes jeder Sinneswahrnehmung unerreichbar ist. Die ganze moderne Naturwissenschaft liefert für diese Behauptung den Beweis. Die Metaphysik, wir meinen die reine von den Sinnen losgelöste Vernunft allein kann hier helfen.

Das Wesen der materia prima ist nicht Gegenstand der Sinnenerkenntnis. Es besteht, wie Thomas oben sagt, im Empfangen (esse materiae est esse recipientis), im reinen Möglichsein. Das ist das erste Glied der Bestimmung, die Thomas giebt. Dieses Sein des Stoffes bildet den Grund, daß das Sein des einzelnen Dinges eben diesem einzelnen Dinge als solchem zugehört (et subjecti ad aliquid altius elevati). Das ist das zweite Glied.

Daß der Schüler zu einer hohen Stufe der Entwicklung gelangt, das ist ihm zu eigen wie keinem anderen; denn er bot dazu die Möglichkeit. Konnte er nicht entwickelt werden, so war alle Bemühung des Lehrers unnütz. Der Lehrer hätte seine eigene Höhe behalten, aber dem Schüler wäre eine solche niemals zu eigen geworden. Daß sie nun vom Schüler als dem Subjekte derselben gewissermaßen wie vom Besitzer ausgesagt wird, davon ist der Grund, weil er empfangen konnte. Überallhin, wo sich das passive Können erstreckt, dahin erstreckt sich auch der Einfluß des Stoffes und dahin erstreckt sich auch das Eigene, das Selbständige, insoweit dadurch anderes ausgeschlossen wird. Soweit dieses Können reicht, soweit reicht die Erhebung zu höherem Sein, soweit reicht der Ausschluß von Zwang. Ich kann die Wasser des schäumenden Gießbaches hemmen; ist es deshalb dem Wasser eigen, stehen zu bleiben? Das Stehenbleiben gehört im Gegenteil durchaus nicht ihm zu; der subjektive Grund davon ist in keiner Weise das Wasser, sondern das Hemmnis. Die Wasser haben in sich nicht das Können, um stehen zu bleiben; deshalb wird das Stehenbleiben nie ihre eigene, in ihnen selbst begründete Vollkommenheit bilden, sondern wird denselben sogar zuwider, wird ein Zwang für sie sein.

Daß der eingesperrte Wolf das Lamm nicht angreift, welches er nicht weit von sich erblickt, das kommt nicht ihm zu; es ist dies nicht eine Vollkommenheit, zu welcher er erhoben wäre; nicht er ist von dieser Thatsache das „Subjekt“. Denn er hat dafür kein Können in sich; er kann eine solche Eigenschaft nicht empfangen; vielmehr ist dies gegen ihn gerichtet, ist ein offenbarer Zwang.

Darin liegt die Natur des Stoffes: 1) Im Empfangen und 2) im Zueigenmachen. Er ist das Sein des Subjektes, wie Thomas sich ausdrückt, **esse subjecti**, vermöge dessen das einzelne Sein es selber ist und immerdar es selber bleibt, solange der Stoff da ist. Wo ein Ding nicht weiter erhoben werden kann, da liegt dies daran, daß sein Stoff dies nicht zuläßt; seine Fähigkeit, zu empfangen und zu tragen, hängt einzig und allein von dem zu Grunde liegenden Stoffe ab.

Dessen Natur aber darin besteht, daß es empfangen, tragen, entwickelt werden kann, das kann infolge derselben Natur unmöglich geben, leiten, entwickeln. Wird also der Stoff ganz und gar in sich selbst, losgelöst von aller Verbindung mit anderem Sein gedacht, nämlich als materia prima, als Urstoff, allein als reiner Stoff; so kann seine Natur eben nur in der Möglichkeit, etwas zu sein, in der reinen potentia, bestehen und deshalb ist auch dieser Urstoff den Sinnen unzugänglich. Und zwar nicht nur den Sinnen, sondern auch die Vernunft kann nur sagen, er muß existieren, es muß eine materia prima im Körper sein, eine Fähigkeit nämlich, sichtbare Formen anzunehmen, sonst wäre eben kein Körper etwas Eigenes, Selbständiges, sich selbst Zugehöriges, sondern hätte nur eine gezwungene Existenz und darum auch keine Dauer, was jedenfalls aller Erfahrung widerspricht. Aber nun sagen, was das für ein Begriff sei: eine reine Potenz, eine reine Fähigkeit, um zu empfangen; das kann auch die Vernunft nicht. Höchstens sagt die Vernunft, ein solcher Urstoff sei weder Substanz, noch Ausdehnung, noch Beschaffenheit; aber damit ist auch ihre Aussage erschöpft. Eine solche materia prima kann sich ja nicht unmittelbar vorstellen, um in ihrer innersten Natur aufgefaßt zu werden, wie dies der Begriff „Mensch“, „Stein“, „Pflanze“ u. s. w. thut; sondern sie wird nur mittels anderer Begriffe erschlossen und somit wird wohl die Notwendigkeit ihrer Existenz bezeugt, aber von ihrer Natur bloß das offenbar, was diese Natur nicht sein kann.[1])

Kann nun von einem solchen Stoffe die Erkenntnis ausgehen? Weit entfernt davon muß er notwendig die Erkenntnis von sich ausschließen und nur insoweit ein Sein von demselben losgelöst ist, wird es erkennen oder erkannt

---

[1]) Vergl. „Natur, Vernunft, Gott“ c. 3. §. 2 nr. 71—74, wo der Urstoff ausführlich behandelt ist.

werden können. Denn er giebt nur die Fähigkeit, zu empfangen; das erkennende Sein hat aber eben dadurch, daß es erkennen kann, die Fähigkeit, auf anderes zu wirken. Er macht zu eigen, so daß das, was vorher fremd war, sobald es in natürliche Einheit mit dem Stoffe getreten, nun seinerseits von allem anderen getrennt ist; das erkennende Sein aber bewahrt gerade durch das Erkennen dem fremden Sein seinen Charakter als fremdes subjektives Sein.

Noch mehr! Gerade der Stoff als solcher zeigt am allereindringlichsten, wie es ein durchaus stoffloses, allerkennendes Sein geben oder wie Gott die höchste Erkenntnis besitzen muß.

11. Aus der Beschränktheit des Stoffes wird das unbeschränkte Wissen Gottes erschlossen.

Der eigentliche Stoff bedingt nicht ein einfaches, wie auch immer gedachtes Empfangen, er macht nicht jedes Sein und jegliche Einwirkung zu eigen; sondern nur jenes Sein wird stofflich genannt, welches ausgedehnt oder der Ausdehnung fähig ist, mit anderen Worten, welches Teile hat und somit geteilt werden kann. Wo der Stoff zur Natur eines Dinges gehört, da müssen auch Teile im Dinge vorhanden sein. Was aber Teile hat, das empfängt nur vermittelst der Bewegung; setzt also einen Beweger voraus. Nun entsteht die Frage: Warum bewegt dieser letztere? Offenbar um eines Zweckes willen. Denn wird gesagt, aus Naturnotwendigkeit, so kehrt die Frage wieder, da jede Naturnotwendigkeit nach außen weist. Will nun der Beweger die Erreichung eines Zweckes, so kann es nur ein solcher sein, den er kennt. Unterliegt aber dieser nächste Beweger wiederum der Bewegung von außen, so ist die Frage ohne Zweifel dieselbe und sie bleibt dieselbe, bis ein Beweger sich ergiebt, der da nicht mehr selber bewegt werden kann. Welchen Zweck allein aber kann ein solcher verfolgen? Einen ihm auferlegten? Nein, dann müßte auch der Anstoß zur Erreichung desselben wieder von außen ausgehen. Es kann nur ein Zweck sein, den er frei sich selber vorgesteckt hat, indem er sich selbst und seine Schönheit erkennt.

Kann, so wird weiter gefragt, diesem ersten Beweger etwas verborgen sein? Das ist nicht möglich. Jede Bewegung setzt einen Zweck voraus; jeder Zweck die entsprechende Kenntnis; jede Bewegung nun kann in letzter Linie nur von einem Sein ausgehen, das nicht außerhalb seiner selbst seinen Zweck sucht, also nicht vervollkommnungsfähig ist, sondern in sich seinen Zweck hat; also muß dieses Sein auch alles kennen und zwar alles schlechthin erkennen, weil es sich selber Zweck ist und von außen demgemäß nichts empfängt. Gerade weil der Stoff nur empfängt, ist, soweit sein Einfluß reicht, ein thatsächliches Erkennbarsein und ein Erkennen unmöglich; dem Erkennen ist Thatsächlichkeit, Wirklichkeit, Kraft dem innersten Wesen nach. Nur also, was da aus sich selber thätig ist, kann ein erkennendes Vermögen, das höchste unter denen, welche existieren, in Thätigkeit setzen; nicht was da seinem Wesen nach nur empfangen kann. Aus demselben Grunde muß nun ein solches Sein schlechthin allerkennend genannt werden; denn ohne Grenzen empfangen können, läßt sich gar nicht denken ohne ein Sein, was ohne Grenzen zu bestimmen vermag.[1]) Der Stoff also gerade, in dessen Mitte wir leben, leitet uns auf dem geradesten Wege vermittelst seiner ersten Eigentümlichkeit, welcher gemäß er durch die Bewegung sein thatsächliches Sein erhält, zur Anerkennung der Allwissenheit des Allbewegers.

12. Die Seinsgrade des Stofflichen und ihre Beziehung zum Allwissenden.

Das wird noch anschaulicher, wenn wir die einzelnen Seinsstufen des Stofflichen erwägen. Daraus wird hervorgehen, inwieweit der sichtbare Stoff den Ausdruck aller materiellen Ursächlichkeit und die tiefste Grundlage der causa

---

[1]) Cf. I. C. G. c. 44.

materialis für die gesamten Geschöpfe, auch für die rein geistigen, bildet. Es ergiebt sich nämlich aus einer solchen Betrachtung, wie das thatsächliche Sein und Wirken der stofflichen Dinge nicht einzig und allein die Wesenseigentümlichkeiten des zu Grunde liegenden Stoffes zum Ausdruck bringt, sondern sich von einer Stufe zur anderen immer mehr, sogar über dieselben erhebt. Wie nämlich das Holz, welches unter der fleißigen Hand des schnitzenden Künstlers geformt worden, nunmehr nicht als bloßes Holz einwirkt, sondern zugleich vermöge seiner Form als Erzeugnis künstlerischer Thätigkeit; so kann auch der Stoff, der ja seinem Wesen gemäß nur zu tragen und zu empfangen vermag, also bloßes positives Vermögen oder Potenz ist, sobald er ciumal thatsächliches Sein besitzt, nun nicht mehr bloß empfangen, sondern auch einwirken und zwar vermöge der Wesensform, die ihm zum thatsächlichen Sein verholfen hat.

Es giebt nun stoffliche Dinge, die bloß insoweit ein Wirken besitzen, als sie die Wesenseigentümlichkeiten des reinen Stoffes zur thatsächlichen Geltung bringen: sie empfangen und haben eigenes Sein; sie sind für sich selbst. Freilich empfangen sie nicht mehr das Sein schlechthin, denn dieses kommt von der Wesensform, welche zusammen mit dem Stoffe den Bestand des betreffenden Dinges bildet; aber sie empfangen den Anstoß zur Bewegung von außen und haben ihn in keinerlei Weise in sich selber. Ebenso erstreckt sich diese ihre Thätigkeit, die Beweglichkeit, soweit es auf sie ankommt, nur auf das eigene Sein, ohne irgendwie anderes Sein zu berücksichtigen. Der Stein fällt gerade so schnell, wie seine eigene Schwere es bedingt, nicht mehr und nicht minder, ohne alle Rücksicht auf anderes Sein; und verfolgt er eine gewisse Richtung zu einem bestimmten Zwecke hin, so geschieht dies gerade so lange, als die beeinflußende äußere Kraft dauert. Er hat eben nur sein eigenes Sein und muß deshalb, da dieses sein Sein ein äußerst beschränktes ist, die Richtung nach einem fremden hin von außen her empfangen;

in sich selber findet er keine Beziehung weder zu dem einen noch zu dem anderen Sein, das außerhalb seiner selbst ist.

Etwas, wenn auch wenig verschieden von dieser Art stofflicher Dinge, den rein materiellen, sind andere, die da höhere und allgemeinere Kräfte in sich besitzen. So der Magnet, der auf andere Körper, wie z. B. auf das Eisen, Einfluß ausübt und alles jene Stoffliche, was da Träger der Elektricität und ähnlicher Kräfte ist. Diese Art stofflicher Dinge können zwar kraft ihres Wesens Kräfte tragen, die von sich selbst aus auf anderes Sein sich erstrecken; aber erstens können diese Kräfte nichts erreichen, was nicht bereits die Eigenschaften der rein und ganz stofflichen Dinge wie die Schwere, die Dichte, das Feuchte u. dgl. zu erreichen vermögen, wenn auch ein großer Unterschied im Grade der von ihnen ausgehenden Schnelligkeit besteht. Und dann rühren diese selben Kräfte nicht vom stofflichen Wesen des Dinges her, das sie trägt, sondern sind ihm von außen mitgeteilt und gleichsam eingeprägt, nämlich vom Lichte; sie haben deshalb auch in jeder Beziehung, mehr von den Eigentümlichkeiten des letzteren, zumal was die Art und Weise ihrer bewegenden Kraft angeht, als von den Eigenschaften des stofflichen Subjektes, das zu Grunde liegt. Endlich vervollkommnen und vollenden sie nicht so sehr ihr eigenes stoffliches subjektives Sein, als das andere, auf das sie einwirken; im Gegenteil verzehren sie das erstere oder machen es wenigstens zu anderem, das eigene Beste mehr befördernden Wirken untauglich. Das kann aber nie geschehen, wenn das eigene Wesen die vollgenügende Quelle solchen Wirkens bildet; denn das eigene Wesen kann nichts erzeugen, wodurch es selbst zerstört würde.

Das hindert jedoch nicht, daß sich diese Art stofflichen Seins über die vorhergehende erhebt vermöge der Kräfte, deren Träger es ist.

Wesentlich höher steht kraft ihres Lebensprincipes die Pflanze. Sie zieht nicht nur außenstehendes Sein an, sondern sie verwendet es auch einzig und allein zu ihrem Besten. Darin nämlich — das ist bereits oben angedeutet worden — besteht (genau genommen) nicht die Beschränktheit und demnach die niedrige Stellung des Stoffes, daß er das Eigene, vom anderen Getrennte im Dinge bewirkt, vermöge dessen das betreffende Sein dieses ist und kein anderes, sondern darin, daß er in der Erhaltung und Bewahrung des thatsächlichen Seins durchaus und nach allen Seiten hin auf fremde Hilfe angewiesen ist, daß er nur empfängt, also auch fortwährend bedarf; sonach durch die Art seines Bestehens dem überwältigenden Einflusse fremden Seins und somit auch in selbem Maße der Zerstörung des eigenen, dem Vergehen ausgesetzt ist. Wenn aber ein Ding das eigene Sein dadurch vervollkommnet, daß es fremdes Sein veredelt, somit im Geben, im Vollenden, im Bestimmen seine eigene Vollkommenheit erblickt, so ist das über alles Stoffliche durchaus erhaben. Damit aber beginnt die Pflanze. Sie nimmt totes Sein in sich auf und macht es vermittelst ihrer Lebenskraft zu einem lebendigen und belebenden; sie schließt zudem innerhalb ihres eigenen Seins den Anstoß zur Bewegung ein, soweit diese der eigenen Ernährung und der Fortpflanzung ihrer Art dient.

Wesentlich höher erhebt sich die tierische Seele über den Stoff in ihrer Thätigkeit. Denn das pflanzliche Lebensprincip verfügt, freilich immer in den Grenzen seiner Art, selbständig nur über die rein stofflichen Eigenschaften. Die Süßigkeit, das Bittere, das Trockene, das Nasse, das Dichte, das Dünne u. s. w. tritt in die Pflanze ein und erhält da den Anstoß zu der für die Ernährung und Fortpflanzung dienenden Bewegung innerhalb der Pflanze selbst. Damit ist auch ausgesprochen, daß die Pflanze an den Ort gebunden ist und nur das aufzunehmen vermag, was mit ihr örtlich in Berührung kommt. Das Lebensprincip des Tieres aber, die Seele, erhebt sich über diese rein stofflichen Eigentümlichkeiten: das Tier sieht, es hört. Das äußere

Sein, welches durch das sinnliche Bild in das Tier eintritt, ist somit zu einer weit höheren Seinsstufe erhoben, als der Stoff an sich ist und das Tier vollendet kraft dieser Thätigkeit sich selbst. Es beginnt in etwa, den Schranken des Ortes und der Zeit sich zu entwinden, indem es thatsächlich erkennt, wenn auch nicht das Wesen anderer Dinge und somit den inneren Seinsgrund, so doch ihre Eigenschaften, wie z. B. die Farbe, die Stimme, die Größe, den Umfang.

Das Wesen aber, den innersten Seinsgrund der Dinge, erkennt der Mensch. Er faßt die Idee auf, der es wesentlich zukömmt, zu leiten und zu bestimmen; nicht, zu werden und zu empfangen. Was außen das Wesen thut, das thut innen in der Vernunft die Idee. Das Wesen an sich beendet die reine Möglichkeit des Stoffes; kraft des Wesens gelangt der Stoff zu thatsächlichem Sein und wirkt gemäß demselben. Das Wesen in der Vernunft als Idee ist also befreit von allem dem, was ihm in der Verbindung mit dem Stoffe kraft der Natur des letzteren anhaftet; es ist in der Vernunft einfach bestimmende Richtschnur für die Leitung des Stofflichen nach dessen verschiedenem Seinsgrade. Notwendig muß somit auch die Vernunft im Menschen ein vom Stoffe völlig losgelöstes Vermögen sein; denn nur ein solches kann eine allgemeine, von allen stofflichen Schranken freie Idee als Bethätigung in sich aufnehmen und demnach ein Princip der Leitung des Stofflichen, einen Anstoß zur Vollendung desselben mittels der Bewegung bilden.

Ist nun aber der Mensch das erste Princip der Bewegung, die erste bestimmende Ursache der Entwicklung des Stofflichen? Das ist wieder unmöglich. Er schließt ja selber in seiner Natur den Stoff mit ein. Von Natur aus also muß er empfangen; von Natur aus ist er auf sich beschränkt; von Natur aus bedarf er; und da diese Natur ihn immer begleitet und in keiner Art Wirken verläßt, so bedarf er immer und bei jeder Handlung des Anstoßes von außen. Der Mensch selbst beweist am besten durch seinen eigensten Bestand, daß das Erkennen dem Stoffe entgegengesetzt ist und dem Grade des Erkennens der Grad der Abwesenheit des Stoffes entspricht. Ist ein Sein wesentlich stofflos, so ist es wesentlich allerkennend; steht es in summo immaterialitatis, wie Thomas sagt, so steht es auch in summo cognitionis.

Der Mensch erkennt in Wirklichkeit geistig vermittelst seiner Vernunft. Aber diese Vernunft ist, schon weil der stofflichen Menschen-Natur zugehörig, nur Vermögen; sie ist nur in menschlicher Weise thätig und deshalb nur in Verbindung und mit Voraussetzung der Phantasie und der Sinne. Sie erkennt wohl kraft der in ihr bestehenden Idee das Allgemeine, aber nur soweit es im Stoffe und demgemäß in thatsächlich beschränkten Verhältnissen befindlich ist. Sie erkennt thatsächlich das Wesen des Menschen kraft der in ihr befindlichen Idee; aber gemäß den Verhältnissen des Stoffes, aus dem sie geschöpft ist, wird diese dem Menschen gegenwärtig, also allmählich, mit der Möglichkeit wieder zu verschwinden, bald mehr bald weniger.[1])

Danach richtet sich die Leitung, welche dem Menschen gegenüber dem Stoffe zusteht. Er leitet und bewegt thatsächlich sich selbst, er leitet und bewegt eben so thatsächlich anderes; aber naturgemäß nach Maßgabe seiner thatsächlichen Kenntnis. Diese ist beschränkt und zwar beschränkt nicht infolge des Wesens seiner Vernunft, sondern infolge seiner natürlichen Verbindung mit dem Stoffe, die ihn wesentlich nach außen weist, um zu empfangen; also ist auch seine bewegende Kraft beschränkt infolge seiner körperlichen Natur. Er muß den ersten Anstoß dazu empfangen; sein ganzes Sein treibt dazu; denn wie die Natur oder das Wesen, so das Sein. Von wem aber allein kann er diesen Anstoß empfangen? Das ist bedingt durch die Vernunft im Menschen.

Wenn seine stoffliche Natur den Drang nach außen

---

[1]) Vgl. S. C. G. c. II. 68.

begründet und somit die Notwendigkeit des Bedürfnisses anzeigt, so weist den Menschen die Vernunft, als das Vermögen das Allgemeine zu erfassen, auf den allgemeinen Grund alles Seins, auf den Urbeweger, um unmittelbar von ihm geleitet und bestimmt zu werden in der Bewegung, die von ihm, dem Menschen, ausgeht und somit auch in jedem Wirken den letzten Zweck, seine eigene Vollendung, vermittelst der Teilnahme an der Vollendung des Ganzen zu verfolgen.

Warum also kann einerseits die menschliche Vernunft das Allgemeine auffassen und kraft dessen bestimmen und leiten, anstatt zu empfangen und bestimmt zu werden?

Weil sie ein wesentlich stoffloses Vermögen ist! Warum ist der Mensch anderseits in seinem menschlichen Wirken und Handeln nach außen gewiesen und ist demgemäß in aller thatsächlichen Wirksamkeit und in allem seinem wirklichen Sein beschränkt und bedürftig?

Weil er eine mit dem Stoffe naturnotwendig verbundene Natur hat.

Jene Vernunft hat somit die allgemeine Leitung und Bestimmung und damit notwendig eine alles durchdringende Kenntnis, welche allseitig vom Stoffe entfernt ist. Sie darf weder das Vermögen einer Natur sein, die stofflich ist; noch darf sie durch ihre Natur, möchte diese auch stofflos sein, dazu mit Notwendigkeit getrieben werden, daß sie als bewegende Kraft in bestimmt geregelter Weise auf das stoffliche Sein einwirkt; wie dies bei den geschöpflichen reinen Geistern der Fall ist, deren Einfluß auf den Stoff durch gewisse, keineswegs von ihrem freien Willen abhängige Gesetze geordnet ist. Vielmehr muß diese Vernunft, von welcher der erste Anstoß zu aller Bewegung ausgeht und die demnach auch alles sicher zum letzten Zwecke führt, rein sie selbst sein; nur auf sich zu blicken haben; nichts von außen empfangen können; und gerade darin, daß diese Vernunft ganz vollendet in sich ist, besteht für den Stoff die Möglichkeit, vollendet zu werden. Ihre eigene Vervollkommnung erreicht sie nicht

vermittelst der Vervollkommnung oder Vollkommenheit des anderen Seins; wie dies stufenweise bei allen erkennenden Geschöpfen der Fall ist, die nur bewegen, weil sie bewegt werden und sonach durch die auf das andere gerichtete Thätigkeit ihr eigenes von außen gestecktes Ziel erreichen; — sondern sie ist die reine und unvermischte Vollendung, die reinste Unabhängigkeit von jeglicher stofflichen Bedingung und deshalb schließt sie in sich selbst, in ihrem Sein notwendig alle Kenntnis ein und nichts Äußerliches kann ihr eine solche vermitteln.[1])

13. Die oben gemachten Einwürfe.

Es kann jetzt kurz die Antwort gegeben werden auf die oben kundgethanen Bedenken. Mit Recht hebt Thomas als unterscheidendes Merkmal der stofflichen Dinge es hervor, daß sie nur ihre eigene Substanz besitzen, „habent suam tantum formam.“ Denn mag auch das weiche Wachs verschiedenartige Formen annehmen, die Luft andere Gegenstände wiederspiegeln, der Stein bald weiß, bald schwarz, bald trocken, bald naß sein; so sind diese Formen doch nicht so in den betreffenden stofflichen Dingen, daß sie ihr eigenes subjektives Sein für sich behielten und trotzdem auch im anderen Sein beständen oder es ist gar bloß ein Widerschein ihrer äußeren Gestalt von der Luft, dem Wasser und Ähnlichen abgespiegelt, keineswegs ihr innerstes Wesen, nach welchem ihr subjektives Sein beurteilt und möglicherweise geleitet werden könnte.

Auch eine petitio principii liegt durchaus nicht vor. Denn für den Beweis des Satzes, nur Stoffloses könne etwas anderes so in sich aufnehmen, daß dieses letztere in sich subjektiv dasselbe bleibe; dient als Basis nicht der Satz, daß das Stoffliche dies nicht könne, sondern dieser andere, daß der Stoff der Grund der Beschränktheit sei. (coarctatio

[1]) Cf. C. G. I. c. 44.

formae **fit per materiam**). Also weil der Stoff seiner Natur nach beschränkt und beengt, und deshalb das stoffliche Ding nur es selber und in keiner Weise etwas anderes ist, darum muß die Entfernung eines Seins von ihm der Grund sein für die Allgemeinheit und Schrankenlosigkeit, der gemäß etwas subjektiv dasselbe bleibt und doch nicht ganz und gar auf sein eigenes subjektives Sein beschränkt ist, sondern in sich als Richtschnur des Handelns, als leitende Absicht (intentionaliter) noch ein anderes Wesen haben kann. Aus der Grundeigenschaft des Stoffes folgt es somit, daß das rein Stoffliche „nicht etwas anderes", sondern nur es selbst sein, nur für sich empfangen kann, und zwar empfangen, nicht aber leiten und wirken.

Wenn ferner bemerkt wird, daß Stofflosigkeit allein nicht der formale Grund des Erkennens sein kann, weil der Wille, der Glaube ꝛc. wohl stofflos seien, aber nicht erkenntnisfähig; so verdeutlicht dies vielmehr den Beweisgrund des heiligen Thomas. Denn eben deshalb sind diese Potenzen und Zustände stofflos, weil die Seele oder die Vernunft, der sie zugehören, dem subjektiven Sein nach vom Stoffe losgelöst ist.

Auf den Einwand aber endlich, der von den Sinnen oder von der wesentlichen, nicht bloß graduellen Verschiedenheit zwischen den nur sinnlichen und den vernünftigen Geschöpfen hergenommen ist, muß erstens erwidert werden, daß Thomas hier nur vom formalen Grunde des Erkennens handelt, nicht von dem Einflusse, den die Stofflosigkeit auf den Grad des inneren Wesens im einzelnen Sein ausübt. Dieser Grund ist aber nun eben überall derselbe, sei es daß es sich um die Sinnenerkenntnis handelt oder um die rein vernünftige; es ist die Unabhängigkeit vom Stoffe. Wie weit der Stoff mit seiner Natur einfließt in das Sein des Einzelnen, soweit ist die Erkenntnis beschränkt oder auch eine Unmöglichkeit. Das hat seine ganz allgemeine Geltung.

Ferner ist darauf hinzuweisen, daß gerade nach den ausdrücklichen Worten des heiligen Thomas der wesentliche

Grad der Verschiedenheit, welcher zwischen den Dingen besteht, von ihrem Verhältnisse zum Stoffe, respektive zur Stofflosigkeit abhängt. Der Grad der Stofflosigkeit im Sein ist gleichbedeutend mit dem Grade des Erkennens; Erkennen heißt thätig sein, wirken, bestimmen, leiten; die verschiedene Art und Weise des Wirkens aber ist offenbar begründet in der Verschiedenheit des inneren Wesens;[1]) also gerade das Verhältnis zur Stofflosigkeit wird für ein Ding die beste Richtschnur sein zur Bestimmung des Grades, welchen das innere Wesen desselben einhält und durch den es sich von allen anderen durchaus dem ganzen Sein nach unterscheidet.

§. 3.

Widerlegung entgegenstehender Ansichten.

14. Standpunkt des Verfassers.

Man möge es uns nicht als Arroganz auslegen, wenn wir in diesem Paragraphen und in den entsprechenden eines jeden der folgenden Kapitel mit voller Entschiedenheit gegen Systeme Stellung nehmen, welche von großen Gelehrten und von sehr frommen Söhnen der heiligen, römisch-katholischen Kirche vertreten worden sind und noch heute von Männern vertheidigt werden, die um die theologische Wissenschaft hohe Verdienste sich erworben haben. Weit entfernt, sich mit diesen Männern zu vergleichen, kann doch der Verfasser recht haben, sie in dem hierzu behandelnden Punkte des Irrtums zu beschuldigen. Würde ihnen dies etwas von ihren Verdiensten nehmen oder den Glanz ihres Namens als einen unberechtigten erscheinen lassen? Gewiß nicht. Es würde eben nur bedeuten, daß „auch die Sterne nicht rein sind in den Augen Gottes". (Job 25, 5.)

---

[1]) C. G. II. 68. Et consideratione operationum naturas formarum cognoscimus; unum quodque enim operatur secundum quod est. C G. 2, 68.

„In seinen Engeln findet Er Unvollkommenheit; um wie viel mehr also werden jene, welche Häuser von zerbrechlichem Lehm bewohnen und deren Fundament das Irdische ist, von der Motte zernagt werden.“

Es wäre ein solcher Nachweis nur eine Verdemütigung für uns Menschen überhaupt und eine Aufforderung, den Erfolg des Forschens unwandelbar da oben zu suchen, bei dem Herrn, welcher der Gott alles Wissens genannt wird: Deus scientiarum Dominus est.

Wenn so große Gelehrte und so heiligmäßige Männer irren konnten, wie müssen wir dann nicht im Vollbewußtsein unserer Schwäche unaufhörlich und mit Inbrunst flehen: „Nimm nicht fort von meinem Munde das Wort der Wahrheit; denn auf Dein Wort habe ich über meine Kräfte hinaus gehofft.“ „Et ne auferas de ore meo verbum veritatis usquequaque, quia in verbum tuum supersperavi.“

„Die Sterne werden dunkel vor ihm.“ Gott läßt es zu um seiner heiligen Ehre, der Quelle unseres Heiles willen, daß selbst große und von der ganzen Kirche anerkannte Leuchten, wie Augustin, wie Hieronymus, wie Basilius, Cyprianus in manchen, wenn auch an sich nicht immer erheblichen Punkten irren.

„Der Kananäer wird wohnen als tributpflichtig inmitten von Ephraim.“ (Jos. 16, 10.) Auch große Männer erfahren die in diesen Worten angedeutete Wahrheit; auch sie werden dem Feinde, der in der Mitte der erlösten menschlichen Natur noch immer wohnt, dem Kananäer werden sie manchmal überlassen. Für einen Augenblick verdunkelt sich ihr leuchtender Sternenglanz; es gilt von ihnen: in modico dereliqui te, in geringem habe ich Dich verlassen; aber nur, damit sie dann umsomehr die göttliche Güte preisen; nur damit sie ganz von der Überzeugung durchdrungen seien, Gott allein gebühre Dank und Ehre und Preis; nur damit auch der „Kananäer“, wenn auch nach einem kurzen Siege als tributpflichtiger offenbar erscheine, der da durch seine Bemühungen die Veranlassung zur Vermehrung der Demut geboten und dadurch gleichsam Platz mit bereitet hat für um so größeren Eifer und um so hellere Erleuchtungen. „Die Sterne werden dunkel“ (Job 3, 9), „Er verschließt ihr Leuchten wie unter einem Siegel“ (9, 7); „damit Er, der große Gott selber, als erhaben erscheine über das höchste Leuchten der Sterne“ (22, 12). Und die Er einen Augenblick verlassen, die „zieht Er dann umsomehr an durch seine Barmherzigkeit“ (Jerem. 31, 3), da sie ihr eigenes Elend und ihre Schwäche aus Erfahrung kennen gelernt und nun desto lebendiger davon überzeugt sind, sie hätten, was sie haben, sie seien, was sie sind, „weil Gott ihnen in ewiger Liebe zuvorgekommen ist.“ (Jerem. 31, 2.)

Wir werden die scientia media mit Ernst und unter eingehender Entwicklung der Gründe zurückweisen. Das schulden wir der Wahrheit und — setzen wir es hinzu — dem heiligen Thomas, dessen vom Zusammenhange losgerissene Texte leider zu oft gemißbraucht worden sind. Aber um jeglicher Beschuldigung aus dem Lager der katholischen Theologie die Spitze abzubrechen, werden wir gegen keinen lebenden Theologen polemisieren und in keiner Beziehung auf die Geschichte dieser Streitigkeit zurückgehen. Müssen wir ältere Theologen bekämpfen, so erklären wir hiermit von vornherein, daß wir gegen die Verdienste derselben wie keiner mit größter Achtung und Verehrung erfüllt sind; gegen die Pfeile des Irrtums ist kein Panzer dicht genug. Klar zu sein werden wir uns vor allem bestreben und aus unserer Überzeugung kein Hehl machen. Wir halten die scientia media für das verderblichste System in der heutigen katholischen Wissenschaft. Sie ist die Quelle aller Unsicherheit, die sich in der Moral und in der spekulativen Dogmatik breit macht. Durch sie wird die Ewigkeit eine leere Abstraktion; die Wissenschaft Gottes eine Sklavin des geschöpflichen freien Willens; die göttliche Allmacht Ohnmacht; der freie Wille Gottes ein leeres Wort; die Erlösung ohne Inhalt; die unabhängige Wirkung der Sakramente eine eingebildete, sogenannte moralische. Wir werden mit Gottes Hilfe dies im einzelnen darthun; die fortlaufenden Texte des heiligen Thomas werden die spekulative Grundlage unserer Darlegung bilden.

Nur dem Scheine nach ein anderer und zwar ein Feind von der entgegengesetzten Seite ist der Pantheismus; wir sagen dem Scheine nach. Denn die scientia media ist im Grunde genommen nichts anderes als Pantheismus. Heinrich sagt in seiner Dogmatik (III. 276): „Daß das Nichts aus sich selbst zum Sein übergehe und dadurch aus und durch sich selbst das Endliche etwas werde, das ist der absurde Grundgedanke alles Pantheismus."

Nun, was liegt dem Molinismus oder der scientia media für ein leitender Gedanke zu Grunde? Ohne Zweifel der, daß ein Vermögen aus und durch sich selbst zum wirklichen Sein übergehe. Noch genauer meint aber einige Zeilen vorher Heinrich: Der Pantheismus „behauptet, daß diese unendliche Potenz aus und durch sich selbst vermöge eines dunklen Triebes oder eines Wollens oder aber vermöge einer notwendigen, logischen Denkbewegung zum wirklichen endlichen Sein und Erkennen übergehe"

„Alle Möglichkeit," so bestimmt dann derselbe Dogmatiker, „hat, wie wir gesehen haben, die Wirklichkeit und in letzter Instanz die absolute Wirklichkeit zur Voraussetzung." Das ist allerdings die Wahrheit, welche aber, mit Folgerichtigkeit durchgeführt, nur der prägnante Ausdruck der thomistischen Theorie ist und die uneingeschränkte Verurteilung des Molinismus und der behufs desselben erfundenen scientia media in sich enthält.

Das „Vermögen" des freien Willens kann nicht „aus sich und durch sich selbst" sich bethätigen, sondern „die absolute Wirklichkeit", die Einwirkung des ersten Grundes muß dieser Bethätigung vorangehen. Der geschöpfliche freie Wille bethätigt sich selbst, aber nur kraft der Bethätigung seitens der ersten Ursache, welche dem Willensvermögen im einzelnen Falle es giebt, daß es sich selber bethätige. Das ist die Wahrheit; das Gegenteil ist Pantheismus. So viel über unseren Standpunkt.

15. Kennzeichen der gegnerischen Systeme. Pantheismus.

Es genüge für jetzt, jene Systeme zu kennzeichnen, welche dem allvollkommenen Wissen Gottes entgegenstehen. Später wird Gelegenheit geboten werden, darauf ausdrücklich zurückzukommen oder ihre Behauptungen stillschweigend zu widerlegen, insoweit diese das Wissen Gottes betreffen.

Da haben wir zuerst auf den Pantheismus und Materialismus Rücksicht zu nehmen, mit denen ein Wissen Gottes und noch weniger ein höchst vollkommenes Wissen Gottes nicht bestehen kann. Beide Irrtümer fallen in dieser Hinsicht zusammen; denn sie bekennen sich zu dem Grundsatze, daß das Unendliche ein Vermögen sei, welches sich aus sich heraus mit Notwendigkeit entwickle. Ist dieses Unendliche der materielle sichtbare Stoff, so heißt dies Materialismus; ist es die innere Substanz oder das Denkvermögen oder die Idee oder das „Ich", so heißt dies Pantheismus. Beides schließt notwendig das eigentliche Wissen vollständig aus; denn Wissen oder Erkennen ist an sich notwendig Bestimmtheit, Thatsächlichkeit, Vollendung und wird von einem sich entwickelnden Wissen gesprochen, so kann das keine Geltung haben, insoweit als man eine Sache wirklich erkennt oder weiß, sondern vielmehr nur insofern man sie nicht erkennt oder weiß und somit noch erkennen kann. Wo also Entwicklung als das herrschende und alldurchdringende Grundprincip bezeichnet wird, da ist, wohin auch immer diese Entwicklung verlegt wird, dem Wissen der Todesstoß versetzt.

Es möchte nicht recht sein, den Pantheismus an die Spitze des Glaubens aller Völker zu setzen und somit ihn zu einer allgemeinen Religion zu machen. Die neuesten Forschungen in der alten Geschichte bestätigen vielmehr, zumal mit Hilfe der tausendjährigen Steindenkmale, daß der Pantheismus nur ein Abfall von der religiösen Anerkennung eines einzigen, von der Welt getrennten Gottes ist und zwar ein Abfall, der sich bei den verschiedenen Völkern verschieden gestaltete, immer aber ungemein viele Spuren des alten Glaubens an einen persönlichen Weltschöpfer und Weltregierer an sich trug.

Das älteste Buch der Chinesen schreibt vom höchsten Gott: „Dieses unnennbare Tao ist der Schöpfer Himmels und der Erde; das dagegen, welches man für jeden in verständlicher Weise bezeichnen kanu, ist die fort und fort erschaffende Kraft der Natur, die Natur selbst, bildlich die Mutter alles Seienden. Nur der, welcher ganz von Leidenschaften frei ist, wird imstande sein, das höchste, geistige Wesen zu erfassen; der dagegen, dessen Seele beständig von Leidenschaften getrübt ist, sieht nur das Endliche — die Schöpfung. Beide aber, das Endliche wie das Unendliche, sind desselben Ursprungs, für uns jedoch sehr zu unterscheidende Begriffe. Denn beide sind sie erhaben; jenes aber, das Unendliche, ist nicht nur erhaben, sondern auch unermeßlich und der Inbegriff, gleichsam die Ausgangspforte alles Geistigen. Wenn du zu ihm aufschaust, so siehst du es nicht, denu es ist unsichtbar. Wenn du auf dasselbe lauschen willst, so hörst du es nicht, denu es ist lautlos. Wenn du nach ihm fassest, so kannst du es nicht ergreifen, denn es ist unkörperlich. Es kann keine Schattenseiten haben, es ist ewig und unvergänglich und es ist nicht möglich, ihm ein bezeichnendes Bild, einen Namen zu geben. Wie könnte man doch formen wollen, was keine Form hat, wie darstellen, was gestaltlos ist. Es ist das vollendet Geistige." (Vgl. Laotse c. 2 und c. 14.)

Von Ägypten sagt einer der besten Kenner der alten Geschichte dieses Landes, Georges Perrot, in seiner Geschichte der ägyptischen Kunst im Altertume (S. 47 deutsche Ausg.): „Wenn wir uns in die ägyptische Theologie vertiefen, wie sie etwa in der Zeit der achtzehnten und neunzehnten Dynastie sich umgiebt, so läßt sich in derselben ziemlich deutlich die Überzeugung von dem Vorhandensein einer einheitlichen Grundursache verspüren. Doch kaum erkannt, verschleiert sich dieses unerforschliche und unaussprechliche Urwesen schon wieder und verbirgt sich hinter einer Menge von Göttern," und später spricht derselbe Verfasser von einer Anzahl Mystikern, die „im Innern des Tempels sich aufhielt und in der Betrachtung des Ureinen wahrhaftig Seienden und Einzigen wirklich Lebenden gefiel". Selbst während der Dekadenz also hielten einige den alten Glauben fest.

Seyffardt übersetzt in seinen theologischen Schriften der alten Ägypter eine Stelle aus dem ersten Buche der heiligen Urkunde nach dem Turiner Papyrus folgendermaßen: „Es ist ein Hochheiliger, ein Schöpfer der Fülle des Erdkreises, ein Regierer der Tage. Ich bin die Gottheit der Götter, der erhabene Urheber der Wandelsterne und der Heerscharen, die über deinem Haupte mich preisen; ich bin der Schöpfer des erhabenen Geschlechtes der Gewalten; der Fürsten und Führer, der Halter des Gerichtes, der Hochheilige, der Verurteiler der Übelthäter; ich selbst mein König, der Erhalter der Gesetze; der Richter aller Werke, ich, das Licht, welches den Übelthäter zeihet; ich selbst mein König. Mein ist das Regiment, ihr Männer und Frauen Ägyptens, mein, dem hochheiligen Urheber der Kulte, die in den Tempeln Ägyptens auf den Hochheiligen sehen. Ich bin, der ich bin. Ich bin es, der den Weinstock, Getreide, Garben, Tanne, Mehl, in den Landen Ägyptens, des herrlichen, werden ließ. — Preis Deinem Antlitz, der Du die Fülle der Welten gewebt, hochheiliger Gott, Herr von allem, was Odem hat. Ich jauchze dem Vater, dem Heiligen; ich diene dem Herrn, den alle Lande fürchten, dem Hochheiligen im Lande des Lichtes."

Später allerdings wurde der „Amun, der verborgene Gott, den man nicht sieht, zu dem man erst durch Schlüsse kommt, der keinen Namen hat", zur Abstraktion und wird nach und nach die Weltseele; trotzdem aber bleiben immer noch persönliche Götter.

Von den Chaldäern behauptet Diodor (II. 30): „Sie glauben, die Welt sei ihrem Wesen nach ewig, sie habe nie einen Anfang genommen und könne auch niemals untergehen; aber (hier die Erinnerung an den alten Glauben) durch eine göttliche Vorsehung sei alles geordnet und ausgebildet worden und noch jetzt seien alle Veränderungen am Himmel nicht Wirkungen des Zufalls, auch nicht innerer Gesetze (keine innere Entwicklung), sondern einer bestimmten unwandelbar gültigen Entscheidung der Götter." Die den Berosus ergänzende Kosmogonie des Eudemos kennt noch den Gegensatz, der ursprünglich bestand, „zwischen dem Urleben und der Urkraft Aos und dem Tauthe, dem Chaos oder Urstoff."

Ebenso wissen die Phönizier von einem schöpferischen Geiste im Gegensatze zur Urmaterie. „Anfang des Alls war eine finstere und stürmisch bewegte Luft," so Bunsen: Ägyptens Stelle in der Weltgeschichte V. 240, „oder ein Wehen finsterer Luft und trübes, abgrundlich tiefes Chaos. Dieses war unbegrenzt und hatte Äonen hindurch keine Schranken. Da ward der Geist von Liebe entzündet zu seinen eigenen Anfängen (also er hatte auch dieses Chaos gemacht) und es entstand eine Durchdringung und diese Verflechtung war genaunt Sehnsucht."

Es darf auch nicht geglaubt werden, daß die ersten griechischen Philosophen einen materiellen Pantheismus gelehrt haben. Aristoteles und nach ihm Thomas sagen von denselben ausdrücklich, sie hätten nur die materielle Ursache der Dinge vermittelst ihrer Theoreme erklären wollen: non consideraverunt nisi materialem causam rerum. Sie wollten nur, wie Thomas meint (Metaphy. lib. I. c. 4) bestimmen, was allen Dingen als allgemeiner Grundstoff zu Grunde liegt, woraus die einzelnen geworden sind, wozu sie demnach zurückkehren und was ihnen allen endlich gemeinschaftlich ist und als solches Urelement bestimmte Thales das Wasser, Anaximenes und Diogenes die Luft (l. c.), Hyppasus und Heraklitus das Feuer, Empedokles mehreres zusammen. Darauf, welche wirkende Ursächlichkeit aus diesem Stoffe das einzelne gebildet habe, ging ihre philosophische Forschung noch nicht ein.

Von Thales wissen wir, was Cicero schreibt: [1]) „Aus Wasser seien alle Dinge entstanden und Gott nenne man den Geist, der aus Wasser alles gebildet habe, so lehrte Thales;" was ebenso Plutarch (Plutarch. plac. 1. 7, 11) mit den Worten behauptet: „Thales nannte die Vernunft den Gott der Welt *Θαλῆς νοῦν τοῦ κόσμου τὸν θεὸν*" und Klemens von Alexandrien (Klem. v. Alex. Strom. 5. 595) mit Hippolytus (Hippolytus Refut. haeres. I. 1) berichtet: „Thales habe auf die Frage, was Gott sei, *τί ἐστι τὸ θεῖον* geantwortet, was keinen Anfang und kein Ende habe, *τὸ μήτε ἀρχὴν μήτε τέλος ἔχον*," wozu aus dem unmittelbar Nachfolgenden bei Klemens geschlossen werden muß, daß *θεῖον* gleichbedeutend mit *θεον* stehe.

Thales erbrachte keinen philosophischen Beweis für die Existenz eines außerstofflichen Gottes; sein geregeltes Denken beschäftigte sich nur mit dem sichtbaren Urstoffe. Das will aber durchaus nicht besagen, daß er damit diesen Urstoff für Gott gehalten habe; sein Geist erkannte wohl das Dasein eines ewigen, geistigen, allwissentlichen (vgl. oben Klemens von Alex.) Gottes, aber er erkannte es nicht als das Ergebnis wissenschaftlicher Forschung. Ebenso verhält es sich mit den auf gleicher Stufe stehenden Philosophen bis auf Pythagoras und die Eleaten. Deshalb nennt auch Thomas diese älteren Philosophen gemäß dem Standpunkte ihrer philosophischen Forschung „roh" „rudes", weil sie nur die niedrigste der vier Ursächlichkeiten betrachteten.

Mit Xenophanes beginnt der wissenschaftliche Pantheismus: Die ausgesprochene Einheit des Seins. So wurden

---

[1]) De nat. deor. I. 10, 25: Thales . . . aquam dixit esse initium rerum Deum autem eam mentem, quae ex aqua cuncta fingeret.

bereits von Plato [1]) und Aristoteles [2]) die Aussprüche des Xenophanes über die Einheit und Ewigkeit Gottes gedeutet. Theophrast sagt, Xenophanes habe in und mit der Einheit des Urgrundes die Einheit alles Seienden behauptet [3]) und Timon läßt (Sext. Pyrrh. I. 224) ihn von sich selbst sagen, wohin er seinen Blick gewandt, immer habe sich ihm alles in ein und dasselbe ewige gleichartige Wesen aufgelöst. [4])

Scheint Xenophanes noch Bedenken zu tragen darüber, ob er in jeder Beziehung das Sein als solches in allen Dingen identifizieren und somit als Gott hinstellen oder in welches Verhältnis zu Gott er das vergehende und entstehende Sein setzen solle; so giebt Parmenides bereits die stehen gebliebene Beweisformel des Pantheismus an. [5])

„Nur das Seiende *ist*, das Nichtseiende kann nicht *sein* und kann auch nicht ausgesprochen oder gedacht werden und der größte Irrtum ist es, wenn man Sein und Nichtsein trotz ihrer unleugbaren Verschiedenheit doch wieder als dasselbe behandelt. Das *Seiende* kann nicht anfangen oder aufhören zu sein, es *war* nicht, es *wird* nicht sein, sondern es *ist* in voller ungeteilter Gegenwärtigkeit. Wie sollte es auch geworden sein? Aus dem Nichtseienden? Aber dieses ist nicht und kann nichts hervorbringen. Oder aus dem Seienden? Dieses würde dann nichts anderes als sich selbst erzeugen. Das Gleiche gilt vom Vergehen. Das Seiende ist unteilbar, unbeweglich, für sich und sich selbst gleich und da es nicht unvollendet und mangelhaft sein kann, muß es begrenzt sein. Vom Seienden ist das Denken nicht verschieden,

---

[1]) Soph. 242. D.

[2]) Metaph. I. 5. ἐιςὶ δὲ τίνες οἱ περὶ του̃ παντὸς ὡς ἂν μιᾶς οὔσης φύσεως ἀπεφήναντο.

[3]) Bei Simplicius.

[4]) Cf. Cicero Acad. II, 37. Xenophanes . . . unum esse omnia neque id esse mutabile et id esse Deum, neque natum unquam et sempiternum Plutarch. bei Euseb. praep. ev. 1. 8. 4.

[5]) Parm. V. 33, 58, 61.

denn es giebt nichts außer dem Seienden und alles Denken ist Denken des Seienden."

Zeno und Melissus dehnen die Konsequenzen dieser Formel dahin aus, daß sie die Bewegung bestreiten und daß Melissus das Begrenztsein des Seins dahin erklärt, daß es in und von sich selber seine Grenze habe, nicht aber von außen her.

Durch diesen verunglückten Versuch, philosophisch zur Erforschung des einen, ewigen, unveränderlichen Urgrundes zu dringen, den die ältesten Philosophen gar nicht machten; — durch diesen Versuch hindurch gelangte die griechische Philosophie in ihren genialsten Vertretern Anaxagoras, Plato und Aristoteles doch endlich zum Ziele: nämlich zur Erkenntnis der vier Grundursächlichkeiten, des Urstoffes oder der Materialursache; des Formalgrundes in jedem Dinge selbst; der ersten wirkenden Ursache und des letzten Endzweckes.

Es leuchtet auf den ersten Blick ein, daß der Pantheismus der Alten durchaus von dem modernen verschieden ist. Der erstere steht wissenschaftlich höher, denn er ist konsequenter; der letztere steht den realen Verhältnissen und deren Erklärung näher. Die Eleaten kennen keine ewige Entwicklung, kein aus und durch sich selbst sich herausbildendes Vermögen; die Grundlage der modernen Pantheisten ist ihnen fremd. Sie leugnen nicht das Entstehen und Vergehen; sie nehmen der Bewegung nicht ihren Wert und auch vor der Vielheit der Dinge verschließen sie sich nicht; jedoch behaupten sie, dies alles sei kein Gegenstand des Wissens, es sei keine Wahrheit in dem allem, man könne von allem dem nicht behaupten, es sei wirklich; es sei und es sei zugleich nicht. Nur inwiefern etwas ist, also am Ende der Entwicklung sich befindet, könne es thatsächlich erkannt werden und dann sei dieses sein Sein ganz genau dasselbe wie das des anderen, denn im Sein selber sei keine Verschiedenheit, dies sei ein einheitlicher Begriff. Daß der Mensch Mensch sei, das werde nicht erkannt; das werde und verschwinde;

das könne deshalb auch nicht den Gegenstand des Wissens bilden, der immer allgemein und unveränderlich sein müsse; aber daß er sei, das erkenne der Geist und das, aber auch nur das erkenne er ebenso im Stein, wie in der Pflanze.

Diese schwache Seite, welche sich auch übrigens noch in Plato und Anaxagoras zeigte, erfaßte mit seinem wunderbaren Scharfblicke der Stagirite und wies den Irrtum siegreich zurück mit Beibehaltung dessen, was Wahres darin war.

Der moderne Pantheismus gründet sich in allen seinen Phasen nicht auf das Sein, sondern gerade im Gegenteil auf das Möglichsein; er erhebt nicht das Sein zu Gott, sondern erniedrigt Gott zum Vermögen. Von ihm sagt Seb. Brunner mit Recht:

„Da reden sie von Gott in uns
Der nimmer transcendent ist
Und alle Hörer wundern sich
Daß er ein deutscher Student ist
Im achtzehnten Jahrhundert konnte erst
Die Menschheit das alles erfahren
Ich Glücklicher wußt' es so früh
Schon mit kaum achtzehn Jahren.“

Nach Spinoza ist eben die Substanz, insoweit sie als unveränderliches Vermögen alle Entwicklung trägt und die Attribute der Ausdehnung und des Denkens besitzt, Gott.

Fichte nennt das „Ich“ als einziges Absolute Gott und sieht in der Welt nichts Reales, sondern den Widerschein des eigenen, „des reinen Ich“, also die Bekanntmachung und demgemäße Entwicklung des Ich. Es ist dies der idealische Pantheismus.

Dagegen verficht Schelling den real-idealistischen Pantheismus. Das ursprüngliche All-Eins ist dem Ich und der Welt gemeinsam und nur die Erscheinung dieser Einheit ist die Welt, nämlich die Erscheinung des allem Gemeinsamen, so daß also Gott, nämlich dieses selbe Eine, nichts anderes ist, als die Indifferenz des objektiven und subjektiven Geistes für die Mannigfaltigkeit der Entwicklung, respektive der Erscheinung, die Indifferenz des Realen und Idealen, das absolut Identische; „das unbekannte Absolute,“ wie Lebrun sagt, „das in den Gebilden der Natur schläft und in der Menschenseele zum Bewußtsein kommt.“

Hegel endlich hält die abstrakte Idee, den Begriff, als Gott fest, insoweit dieser ein An-Sich-Sein hat. Die Welt ist ihm das Anders-Sein. Das Sich-Bewußtwerden der Idee ist der Geist oder die Vernunft. Er hat den logischen Pantheismus, den nämlich des Gegenstandes der Logik, des nackten Begriffes, erfunden.

Hartmann drückt nur das allen diesen verschiedenen Systemen Gemeinsame aus, wenn er an die Stelle des sich entwickelnden Absoluten des Spinoza, des zum Realen sich entwickelnden gedachten Ichs des Fichte, des aus sich heraustretenden wirklichen Ichs des Schellings, des sich bewußtwerdenden Begriffes Hegels im allgemeinen das Unbewußte setzt und zieht die Konsequenz, indem er dieses in sich unbegrenzte Vermögen nicht nur als den Beginn des Seins hinstellt, sondern auch als den Zweck. Alles wird wieder — zu Nichts.

Wir können nicht umhin, hier an die Worte Webers (Demokrit) zu denken:

„Wie mag der Schöpfer nicht in seiner Allmacht lachen,
Wenn sich das Nichts zu Was und Ihn zu Nichts will machen.
In dein Gebild wähnst du Ihn höhnisch zu verkehren,
Und willst als Deinen Gott dein nichtig Bildnis ehren.“

Und richtig heißt es im Faust II. 1. Scene:

„Was soll mir euer Hohn
Über das All und Eine
Der Professor ist eine Person
Gott ist keine.“

Den so gekennzeichneten Pantheismus wollen wir mit objektiven Gründen als einen durchaus verderblichen Irrtum aufdecken, insoweit es unseren Gegenstand, das Wissen Gottes, angeht. Zuvörderst werden wir dies dem modernen gegenüber thun; in den letzten Kapiteln der Abhandlung werden wir den weit ernsteren der Alten zurückweisen.

16. Die scientia media nach ihren Anhängern.

Die zweite Gattung der Gegner, welche wir haben, bilden die Verteidiger der **scientia media**. Worin besteht dieselbe? Hören wir zuerst ihre Anhänger.

Becanus (c. X. q. 1) spricht folgendermaßen über dieselbe: „Das Wissen Gottes ist ein einheitliches und völlig einfaches, denu es ist eben das einfache und das ganz und gar cinige Wesen Gottes selbst. Je nachdem es verschiedenc Klassen des nicht göttlichen Seins zum Gegenstande hat, wird cin dreifaches Wissen Gottes angenommen. Denn Gott erkennt zuvörderst von Ewigkeit her vor aller freien Willensentscheidung alles, was im Zustande der Möglichkeit sich befindct; das ist das natürliche Wissen, scientia naturalis. Er erkennt ferner alle jene Dinge, die kraft seines freien Willens wirklich und thatsächlich sein werden; das ist das von dem freien Willensentschlusse bestimmte Wissen, scientia libera. Er erkennt endlich, was die mit Freiheit begabten Geschöpfe gemäß ihrer Freiheit thun würden, weun sie sich in diesen oder jenen Verhältnissen fänden; das ist die scientia media. Auf das Mögliche erstreckt sich die erste Art Wissen; das Wirkliche ist der Gegenstand der zweiten; das Bedingte (was also gewissermaßen halb möglich, halb wirklich ist und somit in der Mitte steht zwischen der reinen Möglichkeit und der reinen Wirklichkeit) wird erreicht von der dritten.

Dieses dreifache Wissen kann auf folgende Weise weiter erklärt werden: 1) Gott sicht von Ewigkeit und vor aller Zeit unbegrenzt viele Weltordnungen, die Er ins Dasein rufen könnte. 2) Er sicht, was der freien Entschließung der freien Geschöpfe, sowohl der Engel als der Menschen, zufolge in den einzelnen Ordnungen statthaben würde, wenn Er sie schaffen wollte. 3) Aus allen diesen Weltordnungen, die möglich sind, erwählt Er diese bestimmte, die nun Dasein hat vom Anfange der Welt bis zum Ende. 4) Kraft dieser Willensentscheidung sicht Er nun alles, was in unserer Welt auf Grund der Freiheit des Geschöpfes geschehen wird.

Die erste Art Wissen heißt das natürliche, weil Gott vor aller freien Willensentscheidung mit Notwendigkeit vermöge seiner Natur, seines Wesens, alles sicht, was möglich ist. Die zweite heißt das „freie" Wissen, weil das Hervorbringen der Seinsarten, welche es schaut, vom freien Willen Gottes abhängt und nicht mit natürlicher Notwendigkeit erfolgt. Die dritte heißt das „mittlere" Wissen, **scientia media**, weil es teils dem ersten, teils dem zweiten ähnlich ist: dem ersten, denn die **scientia media** kommt dem freien Willensentschlusse zuvor; dem zweiten, weil Gott durch die **scientia media** auch nicht hätte wissen können, was Engel und Menschen thun werden, wenn diese nämlich, die Engel und Menschen, gemäß ihrer Freiheit sich zum Gegenteil entschlossen hätten. Soll jedoch der Gegenstand der **scientia media** genauer bestimmt werden, so sind nicht alle in der Abgrenzung desselben einig. Molina lehrt, nur jenes bedingt Zukünftige sei Gegenstand der **scientia media**, was da vom freien Willen der Engel und Menschen abhängt; andere aber dehnen diesen Gegenstand auf schlechthin alles bedingt Zukünftige aus, auch soweit dieses von natürlichen, mit Notwendigkeit wirkenden, aber immerhin in einzelnen Wirkungen dem Zufalle unterworfenen Ursachen abhängt." So weit Becanus.

Molina selbst definiert die **scientia media**[1]) als das Wissen, „vermöge dessen Gott kraft seiner überaus erhabenen

[1]) Molina, 14. 13. disp. 17: „Scientia qua Deus ex altissima et inscrutabili comprehensione cujuscunque liberi abitrii in sua essentia intuitus est, quid pro sua innata libertate, si in hoc vel illo vel etiam infinitis rerum ordinibus collocaretur, acturum esset, cum tamen posset, si vellet, facere reipsa oppositum."

und unerforschlichen und völlig erschöpfenden Kenntnis eines jeden geschöpflichen freien Willens in seinem göttlichen Wesen geschaut hat, was der letztere gemäß der ihm eingeborenen Freiheit in diesen oder jenen unbegrenzt vielen Verhältnissen und Umständen thun würde, da dieser freie Wille doch, wenn derselbe wollte, das Gegenteil davon thun könnte."

Wie fassen nun die Gegner derselben die scientia media auf?

17. Die scientia media nach ihren Gegnern.

Joannes a St. Thoma definiert dieselbe kurz also:[1] „Molina hat zuerst den Namen scientia media jenem Wissen Gottes gegeben, vermöge dessen Gott alles das bedingt Zukünftige weiß, was da niemals thatsächlich sein wird. Molina will mit seiner scientia media die Art und Weise aufklären, wie Gott dieses Zukünftige vor aller freien Willensentscheidung, nur weil Er die Wahrheit des betreffenden Bedingungssatzes und ebenso den freien Willen und die übrigen Ursächlichkeiten voll begreift, durchaus und mit aller Sicherheit erkennt."

Umständlicher und weitläufiger Gonet:[2] „Unter dem Namen scientia media verstehen die Neueren die gewisse und unfehlbare Kenntnis der unter einer Bedingung zukünftigen Dinge, ohne daß Gott thatsächlich mit Freiheit vorher entschieden hätte, daß unter einer solchen Bedingung die Sache so sein würde. Zu bemerken ist hier:

---

[1]) I. q. 14. disp. XX. art. 1. Revera autem per illam (quidquid sit de nomine, quo nominetur) voluit sc. Molina explicare modum quo Deus cognoscit illa objecta sub conditione futura, quae absolute et de facto non erunt; quod videlicet Deus illa cognoscit independenter et antecedenter ad omne decretum voluntatis suae ex sola comprehensione veritatis ipsius propositionis et liberi arbitrii et causarum, ex quibus oritur.

[2]) Gonetus: Clypeus Thom. Disp. VI. art. 1. Cognitio certa et infallibilis futurorum conditionatorum ante decretum actuale et exercitum quo Deus praefiniat et praedeterminet illorum futuritionem.

I. Zwei Behauptungen sind in dieser Bestimmung enthalteu, a) daß in Gott eine sichere und unfehlbare Kenntnis des bedingt Zukünftigen sei, wie z. B. der Bekehrung der Tyrier, wenn Christus da gepredigt hätte (Matth. 11, und Luk. 10.), und b) daß nicht die eigene freie Willensentscheidung für Gott diese Kenntnis vermittle, Er also es nicht erkenne, weil Er für die Bekehrung der Tyrier diese Bedingung frei festgesetzt habe, sondern aus einem anderen, von seinem Willen unabhängigen Grunde. Die erste Behauptung wird von niemandem geleugnet in der katholischen Kirche; die zweite ist die Grundlage der Kontroverse.

II. Die Verteidiger der scientia media leugnen nicht einen gewissen Einfluß der freien Willensentscheidung Gottes selbst in das bedingt Zukünftige; auch sie und zumal Suarez lassen seitens Gottes ein allgemeines Dekret zu, mitzuwirkeu mit den freien Ursachen, wenn diese wollen oder mit dem was immer sie wollen; selbst der scientia media vorhergehende ganz bestimmte Dekrete Gottes nehmen sie an, wie z. B. daß Gott in dem einen Falle des freien Willensentschlusses seine Gnade nicht, im anderen sie wohl geben werde. Darin liegt also nicht gerade das Gewicht der Kontroverse; wohl aber darin, ob für Gott seine Willensentscheidung, sein Dekret, das Mittel und den nächsten Grund der Erkenntnis des freien Aktes bildet oder ob Er den freien Akt im geschöpflichen Willen und in den Umständen unabhängig von seinem eigenen Willen schaue.

III. Obgleich alle Anhänger der scientia media leugnen, daß für Gott seine freie Willensentscheidung das einzig wirksame Mittel der Erkenntnis des bedingt Zukünftigen sei, so sind sie doch nicht einig, wenu es sich darum handelt, zu bestimmen, welches Mittel nun in Gott für diese Erkenntnis bestehe. Molina sagt, Gott erkenne das bedingt Zukünftige, weil Er den geschöpflichen Willen und die zeitlichen bewegenden Umstände über alles Denken hinaus voll begreift und erschöpft; sein medium ist die supercomprehensio. Suarez meint, Gott erkenne das Genannte, weil Er auf Grund der Umstände und der Ursächlichkeiten, die Er durchdringt, frei bestimme, daß, wenn der geschöpfliche Wille sich in einer gewissen Weise entschließt, dann dies zukünftig sein würde, d. h. Er, Gott, würde dann mitwirken. Auf Grund dessen also wäre das Bedingte thatsächlich zukünftig, auf Grund des Dekretes nämlich, welches dem als möglich vorhergesehenen geschöpflichen Willensentschlusse und den vorhergesehenen Umständen folgt. Das decretum futurum ist das medium für Suarez. Andere endlich verwerfen alle diese Erklärungen und wollen gar kein Mittel; Gott sehe das bedingt Zukünftige unmittelbar in seiner (des Zukünftigen) objektiven Wahrheit.

Ferner besteht eine Verschiedenheit unter den Verteidigern der scientia media in dem Punkte, daß die einen meinen, dieselbe gehöre mit zur „Wissenschaft des einfachen Verständnisses (scientia simplicis intelligentiae)“, weil sie notwendig erfordert wird, um eine Entscheidung zu treffen; denn ohne daß Gott weiß, was der geschöpfliche Wille thun werde, kann Er selber keine Entscheidung treffen. Andere rechnen die scientia media zur „Wissenschaft des Schauens, scientia visionis“, die alle wirklich bestehenden Dinge umfaßt und nicht die bloß möglichen; denn, sagen sie, die scientia media hat einen Gegenstand, der wirklich zukünftig ist, wenn die Bedingung erfüllt wird.

Endlich ist noch ein dritter Unterschied bemerklich. Es giebt solche Molinisten, die da meinen, die scientia media sei eine ganz neue Erfindung; während andere der Ansicht sind, Augustin habe sie bereits gekannt.“

Damit mag die scientia media von Freund und Feind zur Genüge gekennzeichnet sein. Damit jedoch allseitige Klarheit herrsche, soll noch darauf hingewiesen werden, welcher Vorwurf von vornherein den Thomisten nicht gemacht werden könne und ebenso welcher den Molinisten gegenüber nicht statthaft sei.

18. Die Thomisten haben nie die unfehlbar sichere Kenntnis des bedingt Zukünftigen seitens Gottes geleugnet.

Es mag vielleicht heutzutage niemand mehr bestreiten, daß die Thomisten in Gott eine voll sichere und unfehlbare Erkenntnis des bedingt Zukünftigen anerkennen. Die Meinung besteht jedoch noch, als ob früher im Anfange der Kontroverse die Thomisten behauptet hätten, Gott erkenne das Genannte nur gemäß einer gewissen Wahrscheinlichkeit und gleichsam mutmaßend; und erst im Verlaufe der Kontroverse scien sie durch die Molinisten eines Besseren überzeugt worden.

So denkt Suarez, der dafür hält, Ledesma, Zumel und Cabrera hätten Gott die sichere und gewisse Kenutnis des bedingt Zukünftigen abgesprochen. Dies beruht auf einem Irrtum. Es kann kein einziger Thomist gefunden werden, der jemals sich in dieser Weise ausgesprochen hätte. Was vollends die drei eben aufgezählten betrifft, so läßt sich mit Leichtigkeit aus ihren Schriften nachweisen, daß sie immer die richtige Lehre vorgetragen und daß Suarez ihre Texte nicht genau gelesen hat.

Zumel weist **I. q. 14. a. 13. disp. 8. concl. I** ganz entschieden nach und behauptet ausdrücklich, Gott erkenne mit Sicherheit und unfehlbar (**certo et infallibiliter**) alles bedingt Zukünftige. In der dritten Konklusion aber giebt er nicht zu, daß Gott dasselbe vermittelst eines freien Willensentschlusses (**decreto libero**) erkennt, weil er meint, es sei unthunlich, hier eine freie Willensentscheidung Gottes, ein Dekret, anzunehmen, da ja doch diese Art zukünftiger Dinge niemals thatsächlich sein werden; er behauptet vielmehr, daß Gott dicse bedingt zukünftigen Dinge in den göttlichen Ideen vor irgend einem Dekrete als mögliche erkennt.

Diese letztere Meinung, daß die bedingt zukünftigen Dinge nicht auf Grund eines Dekretes, respektive daß sie als bedingt zukünftige vor allem Dekret erkannt werden;

— diese Meinung hat Zumel später (de auxiliis lib. 3 dubit. 5) geändert und (in concl. 2 et 6) mit Nachdruck gegen die scientia media sich gewandt, indem er sich dahin aussprach, es könnten die bedingt zukünftigen Dinge nur vermittelst bedingter Dekrete (decreta conditionata), d. h. vermittelst der freien Willensentscheidung Gottes, dies oder jenes werde nur unter dieser oder jener Bedingung eintreten, mit absoluter Gewißheit erkannt werden.

Was Ledesma anbetrifft, so leugnet er (disput. II. de scientia futurorum conting. de auxiliis tom. I.) allerdings, daß Gott (concl. II.) durch seine freien Willensentschließungen alle Kombinationen der Umstände und Verhältnisse als Bedingungen für die freien Akte der Geschöpfe geregelt habe, daß also gar keine reine Möglichkeit bestehe; Er erkenne demgemäß in diesen seinen Dekreten nicht alles mit Sicherheit, sondern nur dasjenige bedingt Zukünftige, was in den Kreis seiner Vorsehung für die gegenwärtige Heilsordnung fällt, wie die Thatsachen z. B., die gewöhnlich aus der Schrift angeführt werden. Das übrige bedingt Zukünftige aber sei in sich gar nicht gewiß, sondern nur in dem Grade, als die Ursachen die es hat, dazu hinneigen und dieses Zukünftige erkenne Gott ebenfalls sicher und unfehlbar, aber eben nur, wie es wirklich Sein hat. Er kennt nämlich die Hinneigung der Ursache, zu dessen Hervorbringung, soweit diese Hinneigung reicht; sowie ich z. B. gewiß und sicher weiß, daß der Geizige ein Almosen wahrscheinlich nicht geben wird. Anders kann aber Gott nicht erkennen als wie die Sachen sind, sonst wäre seine Kenntnis falsch. Eine Sicherheit ist nicht da ex parte rei, sondern nur eine Wahrscheinlichkeit, also erkennt Er auch mit unfehlbarer Sicherheit nur diese Wahrscheinlichkeit, sowie Er unfehlbar und gewiß meine Zweifel weiß.

Rücksichtlich Cabreras ist der Irrtum noch bei weitem handgreiflicher. Dieser Thomist sagt (p. III. qu. I. art. 3. disp. 1. §. 22. nr. 387), daß jene Dinge, die nur bedingungsweise zukünftig sind und nicht unfehlbar mit der Bedingung verbunden erscheinen, wie z. B. der Satz, wenn er geizig ist, giebt er kein Almosen, daß solche Wahrheiten, so lange sie nur von dieser Bedingung abhängen, auch nur als wahrscheinliche von Gott erkannt werden, nämlich gemäß der Wirksamkeit und des Einflusses der gestellten Bedingung. Diese Worte allein scheint Suarez gelesen zu haben, wenn er behauptet, Cabrera meine, daß Gott nur eine wahrscheinliche Kenntnis von dem bedingt Zukünftigen besitze; keineswegs jedoch keine sichere und unfehlbare. Gleich darauf aber erklärt sich dieser bedeutende Thomist weiter und schreibt: „Das gilt jedoch nicht von der Kenntnis Gottes seitens Gottes selber (**non ex parte Dei cognoscentis**), der alles mit Sicherheit und unfehlbar (**certo et infallibiliter**) erkennt, sondern das gilt seitens des Gegenstandes (**ex parte objecti cogniti**); denn was in dieser Weise bedingt zukünftig ist, das ist nur einer wahrscheinlichen Kenntnis fähig.“

Und später: „Ich sage aber nur, daß diese Dinge kraft solcher Bedingungen (die aus sich heraus keinen unfehlbaren Zusammenhang mit dem betreffenden Zukünftigen haben, wie das angeführte Beispiel darthut) nicht mit Sicherheit erkennbar sind; Gott aber kann sie mit Sicherheit und unfehlbar erkennen kraft anderer Bedingungen, mit denen sie unfehlbaren Zusammenhang haben, nämlich kraft seines Beistandes und kraft seiner eigenen Willensentscheidung.“

Ganz so ist auch noch heute die Meinung der Thomisten. Gott erkennt solche bedingt zukünftigen Dinge in seiner Willensentscheidung, vermöge deren Er bestimmt, daß Er seinen Beistand leihen würde, wenn jene Bedingung eintritt. Nicht als ob die betreffende Thatsache nun wirklich zukünftig sei; aber sie würde es sicher sein, wenn die Bedingung sich erfüllte.

19. Die scientia media ist nicht semipelagianisch.

Ist es somit unrecht, dem Thomismus Unsicherheit vorzuwerfen in der Anerkennung der Unfehlbarkeit des göttlichen Wissens rücksichtlich des bedingt Zukünftigen, so wäre es noch ein weit größeres Unrecht, die scientia media als offenbar semipelagianisch zu betrachten. Eine gewisse scientia media ist allerdings semipelagianisch, aber es ist nicht die des Molina.

Prosper hatte nämlich, nachdem er das Buch de corr. et gr. zumal c. 12 gelesen, den heiligen Augustin gefragt: „wie denn durch die zuvorkommende und mitwirkende Gnade der freie Wille des Geschöpfes nicht beeinträchtigt werde; — dann, ob das Vorherwissen Gottes so gemäß der göttlichen Willensentscheidung sei (utrum praescientia Dei ita secundum propositum maneat), daß, weil etwas von Gott frei beschlossen ist, dies auch deshalb von Ihm erkannt sei, oder ob nach den verschiedenen Arten der Berufung und der Qualität der Personen und auch nach den verschiedenen einwirkenden Ursächlichkeiten und Verhältnissen darin ein Unterschied gemacht werden müsse; so zwar, daß die kleinen Kinder nur allein durch die freie Entscheidung (propositum, decretum) Gottes gerettet würden, bei denen aber, welche etwas Gutes thun werden, die freie Willensentscheidung Gottes auf dem Vorherwissen begründet sei und diesem letzteren nachfolge (utrum per praescientiam posset stare propositum); oder ob, wenn auch das Vorherwissen der Zeit nach von der freien Willensentscheidung, dem propositum, nicht unterschieden sei, doch für alle ganz gleichmäßig ein solches Verhältnis zwischen dem Vorherwissen und der Entscheidung bestehe, daß die letztere, die freie Willensentscheidung, (das propositum, decretum) das Vorherwissen bedinge (tamen quodam ordine uniformiter praescientia sit subnixa proposito) und somit das Vorherwissen sich auf die freie Willensentscheidung stütze."

Prosper also stellt bereits die Frage wegen einer scientia media auf; ob nämlich das Vorherwissen der freien bedingt zukünftigen Akte dem göttlichen Dekrete vorausgehe oder ob vielmehr letzteres die Bedingung des Vorherwissens sei. Das Wissen kann hier sicherlich nicht jenes Wissen sein, dessen Gegenstand das rein Mögliche ist (scientia naturalis, scientia simplicis intelligentiae), denn dieses Wissen geht immer vorher und muß notwendigerweise dem freien Willensbeschlusse vorhergehen. Es ist auch nicht das Wissen des wirklich Zukünftigen (scientia libera, sc. visionis), denn für dieses mußten auch die Semipelagianer ein vorausgehendes Dekret annehmen und nahmen es an. Also konnte die Frage des heiligen Prosper nur das Wissen des bedingt Zukünftigen betreffen, ob dies nämlich von Gott gekannt sei kraft seines Willensbeschlusses oder dieser letztere das Wissen zur Voraussetzung habe. Das ist aber materiell die scientia media, zumal Prosper noch ausdrücklich das Heil der Kinder von der Frage loslöst, so daß bei ihm nur der Zweifel besteht, ob der Umstand, daß Gott weiß, was der einzelne Erwachsene in jedem bestimmten Falle thun würde, seinen Willensbeschluß beeinflusse oder umgekehrt von letzterem allein sein Wissen abhänge.

Wir sagen, was hier der heilige Prosper als Meinung der Semipelagianer über das Wissen Gottes berichtet und dessen Richtigkeit oder Unrichtigkeit festzustellen er den heiligen Augustin bittet, das ist materiell die scientia media, die ja auch, was Gott ganz für sich allein thut, seiner alleinigen Entscheidung überläßt und nur, wo die geschöpfliche Freiheit mitwirken soll, voranleuchten will.

Formell aber ist die scientia media des Molina durchaus verschieden von jener der Massilienser. Denn da für das praktische Wissen, zu dem die scientia media als auf das freie Handeln gerichtet gehören muß, der Zweck entscheidend ist, um die Art zu bestimmen, ob nämlich die eine in der Art, also dem ganzen Sein nach verschieden ist von der anderen, so steht dadurch bereits die Verschiedenheit dieser beiden Ansichten außer jedem Zweifel. Denn bei den Semipelagianern hatte das von Prosper gekennzeichnete Vorherwissen den Zweck, Gottes Blick auf etwas Gutes im Geschöpfe, auf ein geschaffenes, vom Geschöpfe mit seinen Kräften erworbenes Gut, sei es auch nur der Anfang des Glaubens, zu richten, damit Er mit Rücksicht auf dieses Gute und auf Grund dieses Guten unfehlbar seinen Gnadenbeistand gebe. Das nahm aber Molina niemals an und ebenso niemand von seinen Anhängern. Bei ihnen giebt Gott auf Grund seines freien Willens und rücksichtlich des ewigen Gutes, nämlich rücksichtlich seiner selbst, die Gnade; die **scientia media** zeigt nur, wozu das freie Geschöpf in jedem einzelnen Falle sich entschließen würde.

Darin also ist die **scientia media** durchaus verschieden von jener „**praescientia**“, welche Prosper erwähnt.

Eine andere Frage ist die, 1) ob sich dies wissenschaftlich aufrecht halten läßt, daß die **scientia media** bloß zeigt, bloß leuchtet, ohne die Veranlassung zu sein, daß Gott auf Grund eines geschöpflichen Gutes, hier der freien Willenszustimmung, entscheide; 2) ob nicht Augustin und die Väter überhaupt zugleich mit der Zurückweisung der semipelagianischen **scientia media** inklusive wohl, aber ganz deutlich auch die des Molina zurückgewiesen haben. Das kommt aber vor der Hand nur der Wissenschaft zu bestimmen zu; von Häresie ist, was die **scientia media** anbetrifft, keine Rede. So steht die Frage.

20. Nützlichkeit der Kontroverse.

Ist es nun aber von Nutzen, die ganze Streitfrage wieder aufzuwecken? Von einem Aufwecken unsererseits kann zuvörderst keine Rede sein. Die Molinisten behandeln seit Jahren in öffentlichen Vorträgen, in periodischen Blättern, in Büchern und Broschüren diese Kontroverse von ihrem Standpunkte aus. Wenn also hier eine eingehende Erörterung der thomistischen Ansicht erfolgt und gezeigt wird, wie diese mit Schrift, Vätern und Vernunft genau übereinstimmt, so ist

das bereits in dem Rechte begründet, welches der Gegenpart hat, gehört zu werden.

Es erscheint aber auch thatsächlich unerfindlich, warum denn die theologische Wissenschaft keine Streitfrage haben, oder warum gerade in unserer Zeit eine eingehende Erörterung derselben vom Übel sein soll. „Man möge alle Kräfte vereinigen," so heißt es häufig, „um die Gegner der Kirche zu bekämpfen und nicht in das eigene Lager den Streit tragen." Ganz in der Ordnung, wenn es sich nicht um die Wahrheit und deren Gegner handelte. Aber im Kampfe der Wahrheit gegen den Irrtum ist eben die allseitige, möglichst scharfe Klarstellung der Wahrheit die entscheidenste Waffe: „Sorge nur dafür," schreibt der Areopagite an Timotheus, „daß die Wahrheit recht beleuchtet werde; dann hast du zu gleicher Zeit am besten die Feinde der Wahrheit bekämpft."

Ist nicht der Molinismus oder der Thomismus, einer von beiden, auch Irrtum? Oder sind die inneren Feinde weniger zu fürchten, wie die außenstehenden einem jedem offenbaren? Es wird wohl schwerlich jemand im Ernste daran denken, beide Ansichten zu versöhnen und einen Mittelweg zu erfinden. Eine von beiden also ist wahr, und besteht demgemäß implicite als Dogma in der Kirche. Dann ist es aber nicht nur erlaubt, sondern eine heilige Pflicht für die theologische Wissenschaft, das in der kirchlichen Lehre Enthaltene festzustellen. Wäre es nicht möglich, daß gerade deshalb sich manche von der Kirche äußerlich Getrennte nicht entschließen können, der katholischen Gemeinschaft beizutreten, weil sie fälschlich meinen, die Lehre der Kirche von der Gnade, vom göttlichen Wissen sei irrig? Sie sind persönlich überzeugt z. B., daß die Schrift, die Väter und die Vernunft die Wahrheit der thomistischen Ansicht bekennen und wissen nach dem Vielen, was sie gelesen, nicht anders, als daß die molinistische Lehre in der Kirche anerkannt werde!

Phrasen, wie, „es handle sich hier um einige dunkle Punkte der christlichen Lehre;" „wozu solche Untersuchungen, welche der Glaube nicht vorschreibt und aus denen nur unfruchtbare Diskussionen entstehen;" „einzugestehen, daß man vor einem Mysterium stehe, sei eines Theologen nicht unwürdig;" „es genüge zu wissen, daß Gott alles bis ins einzelne durch seine Vorsehung regle und daß Er der Geber alles Guten sei; Weisheit sei es, nicht zu weit in dem Forschen nach dem Wie vorzugehen," solche und ähnliche Phrasen sind alt, sehr alt. Wir finden sie bereits im Munde der Arianer und nachher haben sie nicht aufgehört, im Munde jedes Häretikers zu sein, der da Widersprüche, welche er nicht lösen konnte, nicht eingestehen wollte und sie mit dem Mantel des heiligen unerforschlichen Mysteriums zu bedecken versuchte.

So schrieb Konstantin der Große vor dem Konzil von Nicäa auf Anreizung der Arianer, zumal des Eusebius von Nikomedien, nachdem im Konzil von Nikomedien die Lehre des Arius als rechtgläubig proklamiert worden, an den Patriarchen Alexander von Alexandrien: „Wenn ich voraussetzen müßte, daß der Grund der Spaltung tausendmal wichtiger sei, so scheint es mir, es würde gelingen, frommen und weisen Gemütern die Überzeugung beizubringen, daß sie ihre Privatansichten dem allgemeinen Besten, dem Frieden, unterzuordnen hätten. Aber wenn wir das Thatsächliche berücksichtigen, so handelt es sich um eine Kontroverse, die bei weitem nicht eine besondere Wichtigkeit beanspruchen kann. Der Anfang derselben war, wie mir berichtet worden, folgendermaßen: Du, ehrwürdiger Vater Alexander, glaubtest deine Priester über einen dunklen Punkt der christlichen Lehre fragen zu müssen, der einzig und allein für die Spekulation Interesse hat. Auf diese Frage von deiner Seite hat Arius Antworten gegeben, welche niemals hätten über seine Lippen kommen sollen, und er hat eine Lehre vorgetragen, an die zu denken schon verboten ist. Daher kam der Streit, der da vergiftet worden ist durch die Exkommunikationen. Das Volk Gottes wurde gespalten in zwei Teile; die katholische Einheit ward gebrochen. Nun aber beschwöre ich dich, der ich Christo diene wie du, höret beide auf mit euerer Kontroverse. Erstlich hätte die Frage über so schwierige Dinge nicht gestellt werden sollen; an zweiter Stelle aber hätte man nicht notwendig gehabt zu antworten. Wozu solche Untersuchungen, die der Glaube nicht vorschreibt und die nur unfruchtbare Diskussionen verursachen! Dergleichen sind höchstens Übungen in der Dialektik, sie können der Entwicklung des Talentes dienen, das Denkvermögen schärfen. Aber man muß sie vielmehr der stillen Betrachtung und Forschung vorbehalten und sie nicht unüberlegterweise in die Öffentlichkeit tragen. Welcher Geist ist übrigens so erhaben, daß er sich schmeicheln könnte, solche Mysterien zu durchdringen und sie in ihrer ganzen Ausdehnung auseinanderzusetzen! In diesem Falle aber ist es dann besser, Stillschweigen zu bewahren . . . Verzeihet euch also gegenseitig; der eine seine unzeitigen Fragen, der andere seine voreiligen Antworten. Der Punkt, welcher euch trennt, berührt ja kein göttliches Gebot; es gilt ja kein neues Dogma in die göttliche Lehre hineinzubringen. Im Wesentlichen seid ihr einig . . .“ **(Euseb. Vita Const. l. II. c. 64—72.)**

Dieselbe Sprache führten die Nestorianer, die Eutychianer, die Monotheleten. Wenn ihnen die Verteidiger des wahren Glaubens zusetzten, da hieß es immer: „Die Sachen sind sehr schwer, man solle es doch bei dem einmal Definierten bewenden lassen; man möge keine Neuerungen machen,“ während doch gerade die Häretiker das Neue, den Vätern Unbekannte, vorbrachten.

Kein katholischer Gelehrter denkt daran, das „Mysterium“ aufzuhellen; wohl aber soll das „Mysterium“ Licht verbreiten und nicht das Dunkel beschützen. Waun nämlich nimmt man zum „Mysterium“ gewöhnlich seine Zuflucht in der hier beregten Frage? Wann man in seinem Denken zu Widersprüchen gelangt ist, die man nicht eingestehen will. Wenn es sich darum handelt, wissenschaftlich zu bestimmen, wie doch unabhängig von Gott eine „objektive Wahrheit" in zeitlich zufälligen Handlungen bestehen; wie ein Vermögen sich unabhängig von Gott aus der Potenz in den Akt versetzen kann; wie etwas vorausgesehen werden kann, was gar nicht ist und nie sein wird, weder in den Ursachen noch in sich selber; — dann heißt es statt aller Antwort: „Das ist Geheimnis; wir sind nicht so unbescheiden, das Dunkel zu erhellen, was Augustin und Thomas nicht zu erhellen vermocht haben." Nein, hier liegt kein Mysterium, kein Geheimnis vor, sondern Widerspruch, und von diesem Punkte aus ist es geboten, in seinem Denken zurückzugehen und die Principien zu leugnen, welche solchen Widerspruch erzeugten. Das Mysterium hält nie das geschöpfliche Denken auf aus Mangel an Licht, sondern bereitet es auf das Schauen vor auf Grund ungemessener Lichtfülle. Der theologischen Wissenschaft gehört es zu, das wahre Mysterium vor der ungläubigen Wissenschaft zu Ehren zu bringen als Lichtquelle und nicht die eigene Denkschwäche zu stützen durch das „Mysterium". Sie zeigt mit logischer Notwendigkeit, wo das Mysterium anfängt und anfangen muß und macht den Geist vollständig klar darüber, warum es gerade an diesem bestimmten Punkte beginnen muß. Nicht Zweifel und Verzweiflung ist ihr Ergebnis, sondern Klarheit, Friede, geistiger Jubel. Das Meer beschränkt den Blick, aber so, daß es denselben von einem Augenblicke zum anderen mehr und mehr sättigt.

Um aber diesen Punkt zu erreichen, bedarf die theologische Wissenschaft geradezu der Kontroverse. Da hilft der eine dem anderen weiter. Von den entgegengesetzten Seiten her wird der ungeheuere Felsblock menschlicher Schwäche und Sündhaftigkeit durchbohrt, bis das Auge der menschlichen Vernunft frei und ungehindert hindurchblicken kann bis zum Leuchten der Morgenröte des sol justitiae.

Daß in Deutschland wieder theologische Streitfragen und zwar wahrhaftige Streitfragen aufgegriffen werden können und Verständnis finden, das ist das beste Zeichen des entschiedenen Fortschrittes und der gesunden Entwicklung unserer Theologie.

In den ersten Jahrzehnten unseres Jahrhunderts nach der Neuordnung der kirchlichen Verhältnisse in unserem Vaterlande war das Losungswort für die katholische Theologie das „gemeinschaftliche Fundament des christlichen Glaubens". Es war dies die Zeit der ungeheuersten Verflachung und Versumpfung alles dessen, was specifisch katholisch ist; es bestand ein gewisser Horror vor jedem selbständigen katholischen Denken; nicht an den Geist und die Vernunft, sondern allein an das Gemüt sollte sich die theologische Wissenschaft wenden.

Möhler darf den Ruhm beanspruchen, mit seiner unsterblichen Symbolik einen kräftigen, entschiedenen Strich durch die Rechnung der wässerigen, liberalen Toleranz gemacht zu haben. Von dem Erscheinen dieses Werkes an datiert die neue, specifisch katholische Theologie in Deutschland. Es war wieder angeknüpft an die wissenschaftliche Tradition der Theologie. Phrasen von der „gemeinsamen christlichen Grundlage", „vom Getrennt-Marschieren und Vereint-Schlagen" sanken für den Theologen auf das Niveau des: „Wir glauben alle an einen Gott und die Liebe vereinigt uns alle" hinab.

Auf diese Zeit folgte eine andere, in welcher die theologische Wissenschaft wohl als specifisch-katholische kämpfte, aber mit den unbequemen Waffen und der Rüstung Sauls. Gegen den philosophischen Un-, Irr- und Aberglauben wurde mannhaft gestritten, aber unter Zugrundelegung der pomphaften gegnerischen Principien. Daß es ciumal Skotisten und Thomisten gab; daß in alter Zeit die philosophische Spekulation sich auf die Materie und Form, auf die materia prima, und pure Potentialität stützte; daß die Glaubensartikel nicht bloß am Wege stehende, unbequeme Marksteine, souderu auch die Quelle und das praktische Fundament des spekulativen Denkens bildeten — dies und ähnliches war gelegentlich der Gegenstand der Kirchengeschichte. Ein

Thomas, ein Bonaventura, ein Augustin, ein Gregor erschienen wohl hie und da in den Citaten, aber mehr zum Zeichen, daß seitdem die theologische Wissenschaft sich weiter „entwickelt“ habe wie als Leuchten des natürlichen und übernatürlichen Wissens. Hätte nicht das Wort „heilig“ vor ihren Namen gestanden, für welches das wahrhaft katholische Herz immer, wenn auch oft unbewußt, ein hohe Verehrung fühlt, sie wären wohl nimmer beachtet worden.

Indes seit manchen Jahren schon spricht die katholische Wissenschaft mit David: „Laß mich ihm entgegengehen mit meiner Schleuder, denn mit der bin ich gewohnt zu streiten.“ Sie scheinen der an eiteltönende Phrasen gewöhnten Welt so verächtlich und geringschätzig, — diese alten Grundprincipien des wahren Forschens, auf denen bereits der Areopagite, mit denen Cyprian, Augustin, Hieronymus, die Gregore, Chrysostomus, Damascenus, Thomas, Albertus, Bonaventura den stolzen Bau der katholisch-theologischen Wissenschaft aufgerichtet; in wenigen Worten drücken sie sich aus; allgemein verständlich stellen sie sich dar; — aber man bringe sie nur in Verbindung mit dem allgewaltigen Geiste des katholischen Glaubens und der unschätzbaren Kraft der Vernunft und alsbald wird sich unter der unscheinbaren Hülle eine erstaunliche Tiefe und unzerrüttbare Macht offenbaren.

Seit einer Reihe von Jahren bereits kommen die volumina der Alten wieder zu Ehren. Jener wunderbare Tempelbau wird wieder ausgegraben, an welchem die erhabensten Geister aller Jahrhunderte als Werkleute gearbeitet haben und aus dessen Innerem die Leuchte des Wortes Gottes herausstrahlt, um das gesamte Gebiet des menschlichen Wissens und Thuns zu erhellen.

Wann war denn die Wissenschaft gesünder als zu den Zeiten des Athanasius, des Ambrosius, Augustinus, Hieronymus, Chrysostomus, der großen Gregore? Und wann waren nach allen Seiten hin die Kämpfe größer? Unter dem Andrange eines neuen barbarischen Heidentums wankten die

Grundfesten des tausendjährigen imperium; die furchtbarsten und einschneidendsten Irrlehren erhoben ihr Drachenhaupt von jeder Richtung her; die schwache Hand der byzantinischen Kaiser zeigte fast nur noch gegen die Kirche ihre illusorische Gewalt; — und inmitten dieser Stürme vertiefte sich der Blick dieser christlichen Heroen in das Ewig-Wahre; die unvergänglichen Interessen, die Interessen des geoffenbarten Glaubens durchdrangen so mächtig ihren Geist, daß weder der Tod noch das Leben, weder Gewalt noch List, weder der Augenblick noch die Zukunft, daß die Mächte der Hölle insgesamt ihn nicht zu erschüttern vermochten. Litt der Glaube dadurch, daß diese Männer vor keiner Kontroverse zurückschreckten, die von irgendwelcher Seite her aufstand? Wie wäre es, um menschlicherweise zu sprechen, gegenwärtig um den Glauben und um die Wissenschaft bestellt, wenn diese Verteidiger der Wahrheit auf die einschläfernden Stimmen, wie z. B. eine solche die oben angeführte des Kaisers Konstantin war, auch nur im entferntesten gehört hätten?

Warum sollen wir heute nicht dem Beispiele der heiligen Väter folgen und aus ihrer Lehre, aus ihren Principien, aus ihrer Art und Weise zu forschen lernen, welche Meinung in einer Streitfrage zur Anerkennung des geoffenbarten und erklärten Glaubens führt und welche nicht?

Die Wahrheit kann nur siegen, wenn sie klar und bestimmt sich darstellt. „Giebt die Trompete keinen hellen und scharfen Ton von sich, wer wird sich dann zum Kampfe rüsten?“ fragt Paulus. Zwielicht ist nicht geeignet, dem angstvollen Wanderer zwischen dunklen Abgründen den schmalen Pfad des Heiles zu zeigen; das wußte Thomas. Darin besteht sein größtes Verdienst, daß er nicht die Väter „entwickeln“, „weiterführen“ wollte, sondern, daß er zu ihnen zurückführte und darthat, wie vermittelst der Principien und Lehren der heiligen Väter zu den verschiedensten Zeiten und inmitten der verschiedensten Verhältnisse die Feinde des Glaubens zurückgewiesen werden können. Das Licht kann nicht entwickelt werden; vielmehr entwickelt und klärt es. Das erkannte Thomas klar wie selten einer, und deshalb wies er auf die Väter und vermittelst der Väter auf die Schrift. Wir werden uns bei dieser ganzen Abhandlung davon überzeugen, wie treu Thomas der Lehre der Väter folgt; bereits darin, daß er die Allwissenheit Gottes auf dessen Geistigkeit gründet, steht er nicht allein.

§. 4.

Thomas und die Kirchenlehrer.

21. Das Vatikanum.

Das Vatikanische Konzil erklärt in der dritten Session:[1] „Ferner ist entstanden und hat sich leider nur allzuweit auf Erden verbreitet jener Rationalismus oder Naturalismus, welcher, durchaus im Gegensatze zur christlichen Religion als

[1]) Tum nata est et late nimis per orbem vagata illa rationalismi seu naturalismi doctrina, quae religioni christianae utpote supernaturali instituto per omnia adversans, summo studio molitur, ut Christo, qui solus Dominus et Salvator noster est, a mentibus humanis, a vita et moribus populorum excluso, merae quod vocant rationis vel naturae regnum stabiliatur. Relicta autem projectaque christiana religione, negato vero Deo et Christo ejus prolapsa tandem est multorum mens in pantheismi, materialismi, atheismi barathrum ut jam ipsam rationalem naturam omnemque recti justique normam negantes, ima humanae societatis fundamenta diruere connitantur. Hac vero impietate circumquaque grassante, infeliciter contigit, ut plures etiam e catholicae Ecclesiae filiis a via verae pietatis aberrarent, in iisque, diminutis paulatim veritatibus, sensus catholicus attenuaretur. Variis enim ac peregrinis doctrinis abducti, naturam et gratiam, scientiam humanam et fidem divinam perperam commiscentes, genuinum sensum dogmatum, quem tenet ac docet S. Mater Ecclesia, depravare, integritatemque et sinceritatem fidei in periculum adducere comperiuntur.

der übernatürlichen Heilsanstalt, mit allen Kräften darauf hinarbeitet, daß Christus, der allein unser Herr und Seligmacher ist, aus den Herzen der Menschen gerissen, sowie von dem Leben und den Sitten der Völker entfernt und die Herrschaft der sogenannten reinen Vernunft oder der Natur aufgerichtet werde. Die christliche Religion ward verlassen und verworfen, Gott und sein Christus geleugnet, und so fiel endlich der Geist vieler in den Abgrund des Pantheismus, Materialismus und Atheismus, so daß sie nunmehr schon die vernünftige Natur nicht anerkennen und alle Norm für Recht und Gesetz leugnen, ja sogar danach streben, die tiefsten Fundamente der menschlichen Gesellschaft zu zerstören. Dazu kommt, daß bei der allseitigen Verbreitung dieser Gottlosigkeit unglücklicherweise auch manche Kinder der katholischen Kirche von dem Wege der wahren Frömmigkeit abirrten und daß sich in denselben, da einmal der Glanz der Wahrheit in etwa verdunkelt war, auch die Anhänglichkeit an die katholische Kirche abschwächte. Durch fremde und vielgestaltete Lehren nämlich hinters Licht geführt, vermengen sie miteinander Gnade und Natur, die rein menschliche Wissenschaft und den göttlichen Glauben in beklagenswerter Weise und gefährden so die echt katholische Auffassung der Dogmen, sowie sie die heilige Mutter, die Kirche, festhält und lehrt, und demgemäß auch die Reinheit und Unverletzlichkeit des Glaubens."

Dem entsprechen die hinzugefügten canones: „Wenn jemand behauptet,[1]) die Substanz oder das Wesen Gottes sei ein und dasselbe wie das der Welt und alles dessen, was in ihr ist, der sei im Banne." „Wenn jemand behauptet,[2])

---

[1]) Si quis dixerit, unam eandemque esse Dei et rerum omnium substantiam vel essentiam: anathema sit.

[2]) Si quis non confiteatur, mundum, resque omnes, quae in eo continentur, et spirituales et materiales, secundum totam suam substantiam a Deo ex nihilo esse productas; aut Deum dixerit

Gott habe nicht aus ganz freiem Willen geschaffen, sondern kraft derselben Notwendigkeit, mit welcher Er Sich selbst liebt, der sei im Banne."

22. Das Verhältnis des heiligen Thomas zum Vatikanum.

Das Vatikanum erklärt hier mit eben so einfachen als scharfen Worten als Glaubenssatz die vollständige Trennung des göttlichen Wesens vom geschöpflichen oder noch genauer den innersten Gegensatz zwischen Gott und der Schöpfung, was das beiderseitige Wesen anbetrifft. Thomas hat im angeführten Artikel den wissenschaftlichen Grund dafür auseinandergesetzt: Bestimmtheit, Thatsächlichkeit, vollste Vollendung — das ist für Gott wesentlich. Bestimmbarkeit, Entwicklungsfähigkeit, Vervollkommnung — das ist dem Geschöpfe wesentlich. Werden — ist das Stichwort für das Stoffliche. Sein — für Gott. Nichts — heißt der subjektive Ursprung des Geschöpfes. All, Fülle — ist der Formalgrund Gottes. Da liegt nichts in der Mitte. Sowie das Vatikanum keine Versöhnung für die zwei Glieder des Gegensatzes zwischen dem Wesen Gottes und dem der Welt kennt, so kennt auch Thomas keinen. „Gott ist auf der höchstmöglichen Stufe der Stofflosigkeit," so ist sein Schluß, „also ist Er auch auf der höchstmöglichen Stufe der Erkenntnis." Gott hat in nichts, aber auch in gar nichts es notwendig, zum Stoffe sich zu wenden; Er ist weder selber stofflich, noch ist seine Thätigkeit nach notwendigen Naturgesetzen auf das Stoffliche gerichtet; also ist Er auch in seiner Kenntnis allumfassend. Nur was möglich und entwicklungsfähig ist, hindert insoweit sowohl die Erkennbarkeit als auch die Erkenntnis; es ist erkennbar und kann erkennen, nur weil und inwiefern es mit etwas Wirklichem und in dieser Beziehung nicht mehr Entwicklungsfähigem, mit einem that-

---

non voluntate ab omni necessitate libera, sed tam necessario creasse, quam necessario amat seipsum: anathema sit.

sächlichen Akte, in lebendiger Verbindung steht. Gott also muß seinem Wesen nach die reine Wirklichkeit, der vollendete Akt sein.

Es ist so, wie der Psalmist sagt (ps. 118): „Daß mir zu teil werden Deine Erbarmungen und ich werde leben; denn Dein Gesetz ist meine Betrachtung." Arm ist das Geschöpf, bettelarm dem Schöpfer gegenüber; es kann nichts bieten, rein nichts. Die Erbarmung des Herrn allein kann es erheben. Ist das Geschöpf? Es hat sein Sein und besitzt dasselbe als eigenes Sein, weil der Schöpfer seine Armut, sein Nichts angesehen. Lebt es? Es hat sein Leben, und zwar, daß es selber lebt und daß somit von ihm das Leben ausgesagt werden kann durch die Erbarmung desjenigen, der allein zu eigen geben, der allein etwas Selbständiges schaffen kann, weil Er allein sein eigen, Er allein Sein ist, die reinste Selbständigkeit oder Subsistenz. Erkennt das Geschöpf? Gott hat ihm das Erkennen gegeben, da mihi intellectum. Will es? Von Gott kommt das Vermögen zu wollen und die Bethätigung, oder wie Thomas sagt, die Anwendung des Vermögens. Und wiederum ist der Willensakt ein dem Geschöpfe eigener, weil und insoweit Gott ihn durch seine Beeinflussung als erste Ursache zu einem eigenen macht.

Das Gesetz Gottes sollst du betrachten, wenn du leben, und zumal, wenn du ewig leben willst. Gott wird vermittelst der Betrachtung seines heiligen Gesetzes in dir als Allbarmherziger offenbar werden. Denn worin besteht dieses Gesetz? Daß alles, was lebt, alles, was ist, alles, was wirkt, soweit es lebt, soweit es ist, soweit es thätig ist, in Gottes Barmherzigkeit seinen Ursprung hat; soweit es tot ist, soweit es fällt, soweit es verdirbt, in seinem eigenen Nichts. Dieses Gesetz lehrt dich die Hände falten zum Vater des Lichtes und flehen: „Nimm nicht fort von meinem Munde das Wort der Wahrheit, denn auf Deine Ratschlüsse habe ich vertraut." Nicht daß Gott unsere Ratschlüsse erforschen und darauf bauen soll, betet der Psalmist, sondern von Ihm kommt alles Heil, seinen und nur seinen Ratschlüssen ist

Leben und Sein unterworfen und gerade darauf beruht all unsere Hoffnung. Das ist das Gesetz, welches in allem unseren nie versiegenden Trost bildet und zwar zuvörderst in der Niedrigkeit; denn so sagt der Psalmist: „Das hat mich getröstet in meiner Demut, weil Dein Wort mir neues Leben gegeben.“ Es behütet in der Stunde der Versuchung: „Die Hochmütigen haben von allen Seiten mich mit ihren Gottlosigkeiten umringt, von Deinem Gesetze aber bin ich nicht abgewichen.“ Es verleiht Eifer im Kampfe gegen die Sünder: „Ich fühlte meine Schwäche, da die Sünder abfielen von Deinem Gesetze;“ Freude auf dem Pilgerwege: „Gegenstand heiligen Jubels waren mir Deine Ratschlüsse an dem Orte meines Pilgerweges;“ Kraft in der Nacht der Betrübnis: „Deines Namens gedachte ich in der Nacht, o Herr, und ich bewahrte Dein Gesetz.“ Unser „Anteil ist es deshalb, das Gesetz des Herrn zu behüten“ und nicht unser Gesetz und unsere Entscheidung dem Herrn aufzudrängen: „So betete ich in meinem ganzen Herzen: erbarme Dich meiner nach Deinem Worte.“ Er wußte es, der Psalmist, was es zu bedeuten hätte, in sich selber und in seinen eigenen Entschlüssen das Heil suchen: „Ich gedachte meiner Wege — und ich wandte meine Füße nach Deinen Zeugnissen, nach dem geringsten Ausdruck Deines heiligen Willens hin.“

Gott giebt als erste Ursache alles, bestimmt alles, belebt alles. Wir sind nichts, nur fähig zu empfangen und immer wieder zu empfangen. Das ist die Lehre des Vatikanum, das ist die Lehre des heiligen Thomas und das ist die Lehre der Väter: es ist die Wahrheit.

23. Vätertexte.

„Denn wenn ich,“ so Augustin, „von der menschlichen Wissenschaft fortnehme ihre Veränderlichkeit und den Übergang von einem Gedanken zum anderen; wenn wir uns erinnern, daß nun vor den Augen des Geistes steht, was vorher nicht davorstand, und daß wir so allmählich durch häufiges Nachdenken und oft wiederholte Erinnerungen unser Wissen vervollständigen, nennt ja auch der Apostel unsere Erkenntnis ein Stückwerk: wenn ich also alles dieses hinwegnehme und nur übrig lasse die lebendige Thatsächlichkeit eines über allen Zweifel erhabenen und ganz und gar unerschütterlichen Wissens, das da mit einem und zwar mit ewigem Blicke alles durchschaut und durchmustert; oder vielmehr, wenn ich das nicht übrig lasse, sondern wenn ich es mir, soweit meine Kräfte es gestatten, denke; dann wird mir irgendwie das Wissen Gottes nahe gelegt." „Cum enim dempsero de humana scientia mutabilitatem et transitus quosdam de cogitatione in cogitationem, cum recolimus ut cernamus animo quod in circuitu ejus paulo ante non erat atque ita de parte in partem crebris recordationibus transilimus; et etiam ex parte dicit apostolus esse nostram scientiam; cum ergo haec subtraxero et reliquero solam vivacitatem certae atque inconcussae veritatis una atque aeterna contemplatione cuncta lustrantis; immo nec reliquero, non enim hoc habet humana scientia, sed pro viribus cogitavero, insinuatur mihi utcunque scientia Dei." Ad Simplic. 1, 2. qu. 2. nr. 3 (Migne).

Ähnlich in der Erklärung des 49. Psalmes:[1]) „Wer die denkbar höchste Macht hat, der besitzt auch die denkbar höchste und vollständig unerforschliche Erkenntnis. Das wollen wir Gott zuerkennen und Ihn dabei loben. Wagen wir nicht zu sagen, wie und auf welche Weise Gott erkennt. Das erwartet nicht von mir, daß ich euch dies auseinander-

---

[1]) Apud quem summa potestas est, summa et secreta cognitio est. Tribuamus hoc Deo, laudantes Deum. Non audeamus dicere: quomodo novit Deus. Ne forte hoc a me, fratres, exspectetis, ut explicem vobis, quomodo cognoscat Deus; hoc solum dico: non sic cognoscit ut homo, non sic cognoscit ut angelus; at quomodo cognoscit, dicere non audeo, quia et scire non possum.

setze; das Eine sage ich: Er erkennt nicht in derselben Weise wic ein Mensch; auch nicht wie ein Engel; auf welche Art und Weise Er aber erkennt, das wage ich nicht zu sagen, weil ich es auch nicht zu wissen vermag.“

Cyrillus begründet ebenso das Allwissen Gottes auf den Gegensatz des göttlichen Wesens zum Wesen der geschaffenen Natur, also auf die Entfernung des göttlichen Wesens von aller Entwicklungsfähigkeit, deren Träger in letzter Linie immer der Stoff ist:

„Als Wesenseigentümlichkeit[1]) darf es einzig und allein dem Urheber der Natur und ihrem Könige zugeschrieben werden, daß Er alles weiß, ohne daß Er von irgend einer Scite cine Belehrung empfing, und daß vor seinen Augen alles nackt und offen da liegt.“

Der heilige Bernardus bemerkt in demselben Sinne:[2]) „Gott ist der Herr alles Wissens, denu nur die Unkenntnis ist Ihm fremd; Er ist ganz Licht, denu Finsternisse sind in Ihm in keiner Weise; Er ist ganz Auge und kann niemals getäuscht werden, weil Er niemals dem Lichte verschlossen ist; nicht außerhalb Seiner selbst sucht Er nach Licht, auf daß es Ihm näher gebracht werde und Er sehen möchte; Er ist es, der da schauet, und Er ist es wieder, was Er schauet und auch der Grund des Schauens.“

24. Der Name „Gott“.

Wir können uns weiterer Zeugnisse aus den Vätern für dieses Kapitel enthalten, da derselben später bei Besprechung

---

[1]) In Joannem, lib. 11.: *Ἀναθετέον γὰρ μόνῃ τῇ τῶν ὅλων βασιλίδι φύσει πάντα εἰδέναι διδάσκοντος οὐδενὸς, καὶ ἔχειν ἐν ὀφθαλμοῖς γυμνά τε, καὶ τετραχηλισμένα.*

[2]) De consid. l. 5. c. 4.: Deus scientiarum dominus est, qui solus solam nescit ignorantiam, qui totus est lux et tenebrae in eo non sunt ullae; totus est oculus, et qui minime aliquando fallitur quia minime clauditur: qui extra se non quaerit lumen cui admoveatur ut videat, ipse qui videt, ipse unde videt.

der einzelnen Eigentümlichkeiten des göttlichen Wissens und beim Eingehen auf die Kontroverse viele angeführt werden müssen, die auch für diesen Punkt Geltung haben. Wir erwähnen nur noch die Stellung, welche die Etymologie des Wortes „Gott" in den verschiedenen Sprachen zu der Stofflosigkeit Gottes als dem inneren Formalgrund des göttlichen Wissens einnimmt.

Das deutsche Wort „Gott" ist nach Grimm (Mythologie, S. 12 u. 13) das persische Khodâ und das zendische Qvadâta und bedeutet „von sich selbst gegeben"; also volle Unabhängigkeit nach außen. Nach Windischmann (Fortschritt der Sprachenkunde) ist die Wurzel des Wortes in κεύθω, „sich verborgen erhalten;" Gott also sei der Verborgene. Nur aber eben, was ganz durch und durch geistig ist, das ist im höchsten Grade entfernt vom Stoffe, demnach auch verborgen und unzugänglich für alles, was entweder dem Wesen nach stofflich oder mit dem stofflichen naturnotwendig im Wirken verbunden ist. Gregor von Nyssa leitet das Wort θεός von θεᾶσθαι, nämlich von der alles schauenden Thätigkeit Gottes ab. Ähnlich Basilius (ep. 141) und Gregor von Nazianz. Johannes von Damaskus aber sagt, indem er die verschiedenen Ansichten zusammenfaßt: „θεὸς wird von θεῖν abgeleitet, was da bedeutet laufeu und alles ordnen; oder von αἴθειν, was da heißt brennen; oder von θεᾶσθαι, was besagen will: alles beobachten." Die Neueren, welche mit den Vätern darin zwar nicht übereinstimmen, aber auch den Namen „Gott" mit „Wissen" in Verbindung bringen, leiten es vom Sanskrit ab: di = glänzen, scheinen. Es würde sich wohl durch die vergleichende Sprachwissenschaft feststellen lasseu, wie alle Völker mit dem Namen, welchen sie Gott beilegen, den „Allwissenden" oder den „reiu Geistigen" oder nicht selten beides zusammen bezeichnen wollen, wie also ein Zusammenhang dieser beiden Ideen im natürlichen Bewußtsein der Menschen besteht.

Zweites Kapitel.

Das Selbsterkennen in Gott.

---

§. 1.

Die Wirkungen des Stoffes.

Es muß dem Verfasser sowohl auf Grund der hohen Wichtigkeit des hier zu behandelnden Lehrsatzes, als auch wegen der weitverbreiteten Vorurteile, die gegen die thomistische Auffassung bestehen, daran liegen, sein Vorgehen dadurch zu rechtfertigen, daß er mit möglichster Umständlichkeit die Fundamente der thomistischen Lehre als den Behauptungen des heiligen Thomas und dem Wesen der Vernunft entsprechend darlegt. Alles dreht sich bei der Frage nach dem Wissen Gottes um die Bedeutung des Stoffes, wie Thomas bereits im ersten Artikel es durchschaut und erklärt hat.

Der Stoff — und wir schließen darin überhaupt die stoffliche Ursächlichkeit, die causa materialis, auch in den reinen geschaffenen Geistern ein — ist nur Potenz, und trotzdem ist er nicht absolutes Nichts. Das beweisen am besten die Wirkungen, welche er ausübt. Ein bloßes Nichts kann jedenfalls keine Wirkung hervorbringen. Aber andererseits sind diese Wirkungen derartige, daß sie von etwas rein und schlechthin Wirklichem desgleichen nicht ausgehen können. Nur was dem Wesen nach reine Möglichkeit ist, also in der Mitte gleichsam steht, kann deren Grund sein.

25. Wirkungen des Stoffes oder der causa materialis. Erste Wirkung. Sie nimmt auf.

Drei[1]) Wirkungen sind dem Stoffe als der causa materialis im Dinge geschuldet und von fünf Seinsbedingungen ist er die vornehmste Quelle. Die drei Wirkungen sind folgende:

I. Der Stoff nimmt vermittelst der bestimmenden Wesensform das thatsächliche Sein auf.

II. Er bildet zusammen mit der substantiellen Wesensform das zusammengesetzte stoffliche Sein.

III. Er ist die Unterlage des Entstehens und Vergehens oder mit einem anderen Worte: der Zeugung.

Die wahre Wissenschaft ist immer mit den Thatsachen in Übereinstimmung und dient vor dem Forum der Vernunft zu deren Beleuchtung. Das sehen wir alsogleich an diesen Wirkungen der causa materialis. So und nicht anders muß der Stoff seinem Wesen nach gestaltet sein, wenn die wissenschaftliche Auffassung desselben der täglichen Erfahrung entsprechen soll.

Daß es dem Stoffe seiner Natur gemäß zugehört, die bestimmende Wesensform aufzunehmen, das ist die ausdrückliche Lehre des heiligen Thomas.[2]) „Zustände und Eigenschaften, überhaupt alle Accidentien haben in sich keinen Stoff, aus dem sie geformt sind, sondern die Substanz selber, der sie angehören, ist ihr Subjekt oder ihre causa materialis. Dieses Subjekt äußert sich einerseits in ähnlicher Weise

---

[1]) Vgl. Joan. a. St. Thom. (Vivès) tom. IV, phil. natur. p. I. q. XI. art. I. p. 204.

[2]) VIII. Metaphys lect. IV.: „Quod accidentia non habent materiam, ex qua sint, sed substantia est ejus subjectum; subjectum autem habet aliquid simile materiae, in quantum est receptibile accidentis. Differt autem a materia, in quantum materia non habet actu esse nisi per formam; subjectum autem non constituitur in esse per accidens."

wie der reine Stoff, denn es nimmt die Accidentien auf und trägt sie; andererseits aber ist es verschieden vom Stoffe, denn der Stoff empfängt thatsächliches Sein erst durch die Wesensform, ohne diese letztere ist er nur ein Möglich-Sein; die Substanz aber besitzt bereits das einfache Sein vor den weiteren hinzukommenden Eigenschaften, den Accidentien."

Und ebenso:[1] „Stoff nennt man das, was zum thatsächlichen Sein gelangt durch die Aufnahme der Wesensform; das Subjekt aber erhält nicht das einfache Sein durch ein hinzukommendes Accidenz, vielmehr trägt es dieses letztere und bildet den substantiellen Grund vom Sein des Accidenz."

Mit diesen Worten giebt der heilige Lehrer zugleich den Weg an, wie ein jeder zur Überzeugung von der Wirklichkeit und der Bedeutung dieser ersten Wirkung des Stoffes gelangen kann. Er hat bloß der Ähnlichkeit zu folgen, welche der reine Stoff an sich mit dem Subjekte nicht-wesentlicher, zum Wesen hinzutretender, Accidentien hat, um eines zuverlässigen Ergebnisses sicher zu sein.

Die größte Schwierigkeit für das Verständnis des reinen Stoffes oder der materia prima ist immer die, daß es als unmöglich erscheint, wie etwas wirken oder verursachen kann, was nicht ist. Denn der reine Stoff hat kein thatsächliches Sein, er hat nur ein Vermögen zu sein; seine innerste Natur besteht in der potentia ad esse. Was aber nur möglich ist, wie kann dies irgend etwas verursachen?

Um diese Schwierigkeit zu lösen, ist es nur erforderlich, die beiden Arten von Ursächlichkeiten, die bewirkende nämlich und die materiale, scharf auseinanderzuhalten. Die bewirkende, welche auf ein anderes Sein sich richtet oder wenn auf das selbsteigene, so doch unter verschiedener Beziehung, muß unbedingt vorher existieren und zwar dem thatsäch-

---

[1]) Opusc. XXXI. in principio: „Quod materia est illa, quae recipit esse per formam; subjectum autem non recipit esse a forma accidentis, sed sustentat eam in esse."

lichen Sein nach; denn sie giebt etwas Thatsächliches; — das ist aber nicht der Fall mit der materialen, die nur aufnimmt, trägt und nur selber etwas wird.

Der Maler, welcher die Ursache ist, daß die Leinwand als Subjekt Farben trägt, ist vor dem Gemälde vorhanden. Das Herz muß vor der Bewegung des Blutes seine Existenz haben, denn von ihm geht diese Bewegung aus. Aber was ist früher: der Sonnenstrahl, insoweit er das Zimmer erleuchtet oder das erleuchtete Zimmer? Was ist eher: die mit dem Griffel in den Marmor eingrabende Hand des Künstlers oder das dem entsprechend entstehende Bild im Marmor? die Süßigkeit auf der Zunge oder die Zunge, insoweit sie einen süßen Geschmack hat? der tönende Ton oder das hörende Ohr? Offenbar ist das alles durchaus notwendig zugleich. Der Marmor als Subjekt geht wohl im thatsächlichen Sein dem Bilde vorher, welches darauf entsteht; aber das Bild selber ist im Entstehen durchaus gleichzeitig mit dem Formen der künstlerischen Hand. Erst muß das Ohr allerdings sein, die Zunge muß sein, ehe ein Hören oder ein Schmecken möglich ist; aber das Hören selber ist und muß gleichzeitig sein mit dem im Ohre klingenden Ton, mit der die Zunge formenden Süßigkeit, mit anderen Worten: Soweit es sich um die causa materialis als solche handelt, also um das Aufnehmen der bildenden Form, so hält dieses unbedingt gleichen Schritt mit dem Eintritte des bildenden Elementes.

Die Möglichkeit des Aufnehmens, das wirkliche Sein des Subjekts wie des Marmors, des Zimmers, des Ohres, der Zunge geht in den angezogenen Beispielen voraus, weil das Bild, das Erleuchtetsein, das Hören, das Schmecken nicht das Wesen des Subjektes bilden, sondern nur zum Wesen noch hinzutretende, accidentelle Formen sind, ohne die der Marmor, das Zimmer, das Ohr, die Zunge an sich betrachtet bestehen können.

Worauf gründet sich aber die Thatsache, daß diese das Subjekt vervollkommnenden, zum bestehenden Subjekt hinzutretenden Formen thatsächlich mit diesem eine Einheit bilden? Lediglich darauf, daß dieses selbe Subjekt die Möglichkeit bietet, sie zu tragen. Im subjektiven Sein sind beide selbständig; Zimmer und Licht, Ohr und Schall sind wesentlich voneinander verschieden, zwei getrennte Subjekte; das betreffende Vermögen allein, die Potenz allein im Subjekt ist der positive Grund, daß sie zusammen zu einer Einheit im Sein fest verbunden erscheinen.

Dies ist nun das Gemeinsame zwischen einem solchen, dem Wesen nach bereits bestehenden Subjekt und dem reinen Stoffe: das Vermögen zu empfangen existiert auf beiden Seiten und dieses Vermögen gerade ist die Ursache davon, daß die hinzutretende Form nach allen Seiten hin ihre Begrenzung findet. Die Idee des Künstlers ist an sich unbestimmt, was ihre eigene subjektive Existenz betrifft; sie kann in diesem oder jenem Stoffe, unter diesen oder jenen Verhältnissen, in dieser oder jener Vollkommenheit thatsächliche Existenz finden. Der Ton hat keine allseitig feste Umgrenzung, ehe er in das Ohr tritt. Das Licht erscheint in den verschiedensten Farben, nicht aus sich heraus, sondern nach der Verschiedenheit der Gegenstände, die es beleuchtet. Diese Umgrenzung, die terminatio der Form, nicht gerade die positive Einheit der eintretenden Form mit dem Subjekt; das ist die eigentlichste erste Wirkung des Subjekts als der causa materialis, insoweit ihm nämlich das Vermögen innewohnt, etwas aufzunehmen.

Da aber dies von seiten des Subjekts naturgemäß nur ein Vermögen ist und kein dem Subjekt angehöriges thatsächliches Sein, welches verschieden wäre vom thatsächlichen Sein des Subjekts selber, so kann auch diese Wirkung thatsächlich nur durchaus gleichzeitig, concomitanter, mit der bestimmenden Form eintreten. Worin besteht nun die Verschiedenheit zwischen dem empfangenden Subjekt, also einem bereits in sich bestehenden Sein, und dem reinen Stoffe rücksichtlich dieser Wirkung? Sie ist sehr leicht festzustellen. Das Subjekt besteht bereits wesentlich; sein Vermögen zu empfangen, erstreckt sich nur auf derartige Eigenschaften, Zustände u. dergl., die ein selbständiges Sein nicht beanspruchen können, sondern ein solches voraussetzen, um zu dessen Vervollkommnung hinzuzutreten, wie dies bei der Farbe, beim Leuchten, bei der Figur u. dgl. der Fall ist. Das Weiße z. B. kann nicht existieren als Substanz, sondern es kann nur als Eigenschaft von etwas, was bereits existiert, ausgesagt werden; dasselbe gilt von den anderen Eigenschaften.

Der reine Stoff aber besteht an sich thatsächlich nicht; er hat gar kein wirkliches Sein; er hat nur alles in sich, um eine wirkliche Existenz haben zu können. Er verhält sich also geradeso zum einfachen Sein, wodurch etwas wesentlich, selbständig und in erster Linie im allgemeinen einfach ist, wie das bereits bestehende Subjekt sich zu den hinzutretenden Formen verhält, durch welche etwas so oder so, groß oder klein, schwarz oder weiß, süß oder bitter ist. Das Wesen „Mensch" bewirkt eben, daß der Mensch einfach ist und daß er nichts anderes ist als Mensch; es giebt das Sein im allgemeinen. Was demnach diesem zur Unterlage dient und worin es aufgenommen wird, auf daß ein einzelner Mensch in bestimmten, begrenzten Verhältnissen bestehe, fähig, andere Eigenschaften anzunehmen und zu tragen; das darf nur als ein Vermögen für das Sein überhaupt betrachtet werden. Das kann gar nicht anders sich verhalten. Denn alles bestimmte, thatsächliche Sein kommt vom Wesen „Mensch". Alles im Menschen ist einzig und allein einfach menschlich. Muß also, damit diese Wesensform innerhalb der sichtbaren Wirklichkeit sei, etwas vorausgesetzt werden, von dem es aufgenommen und getragen wird, so kann dies nur als positive Möglichkeit gedacht werden, etwas Thatsächliches zu sein, und diese positive Möglichkeit ist der reine Stoff, die causa materialis, in deren Natur es liegt, als erste Wirkung das Aufnehmen der Wesensform zur Folge zu haben. Demgemäß entspricht es auch ganz dieser Natur des Stoffes, daß seine Existenz in keiner Weise eine vorhergängige, weder natura noch tempore ist; sondern es setzen sich beide, die bestimmende Wesensform und der reine Stoff, sowohl dem Begriffe als der Zeit nach gegenseitig voraus. Gleichzeitig müssen sie zusammentreten, wenn ein wirkliches Sein erfolgen soll. Eine notwendige Folge dieser Wahrheit ist die, daß (in linea recipiendi) im Aufnehmen, Empfangen, Leiden, im subjektiven Begrenzen der reine Stoff, die materia prima, die unbedingt erste Ursache innerhalb des Geschöpflichen ist.

Es möge hervorgehoben sein, daß die philosophische Begründung der causa materialis der Schlüssel ist für das Verständnis der freien Mitwirkung des Geschöpfes sowohl, wie auch für das Verständnis alles Vorherwissens von seiten Gottes und für die Auffassung seiner Ewigkeit. Die Sache wird noch klarer, wenn die zweite Wirkung des reinen Stoffes erwogen wird.

26. Zweite Wirkung der causa materialis.

Der reine Stoff als einfaches Seins-Vermögen bewirkt II. das zusammengesetzte Sein als solches. Der engelgleiche Lehrer drückt diese Wirkung folgendermaßen aus:[1] „Der Stoff wird die Ursache der Wesensform genannt, insoweit, als die letztere nur im Stoffe thatsächliches Sein hat.“ Die Bezeichnung ist formell und bis ins einzelnste der erfahrungsgemäßen Wirklichkeit entsprechend. Nicht in allen stofflichen Dingen nämlich steht der Stoff im gleichen Verhältnisse zu der Wesensform; nicht in allen also ist er gleicherweise die Ursache der Wesensform. In den einen ist, um nur den Hauptunterschied zu kennzeichnen, die Wesensform ihrem ganzen Sein nach abhängig vom Stoffe; in den anderen, im Menschen, hat die Wesensform ihr eigenes Sein und behält es selbst in der Verbindung mit dem Stoffe, läßt aber letzteren daran teilnehmen und wirkt somit auch dieser menschlichen Natur gemäß nicht anders als verbunden mit der Thätigkeit

[1]) Opusc. XXXI: „Quod materia dicitur causa formae, in quantum forma non est nisi in materia.“

des Stoffes. Im ersten Falle hängt die Existenz der Wesensform durchaus von der Verbindung mit dem Stoffe ab, sowie auch umgekehrt die thatsächliche Existenz des Stoffes von dem bestimmenden Einflusse der Wesensform; es besteht in jeder Beziehung ein esse dependens. Mit der Zerstörung der Leinwand verschwindet z. B. auch das darauf befindliche Gemälde. Im zweiten Falle hängt wohl die thatsächliche Existenz des Stoffes als eines specifisch menschlichen von der Existenz der Wesensform, der Seele, ab; jedoch nicht umgekehrt. Vielmehr ist nur die bestimmte Erscheinungsweise der Seele, insoweit es nämlich ihrem Wesen entspricht, den Stoff zu einem menschlichen zu machen, an letzteren gebunden und beeinflußt dieser nur die natürliche Art und Weise des Wirkens der Seele. Es besteht da ein „modus informativus“, insofern als die Seele ihrer Natur nach dem Stoffe die menschliche Form giebt und in diesen Grenzen geht die zweite Wirkung, die Verursachung der Wesensform, auch beim Menschen vom Stoffe aus; er richtet das Wirken der Seele auf die stoffliche Erscheinungswelt und so verursacht er eine bestimmte Art und Weise dieses Wirkens.

Da entsteht jedoch die Frage, in welcher Weise überhaupt der Stoff als reines Vermögen die Wesensform verursachen könne; da letztere doch in ihren wesentlichen Merkmalen ganz dieselbe bleibe ebenso innerhalb wie außerhalb des Stoffes. Die Begriffsbestimmung des Dreiecks ist jedenfalls die gleiche, möge es im Stoffe gedacht werden oder ohne den Stoff; höchstens tritt nur die Verbindung mit dem Stoffe hinzu; das hat aber anscheinend nichts zu thun mit einer Wirkung des Stoffes, da dieser sich die Verbindung nicht selber verursacht?

Die Antwort sei eine andere Frage. Ist das Gemälde eine bloße Verbindung der künstlerischen Idee mit der Leinwand, eine bloße Gemeinschaft der künstlerischen Idee und der Leinwand im Sein des Gemäldes? Oder fließt die Leinwand auch positiv auf die Art und Weise der Existenz des Gemäldes ein? Ist der Ton und das Ohr, das Licht=

bild und das Auge eine reiu mechanische Gemeinschaft im Sein des Hörens und des Schauens oder hängt vom Sehvermögen des Auges auch die subjektive Existenz des Bildes im Auge als der Form des Sehvermögens und von der Fähigkeit zu hören im Ohre auch der Akt des Hörens als subjektive Bethätigung der Fähigkeit zu hören ab? Offenbar ist das letztere der Fall. Man geht heutzutage über den besonderen positiven Einfluß, welchen die causa materialis ausübt, zu gern hinweg und verschließt damit das Verständnis der tiefsten Wahrheiten. Causa materialis oder, was für den vorliegenden Punkt im Grunde genau dasselbe ist, reiner Stoff sein, das heißt nicht nur mechanisch empfangen köuneu, sondern drückt eine ganz positive Einwirkung in das Sein der betreffenden Wesens-Form aus. Von der Beschaffenheit des Materials oder des betreffenden Vermögens hängt in mannigfachster Beziehung das subjektive Sein der Kunstform oder der Wirksamkeit des Vermögens ab. Das Spiel des größten Künstlers wird auf einem schlechten Instrument ein bei weitem anderes sein, als auf einem guten.

Wenn dies aber bereits der Fall ist bei künstlerischen und unwesentlichen Formen, wo die beeinflussende Möglichkeit im Subjekt cine mehr oder minder beschränkte ist, um wie viel bedeutender und tiefeingreifender muß der Einfluß auf das schließlich sich ergebende zusammengesetzte Sein gedacht werden, wenn dicse leidende Möglichkeit eine schlechthin unbeschränkte ist, und ihre Grenzen in nichts Geschöpflichem findet?

Es genügt, die Hauptrichtungen dicses Einflusses anzugeben. Man sage nicht; wic kanu eine solche Einwirkung von etwas ausgehen, was dem Wesen nach nur Möglichkeit ist! Zwingt etwa die Leinwand den Maler oder zicht sie die künstlerische Idee zu sich herab, insofern sie die Möglichkeit für ein Gemälde bietet? Gewiß nicht; in ihrem subjektiven Wesensbestande sind dicse beiden Seinsarten, Leinwand und Idee, durchaus getrennt. Dient jedoch eiumal die Leinwand thatsächlich dem Ausdrucke der Idee des Künstlers, so macht sich ihr Vermögen, ein Bild zu tragen, in demselben Grade, wie es wirklich beschaffen ist, sehr bemerklich.

Wir sprechen aber hier eben nur von der thatsächlichen inneren Verbindung einer Wesensform mit dem reinen Stoffe und sehen von der wirkenden Ursache, die ja immer als solche außerhalb des Gewirkten sein muß, vorderhand ganz und gar ab.

In dieser Verbindung ist der Einfluß des reinen Stoffes ein ganz großartiger und es ist darauf schon jetzt wohl zu achten, weil das Fundament der thomistischen Lehre über das Verhältnis des geschöpflichen Willens und seines freien Aktes zum Willen des Schöpfers hier gesucht werden muß und eine richtige Auffassung der causa materialis mit Rücksicht auf ihre Wirkungen oder, wenn dieser Ausdruck manchem zu scharf erscheint, mit Rücksicht auf ihren Einfluß in das schließlich sich ergebende zusammengesetzte Sein, die vornehmsten Einwürfe gegen die thomistische Ansicht von vornherein zurückweist.

Zunächst ist im reinen Stoffe, in der materia prima als einer bloßen Möglichkeit, zu unterscheiden das Positive vom Negativen: die Potenz für das Sein, also das Begehren, vermittelst einer Wesensform thatsächlich zu sein, der sogenannte appetitus formae, und die damit notwendig verbundene Abwesenheit alles thatsächlich wirklichen Seins, die privatio. Demnach gestalten sich die positiven Wirkungen in folgender Weise.

a) Die Wesensform besaß vor der Verbindung mit dem Stoffe kein eigenes subjektives Sein. Das bloße Wesen: Pferd, Eiche, Stein kann wohl gedacht werden, ohne daß bestimmte stoffliche Verhältnisse mitgedacht werden; aber ein eigenes subjektives Sein kann nur vom Stoffe aus, von der causa materialis her, ihm zufließen. Das Pferd im allgemeinen existiert nirgends als im Gedanken und selbst da immer mit der Beziehung auf die Möglichkeit, einen geeigneten Stoff entsprechend zu gestalten und zu bestimmen. Soll das Pferd eine wirkliche Existenz gewinnen, so kann dies nur dadurch geschehen, daß diese Wesensform mit dem reiu stofflichen Seinsvermögen verbunden nun dieses letztere zum Sein „Pferd“ bestimmt und wieder vom Stoffe bestimmte Existenzverhältnisse in Ort, Zeit, Figur, Größe u. s. w. erhält. Der Stoff ist also als solcher deshalb der Grund des Seins der Wesensform, weil diese kraft dieser Verbindung nun wirklich-thatsächliches, subjektives Sein gewinnt und auf Grund dieses thatsächlichen Seins kanu die menschliche Vernunft das allgemeine Wesen: „Pferd“ selber sich als Erkenntnisgegenstand herausbilden.

Dasselbe gilt dann aber auch von jener Wesensform, die wohl ein selbständiges unabhängiges Sein besitzt, sobald sie ciumal wirklich ist, aber in ihrem Wesen das Bedürfnis hat, den Stoff ihrer eigenen Natur nach zu gestalten und in Verbindung mit demselben zu wirken; nämlich von der menschlichen Seele. Auch die menschliche Seele erhält ein subjektives Sein erst kraft der Verbindung mit dem Stoffe; nicht freilich so, daß, wie bei allen anderen stofflichen Dingen, dieses Sein in seinem einfachen Bestande vom Stoffe abhängig ist, sondern so vielmehr, daß letzteres, sobald es einmal den Stoff an seiner Form nach dessen Art und Weise teilnehmen läßt, d. h. ihn formiert, dann auch selbst in jeder Äußerung den Stoff als Vermittelung benutzen muß.

b) Daraus folgt die zweite positive Wirkung des Stoffes. Er macht das Ding dermaßen zu einem einzelnen, zu einem Individuum, daß es von allen anderen Dingen dem subjektiven Sein nach vollständig getrennt ist. Sagen wir es mit ausdrücklichen Worten: Jedes geschöpfliche Ding subsistiert in der Möglichkeit. Es hat ein selbständiges, von allem übrigen getrenntes Sein auf Grund seines inneren Vermögens; die Potenz hält das Geschöpf in seinem Bestande aufrecht. Nur Gott subsistiert in seiner Wirklichkeit; nur Gott hat seine Selbständigkeit in der Thatsächlichkeit; Er ist sein eigener Akt. Ist im Geschöpfe das Individuum, also das Getrenntsein vom übrigen als verursacht anzusehen, so ist davon die innere subjektive Ursache das zu Grunde liegende Vermögen. Das folgt mit aller Klarheit aus der ersten unter a) verzeichneten Wirkung. Der Stoff ist als reines Vermögen zu empfangen der Grund des Seins der Wesensform, insoweit diese wirklich existiert, und vermittelst dessen der Grund des zusammengesetzten Seins; also muß er auch zugleich die innere Grundlage des Einzelnseins bilden, denn dieses ist eben nur deshalb etwas in der Wirklichkeit, weil es in seinem subjektiven Bestande getrennt von allen einwirkenden Ursächlichkeiten besteht.

Auch hier möchte bemerkt sein, wie gerade diese Eigenschaft des Stoffes oder im allgemeinen der Materialursache, nämlich der tragende Grund des geschöpflichen Einzeln-, also des geschöpflichen Wirklich-Seins zu sein, die erste Quelle des Gegensatzes zwischen Geschöpf und Schöpfer bildet. Das Geschöpf hat zu seiner tiefsten Grundlage Vermögen, Möglichkeit; der Schöpfer Thatsächlichkeit, Wirklichkeit. Die innerste Formalnatur des Geschöpfes oder der maßgebende subjektive Grund seines Seins ist vielmehr Möglichkeit als Wirklichkeit, vielmehr Neigung als Zweck, vielmehr Potenz als Akt: es ist die Wesensform als Möglichkeit in einer bestimmt abgegrenzten Gattungsart Sein zu geben auf der einen Seite und der Stoff als Möglichkeit, Sein zu empfangen auf der anderen Seite, ohne daß weder die Wesensform noch der Stoff an sich wirkliches Sein hätte. Im Schöpfer aber ist der innere Formalgrund seines Seins, sein Wesen und seine Natur durchaus thatsächliche Wirklichkeit. Er ist durch und durch Akt. Dieser Gegensatz zwischen Schöpfer und Geschöpf muß in jeder Weise betont und klar gemacht werden; nur kraft dieses Gegensatzes kann der moderne Pantheismus des Irrtums überführt werden. Das Wesen des Pantheismus berücksichtigt nicht so sehr das einmal bestehende wirkliche Sein des Schöpfers und der Geschöpfe, als jenes innere Sein, auf Grund dessen der Schöpfer ist und auf Grund dessen das Geschöpf ist. Jener ist nun auf Grund seiner eigenen Thatsächlichkeit, dieses auf Grund seines inneren Vermögens zu sein; und gerade deshalb ist das Geschöpf von innen heraus Geschöpf, es vermag nur und bedarf also fortwährend der außen befindlichen wirkenden, d. h. Wirklich-Sein verleihenden Ursache. Das führt zur dritten positiven Beeinflussung von seiten des Stoffes, soweit es das zusammengesetzte Sein angeht.

c) Der Stoff ist der innere Grund der Entwicklung des stofflichen Seins.

„Der reine Stoff begehrt immer eine Wesensform, um zu sein," sagt des öfteren Thomas. Die Ursache davon ist, daß der Stoff oder die materia prima nach Sein strebt, also ein Vermögen, thatsächlich zu sein, besitzt; nicht aber ein beschränktes Vermögen, sondern geradezu ein ungemessenes. Der Stoff ist, wie bereits gesagt, nach der ganzen Bedeutung des Wortes die ‚erste Ursache" im Bereiche des Leidens, des Tragens, des Empfangens. Er kann deshalb nicht nur eine gewisse Art von bestimmtem und beschränktem Sein aufnehmen; sondern jedes einzelne thatsächliche Sein, welches dem Urstoffe zu teil wird, macht zugleich das Streben nach anderem Sein, nach dem, was ihm fehlt, lebendig. Oder kann etwa der innere subjektive Grund stofflicher Entwicklung in der Wesensform liegen? Das ist ganz unmöglich. Denn diese letztere ist an sich immer dieselbe. Der Mensch ist wesentlich Mensch und nichts anderes als Mensch, nicht mehr und nicht minder, ob er Thersites oder Achilles heiße; ob er ein des Sprechens unfähiges Kind oder ein Mann im Vollbesitze seiner geistigen Fähigkeiten sei. Was da Entwicklung genannt wird, das kann, soweit das innere tragende Princip in Betracht gezogen wird, nur vom Stoffe kommen und das entspricht auch ganz und gar sowohl der Natur des Stoffes als der Natur der bestimmenden Wesensform.

Der Stoff an sich ist kein ausschließendes Vermögen für ein bestimmtes Gattungssein, sondern er will im allgemeinen thatsächliches Sein. Er nimmt deshalb auch anfänglich die Bestimmung der einzelnen Wesensform nur in den unbestimmtesten allgemeinsten Verhältnissen auf; er hat eben dafür, soweit es diese einzelne Wesensform anbelangt, nicht die mindeste Neigung in seiner Natur. Nicht nach der Form strebt er, sondern nach Sein, gleichgültig, durch welche Vermittelung ihm das thatsächliche Sein zukommt. Er hat wohl somit kraft der einzelnen Wesensform in der Wirklichkeit ein Sein, weil er der Gattung nach dieses oder jenes, Tier oder Pflanze ist, Stein oder Mensch; aber erst nach und nach durchdringt ihn die Wesensform mit ganz bestimmtem Einzeln-Sein und macht sein Vermögen zu sein sich immer mehr dienstbar. Nach jener Richtung allein, welche die einzelne Wesensform dem Stoffe giebt, vervollkommnet sich dieser und geschieht somit die Äußerung des Inhalts der Wesensform und die Entwicklung des ganzen zusammengesetzten Seins. Der Stoff trägt dann immer mehr uud mehr nach außen hin das Gepräge des Menschen, des Tieres, des Steines und unterwirft sich immer mehr den Fähigkeiten der betreffenden Wesensform.

So haben wir je nach dem thatsächlichen Nicht-Sein, welches den reinen Stoff begleitet, eine dreifache Entwicklungsstufe zu verzeichnen. Der Urstoff ist zuvörderst reines Vermögen — und in dieser Beziehung ist er die innere empfangende Grundlage des thatsächlichen, weun auch, was die einzelnen Seinsgattungen betrifft, vom Stoffe aus ganz und gar unbestimmten Seins. Sodann trägt der Stoff ein bestimmtes Sein vermittelst der Wesensform, mit welcher er verbunden erscheint; er ist etwas — und in dieser Beziehung will er immer mehr nach Maßgabe dieser Wesensform vom Sein durchdrungen werden und folgerichtig entwickelt sich das Gattungssein im einzelnen Dinge immer stärker. Endlich ist keine beschränkte Wesensform die Vermittelung für das Empfangen unbeschränkten Seins; der Stoff aber trägt in seiner Natur kein Vermögen nach einem beschränkten Sein, sondern sein Vermögen ist ungemessen auf das Sein überhaupt gerichtet; folglich beginnt sogleich, nachdem er auf der Höhe der Entwicklung nach einer Richtung hin unter Leitung einer bestimmten Wesensform angekommen ist, das Streben nach dem Besitze einer anderen oder vielmehr nach dem Besitze desjenigen thatsächlichen Seins, welches durch die erstere nicht vermittelt werden konnte.

Somit ist der reine Stoff der in jedem Dinge bestehende Träger sowohl eigener Entwicklung als auch der Entwicklung zu anderem Sein; er ist das Subjekt des Entstehens und Vergehens. Soweit über die positiven Wirkungen der **causa materialis** auf das stoffliche zusammengesetzte Sein. Dem Stoffe wohnt nun wohl kraft der ersten Seinsursache, die ihn hervorgebracht, ein Streben, eine Hinneigung, ein Vermögen für das thatsächliche Sein im allgemeinen inne; er offenbart jedoch zugleich auch wie kein anderes Geschöpf das Nichts, aus dem er geflossen, nämlich die Abwesenheit alles thatsächlichen Seins in seiner innersten Natur. Daraus entstehen die *negativen* Wirkungen des Stoffes innerhalb des zusammengesetzten Seins. Es sind folgende:

d) *Der Stoff trennt.* Es ist ganz unmöglich, daß er verbindet, denn nur was thatsächliches Sein hat, kann verbinden; der Stoff aber will nur empfangen, er will nur haben, er hat nur ein leidendes Vermögen, er kann nur werden. Wenn deshalb oben unter b) gesagt worden, dem Stoffe als solchem entfließe die *einzelne*, subjektive Existenz, so beschränkt sich das, soweit der Stoff als **causa materialis** in Frage kommt, darauf, daß vermöge des Stoffes jedes Ding *nicht* das andere ist. Die positive Einheit jedoch, welche es in sich hat, fließt aus der von außen her einwirkenden Ursache, die da Stoff und Form zu einem harmonischen, in sich bestehenden Ganzen verbindet. Das *Negative* nur in der Einheit eines jeden Dinges, daß seine Teile nämlich nicht die eines anderen sind und auch in keiner Weise es werden können; die Leugnung, daß das stoffliche Ding einem anderen

als Eigenschaft zugehört; — die kommt vom Stoffe, insofern dieser dem Nichts entspringt.

e) Daran knüpft sich als eine notwendige Folge die zweite negative Wirkung des reinen Stoffes: die durchgängige Abhängigkeit von außen. Der Stoff hat kein thatsächliches Sein in sich; folglich muß es ihm von außen her werden. Was mit dem Stoffe zu einem Sein verbunden wird, das nimmt auch nach der Natur des Stoffes am Sein teil. Will das stoffliche Wesen im Sein vollendet werden, so leugnet es, soweit es mit dem Stoffe in natürlichem Zusammenhange steht, diese Vollendung von sich aus erhalten zu können; es weist nach außen. Wo immer der Stoff Bedeutung und Einfluß hat, da bringt er seine Natur mit, die da zweierlei besagt: 1) Streben nach Sein und 2) Abwesenheit alles thatsächlichen Seins. Hat er also thatsächliches Sein durch irgend eine Wesensform erhalten, so offenbart sich nur um so mehr diese seine Natur 1) im ruhelosen Streben nach Vollendung und 2) in der Unmöglichkeit, diese Vollendung in sich zu finden. In besonders bezeichnender Weise muß dies beim Menschen eintreten, dessen Wesensform, die Seele, wohl im Sein vom Stoffe unabhängig ist, dessen Vervollkommnung und Vollendung in der Art und Weise des Wirkens aber gerade nur in Verbindung mit dem Stofflichen geschehen kann. Sonach kann auch die Entwicklung, welche oben unter c) dem Stoffe als dem inneren Träger zugeschrieben worden ist, nur insoweit vom Stoffe als solchem, abgesehen nämlich von der einwirkenden Ursache, ausgehen, als der Stoff alles thatsächliche Sein von seiner Natur ausschließt und somit von sich aus der Notwendigkeit des Bedürfnisses ohne Einschränkung unterworfen ist.

Der Ausdruck des heiligen Thomas ist vollkommen treffend. Der Stoff begründet nicht unmittelbar das zusammengesetzte Sein, sondern er „ist die Ursache der Wesensform, insoweit diese im Stoffe irgend ein Sein hat.“ Das zusammengesetzte Sein ergiebt sich aus beiden, Stoff und

Form. Auf die Wesensform fließt der Stoff unmittelbar ein, denn er macht sie zu einer subjektiv existierenden, zu einer einzelnen, zu einer entwicklungsfähigen, zu einer von allem anderen Sein getrennten, behufs ihrer Vollendung im Sein nach außen gerichteten. Im allgemeinen: Der reine Stoff ist die Ursache der Wesensform, insoweit diese im zusammengesetzten Sein vom Stoffe abhängt. Freilich setzt eine solche Auffassung und Darlegung des Stoffes, respektive der causa materialis, das lebendige, immer gleichzeitig bestehende Einwirken einer ersten Ursächlichkeit voraus; aber gerade diese Notwendigkeit des Bestehens einer ersten Ursache ist der beste Beweis für die Richtigkeit des gegebenen Begriffes von dem reinen Stoffe. Reines Empfangen, reine Möglichkeit auf der einen Seite — reines Geben, reine Wirklichkeit auf der anderen. In der Mitte gegenseitiges Geben und Empfangen. Das zeigt am besten die dritte und letzte Wirkung der causa materialis, jene, die sich auf das fortwährende Entstehen und Vergehen bezieht.

27. Der Stoff und sein Verhältnis zum Entstehen und Vergehen. Dritte Wirkung.

„Es besteht keine andere Ursache, die da in den stofflichen, also aus dem reinen Stoffe und der Wesensform zusammengesetzten Dingen, die Einheit hervorbrächte, als jene, welche dem Stoffe die entsprechende Bewegung giebt;" so sagt Thomas[1]) in den Kommentaren zur Aristotelischen Metaphysik.

Hiermit giebt Thomas die Lösung für die Frage nach der Natur des Entstehens und Vergehens oder der substantiellen Veränderung der stofflichen Dinge. Uns hat für jetzt bloß der Anteil zu beschäftigen, den der Stoff, respektive die causa materialis, dabei hat.

Ist der Leib die Seele? Oder ist die Seele der Leib?

---

[1]) Metaphys. lib. VIII. lect. V. in fine: Nulla est alia causa faciens unum ea, quae sunt composita ex materia et forma nisi quae movet potentiam in actum.

Wiederum: Ist der Leib der Mensch oder ist es die Seele? Nichts von alledem. Die zwei Teile des Menschen sind verschieden voneinander und keiner von diesen beiden Teilen ist der Mensch. Wovon also wird das Prädikat „Mensch“ ausgesagt? Etwa von etwas drittem, was weder Leib noch Seele ist, sondern beide verbindet? Dann würde dieses dritte mit dem Begriffe „Mensch“ gleichbedeutend sein. Der Mensch wäre z. B. „Wollen“, er wäre „Empfinden“, er wäre „Denken“ oder was auch immer als Bindemittel zwischen Leib und Seele angenommen wird, wie etwa ein Gebäude nicht die Steine sind, aus denen es besteht, sondern die Verbindung dieser Steine nach den verschiedenen Arten der Bauwerke, also z. B. ein Turm, ein Palast, ein Thor 2c.; oder wie die Wissenschaft das Bindeglied ist zwischen der Seele und dem Wissen, und sonach, was von der Wissenschaft gilt, nicht auch damit zugleich von der Seele oder vom Wissensakte ausgesagt werden kann. Das kann aber unmöglich beim Menschen der Fall sein. Der Mensch ist weder „Wollen“ noch „Empfinden“ noch „Denken“, noch irgend etwas anderes derartiges aus dem einfachen Grunde, weil auch vieles andere „will“, „empfindet“, „denkt“ und ähnliche Thätigkeiten entfaltet, was in keiner Weise Mensch genannt werden kann und hinwiederum der Begriff „Mensch“ ohne irgend eine Bethätigung der eigenen Fähigkeiten seine Einheit hat.

Worin liegt nun die innere Einheit im „Menschen“, oder genauer, worin besteht im Menschen die innere Unterlage für die Einheit seines Seins und demgemäß auch seines Begriffes? Was liegt im Menschen dem zu Grunde, daß alles, was in ihm ist, alles, auch das kleinste, was er thut, alles mit einem Worte, was in ihm seine Quelle hat, einfach menschlich ist und nichts anderes sein kann? Die Antwort wird auf dieselbe Weise klar werden, in welcher bereits die Frage nach der ersten Wirkung der Materialursache gelöst worden ist. „Aus den zum bereits bestehenden Wesen hinzutretenden, aus den accidentellen Eigenschaften kann geschlossen werden," so Thomas, „auf das Verhältnis der Wesensform selber zur materia prima, zum reinen Stoffe."

Was ist bei der Bewegung von seiten des Beweglichen der erste, die Möglichkeit einer einheitlichen Bewegung gebende Grund? Ohne Zweifel die Einheit der beweglichen Masse. Zerfällt die in Bewegung befindliche Kugel in zwei Teile, so entstehen zwei Bewegungen und nicht mehr eine einheitliche ist vorhanden. Die Leinwand, der Marmor, das Holz, was der Künstler benützt, ist maßgebend für die physische Einheit des Kunstwerkes. Zwei getrennte Stücke Leinwand könncu nicht mehr ein Gemälde ergeben.

Nun um so mehr findet dies statt, wenn es sich um das erste Sein, um das allen Veränderungen zu Grunde liegende Wesens-Sein handelt. Denn sind solcher zufälligen Veränderungen auch viele und könnten immer noch mehrere hinzugedacht werden, so liegt doch immer ein und dasselbe Wesen bei demselben Dinge zu Grunde. Verlangen also dicse Veränderungen bereits eine jede für sich eine einheitliche Grundlage, so ist das noch bei weitem mehr erfordert bei der Wesensform, die immer dieselbe bleibt. Der Wesensform aber kann für die selbständige subjektive Existenz nichts anderes zu Grunde liegen, wie die reine Potenz, die bloße Möglichkeit zu sein, denn von dieser hat sie es, daß sie überhaupt eine subjektiv einzelne ist. Vielmehr kann sie gar nicht als eine für sich bestehende, cinzcln existierende gedacht werden außer in Verbindung mit dem Stoffe. Die erste Grundlage also für jegliche Einheit im stofflichen Dinge sclbst ist keine andere als der reine Stoff, die materia prima. Er allein bietet im tiefsten Grunde des Wesens für jegliches Ding das positive Vermögen zu einer Einheitlichkeit im Sein und im Handeln. Wir sagen ausdrücklich: das subjektive Vermögen bietet der Stoff; und nicht: er macht und bewirkt diese Einheitlichkeit. Nein; die materia prima, oder im weiteren Sinne die causa materialis, ist der subjektive Grund, daß zwischen Stoff und Wesensform innerhalb des Dinges nichts drittes das bindende Glied ist, von welchem ausgesagt wird: das ist ein Mensch, das ist eine Pflanze, das ist ein Stein. Die Einwirkung der von außen her wirkenden Ursache vorausgesetzt, ist durch die Verbindung dieser beiden Glieder allein, also beim Menschen des Körpers und der Seele, die Einheit hergestellt. Nicht der Körper allein und nicht die Seele allein ist der Mensch, sondern was aus diesen beiden miteinander verbundenen Teilen sich ergiebt. Dasselbe gilt dann überhaupt von allem, was stofflich ist.

Der Einfluß des reinen Stoffes auf das Entstehen und Vergehen erhellt daraus von selbst. Es besteht, trotzdem die Dinge wesentlich und substantiell voneinander unterschieden sind und ein substantielles Werden des einen und ein Vergehen des anderen nicht geleugnet werden kann, eine großartige Einheit in diesen Veränderungen und allgemein geltende Gesetze leiten dieselbe. Worauf einzig und allein beruht diese Einheit, soweit es auf die stofflichen Dinge selber in ihrer Gesamtheit und auf ihr inneres Sein ankommt? Nur auf dem zu Grunde liegenden reinen Stoffe. Eines wird substantiell aus dem anderen. Das eine wird nicht vernichtet und das andere nicht geschaffen. Denn das Fundament, auf welchem diese Änderung sich vollzieht, bleibt dasselbe: nämlich der reine Stoff.

Was allein in der That kann vom Dinge zurückbleiben, trotzdem es wesentlich nicht mehr dasselbe ist? Nur das Vermögen zu sein, die potentia ad esse. Denn damit bleibt bestehen, daß jenes bestimmt begrenzte Wesenssein, welches vorher da war, nicht mehr ist, und zugleich ist eine Grundlage vorhanden für den ungestörten Zusammenhang dessen, was vergangen ist, mit dem, was entstanden. Wie deshalb aus einem Kleide ein anderes wird, weil der Stoff derselbe bleibt, mag auch die Form des zweiten nichts gemein haben mit der Form des ersten: so ist das Sich-Gleichbleiben des reinen Stoffes als der subjektiv positiven Möglichkeit, überhaupt zu sein, der innerhalb der stofflichen Dinge bestehende Grund für die Möglichkeit einer steten Fortentwicklung des einen Wesens aus dem anderen, eines geordneten Entstehens und Vergehens.

Aus der Raupe wird ein Schmetterling; aber so, daß vom Wesen „Raupe" nichts mehr übrig ist. Der Schmetterling ist in keiner Weise eine Raupe, ebensowenig, wie das Huhn ein lebendiges Ei genannt werden kann. Was das Sein der Wesensform betrifft, also das, wonach das Ding benannt wird, und was alle sonstigen Eigenschaften und zufällig hinzutretenden Veränderungen trägt, so hat dies nichts gemein mit dem früheren oder dem späteren. Jcdes Ding ist etwas seinem ganzen Sein nach; nichts kann dem Wesen nach dicses sein und zugleich jenes. Trotzdem aber vollzieht sich dieser Wechsel der einen Substanz in die andere auf gemeinsamer Grundlage, sonst wäre es keiu Wechsel; denu es stände nicht am Anfange einer und derselben Bewegung das eine Wesen und am Ende das andere. Diese gemeinsame Grundlage kann nun nicht anders als durch das positive Vermögen überhaupt zu sein gebildet werden, da kein bestimmt abgegrenztes Sein von dem einen Wesen in das andere übergeht, sondern beide in vollständig verschiedener Weise Sein und Namen haben. Damit ist auch die Notwendigkeit gegeben, daß dieser Urstoff ganz unbeschränktes Seinsvermögen sein muß; denu enthielte er in seiner Natur nur eine auch noch so geringe Bestimmtheit, so wäre er das Wesen aller Dinge und alles bestände nur als Eigenschaft desselben; es gäbe keine Pflanze, kein Tier, keinen Menschen, keinen Stein, sondern vorausgesetzt z. B., daß der Urstoff eine Zelle sei, würde nur von einer bepflanzten, vertierten, vermenschlichten, einer steinernen Zelle gesprochen werden können. Natürlich würde auch von einer Veränderung nicht die Rede sein; denu was seiner Natur nach wirklich und bestimmt ist, das muß gerade in derselben Weise wirklich und bestimmt bleiben. In der Natur eines Dinges kann keine Änderung eintreten; es ist entweder seiner Natur entsprechend oder es besteht gar nicht.

28. Der Stoff und die erste wirkende Ursache.

Es kann nicht genug betont werden, daß, soweit der Stoff mit seinem Einflusse reicht, nur Vermögen, nur Möglichkeit herrscht. Er übt auf alles Geschöpfliche, wenigstens auf dessen Natur oder Wesen, seinen Einfluß aus; selbst auf die reinen Geister, die da in ihrer Thätigkeit nach außen hin an die im Stoffe waltenden Gesetze gebunden sind; also durchdringt gegenüber dem Schöpfer nur Vermögen, nur Möglichkeit das Sein. Daraus ergiebt sich zugleich die unbedingte Notwendigkeit, als lebendigen Faktor der Spekulation die erste wirkende Ursache in die Philosophie und Theologie wieder einzuführen. Es darf nicht bloß die Existenz derselben nachgewiesen und dann ein Kreis gezogen werden, welcher die Kreaturen umschließt und den Schöpfer draußen läßt oder wenigstens für die Spekulation als entbehrlich hinstellt; nein, die Schöpfung sagt mit dem Psalmisten: „Ich warte auf dein Heil" (Ps. 118). Die ganze Schöpfung ist gegenüber dem Schöpfer nur Warten; sie ist nur der Ausdruck davon, daß kein Schritt gemacht werden kann ohne seinen belebenden, in alles Sein einwirkenden und alle anderen Ursachen bethätigenden Einfluß. „Meinen Mund habe ich geöffnet und ich habe Geist eingesogen" (Ps. 118). So steht das All vor seinem Schöpfer; je mehr es von Ihm erhält, desto größer wird sein Vermögen, zu empfangen.

Kein stoffliches Sein, keine Harmonie in den stofflichen Dingen, kein einziges thatsächliches Wirken läßt sich erklären ohne die Annahme einer zu Grunde liegenden Urmöglichkeit, eines Vermögens, das sich auf das Wirklich-Sein richtet, aber in seiner Natur nichts Wirkliches ist. Dieses Vermögen nimmt alle Einwirkungen von außen her auf und da es dieselben nicht anders aufnehmen kann, als wie es ist, so durchdringt es alles mit seiner eigenen Möglichkeit und wird so die subjektive Urquelle aller geschöpflichen Entwicklung innerhalb der geschöpflichen Dinge. Was Thomas hier von der Einheit sagt: „Sie entstehe aus nichts anderem als dem Stoffe und der Form im Dinge selbst und aus der den Stoff bewegenden Ursache;“ das gilt von allem Positiven, das im Geschöpfe liegt. Der Stoff giebt seiner Natur nach als allgemeine Möglichkeit zu sein, das subjektive Vermögen für die Einheitlichkeit des Seins und des Wirkens in einem jeden Dinge. Die wirkliche Einheit kommt von der äußeren einwirkenden Ursache, durch welche die Wesensform thatsächlich eingeprägt wird und zwar in letzter Linie von der ersten Ursache, die ihrem Wesen nach Wirklichkeit ist und kraft deren alle anderen Ursächlichkeiten thätig sind. Dasselbe gilt vom subjektiven Sein, insoweit es Sein ist; nämlich vom einzelnen, individuellen Sein oder von der Unmöglichkeit, anderem mitgeteilt zu werden, der Teil oder die Eigenschaft eines anderen zu sein. Für dieses alles enthält, insofern das positive Sein, die positive Person, das positive unmitteilbare selbständige Eigentum in Betracht kommt, der Stoff die Möglichkeit; erst die Einwirkung der wirkenden Ursache giebt die Wirklichkeit.

Hier liegt der Grund davon, daß das Geschöpf sogar vor dem Schöpfer etwas sein eigen nennen kanu. Was auch immer vom Schöpfer aus ihm zukommt, das wird alsobald mit der passiven Möglichkeit durchdrungen, weiter zu empfangen; während es vorher diese Möglichkeit, mehr zu sein oder etwas anderes zu werden, nicht kannte. Es gehört dies dem Geschöpfe als solchem zu. Der Begriff „Mensch“, „Stein“ ꝛc. ist unwandelbar; erst kraft des subjektiven Seins im Stoffe, kraft des Urvermögens wird das Sein „Mensch“ selbsteigener Entwicklung fähig. Der Mensch kann sagen: Ich vermag zu denken; ich vermag zu gehen; ich vermag zu wollen, wenn er auch im Augenblick thatsächlich nicht denkt, nicht geht, nicht will. Ein solches Vermögen gehört nur dem Geschöpfe an und ist weder unendlich erhöht noch unendlich vermindert im Schöpfer zu finden. Die causa materialis ist die Urscheidung, die Urquelle aller Scheidung zwischen Schöpfer und Geschöpf; sie ist die einzige Ursächlichkeit, die dem Geschöpfe ganz und voll zugehört und kraft ihr erst gehört ihm anderes. Sie formt das eigentümliche geschöpfliche Wesen, worin der Schöpfer nichts mit dem Geschöpfe gemein hat.

„Wie der Tropfen am Eimer," sagt der Prophet, so ist das All vor dem Ewigen. Der Tropfen verleugnet nicht seinen Ursprung vom Wasser im Eimer; aber er kann herabfallen, während der Tropfen im Eimer nicht fallen kann. Wahres Vermögen für die Entwicklung; das ist die causa materialis in Verbindung mit Gott, der wirkenden Ursache. Wahres Vermögen, zu fallen, das ist sie gemäß ihrem Ursprunge aus dem Nichts. In jedem Falle steht sie weit ab vom Wesen des Herrn.

29. Die fünf Seinsbedingungen, welche aus den Wirkungen der causa materialis sich herleiten, und die Selbsterkenntnis.

Die Materialursache ist bei weitem das wichtigste Element für diese ganze Untersuchung. Die eingehende Würdigung derselben entzieht sowohl dem Pantheismus als der scientia media den Boden. Wie soll das treibende oder bewirkende Element einer Entwicklung da bestehen, wo nur Vermögen, nur Möglichkeit und keinerlei Wirkliches sich vorfindet, ja wo die innerste Natur selber alles rein Thatsächliche geradezu ausschließt, sowohl was das Sein als was das Wirken betrifft! Der Urstoff ist allein und ganz — das ist das Körnchen Wahrheit im modernen Pantheismus, welches ja keinem Irrtum fehlt —, er ist wie nichts anderes das tragende Element aller Entwicklung und ermöglicht dieselbe von sich allein aus, soweit es das subjektive Empfangen, das Bedürfnis, das Fallen anbelangt. Der Pantheismus verwirrt und vermischt diese Ursächlichkeit der causa materialis mit der von außen her einwirkenden. Es fehlt ihm an Konsequenz.

Er hätte fortschreiten müssen bis zum reinen, gänzlich unbestimmten Vermögen, anstatt bei irgend einem, auch noch so geringen Sein innerhalb dieses Vermögens Halt zu machen und zu sagen: von da muß die Entwicklung ausgehen. Damit vernichtet er alle Entwicklung. Denn entweder ist dieses wie auch immer geartete bestimmte Sein die Natur des Urstoffes; — dann ist es unveränderlich, sowie die Natur „Mensch", „Stein" in Ewigkeit keiner Veränderung fähig ist. So lange der Mensch Mensch ist, hat er genau dieselbe Natur und nur die zu ihm hinzukommenden Zustände und Eigenschaften sind, weil der Einwirkung von außen her zugänglich, der Erhöhung oder Verminderung fähig. Oder jenes Anfangs-Sein, welches der Entwicklung zu Grunde liegen soll, ist eine Eigenschaft des Urstoffes; — dann sind 1) die Naturen aller Dinge wesentlich nur stoffliche Eigenschaften und keines ist selbständig; 2) ist die innere Natur des Urstoffes wiederum nur Möglichkeit, was ja eben bestritten werden soll; denu eine Natur muß er jedenfalls haben. Dieselbe ist nicht jenes bestimmte für die innere Entwicklung maßgebende Sein; also ist sie bestimmbares, zu entwickelndes, d. h. Möglichsein.

Wird jedoch als Urstoff ein unumschränktes reines Vermögen angenommen, so sind alle Schwierigkeiten gelöst. Denn da dieses nicht aus sich heraus existieren kann, ist unbedingt die Annahme einer unbeschränkten reiu wirkenden Ursache erforderlich, die somit auch nur reine Wirklichkeit, actus purus, sein kann. Beide Systeme: der Materialismus und der Pantheismus sollen ihre Grundprincipien von der Entwicklung nach beiden Seiten, der Material- und wirkenden Ursache, hin folgerichtig ausdenken und sie werden zu der Überzeugung führen, daß nur ein gewisser Pantheismus denkbar ist; jener nämlich, der alle Wirklichkeit und alles vom Wirklichen Abhängige und Hergeleitete, sowie alles, soweit es der Wirklichkeit dient und zu ihr Beziehung hat, von einer einzigen ersten Ursache herleitet, welche nur

Thatsächlichkeit sein kanu; und daß die Anerkennung der Materie als eines alles Geschöpfliche beeinflußenden und mehr oder minder beherrschenden, im Bereiche des Empfanges an sich unabhängigen Princips wohl begründet ist, daß also auch ein allgemeiner Materialismus innerhalb des Geschöpflichen annehmbar erscheint, jener nämlich, wonach der reine Stoff die erste Ursache davon ist, daß ein Empfangen als solches, somit auch ein wirkliches Fallen, und demgemäß im allgemeinen ein Entwickeln besteht. Daß der reine Stoff das Sein nicht anders haben kann, als dadurch, daß er empfängt und daß er deshalb, wenn nichts vorhanden ist was giebt, auch seinerseits nichts ist; das ist ihm allein eigen; darin ist er unabhängig; das hat er seinem Ursprunge, dem Nichts, zu danken.

Auch die scientia media konnte nur entstehen durch die ungenaue Auffassung der causa materialis oder des Urstoffes. Denn weun vom Geschöpfe als solchem nur Mögliches kommen kann — und nichts kann über seine Natur hinauswirken —; das Mögliche aber nur auf Grund und in Voraussetzung von etwas Wirklichem in jedem einzelnen Falle zu bestehen vermag; so ist eine Voraussicht von reinen Möglichkeiten von vornherein ausgeschlossen und nur in dem die Wirklichkeit verleihenden wirkenden Grunde kann Wirkliches und auf Grund dessen auch was möglich ist, geschaut werden.

Dies eingehender nachzuweisen ist jedoch vorderhand nicht unser Zweck. Wir wollten bloß dem Leser den in letzter Linie verfolgten Zweck gegenwärtig halteu. Für jetzt soll uns die Darlegung der Wirkungen, welche den Urstoff oder die causa materialis begleiten, zur Anerkennung eines Wesensunterschiedes zwischen dem göttlichen und dem geschöpflichen Erkennen führen. Nur Gott hat seine eigene Natur, sein eigenes Wesen zum unmittelbaren Erkenntnisgegenstand. Das Geschöpf erkennt seine Natur vermittelst der Erkenntnisakte und somit der Mensch vermittelst der stofflichen Dinge, auf die naturgemäß seine Akte gerichtet sind; der Engel vermittelst seiner eingegossenen Ideen.

Es sind die fünf Seinsbedingungen, die sich, wie oben auseinandergesetzt worden, in dem vom Stoffe als der **causa materialis** beeinflußten Sein vorfinden, nur zusammenzustellen, damit die Unfähigkeit für die Geschöpfe festgestellt werde, ihre eigene Natur, sich selbst also zum unmittelbaren Erkenntnisgegenstande zu haben.

a) Die Wesensform, soweit sie ihren Seinsgrund im Stoffe hat, bildet mit dem Stoffe ein und dasselbe Sein; sie verleiht dem Stoffe die bestimmte Seinsart und erhält vom Stoffe das Vermögen, anderes Sein zu empfangen.

Der Mensch, der als einfache Wesensform einen in sich abgeschlossenen Begriff bildete, wird, sobald er im Stoffe sich befindet, Subjekt, d. h. fähig, anderem Sein, wie z. B. dem Großen oder Kleinen, dem Tugendhaften oder Bösen, dem Weisen oder Thörichten und ähnlichem zur bestimmbaren Unterlage zu dienen. Es ist dies aber gerade das Gegenteil von dem, was wesentlich notwendig erscheint, um erkennbar zu sein. Der erkennbare Gegenstand bestimmt, insoweit er erkennbar ist, die erkennende Fähigkeit; er giebt die Richtschnur für deren Thätigkeit an. Das konnte wohl der Begriff „Mensch", ehe er im Stoffe zum wirklichen Menschen wurde und kann es wieder, wenn er von den stofflichen Seinsbedingungen irgendwie losgelöst wird; der Stoff jedoch nimmt ihm das reiu bestimmende Element und giebt ihm subjektives, d. h. bestimmbares Sein. Der Mensch also, soweit er im Stoffe befindlich erscheint, ist seiner Natur nach kein an und für sich erkennbarer Gegenstand für sich selber, sondern erst, wenn durch geistige Thätigkeit die vom Stoffe herrührende Subjektivität allmählich losgelöst ist.

b) Der Stoff unterwirft den Grenzen von Zeit und Ort. Das Erkennen aber übersteigt die Schranken von Zeit und Ort, ist wesentlich allgemein. Es ist demnach ganz unmöglich, daß die Erkenntnisfähigkeit des Menschen das eigene Wesen, welches ja als subjektiv menschliches notwendig den Grenzen von Zeit und Ort unterworfen ist, zum ersten und unmittelbaren Erkenntnisgegenstand habe; sondern durch gewisse verbreitende Akte sind erst diese und ähnliche Schranken zu heben und ist eine angemessene Allgemeinheit herzustellen, ehe das Erkennen statthaben kann.

c) Der Stoff hat im stofflichen Sein das „Eigentümliche", die Inkommunikabilität, das „Unmitteilbare" zur Folge. Was stofflich ist, das ist eben ganz und nur dies. Der eine Mensch kann nie die Eigenschaft oder der Zustand eines anderen werden. Das ist aber gerade das Gegenteil von der Natur des Erkennens, welches das andere Sein als anderes zum Gegenstande und zum Inhalte seines eigenen Aktes macht. Was also im Dinge bewirkt, daß es nur dies ist und nichts anderes, dem gehört es zu, dies auszuschließen, daß es ein anderes wird. Nur wenn zu dem stofflichen Sein eine Fähigkeit hinzutritt, welche diese stoffliche Unmöglichkeit, mitgeteilt zu werden, in gewissen Grenzen aufhebt, nur dann kann ein stoffliches Wesen und natürlich nur insoweit dies geschieht erkennen. Die Thätigkeit dieser Fähigkeit, nämlich der Erkenntnisfähigkeit, muß vorhergehen, ehe der Mensch seine eigene Natur, die, weil an den Stoff gebunden nur sie und nichts anderes ist, als wahrhafte Wesensform, die auch in anderen stofflichen Verhältnissen, in anderen Menschen vorhanden ist, zu erkennen vermag. Nur vermittelst der Einwirkungen von außen, welche den Inhalt der Erkenntnisakte verursachen, kann demnach der Mensch sich selbst erkennen.

d) Das Sein, welches vom Stoffe abhängt, ist wesentlich ein einzelnes, individuelles;

e) es ist ein innerlich einheitliches.

Bei diesen beiden Punkten ist es augenscheinlich, daß der Stoff die Selbsterkenntnis als eine unvermittelte zur Unmöglichkeit macht. Der Stoff hat ja in sich bloß das Vermögen, für eine Einheitlichkeit im Sein oder im Wirken zur Grundlage zu dienen. Die wirklich=thatsächliche Einheit und der wirkliche einzelne Bestand kommt von außen, von der wirkenden Ursache, die da, wie Thomas sagt, „den Stoff vom Vermögen zur Thätigkeit hinüberträgt." Da wäre so= mit ein unmittelbares Verständnis der eigenen, einheitlichen Natur als einer stofflichen nur möglich, wenn dieselbe in der wirkenden Ursache geschaut würde. Das bloße Ver= mögen ist kein unmittelbarer Gegenstand der Vernunft, denu es kann sein und kanu auch nicht sein; erkannt aber kann nur werden, was ist, da es dem Erkennbaren eigen ist, zu bestimmen; was aber nur möglich ist, kann insoweit nicht bestimmen. Es vermag demnach nur erkannt zu werden auf Grund und unter Voraussetzung des Wirklichen.

Daraus ergiebt sich bereits der wesentliche Grundunter= schied zwischen dem Wissen Gottes und dem Wissen des Ge= schöpfes, wie selber im Buche Job (36, 26) so herrlich ge= kennzeichnet wird.

30. Schrifttext aus Job 36, 26 über den Unterschied des schöpferischen und geschöpflichen Wissens.

Ecce Deus magnus vincens scientiam nostram. „Siehe, groß ist Gott und weit überragt er unser Wissen." Gott erkennt, wir erkennen; Gott kennt Sich selber, wir er= kennen Gott. Der Begriff des Wissens wird nach seiner wahren Bedeutung von uns und zugleich von Gott ausgesagt. Aber wie verschiedenartig ist das Wissen in uns und in Gott; wie grundverschieden die Kenntnis, welche Gott rücksicht= lich Seiner selbst hat, von jener, welche die Geschöpfe von Ihm und über sich selber haben! „Alle Menschen sehen Ihn, aber ein jeder schauet von ferne," **Omnes homines vident eum, sed unusquisque intuetur procul.** Hell strahlt die Sonne am Firmamente; wir sehen, daß sie die unerschöpfliche Lichtquelle ist; wir erfassen die wohlthätigen Wirkungen ihrer Wärme; den kolossalen Umfang ihrer Masse können wir in etwa berechnen. Aber wer hat einen Blick in ihr

Inneres geworfen? Wie eine kleine leuchtende Scheibe erscheint sie den Augen des Leibes; viel von ihren Eigentümlichkeiten künden die Augen des Geistes; aber den inneren Quell ihrer geheimnisvollen Kraft hat noch niemand geschauet.

Wie ferne aber steht erst der Geist von der Sonne der Gerechtigkeit, vor dem unerschütterlichen Mittelpunkt der Geister, vor dem unerschöpfbaren Quell alles Seins und alles Lebens, alles Wirkens und aller Herrlichkeit. „Alle Menschen sehen Ihn;“ sie sehen Ihn gerade genug, daß sie ausrufen müssen: „Siehe, groß ist Gott!“ Wir können sehen, daß Gott unermeßlich ist, daß somit nichts für seine Macht eine Schranke bilden kann; wir sehen, daß Er unmeßbar ewig, unergründlich weise, über alles Maß schön sein muß; wir sehen, daß von Ihm die Vorsehung ausgeht, die jedem Geschöpfe seinen Platz, jedem Sein seinen Anfang und seinen Zweck gesetzt hat; aber „weit überragt Er unser Wissen“. „So nämlich,“ sagt Gregor der Große, „wird Er von der Vernunft geschaut, daß von keinem auch noch so scharfsinnigen Geiste sein inneres Wesen erfaßt wird. Denn was auch immer über die Größe seiner Herrlichkeit wir wissen, das ist unter Ihm und um so weiter sind wir entfernt von seinem Wissen, je mehr wir meinen, seine Allgewalt begriffen zu haben. Mag auch immerhin der Geist sich in die Höhe erheben, er wird überstrahlt von der Unermeßlichkeit des göttlichen Lichtes. Und nur dann erkennen wir etwas von Gott, wenn wir wissen, wir können Ihn nicht in angemessener Weise schauen. . . . . Versenke dein Auge in die Ewigkeit, daß du sehest, wann Gott von Anfang war oder bis wohin Er sein wird: nirgends ein Ende oben, weil Er nicht angefangen hat und nirgends ein Ende unten, weil Er nicht enden wird. Unter Ihm wird beengt das eine vom anderen; Er aber ist in allem und über und unter allem und um alles herum ohne Raum, Er ist weit ohne Ort. Was auch immer gemacht ist, das hat von Ihm sein Gesetz erhalten, fängt an, wie Er will und endet oder ist endlos wie Er es geschaffen."

Wahrlich weit überragt Gott unser Wissen. Gott ist Sich selber das Maß für sein Wissen; sein eigenes Sein ist dessen unerschöpflicher Quell; sowie Er selber ist es deshalb notwendig in Ewigkeit unwandelbar. Nur soweit wir Gott, die allwirkende Ursache erkennen, erkennen wir uns selber. Und wo ist das natürliche Maß für unsere Erkenntnis Gottes? Die wandelbaren Kreaturen, die stofflichen Schatten sind es, die uns umgeben; „und wie der Vogel die Luft durchschneidet und hinter ihm erscheint keine Spur mehr seines Fluges; wie das Schiff die Wogen teilt und die Wasser schlagen hinter ihm zusammen und nichts zeigt die Richtung an, welche es genommen," so zieht die stoffliche Welt vorüber und der Mensch muß den Augenblick wahrnehmen, um daraus den Schöpfer und mittelst des Schöpfers sich selbst zu erkennen. Möglichkeit umgiebt ihn von allen Seiten und er soll den allein Wirklichen daraus erkennen; unfertige Entwicklung umhüllt ihn und er soll daraus den allezeit Vollendeten seinem Geiste vergegenwärtigen. Wehe ihm, wenn er stehen bleibt bei dieser Möglichkeit; er und die Frucht seines Wissens vergeht dann mit dem Möglichen; eitler Wind hat seine Vernunft aufgeblasen, ohne irgendwie zu sättigen; „er hat gemeint, etwas zu wissen und erkannte nicht einmal, auf welche Weise er zum wahren Wissen gelangen könne." (I. Cor. 8. 2.) Selig, wenn er in den Kreaturen die wirkende und leitende Vaterhand schauet und bei ihr seine Ruhe findet. Er wird dann immer noch wohl ebenfalls von fern schauen, **unusquisque intuebitur procul**; denn „obgleich solche Seelen", nach den Worten des großen Gregor, „durch die Liebe mit Gott verbunden sind, bleiben sie doch wegen der Last des Körpers, die sie tragen, von Ihm getrennt und vermögen es nicht, Ihn von Angesicht zu Angesicht zu sehen." Er pilgert, wie Paulus schreibt, fern von seinem Gotte während dieses Lebens. Ist er aber einmal gelöst von der Last des Fleisches, dann wird Er den Ewigen nicht nur aus den Geschöpfen heraus erkennen, sondern das innerste Wesen, die innerste glorreiche Natur desselben wird ihm offenbar sein. „Mit dem Gewande der Herrlichkeit bekleidet" wird er Gott so nahe sein, wie es dem Geschöpfe möglich ist; vom göttlichen Lichte selber getragen und durchdrungen wird er das göttliche Licht schauen; „**in lumine tuo videbimus lumen**"

Der Gottlose jedoch wird selbst am Tage des Gerichtes, wann der Herr kommen wird, zu richten die Lebendigen und die Toten, „nur von ferne sehen." „Denn," so Gregor, „während er die heilige Menschheit des Richters schauet, wird ihm die innere göttliche Herrlichkeit verborgen bleiben. Die Erinnerung an die begangenen Sünden wird seine Augen blenden, so daß er wunderbarerweise trotz des Anblickes seiner heiligen Menschheit von der durchstrahlenden Herrlichkeit Gottes ferne sein wird." „Gedenke, daß du das Werk Gottes nicht kennst, worüber die Propheten gesprochen haben." „Wie," ruft der heilige Gregor bei diesen Worten des Buches Job aus, „wir kennen Gott," „denn alle Menschen sehen Ihn," wir kennen Gott kraft unserer Vernunft und wir sollen seine Werke nicht wissen; wir kennen, was das höchste ist und sollen nicht erkennen, was als das Geringste betrachtet werden muß? Geringer sind doch jedenfalls seine Werke wie Er selber, welcher der Grund von ihnen ist. Beides ist wahr. Wir erkennen aus den Werken Gott, daß Er ist und daß Er groß ist und daß er unermeßlich ist, aber warum Er das Eine thut und das Andere nicht, den geheimen Grund seiner Vorsehung, können wir nicht wissen. Die heiligen Lehrer kennen vermittelst der Gnade denjenigen, von dem sie geschaffen sind, aber seine Ratschlüsse vermögen sie nicht zu begreifen. Das meint der Psalmist, wenn er sagt: „Die Finsternisse hat Er Sich als sein Heim erwählt" und wiederum: „Wie ein Mantel umkleiden Ihn die Abgründe." „Sowie du nicht weißt," so Salomon,

„welchen Weg der Wind nimmt und wie die Knochen des Kindes zusammengefügt werden im Leibe der Mutter, so ist deine Unwissenheit betreffs der Werke Gottes, der alles ins Dasein ruft.“ Damit ich eines aus vielem erwähne. Zwei Kinder werden geboren; das eine erlangt die Wiedergeburt durch die Taufe, das andere stirbt vorher. Und oft genug begegnet es dem Kinde gläubiger Eltern, daß es ungetauft aus diesem Leben scheidet, während das Kind ungläubiger Eltern zum Bade der Wiedergeburt gelangt. Jedoch behauptet vielleicht jemand, daß Gott vorhergesehen, das eine Kind werde nach der Taufe Böses thun und daß Er es deshalb der Taufgnade nicht teilhaft gemacht hat. Da würde also Gott ohne Zweifel Sünden bestrafen, die noch gar nicht begangen sind. Wer aber kann dies jemals mit Recht behaupten, daß Gott den einen ihre thatsächlich begangenen Sünden verzeiht, in anderen auch die noch nicht begangenen straft! Geheim also sind seine Ratschlüsse und müssen mit ebenso großer Demut angebetet werden, als das Dunkel, in welches sie gehüllt sind, es verhindert, sie zu schauen.“ (**Gregor moral.** l. 27. c. 2.)

„Willst du etwa begreifen die Spuren Gottes und bis zur vollkommenen Kenntnis des Allmächtigen gelangen?“ (Job 11.) Nein! Ein Begreifen der Werke des Herrn ist nicht möglich; dies hieße die Allmacht erschöpfen. Warum Gott etwas im einzelnen thut und was Er noch thun kann mit seinen Geschöpfen; das ist dem geschaffenen Blicke verborgen. Von seiten des geschöpflichen Seins liegt eine von keiner Kreatur bemessene und begrenzte passive Möglichkeit vor, nämlich die Möglichkeit zu empfangen; von seiten des ersten Grundes ergiebt sich das von Nichts außer Ihm selber bemessene und begrenzte Vermögen zu geben und zu wirken kund. Nur was Gott wirklich thut, kann eine Spur für uns sein, um zuerst die wirkende Macht Gottes zu erkennen, dann den Umfang des empfangenden Vermögens der Kreatur und schließlich uns selbst. Die Selbsterkenntnis ist für uns das letzte; wir erkennen anderes, damit wir schließlich uns selbst erkennen; jeder Erkenntnisakt führt am Ende zur Selbsterkenntnis. Zu welcher?

Hier auf Erden, während wir abhängig sind von den Einflüssen der äußeren stofflichen Dinge, ist es unser Zweck, uns selbst zu erkennen, insofern wir in der Möglichkeit sind, etwas zu empfangen; insofern wir überall und unter allen Verhältnissen der Bestimmung Gottes harren; insofern wir dürsten nach der Offenbarung der Beschlüsse seiner Weisheit. Wo die Wissenschaft nicht dahin führt, daß der Geist sich fühlt, „ohne Gott, wie die Erde ohne Wasser,“ „wie der Hirsch, der nach frischen Wasserquellen trachtet,“ da sind die Menschen, die sie haben, eitel. „Eitel,“ so die Weisheit (13, 1.), „sind die Menschen, die in ihrem Wissen und Entschließen nicht getragen werden vom Wissen Gottes.“ Vani homines, in quibus non subest scientia Dei. Weit entfernt daß das Wissen Gottes seine leitende Richtschnur findet in den Entschließungen des Menschen, verlangt der Mensch gemäß der Anlage seiner ganzen Natur nach dem bestimmenden Einflusse des göttlichen Wissens. Er ist dann auf dem rechten Wege zur Selbsterkenntnis während seiner irdischen Pilgerschaft, wenn er nach dem Rate des Apostels Jakobus bei allem, auch beim kleinsten, was er sich vornimmt, sagt: „Wenn Gott will,“ si Dominus voluerit, wenn er sich nur mit seiner Möglichkeit zu empfangen und bestimmt zu werden vor Gott hinstellt. Je weiter dieses Vermögen vor seinem geistigen Auge wird, desto mehr erkennt er sich selbst hier auf Erden. Dort in der Ewigkeit wird er die inneren bestimmenden Ratschlüsse im Wesen Gottes schauen, nach denen alles geleitet worden ist; dort wird seine Selbstkenntnis eine vollkommene, weiterer Entwicklung unfähige sein, denn er wird schauen, wie jeder seiner Schritte mit höchster Weisheit von oben her gelenkt worden; er wird schauen, wie von allem, was wirklich ist, nur Gott die Ehre gebührt und unaufhörliche Danksagung, Lob und Verherrlichung wird von seinen Lippen strömen. Dann wird sich das Wort des heiligen Paulus im strengsten Sinne bewahrheiten: „Ich denke (Phil. 3, 12.) gar nicht daran, daß ich vollkommen bin; ich *folge aber*, ob ich etwa einmal irgendwie denjenigen wirklich erfasse und begreife, in welchem ich selber inbegriffen bin."

Das Wissen Gottes begreift uns. Sollen wir den Ratschlüssen der Weisheit Gottes hier auf Erden *folgen*, so müssen wir unseren Geist immer offen halten für die Einwirkung des göttlichen Wissens und somit unsere unbedingte Unterordnung ausdrücklich uns gegenwärtig machen. Dann werden wir in der Ewigkeit uns selbst thatsächlich begreifen vermittelst der Anschauung der Natur dessen, der mit seinem Wissen uns vollständig umfaßt. Der Diener Gottes schreitet fortwährend in dieser Selbsterkenntnis fort und *schließt* endlich *damit*, daß er in Gott und vermittelst des göttlichen Lichtes sich selbst voll begreift. Für Gott aber ist der allumfassende Grund des Wissens von *Anfang an* und bleibt es unverändert in Ewigkeit Er selber: seine eigene *Selbsterkenntnis*.

Das zeigt und beweist Thomas im folgenden Artikel; dem Verständnisse desselben ist durch das bis jetzt Gesagte vorgearbeitet.

31. Text des heiligen Thomas.

„Ich antworte,[1]) Gott erkennt Sich durch Sich selbst. Um das zu veranschaulichen, muß erwogen werden, daß bei jener

---

[1]) „Respondeo dicendum, quod Deus se per ipsum intelligit. Ad cujus evidentiam sciendum est, quod, licet in operationibus, quae transeunt in exteriorem effectum, objectum operationis quod significatur ut terminus, sit aliquid extra operantem; tamen in operationibus quae sunt in operante, objectum quod significatur ut terminus operationis, est in ipso operante; et secundum quod est in eo, sic est operatio in actu. Unde dicitur in lib. 3 de anima quod sensibile in actu est sensus in actu et intelligibile

Thätigkeit wohl, die sich nach außen richtet, also außen ihren Zweck und ihr nächstes Ziel findet, der Gegenstand auch außen besteht, wie z. B. der Gegenstand der Thätigkeit des Schreiners der außerhalb des Arbeitenden befindliche Stuhl ist; bei allem Wirken aber, welches sich innerhalb des Wirkenden oder Handelnden vollzieht, ist der Gegenstand der einzelnen Wirksamkeit auch innerhalb dessen, der da thätig ist und in demselben Maße ist ein eigentliches Wirken oder Thätigsein vorhanden, in welchem der Gegenstand innerhalb des wirkenden Seins sich vorfindet. Deshalb hat Aristoteles recht, zu sagen, das thatsächlich von den Sinnen Wahrgenommene sei der Sinn selber, insoweit er thatsächlich wahrnimmt; und ebenso sei das vernünftig Erkannte die erkennende Vernunft selber. Denn aus keinem anderen Grunde erkennen wir sei es mit den Sinnen, sei es mit der Vernunft, als weil das geistige oder sinnliche Bild der Vernunft oder den Sinn innerlich bethätigt. Nur in dem Sinne also ist das sinnliche oder geistige Erkennen verschieden vom erkennbaren Gegenstande, als auf der einen Seite das erkennende Vermögen und auf der anderen das Sein des erkannten Gegenstandes weiterer Entwicklung fähig, d. h. in potentia ist. Gott aber ist keinerlei Entwicklung zugänglich, in Ihm ist kein Schatten von Potentialität, also muß in Ihm das Er-

---

in actu est intellectus in actu. Ex hoc enim aliquid in actu sentimus vel intelligimus quod intellectus noster vel sensus informatur in actu per speciem sensibilis vel intelligibilis. Et secundum hoc tantum sensus vel intellectus aliud est a sensibili vel intelligibili quia utrumque est in potentia. Cum igitur Deus nihil potentialitatis habeat, sed sit actus purus oportet quod in eo intellectus et intellectum sint idem omnibus modis; ita scilicet ut neque careat specie intelligibili, sicut intellectus noster cum intelligit in potentia: neque species intelligibilis sit aliud a substantia intellectus divini, sicut accidit in intellectu nostro cum sit actu intelligens; sed ipsa species intelligibilis est ipse intellectus divinus et sic seipsum per seipsum intelligit."

kannte und das Erkennende nach allen Richtungen hin ein und dasselbe sein. Das geht nämlich so weit, daß Gott 1) niemals ohne die bethätigende, eine bestimmte Form gebende Idee sein kann, wie dies bei unserer Vernunft der Fall ist, wenn sie z. B. im Schlafe nur verstehen kann, thatsächlich aber nicht versteht; 2) daß bei Ihm diese Idee nicht im geringsten verschieden ist von der Substanz seiner Vernunft, wie dies von uns gilt, sobald wir thatsächlich verstehen; daß 3) die bethätigende Idee das substantielle Sein der erkennenden Vernunft durchaus selber ist; daß Gott also auf diese Weise Sich ganz und gar und einzig und allein durch Sich selber erkennt."

§. 2.

Erläuterung des Textes.

32. Syllogismus und die scientia media.

Wer diesen Text auch nur oberflächlich liest, kann unmöglich behaupten, der heilige Thomas sei der scientia media günstig; vielmehr muß er darin die offenbarste Verurteilung dieser Meinung finden. Worauf stützt in der That Thomas seine Behauptung, daß Gott Sich selbst erkenne? Auf folgende Sätze:

1) Das thatsächlich Erkennende und das thatsächlich Erkannte ist durchaus ein und dasselbe.

2) In den Geschöpfen ist der Erkennende dem substantiellen Sein nach nur deshalb verschieden vom Erkannten, weil sowohl das erkennende Vermögen als der erkannte Gegenstand entwicklungsfähig, in potentia, ist.

3) In Gott ist keine Entwicklungsfähigkeit oder Potentialität.

4) Der innerlich bestimmende Grund des göttlichen Erkennens ist die Substanz der göttlichen Vernunft.

Nun fragen wir: Kann der Gegenstand der scientia

media sich innerhalb des Seins Gottes vorfinden? Wer das bejaht, der würde eben das Wesen der scientia media leugnen. Denn nur dann könnte dieser Gegenstand innerhalb des göttlichen Wesens vorhanden sein, wenn derselbe entweder das Wesen Gottes selbst wäre oder das reine Ergebnis der göttlichen wirkenden Ursächlichkeit, das vom Willen Gottes Gewollte. Das erste wird selbst Molina nicht zugeben; das zweite ist der ausdrückliche Gegensatz zu allen Behauptungen der scientia media.

Warum allein ist beim geschöpflichen Erkennen eine Verschiedenheit vorhanden zwischen dem erkannten Gegenstande und der erkennenden Vernunft? Weil beide an sich ihrem subjektiven Sein nach im Zustande des Vermögens in potentia sind; Thomas sagt dies mit diesen selben Worten. Nun worin besteht aber der Gegenstand der scientia media? In der Möglichkeit. Was eintreten würde, wenn das und das geschähe; das wird von der scientia media geschaut, nicht was wirklich eintritt. Was wirklich geschieht, ist Gegenstand der Anschauung, wie auch die Molinisten behaupten und tritt heraus aus dem Rahmen der scientia media. Man sage nicht, daß die scientia media sieht, nicht was möglicherweise sein würde, sondern was im Falle der gesetzten Bedingung unausbleiblich Existenz gewänne. Das wäre ein Spiel mit Worten. Thomas spricht von dem Vermögen oder der Möglichkeit im Verhältnisse zum wirklichen subjektiven Sein und nicht im Verhältnisse zu irgendwelcher Bestimmtheit. Nicht Unbestimmtheit ist nach ihm das unterscheidende Merkmal für die geschöpflichen Substanzen als Gegenstände des Erkennens und für die geschöpfliche Vernunft als Vermögen des Erkennens, sondern vielmehr die Thatsache, daß das wirkliche, thatsächliche Sein nicht zugleich mit der Substanz eines Dinges und daß mit dem Vernunftvermögen nicht zugleich das wirkliche, thatsächliche Erkennen gegeben ist. Die geschöpfliche Substanz schließt in ihrem, sonst ganz bestimmten Begriffe nicht die thatsächliche

Existenz ein und das Vernunftvermögen ebensowenig den Erkenntnisakt.

Der Gegenstand also der **scientia media**, das „würde" mit all seiner Bestimmtheit, macht das Erkennen des Schöpfers dem des Geschöpfes dem Wesen nach völlig gleich; dieser Gegenstand hat bloß das Vermögen zu sein, ist im Verhältnisse zum wirklichen Sein Möglichkeit und muß also verschieden sein von der erkennenden Vernunft. Damit ist natürlich diese letztere auch nichts anderes als ein Vermögen zu erkennen; der Erkenntnisgegenstand muß doch auf derselben Seinslinie stehen, wie die Erkenntniskraft.

Wollen nun die Molinisten nicht zugestehen, daß der Erkenntnisgegenstand ihrer **scientia media** außerhalb des Wesens Gottes sei, sondern entweder vermöge der „**supercomprehensio**" oder der „objektiven Wahrheit" oder des Suaresischen „zukünftigen Dekrets" (vgl. c. 1. §. 3) innerhalb desselben; so stehen sie im Gegensatze zur dritten Behauptung des heiligen Thomas. Sie nehmen in Gott selber eine Potentialität, ein Vermögen zu sein, an. Denn daß etwas sein würde unter einer bestimmten Bedingung, ist doch nichts anderes, als eine Möglichkeit für die wirkliche Existenz.

Darin setzt aber Thomas gerade die ganze Beweiskraft seiner Worte, daß Gott nicht durch irgend etwas zur Substanz seiner Vernunft Hinzukommendes, welcher Art dies auch sei, zum Erkennen bestimmt werde, wie dies bei uns durch die in die Vernunft versenkten Ideen geschieht, sondern, daß diese Substanz selber, das subjektive Sein der göttlichen Vernunft, auch zugleich die das thatsächliche Erkennen bestimmende Idee oder **species intelligibilis** ist, daß Er demnach notwendig Sich selbst erkennt. So nämlich läßt sich sein Beweis in streng syllogistischer Form zusammenfassen:

Das thatsächlich Erkennende ist ein und dasselbe wie das thatsächlich Erkannte.

Gottes Sein aber ist reine Thatsächlichkeit.

Also ist das substantielle Sein der erkennenden Vernunft in Gott auch der erkannte Gegenstand.

Zu beweisen ist der Obersatz und die Schlußfolge; der Untersatz steht fest.

Der Obersatz wird so bewiesen:

Dadurch unterscheidet sich das Erkenntnisvermögen von allen stofflichen Kräften, daß der Gegenstand, auf den seine Thätigkeit sich richtet, also der Gegenstand des Erkennens, das Erkannte, innerhalb des Vermögens ist. —

Nichts aber kann innerhalb eines Vermögens sein, als was dieses Vermögen zur Thätigkeit bestimmt. Also ist das Erkenntnisvermögen als thatsächlich zum Erkennen bestimmtes nichts anderes, wie der Gegenstand des Erkennens selber.

Dieser zweite Obersatz spricht einfach das Wesen des Vernunftvermögens aus. Der Untersatz ist evident; denn nichts kann zwischen einem Vermögen und seiner Thätigkeit als vermittelnd innerhalb des Vermögens selber gedacht werden, wie die zur Thätigkeit bestimmende Form. Die Folgerung ist unmittelbar.

Ist dies mit der Folgerichtigkeit im ersten Syllogismus auch der Fall? Gewiß; wenn der Nachdruck, wie dies Thomas im Texte thut, auf das Erkennen als etwas thatsächlich Bestehendes, als auf einen Akt, gelegt wird.

Der Akt des Erkennens ist Einheit des Erkennenden und des Erkannten; wie weit also der Akt reicht, so weit reicht diese Einheit, so weit ist Erkennendes und Erkanntes ein und dasselbe.

Nun ist die göttliche Vernunft ihrem substantiellen Sein nach reiner Akt, nur und einzig und allein Thatsächlichkeit.

Also muß die göttliche Vernunft in ihrem substantiellen Sein auch das Erkannte sein.

Noch ganz eigens betont dann der heilige Lehrer, daß demgemäß als das einzige Hindernis der Einheit zwischen dem Erkannten und Erkennenden im Bereiche des Geschöpflichen das Vermögen, die Möglichkeit, die Potentialität erscheint. Soweit das Vernunftvermögen bethätigt ist, bildet es die innigste Einheit mit dem Erkannten; soweit es nur Vermögen ist, bleibt es geschieden vom Erkannten. Das stoffliche subjektive Sein der Substanz, sowie das subjektive Sein des Vernunftvermögens sind an sich ein Hindernis für das Erkennen. Weder ist jenes an und für sich thatsächlich erkennbar, noch ist dieses thatsächlich an und für sich erkennend; der Stoff, die **causa materialis**, als Urgrund des Werdens und der Entwicklungsfähigkeit hindert die Einheit.

Wie soll dann aber vom geschöpflichen Vermögen her, wie es auch immer heißen möge, die thatsächliche Erkennbarkeit kommen, wenn ihm gerade als Vermögen die Unerkennbarkeit geschuldet wird. Was wirklich ist, das rührt von der erst-wirkenden Ursache her und wird demgemäß erkannt; — darüber ist kein Streit. Was nur im Vermögen liegt, ist ein offenbares Hindernis der Erkenntnis. Wo soll da ein Platz für den Gegenstand der **scientia media** sein!?

Doch prüfen wir im einzelnen die Behauptungen des heiligen Thomas an der Richtschnur der Vernunft; es gilt eine feste Grundlage herzustellen.

33. Das Wissen im Geschöpfe und im Schöpfer.

„Da der menschliche Geist nicht sich selber durchdringt, so kann er aus der Betrachtung seiner selbst (**ex consideratione sui**) emporsteigen, um die Macht der göttlichen Natur, die für ihn unbegreiflich ist, mit desto mehr Demut zu loben.“ Nach diesen Worten des großen Gregor (**moral. lib. 29 c. 8.**) verfährt immer Thomas. Vom menschlichen Wissen steigt er empor zur doppelten Erkenntnis; einmal, worin das göttliche bestehe und dann wie ungemessen vollkommen es sei. Der Mensch weiß wirklich, er erkennt wirklich, er erkennt, was außerhalb seiner eigenen Existenz ist, und dadurch erkennt er sich selber. Aber mit wie viel Beschränktheit erscheint der menschlichen Natur zufolge, welcher seine Erkenntniskraft angehört, dieses menschliche Wissen verknüpft! Einer wie umfassenden Entwicklungsfähigkeit ist es zugänglich!

Mit Mühe und Last muß sich der Mensch seine Kenntnisse erwerben, und nicht selten kostet es noch mehr Arbeit, dieselben sich zu bewahren, als sie zu erwerben. Einen an sich nur kleinen Kreis des Wissenswerten kann er wie auch immer umspannen und innerhalb dieses kleinen Kreises besteht noch dazu sein Wissen schließlich nur darin, daß er in etwa zu ermessen beginnt, wie viel ihm fehlt. Das Kind erkennt, der gereifte Mann und der Greis erkennt; aber es ist in diesen Altersstufen eine Entwicklung des Wissens eingeschlossen, der sich sowohl was Tiefe als was Umfang betrifft, keine andere an die Seite zu stellen vermag.

„Warum soll der Mensch," so klagt der Prediger (c. 7.), „suchen, was über ihn erhaben ist, da er nicht weiß, was ihm selber zum Heile dient in seinem Leben, während die Zahl der Tage seiner Pilgerschaft und die Zeit wie ein Schatten vorübereilt." „Wer zeigt ihm an, was nach ihm unter der Sonne sich ereignen wird. . . Alles habe ich versucht in meiner Weisheit; ich habe gesagt, ich will weise werden und siehe da, sie ist weiter als vorher von mir geflohen. . . Siehe da alles, was ich gefunden habe: Das eine steht dem anderen gegenüber; ich will die Ursache davon ergründen, danach strebt meine Seele, aber ich habe sie nicht gefunden. . . Und ich sah ein, daß von allen Werken Gottes unter der Sonne niemand sagen kann, warum Gott es so gemacht, und daß je mehr einer sich abmüht, es zu verstehen, desto weniger er es zu erkennen vermag, und möchte auch der Weise sagen, er wisse es; er kann es doch nicht finden. . . In vieler Weisheit ist viele Mühe und wer sein Wissen vermehrt, der vermehrt auch sein Leid."

Daß der Mensch erkennt und weiß, das ist eine Vollkommenheit für ihn — und dies muß auf Gott übertragen werden, dem nichts, was begrifflich vollkommen ist, mangeln darf.

Daß aber der Mensch kraft des subjektiven Menschseins so viele Schranken seines Wissens besitzt; daß er z. B. der Sinne bedarf für jeden Erkenntnisakt, daß er leicht vergißt, daß sein Wissen zu- und abnehmen kann, daß der eine mehr weiß als der andere und das thatsächliche Wissen aller zusammen nur zeigt, wie vieles noch zu ergründen möglich sei — dies alles ist Unvollkommenheit, welche dem Seinszustande des Wissens anhaftet, wie dasselbe im Menschen zufällig vorhanden ist und diese Unvollkommenheit muß vom Sein Gottes entfernt werden.

Worin besteht nun beim Menschen das Erkennen; welches ist sein Wesen? Die Antwort darauf giebt zugleich Aufschluß über die Natur des Wissens in Gott. Wissen oder Erkennen ist volle Einheit zwischen dem Erkannten und Erkennenden im thatsächlichen Erkenntnisakte. Das gilt vom Geschöpfe und dem Schöpfer gleichmäßig.

Wie stellt sich diese Einheit im Sein des Geschöpfes dar und wie in dem des Schöpfers? Die Antwort, soll sie richtig sein, muß das substantielle Wesen des Geschöpfes vollständig trennen von dem des Schöpfers. Das geschöpfliche Wissen ist entsprechend dem geschöpflichen Sein der Entwicklungsfähigkeit unterworfen; das schöpferische ist reine, allseitige Bestimmtheit und Thatsächlichkeit. Sagen wir es hier bereits mit kurzen Worten; es wird alsbald ausreichend erläutert werden: Das Wesen des geschöpflichen Wissens ist Vermögen, ist Möglichkeit. Die erforderte Einheit ist wohl eine wahrhafte Einheit und zwar eine strikte, ganz vollendete Einheit im Bereiche des Vermögens zu erkennen, nicht aber ebenso vollendet im Bereiche des wirklich thatsächlichen Erkennens. Dagegen ist das Wesen des schöpferischen Wissens Wirklichkeit, Thatsächlichkeit; die für das Wesen des Wissens erforderte Einheit ist in Gott die höchstvollendete Einheit im wirklichen thatsächlichen Sein: das erkennende Sein ist ohne Schranken subjektiv wirklich das erkannte.

Damit dies klar werde, sollen die beiden Grundsätze

vorgelegt und untersucht werden, welche Thomas für die Anerkennung folgender Wahrheiten als leitende anführt:

1) Gott erkennt Sich selbst.

2) Gott erkennt Sich durch Sich selber, also in vollkommenster, durch nichts vermittelter Weise.

Die beiden Grundsätze sind folgende:

1) Das Erkannte ist das thatsächlich Erkennende.

2) Welche Verschiedenheit auch immer im Bereiche des Geschöpflichen bestehen mag zwischen dem Erkannten und Erkennenden; dieselbe kommt daher, daß die Erkenntniskraft und der erkannte Gegenstand in **potentia**, d. h. der Entwicklung fähig sind.

34. Die Einheit im geschöpflichen Erkenntnisakt.

Das Erkannte ist das Erkennende, soweit es sich um thatsächliche Erkenntnis handelt, so Thomas nach Aristoteles. Er stellt sonach zwischen dem Erkannten und Erkennenden die durchaus innigste Verbindung, die denkbar tiefste Einheit auf. Es ist dies keine Einheit, welche aus der Verbindung mehrerer Teile entsteht, wie etwa aus vielen Steinen ein Haus gebildet wird; auch nicht eine solche, welche aus dem Stoffe und der Wesensform eine einzige, nämlich eine zu einheitlichem Wirken berufene Natur macht, wie aus Leib und Seele ein Drittes entsteht, das weder Leib noch Seele, sondern Mensch ist und Menschliches hervorbringt. Nein; beim Akte des Erkennens handelt es sich nicht um das Zusammenfügen zweier oder mehrerer Teile, von denen keiner der andere und kein einzelner das Ganze ist. Nicht ein Drittes ergiebt sich hier aus Erkennendem und Erkanntem; sondern das thatsächlich Erkennende ist das thatsächlich Erkannte ohne Umschweife, sowie das zum Dreieck geformte Holz ein hölzernes Dreieck ist. Eine völlige Identität greift Platz in dieser Einheit oder vielleicht besser in dieser Einerleiheit des Erkenntnisaktes. Was erkannt wird, ist sich selbst; wird durch sich selbst erkannt. Zu welcher Seinsstufe es auch immer seinem subjektiven Sein gemäß gehören mag, im Erkenntnisakte gewinnt es Selbständigkeit.

Thomas läßt keinen Zweifel übrig über die Art und Weise, wie diese Einheit im Erkenntnisakte zu verstehen sei. Er spricht sich in qu. 8. de verit. a. 6. folgendermaßen aus:[1]) „Es ist jedoch nicht erforderlich, daß beim geistigen Verstehen dem Erkennenden das Wirken und Geben zukomme, dem Erkannten das Leiden und Empfangen; sondern der Erkennende und das Erkannte ist insoweit ein einiges Princip dieses Aktes, welcher Erkennen genannt wird, als aus beiden Elementen etwas Einheitliches geworden ist. Und ich sage etwas Einheitliches, insofern das Erkannte mit dem Erkennenden verbunden ist, sei es vermittelst seines substantiellen Wesens, sei es vermittelst einer gewissen Ähnlichkeit. Deshalb kann der Erkennende als handelnd oder als unter der Einwirkung des Erkenntnisgegenstandes leidend und empfangend nur auf Grund des subjektiven Seins betrachtet werden, das zu der reinen Erkenntniskraft bald in dieser, bald in jener Weise hinzutritt, mit deren Wesen aber nichts zu schaffen hat. Dieses

[1]) Non autem oportet quod intelligendo intelligens sit ut agens, intellectum ut passum: sed intelligens et intellectum, prout ex eis est effectum unum quid, quod est intellectus in actu, sunt unum principium hujus actus qui est intelligere. Et dico ex eis effici unum quid, in quantum intellectus conjungitur intelligenti sive per essentiam sive per similitudinem: unde intelligens non se habet ut agens vel patiens nisi per accidens, in quantum scilicet ad hoc quod intelligibile uniatur intellectui requiritur actio vel passio: actio quidem, secundum quod intellectus agens facit species esse intelligibiles actu; passio autem, secundum quod intellectus possibilis recipit species intelligibiles et sensus species sensibiles. Sed hoc quod est intelligere consequitur ad hanc actionem vel passionem, sicut effectus ad causam. Sicut ergo corpus lucidum lucet quando est lux actu in ipso, ita intellectus intelligit omne illud quod est actu intelligibile in eo.

subjektive Sein ist anders beim Menschen und anders beim reinen Geiste, während die geistige Erkenntniskraft selbst ihrem inneren Wesen nach immer und überall dieselbe bleibt. Je nach der verschiedenen Art dieses subjektiven Seins, das wie die menschliche Natur oder wie die des reinen Geistes im Verhältnisse zum reinen Erkennen zufällig ist, erscheint wohl z. B. beim Menschen ein Einwirken oder ein Empfangen notwendig, auf daß das Erkennbare mit dem Erkennenden vereinigt werde: ein Einwirken nämlich, insofern durch den einwirkenden Verstand die Idee als thatsächlich erkennbare Ähnlichkeit des Erkenntnis-Gegenstandes hingestellt wird; ein Leiden, resp. Empfangen, dem gemäß die leidende Vernunft die Ideen, der Sinn die Abbilder der sinnlich wahrnehmbaren Gegenstände in sich aufnimmt. Was aber eigentlich „Verstehen" oder „Erkennen" genannt wird, das folgt diesem Einwirken einerseits und dem Empfangen andererseits nach, wie die Wirkung auf die Ursache folgt. Gleichwie also ein leuchtender Körper leuchtet, wann und insoweit das Licht thatsächlich in ihm ist, so versteht die Vernunft alles, was thatsächlich als erkennbares in ihr sich vorfindet."

Der heilige Thomas unterscheidet hier haarscharf zwischen der Vermittlung für das Erkennen, beziehungsweise für das menschliche Erkennen und dem Wesen des reinen Erkenntnisaktes. Dieser Unterscheidung muß die größte Aufmerksamkeit geschenkt werden.

35. Das medium für das geschöpfliche Erkennen.

Wozu bedarf es einer Vermittlung dafür, daß der Erkenntnisakt möglich werde? Deshalb, weil der Erkennende mit dem erkannten Gegenstande geeinigt werden soll. Wo eine solche Einigung nicht nötig oder nicht möglich ist, da kann von einem medium von vornherein nicht die Rede sein. Wodurch aber wird eine solche Vermittlung für die Einheit des Erkennenden und des Erkannten benötigt?

Nur und einzig und allein dadurch, daß der Erkenntnisgegenstand im Zustande der Entwicklung, nämlich der Möglichkeit zu sein oder nicht zu sein, vollendet oder nicht vollendet zu werden, sich befindet. Es ist ja völlig unzuträglich, daß ein Sein, was nur möglich ist, insoweit erkannt werde. Denn soweit es möglich ist, erscheint es unentschieden nach verschiedenen Seiten hin und ist weder dies noch jenes; ist die Quelle der Vielheit und kann deshalb keine Einheit bilden. Nur inwiefern etwas entschiedenerweise Sein hat, also thatsächlich ist, nur insoweit kann es als solches erkannt werden, denn insoweit kann es bestimmend auftreten.

Wenn also der Erkenntnisgegenstand im Zustande der Möglichkeit ist, so erscheint es offenbar ein Widerspruch, daß er als solcher, d. h. als ein möglicher, das leitende Princip in der Vernunft werde. Denn was selber nicht nach irgend einer Seite hin entschieden ist, sondern gleichmäßig für zwei Seiten und zwar für die beiden einander entgegengesetzten sich als offen darstellt; das kann unmöglich etwas bethätigen, geschweige denn ein erstes leitendes Princip werden. Es würde einfach etwas leisten müssen, wozu es keinerlei Kraft besitzt, oder was vielmehr seinem Wesen durchaus widerstrebt.

Ist aber der Erkenntnisgegenstand gemäß seinem subjektiven Sein im Stande der Entwicklung oder der Möglichkeit, so muß dies auch notwendig die entsprechende Erkenntniskraft sein. Denn wäre sie thatsächlich erkennend von ihrer Natur aus, so müßte notwendig das, was sie erkennt, auch thatsächlich erkannt sein und nicht bloß in der Möglichkeit sich befinden, erkannt zu werden.

Wenn also die Einheit zwischen den beiden Elementen, dem erkennenden und dem erkannten, in der inneren Natur von keinem der beiden thatsächlich liegt, sondern vielmehr von beiden Seiten nur die Möglichkeit vorhanden ist, zu erkennen oder erkannt zu werden, respektive nicht zu erkennen oder erkannt zu werden, so leidet es keinen Zweifel, daß eine Vermittlung anzunehmen ist, kraft deren die thatsächliche

Einheit, also die thatsächliche Erkenntnis in Wirklichkeit erfolgt.

Der heilige Thomas bedient sich bei der Auseinandersetzung dieses Bedürfnisses für eine Vermittlung zu besserer Veranschaulichung immer der Eigentümlichkeiten reiu stofflicher Vermögen. Aus dem Hervorheben des Gegensatzes zwischen einem reiu stofflichen und dem Erkenntnisvermögen geht so recht klar einerseits die Notwendigkeit einer Vermittlung für die zum thatsächlichen Erkennen erforderliche Einheit des Erkannten mit dem Erkennenden im Geschöpfe hervor, sowic andererseits zugleich, daß die eben angegebene Art und Weise der Begründung dieser Notwendigkeit berechtigt ist.

Die Thätigkeit, welche nach außen gerichtet ist, wie z. B. die Bearbeitung des Holzes, des Marmors u. dergl. oder, um aus der Natur ein Beispiel zu nehmen, das Wirken des Feuers findet nicht ein Ende in der wirksamen Kraft. Nicht in der Hand bleibt die Wirkung der Säge, sondern im Holze, welches unter dieser Art von Thätigkeit leidet. Nicht der vom Künstler geführte Meißel nimmt die künstlerische Idee in sich auf, sondern der Marmor. Das Licht wird erst gesehen, wenn es andere Dinge beleuchtet. Das Holz bleibt auch sclbst unter der geübtesten Künstlerhand immer Holz mit allen seinen beschränkten Eigenschaften ebenso wie der Marmor nur immer Marmor ist, sclbst unter der höchsten künstlerischen Idee und gleichwie das Licht die Körper, welche unter seinem Einflusse stchen, erst recht als die zeigt, die sie sind. Das Material, welches die Wirtung trägt, beschränkt vielmehr den Ausdruck der eingeprägten Form und will nach seiner Beschaffenheit ganz eigengeartete Instrumente; es wird in Wirklichkeit durchaus nicht das, wodurch cs geformt worden, sondern verharrt nach wie vor in seinem eigenen subjektiven Sein.

Für solche Wirkungen, die nach außen gerichtet sind oder wic Thomas immer sich ausdrückt, die da von einer Thätigkeit herrühren, als deren nächstes Ziel nicht die thätige Kraft selber erscheint (actiones quae in exteriorem transeunt effectum), ist demnach keine andere vermittelnde Ursache angezeigt, als etwa die Werkzeuge, mit denen der ausführende Künstler als wirkender Grund arbeitet und die demnach mit in das Bereich der bewirkenden Ursächlichkeit gehören. Dafür besteht aber auch das äußere Subjekt, welches materiell und substantiell dasselbe bleibt, nach wie vor in dem nämlichen Verhältnisse zur wirkenden Ursache; es bleibt im Zustande der Möglichkeit und Bildbarkeit. Das Holz bleibt das leidende und tragende Subjekt eben so gut wie der Marmor und ähnliches Material, so zwar, daß es keinen Widerstand entgegensetzt, wenn die eine Form ihm genommen und eine andere eingeprägt wird; vielmehr offenbart es durch solchen Wechsel der zum inneren Wesen hinzutretenden Formen nur, wie vielseitig sein Vermögen ist und wie beschaffen die Kunstformen sein können, denen dieses letztere unterliegt. Nichts hindert es auch, ganz nach der bestimmenden Kraft der einwirkenden Ursache demselben Material verschiedene Formen in den verschiedenen Teilen einzuprägen.

Derselbe Umstand nun aber, welcher bei dieser Art Thätigkeit eine vermittelnde Ursache seitens des Materials verbietet und eine solche nur von seiten der wirkenden Ursache verlangt, fordert für den menschlichen Erkenntnisakt ohne allen Zweifel eine derartige Vermittlung im subjektiven erkennenden Vermögen.

Es muß eine fest bestimmte Substanz vorhanden sein, wenn darauf eine künstlerische Form eingezeichnet werden soll. Die wesentlich und notwendig nach außen gerichtete Thätigkeit setzt ihrem ganzen Wesen nach da außen etwas wirklich Bestehendes voraus, das als tragendes und bildungsfähiges Subjekt dienen kann. Die Idee des Malers verlangt gemäß ihrer Natur eine ganz bestimmte außen bestehende Unterlage. Nicht Stein dient ihr, sondern nur Leinwand und ebenso verhält es sich mit den anderen Künsten und Fertigkeiten, die, um thätig werden zu können, nach außen gewiesen sind. Bestimmt und begrenzt, wie sie selber sich darstellen, muß auch das entsprechende, ihnen unterliegende Material sein.

Im Bereiche des Erkennens jedoch gilt vom Erkenntnisvermögen das gerade Gegenteil. Das Auge darf von Natur aus für keine fest bestimmte Farbe eingerichtet sein, sonst wäre es unfähig, andere zu erkennen. Hat die Zunge kraft ihrer stofflichen Beschaffenheit einen bestimmten Geschmack, so sind ihr die anderen Geschmacksrichtungen unzugänglich. Wo immer eine Möglichkeit vorhanden sein soll zu erkennen, muß, soweit diese Möglichkeit reicht, von der Natur und dem Wesen des erkennenden Vermögens auch alle Bestimmtheit ausgeschlossen werden. Ohne eine innere Bestimmtheit läßt sich aber keine Thätigkeit und sonach kein Erkenntnisakt von seiten des erkennenden Vermögens denken, denn jede Thätigkeit muß eine fest bestimmte Richtung und einen genau abgegrenzten nächsten Zweck verfolgen. Also bleibt nichts anderes übrig, als daß diese Bestimmung im Innern des Erkenntnisvermögens von außen her erfolgt und folgerichtig, daß die einzelne Bestimmung nicht zur Natur und zum Wesen des betreffenden Vermögens gehört, sondern zu selbem accidentell hinzutritt. Somit kann die Natur eines solchen Erkenntnisvermögens nur im entsprechenden Vermögen, nur in der Möglichkeit bestehen.

Daraus ergiebt sich, was Thomas im Gegensatze zu den rein stofflichen Vermögen von der Erkenntniskraft behauptet, daß nämlich „das Erkennen die Vervollkommnung, die Vollendung des Erkennenden selber ist“ (**perfectio cognoscentis**) und nicht die Vollendung eines außen befindlichen Subjekts, wie das bei den Kunstformen eintritt. Denn was kann mehr eine Vollendung des Erkennenden sein als die Ermöglichung, eine bestimmte eigene Thätigkeit zu haben. In das Erkenntnisvermögen selber tritt als medium für den Erkenntnisakt die zur einzelnen Thätigkeit bestimmende Form ein, wie z. B. in das Auge das Lichtbild, in das Gehör der Ton. Das Erkenntnisvermögen also wird gerade dadurch vollendet, daß es, obwohl aus sich reine Möglichkeit zu erkennen, nun durch die hinzutretende Form eine bestimmte Beziehung nach außen erhält und somit das Vermögen wohl seiner Natur nach dasselbe bleibt, also auch immer alles, was in seinem Bereiche ist, erkennen kann und doch damit im einzelnen Falle eine bestimmte Thätigkeit vereinigt.

Thomas sagt ferner: „Die Thätigkeit des Erkennens bleibt innerhalb des Erkennenden (**manens in cognoscente**)." Was aber vom Geschöpflichen könnte in der That mehr innerhalb des Erkenntnisvermögens sein als dessen eigene es bildende und bestimmende Form! Oder ist nicht dem Steine am meisten innerlich das, was ihn zum Steine macht und dem Wasser dasjenige, was den inneren Grund vom bestimmten Sein des Wassers bildet? Nun ebenso ist dies durchaus innerlich für die Erkenntniskraft, was dieselbe zur einzelnen Thätigkeit befähigt.

Endlich kennzeichnet Thomas das Erkennen im allgemeinen noch mit den Worten: **Habet terminum in cognoscente**, die „Erkenntnisthätigkeit hat ihr Ende, ihren nächsten Zweck im Erkennenden." Auch das ist nur eine Folge des Gesagten. Oder wohin soll der Erkenntnisakt schließlich sich anders richten als nach der Seite, nach welcher ihn die bestimmende Form weist? Das Wasser kann doch, sich selbst überlassen, gar nicht anders als hinabfließen, dazu wird es von seiner Substanz getrieben; und das Feuer geht ebenso der Richtung seiner Wesensform folgend nach oben. Nun die vermittelnde Form im Erkenntnisvermögen ist durchaus innerhalb des Vermögens; sie erhält vom letzteren selber an und für sich keinerlei bestimmte Richtung nach außen, also ist auch das Ende, das nächste Ziel und der unmittelbare Zweck des Erkennens die Vollendung der Erkenntniskraft selber.

Das Erkennen als solches vollzieht sich notwendig voll und ganz innerhalb des Erkennenden. Zur Feststellung dieses Satzes führt bereits die Betrachtung des geschöpflichen

Erkennens. Eine actio und passio, ein Wirken und Leiden, ein Geben und Empfangen ist hier nur bedingt dadurch, daß die Erkenntniskraft, soweit sie reicht, ein bloßes bestimmbares Vermögen und ebenso der Erkenntnisgegenstand ein entwickelungsfähiger ist. Demnach muß, da von beiden Seiten nur reiu Mögliches vorliegt ohne irgend welche innere Bestimmung, um erkannt zu werden oder eine gewisse Erkenntnisthätigkeit zu üben; genauer, da das Erkenntnisvermögen nur zu erkennen *vermag*, das einzelne aber, soweit es einzeln existiert, seinerseits nicht thatsächliche Erkennbarkeit besitzt, zu allererst eine Vermittlung stattfinden zwischen dem außen befindlichen Sein und dem Erkennenden. Ein medium muß vorhanden sein, welches einerseits die äußeren Dinge thatsächlich erkennbar macht und souach andererseits das Erkenntnisvermögen formen und für eine bestimmte Erkenntnisthätigkeit befähigen kann.

Wo die Erkenntniskraft aber kein Vermögen ist, sondern Thatsächlichkeit, da fällt natürlich auch jenes Leiden und Wirken fort, was da nur erfordert war, um sie zu einem bestimmten Erkenntnisakte fähig zu machen. Dann kann aber auch nur die Erkenntniskraft selber ihr eigener Erkenntnisgegenstand sein. Wäre derselbe irgendwie außerhalb, so würde eine „vermittelnde“ Ursächlichkeit erforderlich sein.

36. Das Wesen des geistigen Erkenntnisaktes.

Das bisher Auseinandergesetzte hat seine Geltung für alles Erkennen ohne Ausnahme: für das der Sinne sowohl wie für das der Vernunft. Die Einheit, welche im Auge durch das Lichtbild, im Ohre durch den Ton, auf der Zunge durch den Geschmack u. s. w. zwischen dem Erkennenden und Erkannten geschaffen wird, ist im Bereiche des betreffenden Gegenstandes, also der Farbe, des Schalles, der Wärme und Kälte ganz dieselbe wie die in der Vernunft durch die geistige Idee hergestellte. Die Darstellung des Wesens der eigentlichen Erkenntnisthätigkeit wird aber vorzugsweise der vernünftigen Erkenntnis gewidmet sein. Die Anwendung auf die Kenntnisweise der Sinne wird sich ein jeder gemäß dem bereits Bemerkten leicht machen können.

„Die Einheit zwischen dem Erkannten und dem Erkennenden ist die Wirkung des gegenseitigen Wirkens und Leidens, was vorangegangen war." Mit diesen Worten zeigt Thomas hinreichend das Wesen dieser Einheit an. Ist nämlich diese Einheit wirklich ein unum quid, etwas wirklich Einheitliches, so kann dies nicht auf andere Weise der Fall sein als dermaßen, daß das Vernunftvermögen das Erkannte wird. Wird das geschnitzte Holz ein Tier oder ein Engel oder eine Pflanze je nach der Idee des Künstlers? Allerdings! Nur bleibt das Holz zu Grunde liegend, weil es bereits substantiell bestand, ehe es diese zu ihm hinzutretenden Formen annahm und weil es nur unter der Voraussetzung, daß es wirkliches Holz bleibt, dieselben tragen kann. Das Tier, die Pflanze, der Engel ist deshalb wohl ein hölzernes Tier, eine hölzerne Pflanze, ein Engel von Holz; davon aber abgesehen ist das Holz, soweit es überhaupt die Möglichkeit bietet, einer Kunstform zu unterliegen, ein Tier, eine Pflanze, ein Engel geworden.

Beim Vernunftvermögen ist aber jedes zu Grunde liegende thatsächlich bestimmte Sein ausgeschlossen. Es bietet nur ein Vermögen dar für die thatsächliche Erkenntnis; ist in der Strenge des Wortes ein **intellectus possibilis**, ein Vermögen ohne Schranken, etwas zu werden; somit auch alles zu werden. Also muß die Vernunft ihrem ganzen Sein als Vermögen nach schlechthin und ohne alle Einschränkung das Erkannte werden. „Was die Urmaterie für das stoffliche Sein ist," so an vielen Stellen der heilige Thomas, „das ist das menschliche Vernunftvermögen für das Erkennen." Sowie nämlich der Urstoff, das reine und bloße Vermögen etwas Stoffliches in Wirklichkeit zu sein, unter der entsprechenden Wesensform einfach und schlechthin Pflanze ist oder Stein, so ist die menschliche Vernunft im Bereiche des

Erkennens einfach und schlechthin das, wozu sie durch die Idee, als ihre bestimmende Form bestimmt wird.

Fragen wir die praktische Erfahrung um Rat. Was heißt das im gewöhnlichen Leben, etwas geistig, d. h. mit der Vernunft erfassen? Nichts anderes, als das Wesen eines Dinges in sich aufnehmen und demgemäß ganz so über dasselbe verfügen, als ob es über sich selbst verfügte. Der Bildhauer behandelt den Stein genau so, wie es die Natur oder mit anderen Worten der innerste Seinsgrund innerhalb des Steines verlangt. Die Pflanze könnte sich selber nicht besser leiten, als wic es der kundige Gärtner thut. Was im Innern der Pflanze maßgebend ist für ihr Sein; was die einzelnen äußeren Erscheinungen derselben von innen aus bestimmt und bemißt; was die der Pflanze selbsteigen zugehörige innere Richtschnur bildet für die Wahl von Zeit und Ort, für die Art und Weise der Entwicklung und Fruchtentfaltung; — das ist auch zugleich maßgebend für die Thätigkeit des Gärtners; das innere, formende Wesen der Pflanze hat er in seiner Vernunft als bildende Idee.

Nur ein Unterschied besteht zwischen dem subjektiven äußeren Sein des Erkenntnisgegenstandes und dem in der Vernunft befindlichen Wesen: Jenes ist in Zeit und Ort als Einzelnsein allerseits beschränkt, denu es ist thatsächlich verbunden mit der causa materialis, dem reinen Urvermögen; dieses aber ist nur als bestimmend und bethätigend, reiu als formende Wesensform, befreit von allen Schranken subjektiv-stofflichen Seins innerhalb des Vernunftvermögens gegenwärtig.

Ein und dasselbe Wesen giebt außen dem Urstoffe, der materia prima, wirklich thatsächliches Sein und bethätigt innen das Vernunftvermögen je nach der verschiedenen Beschaffenheit des Vermögens, mit dem es ein Sein bildet; dort mit subektiven Schranken, hier mit der an und für sich ihm innewohnenden Unbeschränktheit und Allgemeinheit. So bleibt auch dasselbe Licht in sich farblos und je nach dem Gegenstande, den es beleuchtet, erscheint es rot oder grün.

Das innere Wesen des stofflichen Dinges ist selber, unter der Voraussetzung daß die subjektiven von der Vereinigung mit dem Stoffe herrührenden Schranken entfernt sind, das Licht der Vernunft. Die Vernunft leuchtet in und durch dieses Wesen. Die species rei außen und die species intelligibilis innen ist ein und dasselbe. Darauf gründet sich die Ähnlichkeit zwischen dem erkannten Gegenstande und der thatsächlich erkennenden Vernunft.

Denn — und das kann nicht scharf genug betont werden — die Vernunft mit der formenden species intelligibilis erkennt noch nicht thatsächlich; das Vermögen mit der bildenden Form ist noch nicht das wirkliche Sein des Erkenntnisaktes; ipsa cognitio non est species intelligibilis, meint Thomas ausdrücklich (de pot. art. 1). Die menschliche Erkenntniskraft ist vielmehr, in solcher Weise bestimmt, nur das Princip oder der maßgebende innere Grund des Erkenntnisaktes, die nächste Möglichkeit, etwas Bestimmtes zu erkennen. Mag dies von mehreren Seiten her beleuchtet werden.

37. Die erste Folge des inneren Wesens der Erkenntnis. Die species intelligibilis Princip des Erkennens.

„Intelligens et intellectum, prout ex eis est effectum unum quid, quod est intellectus in actu, sunt unum principium hujus actus qui est intelligere," sagt Thomas im oben angeführten Texte unübertrefflich scharf und fein. Soweit das Erkannte und der Erkennende eine Einheit sind, besteht noch kein wirkliches Erkennen, sondern das so geformte und bethätigte Vernunftvermögen ist nur das Princip dessen, was man wirklich Erkennen nennt.

Die Notwendigkeit dieser Wahrheit wird dargethan sowohl vom Gegenstande her als auch von der Vernunft aus. Oder existiert denn der Mensch im allgemeinen; ist der

Gattungsbegriff „Mensch“ gleichbedeutend mit einem einzelnen Menschen; hat er thatsächliches, wirkliches Sein, so daß von seiner Ausdehnung, seiner Größe, seiner Farbe u. dgl. gesprochen werden darf? Jedenfalls nicht. Kraft der Wesensform „Mensch“ ist es vielmehr dem einzelnen Menschen einzig und allein möglich, zu existieren; ein wirklicher Mensch ist damit keineswegs gegeben. Beweis davon, daß zugleich mit dem Bestande einzelner wirklicher Menschen noch ohne Ende viel Menschen existieren können, soweit es auf den Gattungsbegriff ankommt. Die substantielle Wesensform im Menschen — und dasselbe gilt natürlich von allen anderen Seinsarten — ist das **principium essendi**, die maßgebende Richtschnur des Seins im einzelnen Menschen, die innere Ursache davon, daß alles, was mit dem Menschen vereinigt wird, damit zugleich als etwas Menschliches betrachtet werden muß.

Die menschliche Vernunft aber ist um so mehr einfaches, bildungsfähiges, also empfangendes Vermögen, weil sie gar nicht einmal ein substantielles, ein in der thatsächlichen Wirklichkeit für sich bestehendes Sein besitzt, sondern der menschlichen oder überhaupt einer geschöpflichen Substanz als bloße Fähigkeit zugehört.

Dazu kommt, daß ja eben der ganze Vorzug des Erkennens darin besteht, von der Wirklichkeit als solcher, also vom einzelnen wirklichen Sein abzusehen. Es soll die Wesensform des einzelnen gerade als **principium**, als ein inmitten des Einzelnseins bestimmendes Vermögen zu wirklicher Geltung kommen. Was den Dingen gemein ist, das soll offenbar werden. Das einzelne Wirklich-Sein aber ist denselben nicht gemeinsam, sondern kraft dessen sind sie getrennt.

Es ist gar kein anderer Ausweg übrig: Vernunft und Erkenntnisgegenstand sind, insoweit sie eine Einheit bilden, nur im Zustande der Möglichkeit. Ein Vermögen für den bestimmten Erkenntnisakt ist die Wesensform eben so gut im Innern der Vernunft als **species intelligibilis**, wie sie ein Vermögen für das bestimmte Sein bildet im

Innern des Stoffes. Sie ist in beiden das bestimmende Element: principium essendi da und principium cognoscendi dort.

Ist denn der Bauherr, der Plan, das Geld, das hervortretende Bedürfnis, sind die Steine, das Holz u. s. w. der wirkliche Bau? Nein; weder alles zusammen, noch eines oder mehrere dieser Dinge; das alles sind nur Principien zum Bauen, denen allerdings, wenn sie alle beisammen sind, der Bau alsogleich folgt. Ähnlich ist es hier.

Das Wesen, soweit es außen innerhalb des Einzelnen ist; die Vernunft als reines Vermögen; die Natur, wie sie in allen Individuen die gleichartige Richtschnur einer Seinsart bildet; die Vernunft, welche geformt ist vermittelst des Wesens als ihrer species intelligibilis; — alles das ist nicht der Aufbau des Erkenntnisaktes selber; es sind nur Principien, entferntere oder nähere, für das thatsächliche Erkennen: Principium actus qui est intelligere, sagt Thomas.

Der Schöpfer hat seine Welt nicht vermiethet und sich etwa nur einen Tribut vorbehalten. Nein! usque modo operatur, Er wirkt fortwährend; ohne seine einwirkende Kraft ist kein Verständnis des Geschaffenen möglich. Alle Natur dürstet nach Ihm. Möglichkeit ist der Urstoff, Möglichkeit die Wesensform; jene eine bestimmbare, diese eine bestimmende mit Rücksicht auf den Stoff. Aber Möglichkeit und Möglichkeit können aus sich heraus niemals zusammenkommen, wenn sie auch noch so sehr zusammengehören. Etwas Wirklich-Bestehendes ergeben sie nur kraft der einwirkenden ersten Ursache. Es besteht keinerlei voll selbständige und reine Wirklichkeit im Bereiche des Geschöpflichen. Was in keiner Beziehung und mit Rücksicht auf kein einziges Sein im Stande der Möglichkeit sich befindet, was also von sich aus wirklich wäre, das würde unveränderlich und keiner Entwicklung mehr fähig sein.

Oder ist am wirklichen Akt, wenn er einmal gesetzt ist,

noch etwas zu ändern? In Ewigkeit bleibt der Gedanke, welcher einmal Existenz gewonnen hat, derselbe; in Ewigkeit bleibt das einmal gesprochene Wort unverändert; vor dem Richterstuhle Gottes findet der Mensch wieder und ohne weitere Entwicklung findet er wieder, was er auf Erden gethan, gesprochen oder wirklich gedacht hat. Da handelt es sich um Wirklichkeit.

Gäbe es eine Substanz unter den Geschöpfen oder bestände auch nur ein Vermögen, welches den ausreichenden ersten Grund für die Wirklichkeit des Geschehenen in sich enthielte, aus sich heraus also wirklich wäre, so wäre diese Substanz und dieses Vermögen unabänderlich, entwicklungs- und vervollkommnungs-, aber auch des Fallens unfähig. Was auch immer wirklich ist, oder von der Wirklichkeit abhängt, also alles schlechthin, ausgenommen nur das Nichts; das muß im einzelnen als auf den ersten Grund seines Seins auf die Einwirkung der ersten Ursächlichkeit zurückgeführt werden — und giebt es im Bereiche des Geschöpflichen noch andere wirkende Ursächlichkeiten als diese erste, so können diese nur als beschränkt wirkende bezeichnet werden mit Rücksicht nämlich auf die ihnen gegenüberstehenden empfangenden — „unum et alterum posuit", sagt Ekklesiastes. Im Geschöpflichen entspricht immer etwas Empfangendes einem anderen Gebenden. Mit Rücksicht auf den Schöpfer sind diese wirkenden Ursachen aber reines Empfangen; sie sind im Zustande der Möglichkeit und des Zuwartens für jedes Wirken; sie sind nur thätig, insoweit sie unter der leitenden Kraft der einzig und wesentlich reinen Wirklichkeit stehen. Der Sonnenstrahl leuchtet wundervoll hinein in die düstere Welt und verbreitet überall emsige Thätigkeit, reiches Leben, ungetrübte Heiterkeit; in ihm lachen die Fluren, erglänzen krystallrein die Wasser, erscheinen von Wonne gekrönt die in die Wolken hineinragenden Bergspitzen; nur Thätigkeit fließt aus vom leuchtenden Sonnenstrahl in die bunte Schöpfung. Aber er selber ist um so abhängiger von der Sonne; er giebt nur, was er empfängt, sein Wirken verwandelt sich vor der Sonne alsbald in ein Empfangen und nur soweit die Sonne ihn beeinflußt, leuchtet er.

So, geradeso ist es mit dem geschöpflichen Wirken vor dem unvergleichlichen Schöpfer. Wie könnte denn auch, was wesentlich Vermögen ist, die Wirklichkeit geben. Usque modo operatur. Nichts kann wahrer sein. Wenn es auf das Geschöpf allein ankommt, so verdankt es dem Umstande seine Entwicklungsfähigkeit, daß es von sich aus reines Nichts ist, demnach von sich aus keinen wirksamen Widerstand dem göttlichen Einwirken entgegenstellen kann. Widersteht es jemals dem Schöpfer, so heißt dies nichts anderes, als daß es Mißbrauch treibt mit den vom Schöpfer ihm zu eigen verliehenen Gaben, daß es trotz dieser Gaben fällt, zum Nichts wieder hinabfällt, woraus es genommen und zwar soweit fällt, als die in ihm bestehenden Gaben der Allgüte, als sein Vermögen, zu stehen, es zulassen.

Möglichkeit bleibt das Gattungswesen innerhalb des stofflichen Einzelnseins und so zwar Möglichkeit, daß das einzelne immer mehr von ihm durchdrungen zu werden vermag, daß z. B. der einzelne Mensch der Richtschnur seines Wesens „Mensch“ immer mehr folgen kann.

Möglichkeit bleibt das Gattungswesen innerhalb der Vernunft. Aus Vermögen und Vermögen kann in keinem Falle etwas Wirkliches werden. Was sein kann und auch nicht sein kann, ergiebt mit dem anderen, was ebenfalls sein, respektive erkannt werden oder erkennen kann und auch nicht es kann, niemals einen wirklichen Erkenntnisakt. Die einwirkende Kraft muß dazutreten und beide verbinden oder genauer zu einer Einheit machen. Mag diese aber herkommen von welcher Seite sie wolle, sie muß schließlich für jeden Erkenntnisakt zurückgeführt werden auf die unbedingt zuerst einwirkende, in sich ganz unabhängige Kraft der ersten Ursächlichkeit und das um so mehr, als es sich hier um eine so innige Einheit handelt, wie sie im übrigen geschöpflichen Leben und Sein gar nicht existiert. Dienen können als instrumentale Ursache die Geschöpfe der Fertigstellung des Erkenntnisaktes; aber Meister sein können sie nicht. Denn die innere Einheit eines jeden von ihnen ist bei weitem geringer, als die Einheit des Wesens im Erkenntnisakte; das Geringere aber vermag nie das Wertvollere hervorzubringen.

Sagen wir also kurz: Die Einheit, das unum quid des heiligen Thomas, welche der Erkenntnisakt für sein inneres Wesen fordert, bleibt fortwährend auf der Linie der Möglichkeit und steht somit entschieden gegenüber dem Wesen des göttlichen Erkennens. Denn dieses besteht in der thatsächlichen Wirklichkeit ohne alles Vermögen der Entwicklung und ist somit auch allein die erste Quelle der wirkenden Kraft, die da das geschöpfliche Möglichsein mit dem thatsächlichen Wirklichsein endgültig verbinden, d. h. es widerspruchslos und wie es gefällt, zur Thätigkeit hinüberführen kann.

Wie das Geschöpfliche seines Schöpfers bedarf und wie es demgemäß seinem ganzen inneren Wesen nach in der Art und Weise des Erlennens von Ihm verschieden sein muß, zeigt noch eindringlicher der Erkenntnisakt in seiner thatsächlichen Wirlichkeit selber.

38. Zweite Folge. Das thatsächliche Sein des Erkenntnisaktes.

Worin besteht die Entwicklung im menschlichen Erkennen und worin die unveränderliche Einheit? Das eine weist auf das andere, das eine stützt das andere. Immer drängt sich wieder die Notwendigkeit hervor: einerseits, daß eine unbedingte Einheit besteht zwischen dem Erkannten und dem Erkennenden, andererseits daß diese Einheit nur im Bereiche des Möglichen sich befindet, keine Einheit von wirklich thatsächlichen Sein mit wirklich thatsächlichem ist. Wird denu das Wesen des Dinges unmittelbar erkannt? Jedermann weiß, wie schwer und langwierig und wie vielen Zweifeln ausgesetzt die Kenntnis des Wesens der Dinge ist. Nein; nicht das innere Wesen wird vom Erkenntnisakte unmittelbar erreicht, sondern das wirkliche einzelne Ding.

Meine Kenntnis richtet sich ohne weiteres auf diesen einzelnen Menschen, auf diesen einzelnen Stein, auf diesen einzelnen Stern. Nicht über die innere Natur des Erkannten bin ich sofort im klaren; sondern das einzelne, wie es sich äußerlich giebt, steht vor dem Blicke meiner Vernunft.

Daraus geht von neuem hervor, daß die species intelligibilis nichts sein kann, was in thatsächlicher Wirklichkeit bestände, sondern daß sie von sich aus der Vernunft nur die allernächste Fähigkeit verleiht, etwas Bestimmtes zu erkennen. Es würde ja sonst das in der species intelligibilis enthaltene allgemeine Wesen offenbar das unmittelbar Verstandene sein, und nicht das einzelne Wirkliche; wie ja auch der Marmor unmittelbar das in ihn hineingemeißelte Bild trägt. Die Vernunft wird aber nicht das Wesen des erkannten Dinges, sondern sie wird das erkannte Ding selber. Intellectus fit res intellecta.

Trotzdem aber nun daß das Wirkliche oder das Einzelnsein der unmittelbare Erkenntnisgegenstand für die Vernunft ist, so darf dies doch nicht dahin aufgefaßt werden, als ob das Wirkliche nach seinen wirklichen Einzelnheiten, d. h. nach den Einzelnheiten, die es zu etwas Wirklichem machen, also nach seiner zufälligen Größe, Farbe, Figur, Ausdehnung ꝛc. verstanden würde.

Vielmehr ist „dem vertretenen Dinge die Idee[1]), nur soweit es die Natur des inneren Wesens angeht, ähnlich", wie Thomas 2 de anim. l. 12. erklärt. Und noch genauer in der Summa (I. q. 85. a. 2. ad 1.)[2]): „Das

---

[1]) Species intelligibilis est similitudo rei quoad naturam speciei tantum.

[2]) „Intellectum est in intelligente per suam similitudinem. Et per hunc modum dicitur quod intellectum in actu est intellectus in actu, in quantum similitudo rei intellectae est forma intellectus, sicut similitudo rei sensibilis est forma sensus in actu. Unde non sequitur quod species intelligibilis abstracta sit id quod actu intelligitur sed quod sit similitudo ejus."

geistig Erkannte ist innerhalb der Vernunft vermittelst seiner Ähnlichkeit. Gleichwie also die Ähnlichkeit des sinnlich Wahrnehmbaren den Sinn formt und so zur sinnlichen Erkenntnis eines bestimmten Gegenstandes hinneigt, so ist die thatsächlich erkennende Vernunft das thatsächlich Erkannte, weil die Ähnlichkeit des geistig Erfaßten für die Vernunft das bestimmende Element bildet. Also nicht diese Ähnlichkeit, die Idee, wird erkannt, sondern kraft derselben die Sache selbst."

Ebenso I. q. 57. a. 1. ad 1.: [1]) „Der Erkenntnisgegenstand ist die Vervollkommnung der Vernunft gemäß dem Wesen, welches vermittelst der Idee in der Vernunft sich findet."

Beides muß ganz und gar auseinander gehalten werden: 1) Die menschliche Vernunft erkennt direkt und unmittelbar das Einzeln-Wirkliche; 2) sie erkennt das Einzeln-Wirkliche nur, soweit es zu einer Gattungsart gehört und von derselben durchdrungen eine gewisse Seinsstufe einnimmt. Die Ähnlichkeit, von der Thomas spricht, besteht zwischen dem Erkannten und Erkennenden rücksichtlich des wirklichen einzelnen substantiellen Seins; dieser Stein z. B., wie er in seinem Einzelnsein vorhanden ist, besitzt als erkannter Gegenstand die Ähnlichkeit mit der erkennenden Kraft der Vernunft. Was die Idee, die species intelligibilis, selber anbelangt, so ist sie durchaus, wie bemerkt, ein und dasselbe mit dem substantiellen Wesen, insofern es das Vermögen einschließt, viele Individuen zu formen. Gleichwie etwa ein Dreieck von Holz ähnlich ist einem Dreieck von Stein kraft der einen Dreiecksform, so ist das Verstandene in seiner Wirklichkeit ähnlich dem einzelnen Vernunftvermögen kraft des einen und im strengsten Sinne einen Wesens.

Darum sagt Thomas: [2]) „Deshalb können endlos viele

---

[1]) Intellectum est perfectio intelligentis secundum speciem intelligibilem.

[2]) De an. 2. l. 12.: Ideoque possunt per eam (per naturam rei) intelligi infinita sed indistincte; in sensu autem est similitudo

Einzelndinge derselben Gattungsart von der Vernunft aufgefaßt werden kraft einer einzigen Idee, während das Abbild innerhalb der Sinne ein Einzelnding nur darstellt nach seinen die einzelne Wirklichkeit bestimmenden Eigenschaften, wie Größe, Farbe u. dgl. und deshalb der Sinn immer nur das einzelne als solches auffaßt."

Oder sieht etwa das Auge das Farbenbild selber? Nimmt das Ohr die Form wahr, welche der Schall ihm einprägt? Gewiß nicht; aber kraft des sinnlichen Bildes und auf Grund des Lichtes erreicht das Auge das wirklich-stoffliche Sein, soweit es Farbe hat und erfaßt das Ohr den schallenden Körper, soweit er schallt.

Die sinnliche Form macht das Sinnesorgan nur dafür tüchtig, sie befähigt dasselbe dazu unmittelbar, und stellt so innerhalb des Sinnes die Möglichkeit dar, nicht zwar die sinnliche Form selber, wohl aber das wirkliche äußere Sein gemäß der Sinnesform zu erreichen.

Die Sache entspricht ganz genau der Erfahrung. Was ist die Vernunft anderes als das Vermögen, den Grund der Dinge anzugeben! Wovon nun in den äußeren Dingen vermag die Vernunft den Grund anzugeben oder zu erforschen? Davon, daß dieser einzelne Mensch sechs Fuß hoch ist und der andere nur vier ein halb? Oder davon, daß der eine glückliche Anlagen hat und der andere schlechte. „Drei Dinge sind schwer zu wissen, das vierte aber ist mir gänzlich unbekannt," sagen die Sprichwörter, „der Weg des Adlers in den Lüften, der Weg der Schlange auf dem Felsen, der Weg des Schiffes mitten im Meere und der Weg des Mannes in seiner Jugend." (Prov. 30, 24.) Tria sunt difficilia mihi et quartum penitus ignoro: Viam aquilae in coelo, viam colubri super petram, viam navis in medio mari et viam viri in adolescentia sua.

---

unius tantum individui et per eam potest cognosci tantum unum individuum.

Soweit die einzelnen Verhältnisse eines Dinges in dessen innerem Wesen ihren Grund finden und von ihm durchdrungen werden, soweit und in demselben Grade sind sie der Forschung der Vernunft zugänglich. Wo aber das innere Wesen, kraft dessen das einzelne mit vielen anderen Dingen einer und derselben Gattungsstufe zugehört, auf die einzelnen Handlungen und auf die besondere Wirksamkeit keinen notwendigen Einfluß ausübt, da hört das vernünftige Erkennen im Bereiche des Geschöpflichen auf. Was der Mensch heute thut und wozu er sich morgen entschließen wird, das besitzt von sich aus für die Vernunft gar keine Erkennbarkeit; es steht nicht unter dem notwendigen Einflusse des inneren menschlichen Wesens; es hat mit anderen Einzelnheiten keinen ausreichend gemeinsamen subjektiven Grund.

Niemand wird solches einzelne vernünftig durchforschen, d. h. den Grund seines Seines angeben wollen. Natürlich! Das Steuerruder für die Erkenntnis ist innerhalb des Vernunftvermögens nur das allgemeine Wesen, die innere Natur, die bestimmende Gattungsart des Dinges und nur soweit die wirklichen Einzelnheiten dem notwendigen bestimmenden Einflusse dieses Wesens unterliegen, beziehungsweise in selbem den Grund für ihr Sein haben, werden sie von der Vernunft erreicht. Und das folgt wiederum mit unabweislicher Folgerichtigkeit aus dem oben Festgestellten. Wovon hängt das Einzeln-Wirkliche als solches ab? An sich kann es sein oder nicht sein. Nur das Wesen, die innere Natur eines Dinges kann nicht anders sein, als sie ist: das Dreieck muß immer 2 R haben; was den Menschen zum Menschen macht, das kann ihn nie zur Pflanze machen. Unter welchen einzelnen Verhältnissen aber das Wesen des Dinges sich zufällig befinde, darauf übt dieses Wesen keinen notwendig bedingenden Einfluß aus. Die Pflanze kann groß oder klein, dick oder dünn im einzelnen sein, sie bleibt immer Pflanze. Das einzelne als solches und da allein Einzelnsein hat, was in der Wirklichkeit besteht, das

Wirkliche als solches ist, wie übrigens schon der Name besagt, immer vom Wirkenden abhängig, und in letzter Linie von der ersten wirkenden Ursächlichkeit. Diese wirkt im Stoffe zu allererst das Vermögen, etwas einzelnes zu sein oder genauer eine innere Einheit, etwas von allem anderen durchaus Getrenntes zu bilden und auf Grund dessen eine substantielle Wesensform aufzunehmen.

Nur wer also diese erste wirkende Ursächlichkeit, die Quelle aller Einzelnheiten erkennt, der erkennt auch die einzelnen Thätigkeiten und somit das Wirkliche als solches, nämlich weil es wirklich ist. Vernünftig erkennen ist nichts anderes, als den Grund erkennen. Der maßgebende Grund des einzelnen ist nicht im Wesen als solchem; dieses steht vielmehr, wie alle anerkennen, dem Einzeln-Wirklichen gleichgültig (indifferent) gegenüber. Daraus folgt, daß, wer zur leitenden Norm seiner Erkenntnis nur das innere Wesen eines Dinges hat, kraft seines Vernunftvermögens allein nicht das Einzelne oder Wirkliche erschöpfend zu erkennen vermag. Da aber dieses einzelne nur erst thatsächlich erkennbar ist, wenn es dem einwirkenden Einflusse der Vernunft unterworfen wird, die es loslösen muß von den Schranken des Stoffes oder im allgemeinen der causa materialis, so folgt ferner ohne allen Zweifel, daß die menschlichen Handlungen als rein menschliche gar nicht ohne weiters erkannt werden können; sie sind ihrer ganzen Natur nach unfähig, erkannt zu werden, wenn nicht irgend eine Vernunft sie erkennbar macht.

39. Zusammenfassung. Die Beweiskraft des Artikel 2.

Der zwingende Beweis für die unmittelbare Selbsterkenntnis Gottes, den Thomas giebt, liegt nun in all seiner packenden Gewalt vor. Worin besteht die Vollkommenheit des geschöpflichen Erkennens? In der Einheit des Erkennenden und Erkannten. Diese Vollkommenheit gilt von Gott. Auch in Gott ist der Erkennende das Erkannte. Worin besteht die Unvollkommenheit des geschöpflichen

Erkennens? In der Art und Weise des einzeln wirklichen Seins der Erkenntnisthätigkeit. „Soweit," sagt Thomas im Texte, „soweit das Erkenntnisvermögen und der Erkenntnisgegenstand im Zustande der Entwicklung oder der Möglichkeit ist, sind beide nicht eins, sondern vollauf getrennt, also auch nicht erkennend oder erkannt." Wieweit ist aber beides im Zustande der Möglichkeit, in potentia?

1) Das innere Gattungswesen ist in der Potenz, denn es kann von sich aus noch endlos vielen anderen Individuen zu Grunde liegen, respektive von ihm aus ist nicht der mindeste Widerspruch vorhanden, daß noch endlos viele Einzelnexemplare in derselben Gattung existieren.

2) Das Vernunftvermögen gleichfalls, denn es kann noch endlos viele andere Ideen in sich auffassen.

3) Im Individuum selber ist der Weg für die Entwicklung offen, die, was Zeit und Ort und ähnliche Umstände betrifft, in endlos vielfacher Weise sich vollziehen kann.

4) Im einzelnen Erkenntnisakte kann die Entwicklung so geschehen, daß immer mehr geschaut wird, wie das innere Wesen das Einzelnsein durchdringt und es zu seiner Seinsstufe erhebt, wie z. B. die Pflanze immer bessere, ihrem Wesen mehr entsprechende Früchte bringen kann.

Das alles aber verlangt notwendig eine wirkende Ursache, die sich selber durch ihre eigene Vernunft erkennt.

Das Wesen als Vermögen für das Sein im allgemeinen, bildet die Einheit mit dem Vernunftvermögen, welche die Natur des Erkenntnisaktes ausmacht. Aber das Vernunftvermögen ist gleichgültig dagegen, welches Wesen unter den vielen geschaffenen innerhalb seiner selbst sei. Daß dieses Wesen gerade im einzelnen Falle eine Einheit bildet mit der Vernunft und nicht jenes, das kommt weder vom äußeren Wesen noch von der Vernunft; das kann nur von der einwirkenden Kraft einer Vernunft kommen, die, soll nicht ein endloser Kreis entstehen, zu allererst ihr eigener Erkenntnisgegenstand sein muß, somit aber auch von aller Möglichkeit und Entwicklung weit entfernt ist. Die Art und Weise, in welcher die Vollkommenheit des Erkennens innerhalb des Geschöpflichen besteht, nämlich das Sein der Möglichkeit nach, verlangt durchaus eine Einheit, welche von Natur ihrem Wesen nach Wirklichkeit ist. Damit ist aber auch die wesentliche Trennung des geschöpflichen Erkennens vom schöpferischen gegeben.

Dieselbe tritt noch mehr hervor, wenn nicht das Wesen, sondern das einzelne Sein des Erkenntnisaktes beachtet wird. Der letztere wird dadurch ein in der Wirklichkeit und im einzelnen bestehender, daß er zum unmittelbaren Gegenstande das thatsächliche außenstehende Einzelnsein hat. All dieses Einzelnsein hat nun, wie bemerkt, seinen ausreichenden Grund nicht im inneren Wesen des Dinges, sondern schließlich in der völlig unabhängig einwirkenden ersten Ursache. Auf Grund dieser ersten Ursache also wird das Einzelnsein erst wirklicher Erkenntnisgegenstand. Ohne Erkenntnisgegenstand ist aber kein thatsächliches Erkennen und folglich auch nicht ein inneres Wesen desselben möglich. Zudem ist das Wesen erst kraft des einzelnen suppositum oder kraft der Person, die es trägt, in der Wirklichkeit vorhanden und übt da sein Vermögen zu bilden und zu formen aus. Vom Wesen kommt nicht einmal das Vermögen, ein Einzeln-Bestehen zu haben, vielmehr ist es seiner Natur nach völlig gleichgültig gegen alles einzelne. Erst also dadurch, daß das Wesen vom Einzelnsein getragen wird, erhält es überhaupt die thatsächliche Fähigkeit zu formen, sowohl im Sein als in der Vernunft. Somit wird vor aller geschöpflichen Erkenntnis zu allererst die Existenz einer Ursache vorausgesetzt, die da das Einzelnsein bewirkt. Dies kann aber wieder an letzter Stelle nur eine solche Ursache sein, die ihre eigene Wirklichkeit von Natur aus ist, bei welcher also Wesen und Einzelnsein zusammenfällt, die demnach sich selber nur und einzig und allein durch sich selber erkennt. Sie allein, die wesentliche Einheit, kann die Vollkommenheit im geschöpflichen Erkennen, die Einheit, hervorbringen und dauach das thatsächliche einzelne Erkennen überhaupt bewirken.

40. Bestätigender Text des heiligen Thomas.

Niemand kann die Fundamente dieser Lehre mit größerer Schärfe und Sicherheit vortragen, wie Thomas selber. Hören wir ihn:[1] „Der Erkennende hat beim Erkennen nach vier Seiten hin Beziehungen, nämlich 1) zum Dinge, das verstanden wird; 2) zur Idee, vermittelst deren die Vernunft bethätigt worden; 3) zum wirklichen Erkennen; 4) zum geformten Begriffe in der Vernunft. Dieser letztere, der Begriff als das Endergebnis des Denkprozesses unterscheidet sich von den drei anderen folgendermaßen: I. Er unterscheidet sich von dem erkannten Dinge; denu dieses ist nicht selten auch außerhalb der Vernunft, der Begriff aber ist immer innerhalb derselben, und ferner verhält sich das Verstandene zum Begriffe wie der Zweck zum Mittel, denu der Begriff zielt dahin, daß das Ding verstanden werde. II. Der Be-

[1] Qu. 8. de pot. art. 1.: „Intelligens in intelligendo ad quatuor potest habere ordinem: scil. ad rem quae intelligitur, ad speciem intelligibilem qua fit intellectus in actu, ad suum intelligere et ad conceptionem intellectus. Quae quidem conceptio a tribus praedictis differt. A re quidem intellecta, quia res intellecta est interdum extra intellectum, conceptio autem non est nisi in intellectu: et iterum conceptio intellectus ordinatur ad rem intellectam sicut ad finem, propter hoc enim intellectus conceptionem rei in se format ut rem intellectam cognoscat. Differt autem a specie intelligibili, nam species intelligibilis qua fit intellectus in actu consideratur ut principium actionis intellectus, cum omne agens agit secundum quod est in actu; actu autem fit per aliquam formam quam oportet esse actionis principium. Differt autem ab actione intellectus quia praedicta conceptio consideratur ut terminus actionis et quasi quoddam per ipsam constitutum. Intellectus enim sua actione format rei definitionem vel affirmativam propositionem seu etiam negativam. Haec autem conceptio intellectus in nobis proprie verbum dicitur.“

griff ist verschieden von der Idee, der species intelligibilis; denn die letztere, vermittelst deren das Vermögen der Vernunft zur bestimmten thatsächlichen Wirksamkeit befähigt wird, ist als Princip der vernünftigen Thätigkeit zu betrachten, da alles, was wirkt, insofern wirkt, als es zur thatsächlichen Wirksamkeit befähigt ist; dies wird es aber nur vermittelst einer Form, welche dann naturgemäß das Princip des betreffenden Thätigseins ist. III. Der Begriff unterscheidet sich von der wirklichen Thätigkeit der Vernunft, denn derselbe muß als deren Endergebnis, als ihr terminus, betrachtet werden. Die Vernunft bildet nämlich durch ihre Thätigkeit die Begriffsbestimmung des Dinges oder auch eine verneinende oder bejahende Behauptung. Dieser Begriff aber in uns wird nun im eigentlichen Sinne das „Wort“ der Vernunft genannt.“

Nach allen Seiten hin fließen in diesen Worten die Quellen, die da in der menschlichen Erkenntnisthätigkeit scheiden zwischen Möglichkeit und Wirklichkeit oder auch zwischen den verschiedenen Stufen der Möglichkeit. Der Erkennende hat das Vermögen, zu erkennen; der Erkenntnisgegenstand vermag verstanden zu werden.

Der Erkennende hat das Vermögen, die bestimmte Erkenntnisform, die Idee als species intelligibilis, als Abbild des Gegenstandes, dessen Wesen nach in sich aufzunehmen; diese hinwiederum vermag aus sich heraus die Vernunft so zu bilden, daß letztere nun bestimmte Beziehung erhält zu einer genau abgegrenzten Seinsart.

Das Vernunftvermögen mit der Idee zusammen aber ist wieder noch nichts in der thatsächlichen Wirklichkeit einzeln Existierendes; beide vereint bilden nur das Princip für die wirkliche Thätigkeit, wiederum nur ein wenn auch näher bestimmtes Vermögen für die wirkliche vernünftige Thätigkeit.

Und diese Thätigkeit selber ist wiederum nur da, sie ist nur ein Mittel im Verhältnisse zum Begriffe, der innerhalb der Vernunft nun das Ende der vernünftigen Thätigkeit bildet. Die Idee als **species intelligibilis** ist durchaus nicht mit diesem „Worte" der Vernunft zu verwechseln. Die Idee zu einem Kunstwerke kommt dem Künstler von Gottes Gnaden ohne sein Zuthun; sie gehört gleichsam zur Natur der Kunst, ohne welche diese nicht bestehen kann. Aber der Künstler untersucht dann das passende Material, er prüft den ihm angewiesenen Ort, die Zeit, die ihm gegeben ist und alle solche einzelnen Verhältnisse — und dann erst kann er sagen, ob seine Idee ausführbar ist. Nun etwa in ähnlicher Weise ist die **species intelligibilis** innerhalb der Vernunft die erste Form, welche mit Naturnotwendigkeit in diese hineinkommt. Sie bildet die leitende, dem Erkennenden selbst zuvörderst unbewußte Grundlage für alle späteren Vorgänge und für die ganze Entwicklung in der Thätigkeit der Vernunft. Kraft der substantiellen Einheit, in welcher die Vernunft als Vermögen mit den Sinnen im Menschen verbunden erscheint, wird alles Einzelne, welches die sinnlichen Bilder vermitteln, miteinander verglichen; es wird behauptet und verneint, bestätigt und entfernt, bis am Ende des Denkprozesses die Idee, die da als leitendes Princip desselben auf das einzelne angewandt worden, nun der bestimmte Begriff wird, welchen man mit Bewußtsein vom äußeren Einzelnsein aussagt.

Während daß das menschliche Denken z. B. sich mit der Prüfung der Natur des Menschen beschäftigt, wird es unbewußt geleitet durch die im Innern der Vernunft befindliche **species intelligibilis**, die ja nichts anderes ist, als das durch die Natur unfehlbar dem Geiste eingeprägte Wesen des Menschen selber. Ist das Vergleichen, das Zusammensetzen und Trennen, also die betreffende Denkthätigkeit vorüber, so steht als Endergebnis derselben da der bewußt gedachte Begriff „Mensch". Der A n f a n g des Denkprozesses war im Innern des Vernunftvermögens allein und bestand im Einprägen der Idee „Mensch"; die Denkthätigkeit selber umfaßte den ganzen Menschen und bediente sich auch der sinnlichen Fähigkeiten zur genauen unvermittelten Kenntnisnahme der besonderen Einzelnheiten; das Ende der Denkthätigkeit ist wieder allein innerhalb der Vernunft; es ist die Frucht, der zum Bewußtsein gekommene, dem Geiste gegenwärtige, auf das einzelne angewandte Begriff „Mensch"; es ist die Behauptung: Das ist ein Mensch; oder die Verneinung, das ist kein Mensch.

Da stehen wir vor lauter Vermögen; das „Wort" selber, das Ende des Denkprozesses, ist wieder nur das Vermögen, vom einzelnen äußeren Wirklichsein oder auch vom eigenen Innern etwas behaupten oder verneinen zu können. Vermögen von Anfang bis zum Ende und immer wieder Vermögen. Mag das eine zum anderen innerhalb des Geschöpflichen in Beziehung stehen wie Wirkendes und Leidendes; vor der ersten Ursache ist alles und zwar alles ohne Ausnahme Vermögen und kann eine Erkennbarkeit nur von der Einwirkung dieser Ursache haben, da ja ein Vermögen nur auf Grund von etwas Wirklichem, das Allgemeine und Unbestimmte nur auf Grund von etwas Einzelnem, Besonderem erkannt werden kann.

Wenn aber alles nur erkennbar ist auf Grund der Einwirkung der ersten Ursache, so darf diese Ursache dann nicht anders sich selbst erkennen als durch sich selbst. Nur dann läßt sich eine Erkennbarkeit des Geschaffenen, also dessen, was in sich nur Möglichkeit ist, denken, wenn ein Sein existiert, dessen Wesen zugleich von sich aus ein Einzelnbestehen, ohne Entwicklungsfähigkeit, volle Thatsächlichkeit ist und sonach in sich allein die Quelle seiner Selbsterkenntnis besitzt. Nur ein solches Sein kann als erstwirkende Ursache aller thatsächlichen und möglichen Erkenntnis angesehen werden.

§. 3.

Entgegenstehende Irrtümer.

41. Das menschliche Wissen weist auf Gott als auf seine Ursache.

Magnus est Deus, vincens scientiam nostram. Wahrlich so ist es! Auf allen Seiten erscheint ohne Grenzen siegreich und voll von Herrlichkeit die Weisheit Gottes. Wie eine Krone schwebt sie über allem Wissen des Geschöpfes, vor deren hellleuchtenden Strahlen alle Dunkel fliehen.

Groß ist der Mensch! Den Meeresboden durchwühlt er und das Licht der entferntesten Sterne zerlegt er. Er, der Sterbliche, der mit jedem Augenblicke seinem Grabe näher kommt, schafft unsterbliche Werke, dringt ein in die innersten Geheimnisse des Seins, macht sich dienstbar die Gewalten der Natur, verbindet das Getrennte, trennt das Gebundene, durchbricht die Schranken von Zeit und Ort, entreißt ihre Schätze den Eingeweiden der Erde, macht fruchtbar die Wüste, führt Straßen durch Riesenberge mitten hindurch. Er kennt die Natur des Löwen und wird, er, der Schwache, seiner Meister; er, der Schwerfällige, klimmt empor, zum Horst des Adlers und nimmt ihm seine Jungen; er entführt die Palme, das Kind des Südens, aus ihrem Heimatsboden und ersetzt ihr aus seinem Geiste heraus im Norden, was die Natur da versagt hat. Welches Hindernis in der Natur hat der Menschengeist nicht überwunden! Vor welcher Schwierigkeit hat er zurückgescheut! Er löst ab von dem düsteren Stoffe die reinen Vorzüge und Vollkommenheiten und lustwandelt, als ob er selber losgelöst wäre von der Materie, in den reinen Regionen der Wahrheit; weiß zu sagen, was Gerechtigkeit ist, was Weisheit, was Güte und was Kraft! Das ist die Ehre und Herrlichkeit seiner Vernunft, mit welcher allein als Waffe ausgestattet er die ungezähmten Gewalten der Natur beherrscht; eine Ehre und Herrlichkeit, die nur dann in ihre Rechte tritt und ohne Unterbrechung dauert, wenn sie zur Anerkennung der Größe Gottes führt und sein heiliges Wissen als ihre einzige unversiegbare Quelle verehrt.

Dcun ach! mit viel Schwäche und Elend ist dieses in sich so erhabene menschliche Wissen trotzdem verknüpft! Jahrhunderte lang bedarf es, ehe ein großer Geist auf den Vorstufen der Arbeiten anderer emporsteigt und eine einschneidende Entdeckung der Mitwelt verkündet und — möchte man beinahe sagen — wicder Jahrhunderte bedarf es, ehe eine solche Entdeckung voll gewürdigt und ausgenutzt worden ist.

Leuchten der Wissenschaft erscheinen; die Zeit ist auf ihrer Höhe, so wird gejubelt, die Blüten der reinen Künste erfrischen das Herz; die Früchte menschlichen Forschens werden zur Verschönerung des Lebens geerntet; wic im Sonnenglanze am Mittage wandelt im Lichte des Gcuics das Geschlecht der Menschen. Doch wie erkaltender Mehltau fällt es auf einmal herab und was da in der Kraft der Wissenschaft unvergänglich festzustehen schien und für alle Geschlechter bis in die fernste Zukunft hinein erworben zu sein; das ist, kaum sind cinige Jahre verflossen, ein trauriger Trümmerhaufen. Was ist Athen fünfzig Jahre nach Perikles? Was ist die griechische Kunst und die griechische Philosophie und die griechische Beredsamkeit kurze Zeit nach den Phidias, Plato, Aristoteles, Demosthenes? Wo liegen die gewaltigen Schöpfungen der großen assyrischen Könige, wo die Königsburg Nabuchodonosors? Die hochberühmte Weisheit der babylonischen Magier ist längst zerfallen und von den Pyramiden Ägyptens weiß man heute noch nicht, wie sie in ihrer unzerstörbaren Festigkeit aufgeführt werden konnten. Wie hoch in die Luft ragende Fingerzeichen stehen sie da mitten in der Wüste und zeigen auf die Wahrheit: „Gott allein ist groß und siegreich triumphiert Er über unser Wissen — et vincit scientiam nostram."

Wen ergreift nicht unnennbare Wehmut, wenn er an die Heimat der Athanasius, Augustinus, Cyrillus denkt. Über den ganzen Erdkreis verbreitete sich und bis zu allen Völkern drang von diesem Lande aus der Wissensstrahl und leuchtete in die Finsternisse der Unwissenheit und des Irrtums und noch heute wärmen wir uns an diesen wunderbaren Strahlen! Und es erlosch trotzdem dieser Glanz. Die Heimat der heiligsten und größten Lehrer in der Kirche ward kurze Zeit nach deren Absterben den Barbaren überantwortet und der Halbmond vollendete die Verwüstung.

Der Beispiele wären allzu viele, um zu zeigen, wie die menschliche Wissenschaft fern davon, sich aus sich selber ihren Glanz geben zu können, den verliehenen nicht einmal zu wahren vermag. Kaum hat der Mensch mit aller Mühe etwas gelernt, so ist noch mehr Mühe erforderlich, um es nicht zu vergessen und nur gar zu oft geht es trotz aller Arbeit und Qual wieder verloren. Wie der Goldsucher mühsam nach Gold gräbt, die Erde zehnmal umwendet, ob er nicht ein Körnlein finde, und hat er ein solches gefunden, dann gleich wieder rastlos nach anderen sucht — so muß der Mensch mit Anstrengung aller seiner Kräfte die Körnchen Wahrheit suchen, die in der stofflichen Welt zerstreut herumliegen und hat er deren gefunden, so wird sein Durst nach anderen um so größer, denn er fühlt in sich das Vermögen wachsen, die Gründe der Dinge zu erkennen. Was er gefunden, gilt ihm für nichts.

Wohin anders kann er sich wenden, um diesen Durst zu stillen, als zu jener ewig siegreichen Weisheit, die in sich selber alle Fülle enthält! Der Mensch hat nur ein bloßes Vermögen, eine reine Fähigkeit zu wissen — Gott ist das Wissen. Er schöpft nur aus Sich selbst und bedarf keiner Beihilfe von außen. Er erkennt Sich durch Sich selber. Der Gegenstand, auf den die menschliche Vernunft angewiesen ist, schließt gar nicht einmal die Erkennbarkeit in seinem wirklichen einzelnen Sein ein. Anstatt allgemein ist er beschränkt, anstatt erhaben über Zeit und Ort ist er den Einflüssen von Zeit und Ort unterworfen; nur als Vermögen, vom beengenden Stoffe losgelöst und so thatsächlich erkennbar zu werden, ist er im Einzelnsein enthalten. — Gott aber ist ein einzelnes Sein und trotzdem reine Thatsächlichkeit; innerhalb seines Seins ist kein Vermögen, wohl aber die Kraft, alles Vermögen zu verursachen.

Die Vernunft des Menschen empfängt nur das allgemeine Wesen des Dinges und soll damit die einzelne Wirklichkeit erkennen. Wiederum Vermögen, wiederum Bedarf, wiederum Hilferuf nach außen, damit ein wirkliches Erkennen möglich werde. Da müssen die Sinne mithelfen, die Dinge von außen müssen mitwirken, es muß gelernt und nachgedacht werden, ehe ein gewisses Ergebnis für die Vernunft zu erreichen ist, ehe letztere kraft des Begriffes sagen kann: nun weiß ich, daß dieses Ding zu jener Seinsgattung gehört, daß es dies und nicht ein anderes ist. Wer aber soll alle diese verschiedenen Faktoren zusammenhalten und in ihrem Wirken verbinden und vereinen, wenn die menschliche Vernunft als die höchste geschöpfliche Fähigkeit dies nicht kann, sondern von sich aus wieder nur als vermögend, nur als fähig sich vorstellt! Da ist nur ein Ausweg: „Groß ist Gott und Er triumphiert siegreich über unser Wissen." Gott allein, der erste Grund, kann alle die verschiedenartigen Kräfte in der Natur zusammenhalten und sie zu einem, das Wesen einer jeden von ihnen weit überragenden Wirken führen. Seine verursachende Kraft allein kann, weil sie alles gegründet, den rein stofflichen Dingen und selbst noch den Sinnen es verleihen, daß sie Werkzeuge werden für das Hervorbringen eines geistig-vernünftigen Begriffes.

Und was ist das alles gegen die letzte Möglichkeit, die nach allem diesem noch bestehen bleibt! Der Mensch kann sich seiner leitenden Ideen zum Guten und zum Bösen, zum

Segen und Verderben, zum Aufbauen und Zerstören bedienen. Noch ist die Möglichkeit vor Gott nicht erschöpft. „Die Wissenschaft bläht auf," sagt Paulus. „Sie erläutern die Schrift zu ihrem eigenen und zu anderer Verderben," mahnt der Apostelfürst. Wieder gilt noch einmal das Wort: „Eitel und leer sind die Gedanken der Menschen, wenn die Wissenschaft Gottes nicht zu Grunde liegt, nisi subest scientia Dei." Wenn nicht hier wieder Gott mit seiner einwirkenden Kraft eintritt und die Anwendung des Wissens auf das praktische Leben leitet, so mißbraucht der Mensch die erhaltenen Gaben und fällt um so elendiglicher und um so tiefer. Er wird doppelt leer und eitel, weil auch die bereits empfangenen Gaben Gottes ihm genommen und dem gegeben werden, der Früchte guter Werke bringt.

Von allen Seiten ertönt es so immer wieder von neuem und das eine Mal stärker wie das andere: Magnus est Deus, vincens scientiam nostram. Er geht immer als Sieger bei jedem Vergleiche hervor, wie der Psalmist singt: „Vor Dir allein habe ich gesündigt und unrecht habe ich gethan vor Dir; auf daß Du siegreich seiest, wenn man Dich beurteilt — ut vincas eum judicaris." Nur unter und mit dem göttlichen Wissen und nur wenn dieses bis zum Ende uns vorangeht, kann unser eigenes Wissen wahren Glanz erhalten und zur leitenden Richtschnur guter Werle werden. Gott wird immer siegen, wenn wir eitel werden wollen in unsern eigenen Gedanken. Frieden wird uns nur die Unterwerfung unter die göttliche Weisheit bringen; Verderben aber und Unruhe das übermäßige Vertrauen in die eigene Weisheit.

Gerade diese überall siegreiche, in allem sich gleichbleibende und nur auf sich angewiesene Herrlichkeit des göttlichen Wissens greift die scientia media an. Es ist ganz falsch, wenn es manchmal heißt: Die Thomisten gäben die Ehre mehr der Macht Gottes, die Molinisten aber der Wissenschaft Gottes. Gerade den ureigensten Glanz der göttlichen Weisheit greifen die Molinisten an: nämlich die ihr wesentliche und natürliche, ganz und gar schrankenlose Innerlichkeit, vermöge deren das göttliche Wissen nur auf sich allein und auf nichts äußerliches angewiesen ist. „**Ecce labia mea non prohibebo, Domine tu scisti.** Siehe da, meine Lippen will ich nicht verhindern; Herr, Du hast es gewußt." (Ps. 39.) Deinem Wissen, so sagt der Prophet, schulde ich es, und auf Dein Wissen vertraue ich, o Gott, wenn Du mich würdigst, Deine erhabenen Vollkommenheiten zu loben.

42. Die Superkomprehension des Molina.

Es liegt viel, wenn nicht alles daran, daß in dieser Frage mit möglichster Durchsichtigkeit vorgegangen werde. Wir wollen deshalb, nachdem wir im entsprechenden Paragraphe des vorigen Kapitels den Stand der Frage im allgemeinen dargelegt haben, nun daran gehen, die leitenden Ansichten innerhalb des Molinismus aus den Hauptvertretern desselben heraus zu charakterisieren und später im einzelnen nachweisen, daß keiner der Wege, den sie einschlagen, zum Ziele, wohl aber ein jeder derselben zu unlösbaren Widersprüchen führt. Der Molinist soll nur nicht da, wo der Schatten eines Widerspruches sich bemerklich zu machen beginnt und ein Ausweg schwierig erscheint, mit dem Schilde des „Mysteriums" sich decken, sondern ruhig und folgegerecht weiter denken und er wird zur Überzeugung gelangen, daß sein Denkprozeß von falschen Voraussetzungen ausgegangen ist. Für dieses Kapitel genüge es, die Ansichten der drei Hauptvertreter vorzuführen; in den folgenden wird dann nach der Reihe ein jeder derselben in dem, was er Eigenes und von den anderen Verschiedenes hat, zurückgewiesen werden. Das allen Gemeinsame, also die gemeinschaftliche Grundlage des ganzen molinistischen Systems, wird an letzter Stelle in ihrer allseitigen Nichtigkeit nachzuweisen sein. Die drei Hauptrichtungen innerhalb des Molinismus werden gekennzeichnet durch die Namen Molina, Suarez,

Vasquez. Molina verteidigt die Superkomprehension, Suarez das zukünftige Dekret, Vasquez die rein objektive Wahrheit als das Mittel der göttlichen Erkenntnis rücksichtlich der freien Akte.

Was versteht Molina unter supercomprehensio? [1]) Molina nimmt eine doppelte Art Begreifen an. Die eine geht weit hinaus über das Wesen des betreffenden Dinges; die andere umfaßt genau das Wesen. So begreift der Schlosser nur seine eigene Arbeit bei einem Baue; die Kenntnis dessen, was ihm anzufertigen aufgegeben ist, entspricht durchaus dem Gegenstande seiner Arbeit. Es kümmert ihn nicht, ob sein Schloß zum Ganzen paßt, ob er es vorn oder hinten, an einer Thüre oder an einem Thore anbringt; das thut er, wie es vorgeschrieben ist. Die Arbeit selber jedoch versteht er vollkommen. Er hat eine einfache comprehensio. Der Baumeister dagegen weiß nicht nur die Arbeit des Schlossers an sich zu schätzen und zu prüfen, sondern er kennt auch genau ihre Beziehungen zu den anderen Teilen des Baues und es hängt deshalb von ihm ab, derselben ihren bestimmten Platz und die bestimmte Art ihrer Ausführung anzuweisen. Er besitzt ein Überbegreifen rücksichtlich der einzelnen Schlosserarbeit und weiß auf Grund seiner Kenntnis des ganzen Baues im voraus, d. h. vor dem Schlosser, wo sie anzubringen ist und wie sie im Ganzen sich machen wird.

So etwa meint Molina, daß in Gott eine einfache comprehensio, mit Rücksicht auf sein eigenes Sein und Wesen Platz greife, in welcher Er Sich selbst gerade so erkennt, wie Er ist; — mit Rücksicht aber auf die Kreaturen eine supercomprehensio, vermittelst deren Er mehr weiß, als thatsächlich die Kreatur in sich enthält. Die erste Art des Begreifens, also die einfache comprehensio seines eigenen Seins, genügt nicht, um die zukünftigen freien

[1]) Cf. Becanus, de attributis divinis c. X. qu. 3. nr. 3.

Akte des Geschöpfes oder auch seine eigenen freien Ratschlüsse zu erkennen, denn das göttliche Sein ist notwendig, die genannten Akte aber sind frei. Die supercomprehensio der Natur des geschöpflichen freien Willens von seiten Gottes aber ist genügend, um dessen Akte im voraus zu erkennen, denn vermittelst derselben kann Er mehr im freien Willen erkennen als thatsächlich im selben enthalten ist. Er erfaßt nämlich kraft derselben die Natur des freien Willens nicht getrennt für sich allein, sondern in Verbindung mit allen möglichen Verhältnissen und Einflüssen, so daß ihm klar ist, wohin sich der freie Wille entscheiden werde, wenn ein gegebener Fall eintritt. Sich selbst und seine Mitwirkung, also seine wirkende Kraft schaut Gott vermittelst der comprehensio als wesentlich indifferent, als dem freien Willen zu beliebigem Gebrauche angeboten, so daß deren endgültige Bestimmung oder Determinirung von der freien Entscheidung des Geschöpfes abhängt.

Zwei Gründe führten Molina zur Annahme einer solchen supercomprehensio.

Zuvörderst hielt er dafür,[1]) daß Sätze, welche zukünftige freie Handlungen betreffen, vom freien Willen aus keine bestimmte Wahrheit haben, somit in sich selbst nicht gesehen werden können, da der freie Wille wesentlich indifferent ist, also seiner Natur nach zu keinem Teile, weder zur Behauptung noch zur Verneinung, hinneigt.

Ferner schien dem Molina, daß wenn jemand kraft der Selbstkenntnis seine zukünftigen freien Entschließungen wüßte; also auch, wenn Gott durch das alleinige Begreifen seiner selbst, nur von seinem göttlichen Willen aus erkännte, was Er in diesen oder jenen Fällen thun werde, daß dann die Freiheit nicht mehr zu bestehen vermöge.

---

[1]) Becanus l. c. qu. 7. nr. 3. Libertas nostri arbitrii indifferenter se habet ad omnes effectus, qui possunt ab ea emanare, ergo non potest esse per se sufficiens ratio cognoscendi determinate hunc potius effectum quam illum.

Deshalb glaubte Molina nur in der Weise die unfehlbar sichere Kenntnis der zukünftigen freien Handlungen von seiten Gottes retten zu können, wenn er die Ansicht aufstellte, Gott erkenne diese Handlungen [1]) nicht zwar auf Grund des freien Willens selber, von welchem ja seiner innersten Natur nach vor der Entscheidung nichts Bestimmtes ausgesagt werden kann, sondern auf Grund der unendlichen Vollkommenheit und alldurchdringenden Scharfsichtigkeit seiner eigenen Vernunft. Demgemäß erkennt nach Molina Gott das Zukünftige, wie dies auch in Wahrheit sich verhält, in dessen Ursache in sua causa; denn futurum est esse in causa. Diese Ursache ist jedoch nicht Er selbst, sondern sie wird gebildet durch die Umstände, Verhältnisse, im allgemeinen durch alle Einflüsse auf den freien Willen mit diesem selbst zusammengenommen. [2])

Molina beweist seine supercomprehensio hauptsächlich durch vier Argumente:

1) Führt er Thomas an I. c. g. c. 67, 3., wo Thomas ganz im allgemeinen lehrt, daß gleichwie in den mit Notwendigkeit wirkenden Ursachen die Wirkung als notwendig hervorgehend mit Gewißheit gekannt wird, so läßt sich aus den dem Zufalle unterworfenen oder mit Freiheit wirkenden Ursachen die frei oder zufällig sich ergebende Wirkung mit Gewißheit erkennen, falls die Thätigkeit dieser Ursachen nicht gehemmt wird. Also, so folgert Molina, besteht für Gott eine Gewißheit in der Erkenntnis der freien Handlungen, falls der freie Wille nicht gehemmt wird.

2) Der Vater weiß nicht selten im voraus, welche Entschließungen sein Sohn frei fassen wird, weil er dessen Nei-

---

[1]) Non quod ratio cognoscendi futuram determinationem sit ipsa libertas arbitrii in se spectata, sed infinita perfectio divini intellectus, quae plus potest cognoscere de causa quam de facto in ea sit. l c.

[2]) Cf. Molina Comm. in I. p. q. 14. art. 13. disp. 17.

gungen besser kennt als andere. Somit muß auch Gott, der von seiner eigenen Kreatur eine ungleich vollkommenere Kenntnis hat, wie irgend ein Vater von den Hinneigungen seines Kindes, die freien Entschließungen seiner Geschöpfe im voraus wissen.

3) Alles dasjenige, womit der freie Wille im Geschöpfe einen notwendigen Zusammenhang hat, begreift bereits das Geschöpf selber vermittelst seiner comprehensio. Eine supercomprehensio, d. h. ein über die comprehensio hinausgehendes Begreifen, wie dies naturgemäß dem Schöpfer zukömmt, kann sich sonach nur auf jenes erstrecken, was vom freien Willen mit Freiheit ausgeht.

4) Nach den Thomisten selber sind kraft der Vorherbestimmung, kraft der praemotio, die freien Akte erkennbar, trotzdem diese praemotio von der Natur des freien Willens nicht die Indifferenz nimmt, wie die Thomisten behaupten. Also bildet die Indifferenz des Willens für Gott kein Hindernis, die zukünftigen freien Akte mit Sicherheit zu erkennen.

Der aufmerksame Leser wird vielleicht bereits aus den bisherigen Auseinandersetzungen manche Schwäche der leitenden Grundidee Molinas, seiner supercomprehensio, erkannt haben. Wir werden jedoch die Unmöglichkeit einer solchen supercomprehensio im folgenden Kapitel eigens und im einzelnen nachweisen. Für jetzt zögern wir nicht, unsere Meinung dahin auszusprechen, daß Molina der bei weitem konsequenteste Kopf unter den Molinisten ist, obgleich wohl vielleicht kein einziger namhafter Molinist demselben noch gegenwärtig folgt. Will man seine supercomprehensio zugeben — und dieselbe ist auf den ersten Blick sehr einladend; so ist sein System wie aus einem Gusse.

43. Suarez und das decretum futurum.

Nach Molina vollzieht sich das göttliche Wissen bezüglich der freien geschöpflichen Akte offenbar, wie dies auch die Lehre der Väter und der Vernunft ist, innerhalb der göttlichen Natur. Der bestimmende und vermittelnde Grund dieser Erkenntnis ist die unendliche Vollkommenheit der Vernunft Gottes. Ein anderer Punkt, welchen der Glaube gleichfalls fordert, ist jedoch nicht so ängstlich festgehalten. Wie können diese geschöpflich freien Akte, zu denen Gott nur seine Mitwirkung anbietet, bei denen die Entscheidung demgemäß vollständig auf seiten des Geschöpfes ist, auf Gottes Willen beruhen? Wie kann sonach das Schriftwort gewahrt werden: „Alles, was Er gewollt, hat Er vollbracht im Himmel und auf Erden?"

Daß hier eine Schwäche in den Ausführungen Molinas lag, das fühlten auch mehr oder minder seine Anhänger und es giebt wohl keinen, der nicht in etwa die Annahmen Molinas modifiziert hätte. Herice (disp. VI. cap. II. nr. 30.), Vasquez (disp. 67), Ruiz (disp. 71. sect. 8.), Arrubal (disp. 45. cap. 4.), Alarcon (de scientia Dei disp. 4. cap. 7.); vor allem aber Suarez (lib. II. de scientia conditionat. cap. 7 a. nr. 11.) suchten diesem Mangel abzuhelfen. Suarez that es mit seinem decretum futurum.

Es mag richtig sein, daß heute niemand mehr die Suaresische Meinung teilt, sowie sie überhaupt nur wenig Anklang gefunden hat. Schon der Name des Verfassers verpflichtet uns jedoch, darauf näher einzugehen; und dann ist es der Umstand, daß heutzutage alle die verschiedenen Systeme vermengt werden, wenn es gilt, die Schwierigkeiten, welche sich gegen die scientia media erheben, zurückzuweisen. Da wird bald aus der supercomprehensio Molinas argumentiert, bald aus dem decretum futurum des Suarez, bald aus der objektiven Wahrheit, je nachdem es gut scheint; obgleich das eine molinistische Mittel für die göttliche Erkenntnis dem anderen mehr oder minder gegenübersteht und nicht selten die ausdrückliche Leugnung des anderen ist. Um die Frage erschöpfend zu behandeln, muß deshalb auch auf das decretum futurum des Suarez eingegangen werden.

Was will dieses Wort sagen? Zuvörderst ist es wohl

kaum nötig, zu erwähnen, daß unter diesem „zukünftig" kein Unterschied in der Zeit verstanden werden soll, als ob Gott in dem einen Augenblicke die Möglichkeiten überblickte, unter denen ein freier Akt statthaben kann und in einem anderen seinen Beschluß faßte, somit im ersten Augenblicke seinen eigenen endgültigen Beschluß als „zukünftig" betrachtete.

Suarez nimmt bei seinem „zukünftigen Dekrete" keinen anderen Unterschied in Gott an, als denjenigen, welchen alle Theologen im göttlichen Sein anerkennen, insoweit dieses unserer Kenntnis zugänglich ist. Es ist jener virtuelle Unterschied, **distinctio virtualis**, der z. B. zwischen dem Wesen Gottes und seinen Eigenschaften oder zwischen der einen Eigenschaft und der anderen besteht und der da einerseits in der unendlichen Vollkommenheit des göttlichen Seins und andererseits in der Beschränktheit des geschöpflichen seinen maßgebenden Grund hat.

Um einen solchen Unterschied festzustellen, ist erforderlich: 1) daß die beiden Begriffe, welche demselben zu Grunde liegen, niemals zusammenfallen, wie z. B. der Begriff „Gerechtigkeit" niemals derselbe sein kann, wie der Begriff „Weisheit" und wie ebenso das Wesen begrifflich stets von einer bloßen Eigenschaft geschieden ist; — 2) daß im Bereiche des Geschöpflichen der Unterschied sich auch auf das subjektiv wirkliche Sein erstreckt; daß jemand also thatsächlich gerecht zu sein vermag, ohne damit zugleich notwendig weise zu sein; daß das Wesen die eine Eigenschaft tragen kann ohne die andere oder wenigstens, daß in derselben Eigenschaft ein verschiedener Grad der Stärke eintritt; — 3) daß in Gott der Begriff des einen getrennt bleibt vom Begriffe des anderen, dasselbe einfach vollendete Sein aber allen diesen Eigenschaften zu Grunde liegt; daß Er also gerade deshalb ohne Schranken gerecht ist und sich keinerlei Mangel in seiner Gerechtigkeit vorfindet, weil Er ohne Schranken weise ist, und daß, weil sein Wesen in aller Vollkommenheit dem Sein nach besteht, diesem selben Sein auch in seinen Eigentümlichkeiten keine Vollkommenheit fehlen kann.

Danach ist das Wesen Gottes in doppelter Weise das Mittel für die göttliche Erkenntnis. Zuvörderst vermittelt es die Erkenntnis der mit Notwendigkeit seienden oder wirkenden Dinge, wie z. B. der Grundgesetze des Denkens und der naturnotwendigen Thätigkeit, des Ausganges der dritten Person in der heiligsten Dreieinigkeit und der Erzeugung der zweiten. Ferner vermittelt das göttliche Wesen auch die Erkenntnis der freien Akte, aber dafür ist es kein hinreichendes Medium. Vielmehr sieht Gott in seinem W e s e n die Natur des geschöpflichen freien Willens sowie die verschiedenen Verhältnisse und Umstände, unter denen derselbe zu wirken hat; in der **scientia media** jedoch sieht Er, wozu der freie Wille sich in jedem einzelnen Falle entschließen wird. Das genügt aber noch nicht, um das Zukünftige mit unfehlbarer Bestimmtheit und Gewißheit vorauszusehen, denn weder auf seiten des göttlichen Wesens ist rücksichtlich des Geschöpflichen irgendwelche Notwendigkeit, noch im freien Willen des Geschöpfes rücksichtlich des eigenen Wirkens; auf beiden Seiten besteht vielmehr Indifferenz. Deshalb schaut Gott erst in seinem eigenen freien Willensdekret, welches im Verhältnisse zum göttlichen Wesen und zu den geschöpflichen freien Entscheidungen „zukünftig" genannt wird, was Er selber auf Grund der beiden anderen Erkenntnisarten: der reinen Möglichkeiten, wie sein Wesen sie bietet, und der freien Entschließungen des Geschöpfes, wie die **scientia media** sie erschließt, auszuführen beschlossen hat.

Diese Suaresische Annahme läßt sich in folgenden Punkten zusammenfassen:

I. Gott erkennt die freien Akte, — ob **pure libera vel conditionata**, darauf kommt es hier nicht an, — in Sich selber.

II. Er erkennt in seinem Wesen als solchem als der Quelle der Notwendigkeit die Natur des freien Willens, die Gesetze der Natur, die Gesetze des Denkens und des allgemeinen Wollens, somit die positiv notwendige Grundlage alles freien Wirkens, das letztere selbst also im Verhältnisse zu dieser Grundlage als zukünftig.

III. Gott erkennt den freien Willensentschluß des Geschöpfes durch die **scientia media**.

IV. Er erkennt endlich mit unfehlbarer Gewißheit das „Zukünftige" kraft seines eigenen freien Dekretes, vermöge dessen Er beschließt, mit diesem vorausgesehenen freien Willensentschlusse des Geschöpfes mitzuwirken, nicht aber mit jenem.

V. Das „Zukünftige" begründet einen virtuellen Unterschied in Gott, denn sein eigenes Wesen ist indifferent für das Geschöpfliche, was aber „zukünftig" ist, das ist bestimmt bereits; also besteht eine Verschiedenheit in den Begriffen. Das Zukünftige ist wirklich und thatsächlich als Zukünftiges im Geschöpfe; denn letzteres unterliegt den Schranken der Zeit. In Gott entspricht das eine vollkommene durchaus einfache Sein sowohl dem notwendigen Wesen als dem alles voraussehenden Verstande und dem allmächtig bestimmenden Willen.

Suarez' Ansicht ist auf den ersten Anblick bestechend; sie scheint allen Ansprüchen zu genügen. Wer aber genauer zusieht, findet zu den Schwierigkeiten, die Molina sich entgegenstellen, nur neue hinzugefügt.

Die Beweise, welche dem Suarez zur Aufrechthaltung seiner Thesis dienen, lassen sich auf folgende vier Punkte zurückführen.

1) Mit dem Wesen und dem Willen Gottes an sich ist noch nicht seine freie Entschließung gegeben; sonst wäre diese letztere innerlich notwendig wie das Wesen und die Natur des Willens. Also ist auch das Begreifen des Wesens und der Natur des Willens nicht gleichbedeutend mit dem Begreifen der freien Entschließung. Gott aber muß sein Sein voll und ganz mit seiner Kenntnis durchdringen. So-

nach bleibt nichts übrig, als daß Er diese freien Dekrete als „zukünftige“, d. h. das Wesen und den Willen voraussetzende erkennt.

2) Die freien Dekrete Gottes, z. B. jenes, welches der Schöpfung des Weltalls gewidmet ist, sind dem Willen Gottes in sich selbst keineswegs thatsächlich gegenwärtig (non sunt actu praesentia in seipsis), insoweit dieser als noch nicht hinlänglich bestimmt aufgefaßt wird; ist doch derselbe seiner Natur nach indifferent gegen alles außer Ihm selbst; — also sind die freien Dekrete Gottes und in ihnen die freien geschöpflichen Akte, die davon in ihrem thatsächlichen Sein völlig abhängen, dem göttlichen Erkennen im Verhältnisse zur Natur des Willens erst zukünftig und vermögen nur als solche erkannt zu werden.

3) Dieser Satz: „Gott wird durch freies Dekret die Welt nicht schaffen,“ ist, soweit die Kenntnis des einfachen Wesens Gottes und das Begreifen aller Möglichkeiten, die scientia simplicis intelligentiae, in Betracht kommt, falsch; der gegenteilige Satz: „Er wird durch freies Dekret sie schaffen,“ ist demnach wahr. Also ist dieser „freie Entschluß“, als zukünftiger für Gott wahr und somit als zukünftiger, futurum decretum, erkennbar.

4) Wenn etwas gegen das decretum futurum eingewendet werden könnte, so wäre es höchstens der Umstand, daß es der Ewigkeit Gottes widerspricht, welche das gleichmäßige Maß für alles göttliche Sein und für alles göttliche Erkennen ist. Dieser Einwurf erscheint aber nicht als stichhaltig. Denn niemand kann leugnen, daß vor jener Wissenschaft, welche das Wesen und den Willen Gottes an sich umfaßt, also vor der scientia simplicis intelligentiae, ein solcher freier Willensbeschluß, wie z. B. der des Schaffens der Welt, als ein möglicher dasteht und daß trotzdem die Ewigkeit das einige, gleichmäßige Maß alles Seins und Erkennens in Gott bleibt. Nun um so weniger kann die Eigenschaft des „Zukünftigen“ im freien Dekrete dem Begriffe der Ewigkeit

widersprechen; da das Zukünftige als bereits für die Existenz bestimmt vom Wirklichen weniger absteht wie das rein Mögliche. Findet also das rein Mögliche in der Ewigkeit Gottes kein Hindernis, um als solches erkannt zu werden, dann kann noch bei weitem weniger aus der Ewigkeit eine Schwierigkeit dagegen abgeleitet werden, daß Gott seine freien Dekrete als zukünftige erkenne.

Wir legen die Ansichten der Gegner ausführlich dar und wo möglich mit ihren eigenen Worten, weil wir dem Leser ein freies Urteil ermöglichen wollen; mag dies auch etwas mehr Raum in Anspruch nehmen. Es muß alles gethan werden, damit man nicht den Vorwurf erhebe, die Meinung der Gegner sei entstellt oder verdreht worden. Die Widerlegung ist auch am leichtesten, wenn der Irrtum in seinem vollen Umfange vorliegt.

44. Die objektive Wahrheit.

Die in der neueren Zeit bei weitem verbreitetste Ansicht sieht in der „objektiven Wahrheit" des Zukünftigen die Vermittlung für die göttliche Erkenntnis. Die Hauptstärke dieser Meinung besteht der Aussage ihrer Anhänger gemäß in der abstrakten Logik. Und in der That hat ihre Grundlage ein äußerst wissenschaftliches, hochgelehrtes Aussehen. Fonseca und Vasquez haben ihr die Bahn gebrochen.

Aristoteles behauptet (I. Perihermenia c. 8.): „In dem also, was existiert oder was bereits geschehen ist, muß notwendigerweise entweder die Bejahung oder die Verneinung wahr sein oder falsch. Das ist aber nicht so, falls es sich um einzelne zukünftige Thatsachen handelt."

Dazu bemerkt Thomas[1]) (lect. 13.): „Was das Ver-

[1]) In praeteritis et praesentibus necesse est quod altera oppositarum determinate sit vera et altera falsa in quacunque materia: sed in singularibus quae sunt de futuro, hoc non est necesse, quod una sit determinate vera et altera falsa; et hoc quidem dicitur, quantum ad materiam contingentem.

gangene und das Gegenwärtige betrifft, so muß von zwei Sätzen, deren einer verneint und der andere behauptet, der eine von beiden wahr und der entgegengesetzte falsch sein, wie beschaffen auch das Subjekt sein mag, von dem sie ausgesagt werden. Wird aber eine einzelne Thatsache für die Zukunft behauptet oder verneint, so ist dies nicht notwendig, daß entweder die Behauptung wahr sei und die Verneinung falsch oder in bestimmter Weise das Gegenteil stattfinde. Das hat jedoch nur dann seine Geltung, wenn von frei wirkenden Ursachen etwas Zukünftiges ausgesagt wird." Ebenso (I. dist. 38. qu. 1. art. 5. ad 2.): [1]) „Das Zukünftige, soweit es von keiner durchaus notwendigen Ursache ausgeht, ist nicht in bestimmter Weise wahr, bevor es geschieht, denn es ist nicht in seiner Ursache bestimmt." Und (qu. 16. de malo art. 7.): [2]) „Solche Wirkungen, welche, soweit es auf ihre nächsten Ursachen ankommt, auch anders sein, d. h. nicht oder das Gegenteil sein konnten, vermögen in diesen ihren Ursachen nicht mit Bestimmtheit vorher erkannt zu werden, sondern nur in der Weise, daß von ihnen disjunktiv die Aussage gilt, sie werden sein oder nicht sein: denn nur so haben sie Wahrheit."

Diesen und ähnlichen Aussprüchen des heiligen Thomas stellen sich die Anhänger der „objektiven Wahrheit" schroff gegenüber. Was verstehen dieselben unter dieser sogenannten „objektiven Wahrheit"?

Der Gegenstand des Wissens ist unstreitig das Wahre. Nur insoweit etwas wahr ist, wird es gewußt. Worin besteht aber für ein Ding der Grund, daß es wahr ist und daß demnach von selbem ausgesagt werden kann, es sei so

---

[1]) Futurum contingens non est determinate verum antequam fiat, quia non habet causam determinatam.

[2]) Ea quae sunt ad utrumlibet, non possunt praecognosci in suis causis determinate, sed sub disjunctione: utpote quia erunt vel non erunt, sic enim habent veritatem.

und nicht anders. Offenbar darin, daß es wirklich ist. In derselben Weise wie es ist, ist es auch wahr und somit die leitende Richtschnur des Erkennens. Hängt diese Wahrheit vom erkennenden Verstande ab? Nein. Das Gold bleibt in Wahrheit Gold, ob es als solches vom Verstande erkannt wird oder nicht. Dies ist die unabhängige Wahrheit des Objektes oder die objektive Wahrheit, welche unterschieden werden muß von der formellen, die da nichts anderes als die vom Verstande erkannte Wahrheit ist.

Es können nun notwendige Wahrheiten angenommen werden und zufällige. Die notwendigen besitzen den Grund ihrer Wahrheit nicht nur in der wirklichen Existenz, sondern bereits im inneren Zusammenhange zwischen Subjekt und Prädikat, der entweder von metaphysischer oder physischer oder von einer moralischen Notwendigkeit verursacht wird; wie z. B. in den Sätzen: Das Dreieck hat 2 R; oder morgen geht die Sonne auf; oder Müßiggang ist aller Laster Anfang. Die zufälligen Wahrheiten haben im Gegenteil den inneren Grund ihrer Wahrheit nur im wirklichen Sein; jedwede Notwendigkeit des begrifflichen Zusammenhanges zwischen Subjekt und Prädikat ist ausgeschlossen. Der Satz: Petrus wird sündigen, ist einzig und allein deshalb wahr, weil die Sünde des Petrus in Wirklichkeit vorhanden ist.

Wie ist das nun zu denken, daß die Sünde des Petrus wirkliches Sein besitzt, sonach Wahrheit und damit zugleich Erkennbarkeit begründet, ehe sie geschehen ist; daß sie also vorausgesehen werden kann?

Jedem Satz, so antworten die Verteidiger der „objektiven Wahrheit", welcher von zukünftigen, dem Zufalle überlassenen oder aus der Freiheit entspringenden Ereignissen gilt, steht gegenüber ein anderer Satz, der das kontradiktorische Gegenteil davon ausspricht. Gewiß ist, daß einer von beiden der Wirklichkeit entspricht, daß z. B. Petrus sündigt oder daß er nicht sündigt, folglich muß auch, da die Wahrheit auf der Wirklichkeit beruht, einer davon wahr sein.

Es muß entweder wahr sein, daß Petrus sündigt oder es muß wahr sein, daß er nicht sündigt. Was aber einmal wahr ist, das muß immer wahr gewesen sein; also war es auch immer erkennbar. Folglich konnte Gott, der alle Wahrheit in sich schließt, ja die Wahrheit selber ist, in dieser bestimmten Wahrheit mit aller Gewißheit von Ewigkeit her erkennen, was in Wirklichkeit eintreten wird. Sündigt Petrus, so war es immer wahr, zu sagen, Petrus wird sündigen.

Da wir uns später in eingehendster Weise mit der Zurückweisung gerade dieses Systems beschäftigen müssen, so genüge die gegebene kurze Kennzeichnung seines Charakters. Soweit über den Molinismus.

45. Lehre des Spinoza.

Wer die wissenschaftlichen Principien des heiligen Thomas in ihrer durchdringenden Kraft kennen lernen will, der muß dieselben nach allen Seiten hin erproben, sie aber auch in nichts schwächen oder verkürzen. So einfach sie von Thomas formuliert sind, so tief greifen sie ein in alle Klassen des Seins. Wer sie mit strengster Folgerichtigkeit wo auch immer anwendet, wird niemals Gefahr laufen, zu irren; er wird aber wohl in den bestehenden Irrtümern das, was darin etwa recht und wahr ist, herauszufinden wissen. Halb Thomas und halb Kartesius; das kann nur verderblich sein. Thomas, wie er wirklich ist aufgefaßt, weist die versteckten Blößen in den Grundsätzen des Karteſius nach und zeigt, auf welche Weise Spinoza aus diesen Grundsätzen durch folgerichtiges Weiterdenken zu seinen offenbaren großen Irrtümern gelangt ist.

Falsche Auffassung der Materialursache und die daraus folgende Unmöglichkeit für Gott, Sich selbst unmittelbar zu erkennen; sowie das nächste Ergebnis dieser Unmöglichkeit, die Unfähigkeit nämlich von seiten Gottes, etwas zu bewirken, was dem substantiellen Sein nach von Ihm selber durchaus getrennt wäre; — das ist die Quelle aller irrtümlichen Auffassungen Spinozas. Sehen wir uns seine Lehrsätze zuvörderst etwas näher an; zeigen wir dann die Widersprüche, die sich darin vorfinden und endlich setzen wir gemäß der Lehre des heiligen Thomas auseinander, worin der Grundirrtum Spinozas besteht.

Das Lehrsystem Spinozas ist in einigen Definitionen und Axiomen ausgedrückt, von denen die bedeutendsten die fünf folgenden sind (Spinoza, Ethi. p. I. def. 3. 4.). Wie Thomas Substanz, Vermögen und Akt unterscheidet, so etwa unterscheidet Spinoza Substanz, Attribut, Modus. Er erklärt, was er unter jedem dieser Ausdrücke versteht.

Per substantiam intelligo id quod in se est et per se concipitur, hoc est id, cujus conceptus non indiget conceptu alterius rei a quo formari debeat. Spinoza führt damit nur die Definition, welche Kartesius gegeben hatte, mit strengerer Folgerichtigkeit durch. „Substantia," so Kartesius, „est res quae ita exsistit, ut nulla alia re indigeat ad existendum." Die letztere Definition wird, um dies beiläufig zu bemerken, noch häufig genug selbst in solchen Lehrbüchern gefunden, die dem heiligen Thomas folgen wollen, und doch ist sie der Eckstein des Spinozismus und überhaupt des Pantheismus, wie wir sogleich sehen werden.

Per attributum intelligo id, quod intellectus de substantiis percipit, tanquam ejus essentiam constituens. Die Substanz also wird an sich nicht verstanden, sondern nur die Attribute, aus welchen jedoch die Substanz besteht. Nicht unser Verstand allein macht den Unterschied der Attribute und trägt ihn etwa in die Substanz. Dies wäre die Meinung Kants, nach welcher die Attribute ebenso von unserem Verstande abhängen, wie etwa eine an sich weiße Fläche blau oder grün erscheint, je nachdem sie das Auge durch ein blaues oder grünes Glas sieht; während der Gesamtcharakter der Lehre Spinozas nicht von der subjektivistischen, sondern von der objektivistischen Auffassung getragen wird.

Per modum, so weiter Spinoza, intelligo substantiae affectiones sive id quod in alio est, per quod etiam concipitur.

Die Substanz ist also nichts anderes als die Gesamtheit der Attribute; die modi nur sind etwas ganz anderes, etwas Sekundäres. In diesem Sinne sagt Spinoza selber (im Corollar. zur Propos. VI.), es existiere nichts als Substanz und Affektionen (modi), nicht als ob die Attribute keine Existenz hätten und erst durch unseren Verstand geschaffen würden oder als ob sie nicht realiter voneinander verschieden wären, sondern weil ihre Existenz durch die Erwähnung der Substanz bereits mitbezeichnet ist. Den Schlüssel für das Verständnis dieser Behauptungen giebt Spinoza selber. Er ahnt wohl, welche Hauptschwierigkeit seiner Philosophie sich entgegenstellt. In welchem Verhältnisse stehen die modi oder Affektionen zur Substanz und zu deren Attributen? Fügen sie ein neues Sein hinzu; dann darf offenbar nicht eine einzige Substanz angenommen werden, da Substanz und Sein gleichbedeutend ist; fügen sie jedoch kein neues Sein hinzu, dann entsteht die Frage, wozu sind sie. Sie bewegen und begrenzen das Sein der Substanz, so Spinoza, und sind somit der Grund, das von einer „res finita“ gesprochen werden dürfe. Ea res dicitur finita in suo genere quae aliâ ejusdem naturae terminari potest.

Spinoza behauptet deshalb von den affectiones oder modi, sie kämen nicht als etwas Positives zu der Substanz hinzu; vielmehr bildeten sie bloß Einschränkungen, Determinationen und daher Negationen; omnis determinatio est negatio. So ist nach ihm jeder mathematische Körper vermöge seiner Begrenztheit eine Determination der unendlichen Ausdehnung, nämlich die Negation des außer ihm Liegenden. Die modi oder Affektionen sind nicht Bestandteile der Substanz; die Substanz ist ihrer Natur nach früher als ihre Affektionen und muß (depositis affectionibus et in se considerata), um der Wahrheit zu genügen, ohne Affektionen und in sich betrachtet werden.

Auf diese Weise entwickelt sich, was eigentlich Spinoza unter seiner Substanz versteht. Es ist kein konkretes, in sich bestehendes Sein, sondern der subjektive Träger (id quod substat) alles Seins. Die Spinozasche Substanz ist nichts Wirkliches; denn das Wirkliche muß immer einzeln sein, einzeln aber wird etwas nur durch die „Affektionen", nämlich durch die Grenzen, die es von anderem Sein trennen. Sie ist auch nicht der abstrakteste Begriff des Seins; denn jeder Begriff ist nur dadurch möglich, daß er von einem anderen getrennt ist, also gewisse Grenzen hat. Es bleibt deshalb nichts anderes übrig, als daß die Substanz Spinozas als das tiefste Subjekt, der Grundträger alles Seins, betrachtet werden muß.

Spinoza will, daß diese seine Substanz, welche allem als substantielles Sein zu Grunde liegt, also in allem Einzelnen das innere formal-bestimmende Sein und somit auch das eigentlich von der Vernunft Aufgefaßte ist, allein für sich und ganz auf Grund ihrer selbst sei. Was von dieser Substanz verschieden erscheint, das ist nicht eigentlich Substanz, sondern Affektion oder Modus dieser Substanz und begrenzt letztere. Diese Affektionen oder modi zeigen nur, was die zu Grunde liegende Substanz nicht ist. Die Kreaturen, könnte man sagen, sind vielmehr ein Nicht-Sein als ein wirkliches Sein. Die modi sind deshalb nicht in sich selbst, in se, sondern vielmehr im anderen, in alio; denn sie sind durchaus verschieden von der Substanz, diese ist mit ihnen verglichen etwas anderes, aliud quid. Sie erhalten jedoch, da sie von sich aus nichts sind, alle Determinationen von der Substanz; es existiert in ihnen, also in den affectiones oder modi, oder verständlicher in den Kreaturen, keine Freiheit. Ea res libera est, so Spinoza, quae ex sola suae naturae necessitate exsistit et a se sola determinatur ad agendum. Necessaria autem vel potius coacta quae ab alio determinatur ad existendum et operandum certa ac determinata ratione.

Ein Beispiel im Sinne Spinozas soll seine Lehre veranschaulichen. Was ist beim Menschen z. B. unter den modi oder Affektionen und was unter der Substanz zu verstehen? Daß der einzelne Petrus groß ist, hager, von großem Verstande und geringer Willensenergie, daß er an diesem oder jenem Orte sich befindet, zu einer ganz gewissen Zeit lebt; mit einem Worte alle diese Einzelnheiten, welche den Menschen als Person von allen anderen Menschen trennen, sind modi oder Affektionen. Was aber im Innern dies alles trägt und von woher es rührt, daß der Mensch Mensch genannt wird, das ist die Substanz. Offenbar aber sind dann diese modi, welche den Menschen zu einem besonderen, einzelnen und damit zu einem wirklichen machen, nichts anderes als Verneinungen an der Substanz Mensch, die da zeigen, was diese Substanz an sich nicht ist. Denn wären alle diese Einzelnheiten die Substanz „Mensch" oder deren Attribute, so würde der eine Mensch von dem anderen nicht geschieden sein, sondern alle wären ein „Mensch". Was der Substanz Mensch an und für sich nicht zugehört, das enthüllen die modi und in dieser Hinsicht sind sie nicht in sich, sondern haben ihr Sein in einem anderen, in alio, wie Spinoza sagt; kann ja doch die Verneinung und bloße Begrenzung kein selbständiges Sein in sich haben. In dieser Hinsicht kommt ihnen keinerlei Freiheit zu, sie gehören in jeder Beziehung der Substanz an.

Gehen wir weiter. Allen einzelnen Menschen liegt eine einige Substanz, die Substanz Mensch subjektiv zu Grunde. Nun aber kann dasselbe Vorgehen, welches bis jetzt mit Rücksicht auf die Substanz Mensch und ihre modi eingehalten worden ist, noch weitergeführt werden bis zu dem, was der Substanz Mensch zusammen mit der Substanz Tier oder der Substanz Pflanze zu Grunde liegt. Denn augenscheinlich giebt es etwas Gemeinschaftliches zwischen diesen Seinsarten. Aus dem einen wird ja, wie dies geschieht, darauf kommt es vorderhand nicht an, das andere; das setzt aber eine gemeinschaftliche Grundlage voraus zwischen dem Beginne des Werdens und dem vollendet Gewordenen, sonst gäbe es kein organisches Werden, sondern ein mechanisches Andiestelletreten.

Was also den Menschen zum Menschen macht und ihn so vom Tiere trennt, das sind wieder affectiones oder modi und von ihnen gilt dasselbe, was oben von denselben in der Substanz Mensch gesagt worden. Sie sind an sich nicht; sie sind Verneinungen, reine Grenzen und zeigen bloß, was die Grundsubstanz nicht ist, oder was nicht zu ihr als Substanz gehört; sonst würden, da ja die Substanz an sich immer dieselbe bleibt, keine Verschiedenheiten zu bemerken sein zwischen Mensch und Tier und Pflanze. Somit bliebe dann am Ende als wirkliche einzige Substanz nur übrig das Grenzenlose, Bestimmungslose, Unverneinbare. Dies hat dann keinerlei Sein in alio, sondern nur in sich.

Nun begreifen sich die Ausdrücke, in denen Spinoza von Gott, nämlich von dieser einzigen Grundsubstanz, spricht. Per Deum intelligo ens absolute infinitum hoc est substantiam constantem infinitis attributis, quorum unumquodque aeternam et infinitam essentiam exprimit ab initio. Alles andere Einzelnexistierende ist nur infinitum, weil und insofern es in alio existiert, nämlich in der Substanz; diese allein ist absolute infinitum. Und einer solchen Substanz schreibt dann Spinoza in der Weise des aprioristischen Gottesbeweises Existenz an sich zu: Per causam sui intelligo id cujus essentia involvit existentiam sive id cujus natura non potest concipi nisi existens.

Hier liegt aber die Schwierigkeit oder sagen wir besser, der Grundwiderspruch innerhalb des Spinozaschen Systems. Weit entfernt, daß ein solches Unendliche notwendig existieren muß, kann es gar nicht für und an sich existieren. Denn alles Wirkliche ist einzeln; das einzelne aber vermag nur

kraft seiner Bestimmtheit oder um mit Spinoza zu sprechen, kraft seines modus zu existieren.

46. Widersprüche im Spinozaschen System.

Es würde verfehlt sein, nach dem Vorgange F. H. Jakobis die Grundansicht Spinozas in der substantiellen Identität des Physischen im weitesten Sinne und im besonderen des Geistigen, Seelischen, der Kraft überhaupt mit dem Ausgedehnten zu suchen, das als ein Materielles aufgefaßt wird und mechanischen Gesetzen folgt. Dieser Monismus ist nur eine Konsequenz des Fundamentalgesetzes bei Spinoza, nach welchem das alles tragende, das innerhalb des einfachen Seins liegende allgemeine Subjekt selbständige Existenz besitzt und sonach das an sich Bestimmungslose, der Unendliche ist. Auch die eine identische Substanz für die beiden Attribute: Gedanke und Ausdehnung ist an sich keine Unmöglichkeit. Im Menschen wird von derselben menschlichen Substanz gleichmäßig sowohl das Geistige als das Körperliche getragen. Mehr sagt Spinoza nicht. Denn sein Attribut, die Ausdehnung, ist durchaus nicht dahin zu verstehen, daß es die wirkliche, nach Maß und Umfang bestimmte Ausdehnung wäre; diese kommt vom modus und ist im Verhältnisse zur Substanz eine Verneinung (omnis determinatio negatio), also eine Leugnung des Unendlichen. Die Ausdehnung als Attribut bei Spinoza ist vielmehr nur das Vermögen, irgendwelche wirkliche Ausdehnung zu tragen und deshalb wird nicht von der Spinozaschen Substanz ausgesagt, sie sei ausgedehnt; sondern vom einzelnen Sein, welches kraft des modus eine bestimmte Ausdehnung hat, wird gesagt, es sei ausgedehnt; gleichwie vom einzelnen Menschen es gilt, wenn gesagt wird, er habe eine Ausdehnung, nicht aber von der Substanz des Menschen als solcher.

Ebenso verhält es sich mit dem Gedanken. Spinoza unterscheidet ausdrücklich zwischen der absoluta cogitatio, die er Gott zuschreibt, und der cogitatio, die von einem bestimmten und begrenzten Verstande ausgeht und auf ein bestimmtes und begrenztes Sein sich richtet. Sie stehen im nämlichen Verhältnisse zu einander wie die Ruhe und die Bewegung, der Zweck und das Mittel.

Nach dieser Seite hin wäre dem Spinoza keine Absurdität nachzuweisen.

Alles kommt darauf an, eine richtige Auffassung von seinem „Unendlichen" zu bekommen. Gelingt es, dieses „Unendliche" klar hinzustellen als das, was es wirklich ist, so wird damit zugleich die Unmöglichkeit des Spinozaschen Systems in ihrer tiefsten Grundlage erwiesen.

Herder sagt in einem Briefe an F. H. Jakobi,[1]) es sei das πρῶτον ψεῦδος der Gegner Spinozas, daß sie dessen Gott, das „große ens entium, die in allen Erscheinungen ewig wirkende Ursache ihres Wesens" als einen abstrakten Begriff ansehen, wie wir uns ihn formieren; das sei er aber nach Spinoza nicht, sondern das allerreellste, thätigste ens, das zu sich spreche: Ich bin, der ich bin und werde in allen Veränderungen meiner Erscheinung sein, was ich sein werde.

Das ist also nachzuweisen, daß das „Unendliche" des Spinoza, wie er es hinstellt als objektiv, a parte rei, in jedem Dinge als Substanz existierend, nicht der allmächtige Schöpfer oder, um mit Herder zu reden, nicht das „große ens entium, die in allen Erscheinungen ewig wirkende Ursache ihres Wesens" sein kann und zu dieser Überzeugung werden wir gelangen, wenn wir uns an das im Anfange des Kapitels über die causa materialis Gesagte erinnern.

Spinoza verwechselt die beiden großen Seinskreise des Empfangens und Gebens, des Bestimmbaren und des Bestimmenden. Beide führen zu einer prima causa; aber eine jede dieser „ersten Ursachen" hat einen unbestreitbaren Vorrang in ihrem Bereiche: die materia prima im Bereiche des Empfangens, der Bestimmbarkeit und demnach der allseitigen

---

[1]) Herders Nachlaß II. S. 251—256.

Abhängigkeit; und die causa prima efficiens im Geben, im Bestimmen, in nie mangelnder Freiheit. Daß die materia prima oder die reine Potenz abhängig ist und bedarf, das kommt ganz von ihrer dem Nichts entstammenden Natur; es ist das der Ausdruck des Nichts. Daß sie aber ein gewisses Sein hat, dem gemäß sie aufnehmen, von außen her empfangen kann; das ist bereits gegeben von der erst wirkenden Ursache. Ein Beispiel möge die Sachlage veranschaulichen.

Was dient als Träger der Sixtinischen Madonna; worin besteht die Unterlage derselben? Offenbar ist es die Leinwand. Dieselbe Frage entsteht bei der Leinwand, denu sie ist zusammengesetzt. Wer trägt innerhalb des Seins der Leinwand selber dicse Form? Jedenfalls sind cs die Fäden, die zusammengefügt worden sind. Und worin besteht für diese Fäden die innere Unterlage? Im Hanfe. Auch diese Pflanze aber ist zusammengesetzt. Was ist in ihr das tragende Subjekt? Die Feuchtigkeit der Erde, welche durch den Samen in dicse natürliche Seinsform gebracht worden. So kann nun immer weiter, beinahe ohne Grenzen, gefragt werden. Das Ergebnis bleibt jedoch in steigender Proportion immer ganz dasselbe. Je mehr vorangeschritten wird in der Zersetzung, desto weiter, aber auch desto ohnmächtiger wird das tragende und bestimmbare Subjekt.

Was ist vollendeter, entwickelter, was ist thätiger: die Leinwand oder die Sixtinische Madonna? Ohnc Zweifel die letztere. Sie zicht unzählige Bewunderer an, erleuchtet ganz besonders das Malergenie, bildet den guten Geschmack der gewöhnlichen Beschauer und übt noch andere Wirkungen ohne Zahl aus. Die bloße Leinwand sicht kaum einer an, vor dem daraus geschaffenen Kunstwerke bleiben alle stehen. Aus der Sixtinischen Madonna kann kein anderes vollendeteres Gemälde mehr werden; die Leinwand an sich kann ebensogut zu gewöhnlicher Bekleidung dienen als zur Ermöglichung eines Gemäldes. Beides besitzt seine Eigentümlichkeiten: das tragende Subjekt, die Substanz, und das darauf stehende Kunstwerk. Die Eigentümlichkeiten jener lassen sich dahin zusammenfassen, daß sie alle auf der Möglichkeit, etwas zu werden, beruhen; die Eigentümlichkeiten des letzteren, daß es etwas Fertiges ist.

Sowie nun die Leinwand im Verhältnisse zur Sixtinischen Madonna als etwas Unfertiges, als die Möglichkeit, etwas Kunstreiches zu werden, erscheint; so nun wieder die Fäden im Verhältnisse zur Leinwand. Dieselben bieten die Möglichkeit für viele andere Dinge als für das Sein der Leinwand. Und so geht es weiter. Die Bestimmung und Begrenzung oder nach dem Ausdrucke Spinozas die determinatio, ist allerdings eine Verneinung; aber nur die Verneinung einer anderen thatsächlichen Bestimmung oder Begrenzung. Was einmal Sixtinische Madonna geworden ist, das kann nicht mehr oder nicht zugleich die Abnahme vom Kreuze sein. Es ist die Verneinung, daß aus der betreffenden Substanz zu gleicher Zeit noch etwas anderes werden kann, wozu vorher wohl die Möglichkeit vorhanden war.

Aber geht dadurch in der Leinwand das Vermögen verloren, dem gemäß sie auch ein Kleid sein konnte? Keineswegs. Diese Möglichkeit wird gerade recht verdeutlicht. Die Kunstform der Madonna zeigt einerseits, was thatsächlich aus der Leinwand werden kann; aber sie zerstört andererseits durchaus nicht in der Leinwand die Möglichkeit, daß etwas anderes aus ihr hätte hervorgehen können.

Dasselbe aber geschieht in weit höherem Grade bei Seinsformen, die weniger vollendet sind und daher in sich selber größerer Vollendung fähig erscheinen. Daß Bestimmtheit und Abgegrenztheit im Sein darin vorhanden ist, dadurch wird nur zur Anschauung gebracht, wie weit die zu Grunde liegende Möglichkeit sich erstreckt. Könnte denn erkannt werden, was für ein Vermögen etwas zu werden, dem Wasser innewohnt, wenn nicht die Bestimmtheit im Sein des Wassers, wenn nicht bestimmtes Wasser vorhanden wäre? Weit entfernt also, daß die determinationes, wie Spinoza sich ausdrückt, reine negationes sind, können sie nur kraft ihres Gegensatzes zum Zustande der reinen Möglichkeit als Verneinungen betrachtet werden. Insoweit etwas bestimmt, also geworden ist; ist es nicht mehr möglich, dieses selbe zu werden und kann auch, so lange es dieses eine bestimmte Sein ist, nicht thatsächlich das entgegengesetzte sein. Diese selbe Bestimmtheit aber im thatsächlichen Sein beruht auf dem inneren Vermögen für das Sein; denn nur aus diesem Grunde kann ein bestimmtes Sein entstehen, weil die passive Möglichkeit vorhanden war, es zu werden. Es wird demnach gerade durch die Bestimmtheit im Sein, durch den modus nach Spinoza, geoffenbart, daß eine positive substantielle Möglichkeit vorhanden ist, die nicht nur diese Bestimmtheit zu tragen vermag, sondern an sich sogar gleichgültig erscheint gegenüber der gegenteiligen und für sich aus kein Hindernis bietet für die Verwirklichung dieser letzteren.

In und vermittelst der bestimmten Kunstform des Hauses erscheint es weit besser, wozu die Steine eine passive Möglichkeit bieten; in und vermittelst des vollendeten Gemäldes kommt es eindringlicher zur Anschauung, wie weit sich das leidende Vermögen innerhalb der Leinwand und der Farben erstreckt; in und vermittelst des kunstreichen Schliffes, welcher dem Diamanten gegeben wird, tritt es zweifellos hervor, daß von seiten des Diamanten, selbst unter der gegenwärtigen thatsächlichen Form, nichts, aber auch gar nichts der entgegengesetzten Figur entgegensteht, daß seinerseits aus ihm ebensogut ein Viereck werden kann, wie ein Dreieck, ebensogut ein Tier wie eine Pflanze oder auch gar nichts, was eine besondere Form ausdrücke.

Anstatt also daß die Bestimmtheit in der Form die subjektive Möglichkeit stört, ist sie erstens die Vermittlung dafür, daß letztere wirklich besteht und nicht bloß in Gedanken existiert; und zweitens bewirkt sie, daß diese subjektive Möglichkeit als eine völlig indifferente auch erkannt wird. Was aber an sich betrachtet indifferent ist, das kann für sich allein weder das eine noch das andere sein.

Es bietet sich also für Spinoza folgendes Dilemma. Entweder ist die Substanz, welche nach ihm allem Sein zu Grunde liegt, in sich durchaus bestimmt oder sie ist es nicht. Ist sie in sich bestimmt, so bedarf sie keiner weiteren Bestimmung oder Determination, denn was in seiner Substanz keine Möglichkeit trägt für weitere Bestimmung, sondern von ihr selbst, also vom vollen inneren Grunde seines Seins aus bestimmt ist, das schließt alle weitere hinzukommende Bestimmung aus, sowohl die negative wie die positive. Der innere Grund dieses substantiellen Seins ist dann reine Bestimmtheit, also auch Unmöglichkeit, irgendwie nicht zu sein oder irgendwie substantiell anders zu sein.

Ist aber die eine Spinozasche Substanz in sich nicht bestimmt; nun dann ist sie auch gar nicht. Denn was nur möglich ist zu sein, das ist weder, noch ist es nicht; es kann nur sein oder kann auch nicht sein. Die Steine sind nicht der Bau, die Leinwand nicht das Gemälde; was nur subjektive Möglichkeit für das Sein überhaupt in sich schließt, das ist nicht in Wirklichkeit. Noch mehr; selbst diese reine Möglichkeit ist nur dann eine positive und auf alles Sein sich erstreckende, wenn sie von irgend einer Bestimmtheit abhängig existiert; erst dann tritt sie als subjektives Vermögen, aus dem etwas werden kann, hervor.

Das ist also der erste und grundsätzliche Widerspruch bei Spinoza, daß er die tragende Möglichkeit für das Sein zur unabhängigen, vollendeten Substanz macht. Entweder wird aus ihr etwas oder es wird nichts; im ersten Falle war sie nicht, was sie geworden, also sie war nicht vollkommen; im letzten Falle ist es möglich, daß sie es wird, sie ist also auch nicht vollendet.

Aus diesem Widerspruche fließen alle anderen. Per causam sui intelligo, so die erste Definition Spinozas, id cujus essentia involvit existentiam sive id cujus natura non potest concipi nisi existens. Versteht Spinoza unter der causa sui, daß die erste Ursache, also seine „Substanz", sich selbst die Existenz giebt und zwar dadurch, daß es in den Veränderungen seiner äußeren Darstellung, also in den Geschöpfen, in den „modi", erscheint; so ist und wirkt es, bevor es ist. Denn nur, was bereits existiert, kann etwas geben. Versteht er darunter, daß diese Substanz den bestimmenden Grund ihres Daseins in sich trägt, ihr eigenes Wesen, also Thatsächlichkeit ist, so ist es nicht mehr die bestimmbare, weiter zu entwickelnde Substanz der einzelnen Dinge; die Unterlage für die modi.

Per modum intelligo id quod in alio est, per quod etiam concipitur. Wie soll aber etwas dadurch verstanden werden, daß ein anderes verstanden wird; dann wird eben dieses andere verstanden und nicht das erste. Die Substanz wird dann verstanden, der die modi als Bestimmungen anhaften und nicht die modi. Die Substanz kommt nun aber erst zur Erscheinung durch die modi, wie Spinoza gleichfalls sagt; sie kann also auch nur wieder verstanden werden, wenn und inwieweit die modi verstanden werden.

Dasselbe ergiebt sich aus seiner Definition (nr. 7.) der Freiheit. Ea res libera dicitur quae ex sola suae naturae necessitate existit et a se sola ad agendum determinatur. Necessaria autem vel potius coacta quae ab alio determinatur ad existendum et operandum certa ac determinata ratione. Frei also soll nur jene Seinsform genannt werden können, welche rein aus sich ist und rein aus sich wirkt; und notwendig alles, was von einem anderen abhängig ist, respektive was bestimmt oder determiniert wird von einem anderen in bestimmter determinierter Weise. Aber da können nur zwei Fälle angenommen werden. Entweder ist das Spinozasche freie Sein wirklich nur allein von sich selber abhängig und hat demnach allen Grund des Daseins innerhalb seiner selbst — dann ist es nicht die Substanz der

Dinge, sondern steht substantiell ganz und gar außerhalb alles anderen Seins als reiu wirkende Ursache. Oder es wird „determiniert" durch die „modi" zum einzelnen bestimmten Sein — dann ist es auch von den „modi" abhängig im Handeln, steht also unter dem tiefeingreifendsten Zwange.

Im ersten Falle läßt sich nichts dagegen einwenden, daß das freie Sein als reiu wirkende, in sich bestehende Ursächlichkeit, auch freie Ursachen hervorbringt, denen es geben kann, daß sie sich selbst bestimmen; freilich nicht unabhängig, denu da würden sie sich selbst hervorbringen, causa sui sein, soudern kraft seiner eigenen Selbstbestimmung. Im zweiten Falle ist jede Freiheit unmöglich; denu wenn die modi der Substanz ihre Bestimmung geben und die Substanz wieder den modi zur Unterlage des ganzen Seins dient, so entsteht ein Kreisschluß, der zum Nichts führt. Die Substanz ist den „modi" fremd, denn letztere sind nur Verneinungen der Substanz; und die „modi" sind der Substanz fremd, die für sie ein „aliud" ist; also besteht überall Zwang, weil überall Abhängigkeit von dem, was dem eigenen Sein fremd ist.

Nebenbei sei darauf hingewiesen, wie Spinoza die Determinierung, welche der Freiheit zuwider ist, versteht; dieselbe geht von einer fremden Substanz, nicht vom eigenen, substantiellen Sein aus. Denn die Substanz in jedem Dinge ist fremd dem bestimmten Wirken. Letzteres hat in den modi seine Quelle; die modi aber haben kein eigenes Wesen, sondern ihr Wesen ist in alio, nämlich in substantia; sie haben kein eigenes Wesen.

Wenn nun Spinoza Gott definiert (propos. XI.): Deus sive substantia constans infinitis attributis, quorum unumquodque aeternam et infinitam essentiam exprimit, necessario existit — so faßt er damit bloß alle Widersprüche, die seinem System innewohnen, zusammen. Er ist „unendlich" und wird geendet und begrenzt durch die „modi", d. h.

durch etwas Äußerliches; er ist „ewig“ und seine Erscheinung entsteht und vergeht; „notwendig“ existiert er und diese innere Notwendigkeit hängt ab von den affectiones oder determinationes oder modi, die weit entfernt, Gott zu sein, Ihm vielmehr ganz und gar fremd sind.

47. Die Lehre des heiligen Thomas.

Der einsichtige Leser wird bereits herausgefühlt haben, wie in die Behandlung des Wissens Gottes, soll dieselbe irgendwie erschöpfend sein, auch das Bloßlegen der pantheistischen Irrtümer gehört. Es müssen die Wurzeln gefunden werden, welcher falsche Ansichten über das göttliche Wissen entsprossen sind. Nur so kann sich die richtige Ansicht in den Intelligenzen entscheidende Bahn brechen. Thomas hat diese richtige Ansicht in unserem gegenwärtigen Artikel genugsam gekennzeichnet dadurch, daß er den inneren Grund der Selbsterkenntnis Gottes in dessen wesentliche Trennung von jeglicher Entwicklungsfähigkeit, in seine vollste und reinste Thatsächlichkeit und demgemäß in die Unmöglichkeit legt, daß irgend etwas, wie auch immer es beschaffen sei, von außen her für Gottes Wissen maßgebend werde. „Soweit der Erkenntnisgegenstand und das Erkenntnisvermögen noch entwicklungsfähig, in potentia, ist, soweit herrscht keine Einheit und demnach auch kein thatsächliches Erkennen.“

Diese so kurzen, aber inhaltsschweren Worte durchschneiden scharf und sicher den Knoten der Einheit des Seins; sie müssen ihrem vollen Wortlaute nach aufgefaßt werden. Giebt es eine a b s o l u t e Einheit des Seins? Ja. Es kann keine Vielheit existieren, ohne auf eine Einheit sich zurückführen zu lassen. Giebt es viele Dinge, die einfach existieren, die da zufällig Sein haben, so muß es ein Sein geben, welches seinem Wesen nach in einfachster Weise alles Sein umschließt. Viele Dinge sind warm, können aber auch kalt sein, also muß es ein Wesen geben, dessen Wesen die Wärme ist und das somit ohne Wärme nicht sein kann: das

Feuer. Jedes Ding ist; jedes Ding ist in sich ein einheitliches, die einige Grundlage für die verschiedensten Aussagen; es kann aber auch nicht sein; — also muß es ein Sein geben, das in seiner Einheit alles Sein enthält, zu dessen Wesen die Einheit und das Sein gehört.

Kann dieses Sein den Träger irgend welcher Entwicklung vorstellen? In keinem Falle; es bestände dann keine Einheit in seinem Sein, sondern heute trüge es diese Seinsform oder diese Seinsstufe und morgen jene. Ein solches Sein darf nur Wirklichkeit, Thatsächlichkeit, unbeschränkte Bestimmtheit in sich schließen.

Worin aber kann in diesem Falle ein solches Allsein bestehen? Nur in der Erkenntnis; nur in der Selbsterkenntnis. „Es muß," nach den unsterblichen Worten des Meisters, „sich durch sich erkennen." Das leidet keinen Zweifel. Denn erstens wäre eine Vervollkommnung vorhanden und demgemäß eine Entwicklung, also eine Möglichkeit, wenn der Erkenntnisgegenstand irgendwie von ihm getrennt wäre, da, wie Thomas (**Metaph. lib. XII. lect. 11.**) sagt, „der Erkenntnisgegenstand das Erkenntnisvermögen vollendet." Zweitens aber bietet nur die thatsächliche Erkenntnis jene volle Einheit im Sein zwischen Erkanntem und Erkennendem, welche dem Allsein zugesprochen werden muß; nur die thatsächliche Erkenntnis ist wesentlich Wirken, soweit sie reicht; sie kann niemals leiden; immer gehört dem thatsächlichen Erkennen in dem Maße, in welchem es besteht, das Leiten, das Bethätigen, das Einigen und Verbinden zu.

Dieses Sein also, welches sich selbst unmittelbar durch sich selbst erkennt, schließt alles wirkliche Sein in seinem Wesen, in seiner Substanz, in seiner Natur notwendig ein. Es kann gar nicht anders als wirklich und in jeder Beziehung von innen heraus bestimmt gedacht werden: **est sibi maxime finita**, so formuliert Thomas diese Substanz und letztere steht nur in dem Falle, daß sie so in aller ihrer inneren Bestimmtheit aufgefaßt wird, der ohne Ende von außen her bestimmbaren einzigen Substanz des Spinoza schroff gegenüber.

Diese sich selbst unmittelbar erkennende, also ihrem Wesen nach vollthätige Substanz kann niemals die Substanz eines anderen Dinges bilden. Giebt es denu aber nun auch andere wirkliche Substanzen?

Ohne Zweifel. Es giebt außcr der göttlichen viele und es kann deren noch ohne Ende mehr geben, die sowohl von einander als von der göttlichen unterschieden sind. Auf welche Weise? Dadurch daß dicse Substanzen ihrem innersten Wesen nach nur Vermögen für das Sein sind und nur als solches Vermögen (**potentia essendi**) für das Sein als notwendig, allgemein, unvergänglich erscheinen und zwar in diesem Sinne, daß, wer z. B. einmal den substantiellen Begriff Dreieck ausspricht, auch notwendig die Verbindung zweier R in einer einzigen Figur meint. Sie sind als Vermögen für das Sein innerlich notwendig; die Wesensmerkmale dieser Substanzen hängen mit aller Notwendigkeit untereinander zusammen; der Mensch kann nichts anderes sein als **rationale animal**; das Feuer nichts anderes als Wärme. Nach dicser Richtung hin sind sie notwendig und allgemein und von sich aus fähig, in Einzelndingen der Zahl nach ohne Eude zu existieren.

Wirklichkeit aber haben sie aus sich nicht; das wirkliche Sein wird ihnen von außen her gegeben. Sie können, auch während sie thatsächlich sind, wirkliches Sein haben oder auch es nicht haben. Sollen sie es aber haben, dann besteht seitens der einzelnen Substanz ein Vermögen, nur so zu sein, wie die Zusammensetzung ihrer Wesensmerkmale besagt und nicht anders; für die Substanz „Mensch“ z. B., das Vernunftvermögen zu haben oder gar nicht Mensch zu sein.

Hindert eine solche Substanz oder viele solcher Substanzen die absolute Einheit jenes Seins, das seine eigene Wirklichkeit, weil sein eigener innerer Grund für die Erkenntnisthätigkeit ist? Im Gegenteil! Jene Substanzen, deren

Wesen bloß in der Möglichkeit, im Vermögen für das Sein besteht, die also aus sich gar kein Wirklichsein besitzen, bestätigen vollauf mit ihrem ganzen Wesen, daß es eine einheitliche — und zwar eine außerhalb von ihnen selbst befindliche Substanz giebt, die nur Wirklichkeit, also am Ende nur Sein ist und daß sie selbst nur insoweit sind als sie teilhaben an dieser Wirklichkeit.

Denn, um noch einen Schritt weiter zu gehen, woher haben die Substanzen dieses ihr inneres Vermögen für das thatsächliche Wirklichsein, jenes Vermögen, welches ihr Wesen ausmacht? Aus welchem Grunde vermögen sie, kraft der sie zusammensetzenden Merkmale etwas in Wirklichkeit zu sein und nicht nur zu sein, sondern immer mehr es zu sein? Aus demselben Grunde, aus welchem ein dunkles Zimmer vermag erleuchtet zu werden in der Voraussetzung daß Licht existiert. Die Existenz einer ganz in sich vollendeten, nur von innen aus sich heraus bestimmten Thatsächlichkeit, die also alles Sein wirklich ihrem Wesen nach ist, genügt, daß etwas außerhalb dieser Substanz vermag wirklich zu sein und die positive Einwirkung dieses Seins, die natürlich nie machen kann, daß etwas dem Wesen nach Wirklichkeit ist, weil es nicht sein eigenes Wesen verursachen kann, ist allein imstande, mit einem solchen substantiellen Vermögen wirkliches Sein zu verbinden. Und soweit dann diese Einwirkung sich erstreckt, d. h. soweit die einzelne Substanz wirkliches Sein hat, so weit nur kann auch die Richtung und der Grad des inneren substantiellen Vermögens erkannt werden; soweit nämlich kann die absolute Einheit der göttlichen Selbsterkenntnis, die dem Wesen nach nur Wirklichkeit und Thatsächlichkeit ist, gewissermaßen nachgeahmt werden.

Deshalb muß auch jedes Geschöpf, d. h. jegliches Sein, dessen substantielles Wesen nur Möglichkeit zu sein, und nicht das Sein selber ist, zum mindesten aus zwei Teilen bestehen: dem substantiellen Vermögen und dem von außen hinzukommenden wirklichen Sein. Und ebenso notwendig muß eine jede solcher Substanzen fallen können. Denn darin besteht eben ein Vermögen, daß es etwas zu werden vermag, sobald es unter der Einwirkung der und in Beziehung zu jener Substanz steht, die dem Wesen nach, also mit Notwendigkeit, wirkliches Sein ist und daß es, immerhin Vermögen bleibend, fällt, sobald es von dieser Einwirkung entfernt dem ursprünglichen Nichts überlassen wird.

Die Trennung und die Einheit des Seins ist sonach dahin zu verstehen:

1) Gott; — alles Wirklichsein der Substanz, und dem Wesen nach und deshalb unmöglich Träger irgendwelcher Entwicklung.

2) Das Nichts; — an sich weder Vermögen zu sein noch wirkliches Sein.

3) Geschöpfliche Substanz — Vermögen für das Sein vor — in — und nach dem Wirklichsein; ein Vermögen, dessen positive Seite rein abhängig ist von der Einwirkung Gottes und dessen Ursprung aus dem Nichts keinerlei Recht gewährt, etwas von sich aus zu sein und somit etwas zu fordern.

Thomas stellt die Selbsterkenntnis Gottes auf Grund seiner wesentlich-thatsächlichen, aller Entwicklung baren Wirklichkeit fest. Für Spinozas Gott ist eine unmittelbare Selbsterkenntnis ein Ding der Unmöglichkeit, denn dieser Gott ist der tiefste und allgemeinste subjektive Träger der Entwicklung; Erkennen aber ist die Spitze und das Ergebnis aller Entwicklung.

Jetzt erhellt, warum Thomas niemals die Substanz nach Kartesischer Manier definiert als einfach **non indigens alio ut subsistat**, sondern vielmehr ihre Potentialität, daß nämlich ihr Wesen im Vermögen bestehe, immer scharf betont. So: „Die Substanz ist etwas, dem da geschuldet wird (cui debetur), daß sie nicht in etwas anderem als ihrem Subjekte ist, sondern daß das wirkliche Sein in ihrem Vermögen per se subsistiert,“ „cui debetur esse per se et non in alio; scilicet subjecto" (7. de pot. 3. ad 4.; 9. quod. 5. ad 2.; I. d. 8. q. 4. art. 2. ad 2. etc.). „Für sich sein (per se existere) ist nicht die genaue Definition der Substanz, denn dadurch wird nicht ihr Wesen gekennzeichnet (non demonstratur quidditas ejus), das da nicht sein eigenes Sein ist" (4. d. 12. q. I. a. 1.; 7. de pot. 3. ad 4.). Nicht das wirkliche Sein wird der Substanz geschuldet, sondern daß dieses wirkliche Sein, wird es einmal von außen her gegeben, dann kein anderes „Subjekt", keinen anderen Träger hat, wie die fragliche Substanz.

Der Substanz „Mensch" z. B. wird es geschuldet, nicht daß sie Wirklichkeit habe, sondern daß, existiert einmal ein wirklicher Mensch, dieser in der Substanz „Mensch" den letzten Träger der Entwicklung finde, also auf Grund und nach dem Vermögen der menschlichen Substanz Wirklichsein erhalte; nicht etwa gleich der Farbe, welche nur als Teil eines anderen und getragen von etwas anderem Wirklichkeit besitzt.

Im betreffenden Vermögen, so und nicht anders, also Mensch und nicht Tier, Pflanze und nicht Stein zu sein, darin subsistiert das Sein Mensch, das Sein Pflanze, das Sein Tier und deshalb kann dieses Sein seinem Wesen nach weiter entwickelt werden und zwar ohne Ende vermag es weiter wirklich zu werden, weil ein Sein existiert, das da alles Wirklichsein ohne Schranken in sich schließt und demnach „durch sich allein sich erkennt".

Drittes Kapitel.

Das Selbstbegreifen Gottes.

§. 1.

48. Text aus Job.

Numquid ingressus es profundum maris et in novissimis abyssi deambulasti. (Job 38.)[1] „Hast du betreten

---

[1]) Lib. 29. c. 8. Mare enim est mens humana cujus profunda Deus ingreditur quando per cognitionem suam ad lamenta poenitentiae ab intimis cogitationibus perturbatur, quando prioris vitae nequitias ad memoriam reducit, fluctuantem in confusione sua animum concutit. Profundum Maris Deus penetrat, quando etiam desparata corda permutat. Ipse enim mare intrat quando cor saeculare humiliat: profundum maris ingreditur, quando visitare mentes etiam pressas sceleribus non dedignatur. Unde et recte percunctando subjungitur: Et in novissimis abyssi deambulasti. Quae enim est abyssus nisi mens humana, quae dum semetipsam comprehendere non valet, sese in omne quod est velut obscura abyssus latet. Unde bene per Prophetam dicitur: Dedit abyssus vocem suam ab altitudine phantasiae.

die Tiefe des Meeres und bist du herumgewandelt in den Schlünden des Abgrundes?" So fragt Gott im Buche Job und der große Gregor bemerkt in den Moralien dazu: „Das Meer ist der Menschengeist, dessen Tiefe Gott betritt, wann derselbe durch seine Erkenntnis in den innerlichsten Gedanken bis zu Reuethränen erschüttert wird; wann er die Sünden des vergangenen Lebens sich ins Gedächtnis ruft und den in seiner Beschämung hin und herwogenden Geist zermalmt. Die Tiefe des Meeres betritt Gott, wann Er sogar schon ganz verzweifelte Herzen verändert. Er selber nämlich geht hinein in das Meer, wann Er das der Welt zugethane Herz demütigt, wann Er sich nicht scheuet, auch die von Verbrechen am schwersten gedrückten Seelen heimzusuchen. Deshalb fügt Er auch wie fragend hinzu: Und in den tiefsten Schlünden des Abgrundes bist du da herumgewandelt? Denn wer anders ist dieser Abgrund als der Menschengeist, der sich selbst zu begreifen nicht vermag und darum hinter allem, was existiert, wie ein dunkler Abgrund sich verbirgt. Mit Recht sagt somit auch der Prophet: Der Abgrund hat seine Stimme erschallen lassen von der Höhe seiner Einbildung aus. Denn, während der Mensch nicht sich selbst durchdringt, steigt er aus dem Vergleiche mit sich empor, um die Macht der göttlichen Natur desto demütiger zu preisen, je weniger er sie zu begreifen vermag."

Der Text im Habakuk heißt in der Vulgata: Abyssus dedit vocem suam et altitudo manus suas levavit. Der Sinn ist derselbe. Die Höhe der Gedanken, die in der Einbildung ihre Vermittlung mit der Sinnenwelt hat, bekennt den Abgrund des Nichts in sich selber und ist nur dann eine wahrhafte Höhe, wenn sie demütig die Allmacht

---

Hab. 3.: Quia dum semetipsam mens humana non penetrat, ex comparatione sui, divinae naturae potentiam, quam comprehendere non sufficit, humilius laudat.

Gottes preist und je mehr sie emporsteigt, desto inniger ihre Hände in flehentlichem Gebete zum Vater der Erleuchtungen erhebt. Der undurchdringliche Abgrund des Menschengeistes ruft danach, daß die Erhabenheit des Unermeßlichen ihm die Hand reiche. Undurchdringlich ist dieser Abgrund wegen seines Nichts. Undurchdringlich für alles außen Befindliche ist die Erhabenheit des Allgewaltigen auf Grund unmeßbarer Fülle. Nur soweit Gott dem Menschen die Hand giebt, daß er Ihn und seine Allmacht erkenne, nur soweit kann er sich selbst erkennen. Die Anerkennung des Mangels auf der einen Seite ist der sicherste Führer zur Wertschätzung der Fülle auf der anderen.

Oder hatte etwa jener seinen eigenen Geist durchdrungen, der da die Kleider derer bewahrte, die den heiligen Stephanus steinigten und Briefe mit sich nahm vom hohen Rate der Juden zu Jerusalem, auf daß er, so viele Christen er auch immer fände auf dem Wege nach Damaskus und in dieser Stadt selber, seien es Männer oder Frauen, sie gebunden führe nach Jerusalem?

Ein Wort der unendlichen Erhabenheit von oben herab — und die Binde ist gefallen von Pauli Augen. Was die Gewalt der Leidenschaft verborgen gehalten, liegt nun enthüllt vor ihm. Der Abgrund ruft und emporgestiegen aus der Tiefe der Unkenntnis seiner selbst erhebt er die Hände zur höchsten Erhabenheit: „Herr, was willst Du, daß ich thue?" „Als es aber," so schreibt der Apostel selber, „Ihm gefiel, der mich ausgeschieden hat vom Mutterleibe an und mich gerufen hat durch seine Gnade, auf daß Er seinen Sohn in mir enthülle."

Und wiederum stand Paulus vor dem undurchdringlichen Abgrunde des eigenen Geistes, ohne zu wissen, was ihm gut sei: „Ich betete, daß Gott von mir nehme den Stachel des Fleisches." Der Herr aber aus der erhabenen Höhe seiner Unermeßlichkeit zog zu Sich hinauf diese neue Tiefe und flößte den Frieden ein inmitten des Kampfes, jenen Frieden, der da lehrt, die Hände emporzuheben zum Allmächtigen et altitudo levavit manus suas. „Es genügt dir, Paulus," so sprach der Herr, „meine Guade, die Tugend vollendet sich inmitten der menschlichen Schwachheiten."

Das wußte deshalb Paulus wohl, als er sagte: „Ich bin mir nichts bewußt, aber deshalb bin ich noch nicht gerechtfertigt, denu der mich richtet, ist der Herr," „der da enthüllt das Verborgene der Finsternisse und ans Licht zieht die Geheimnisse der Herzen."

Das wußte auch der Psalmist, wenn er sprach: „Zu Nichts bin ich geworden und ich habe es nicht einmal gewußt;" ad nihilum redactus sum et nescivi.

Oder wußte Petrus, „was im Menschen sei," als er an den Heiland die Worte richtete: „Ich bin bereit, mit Dir in Kerker und Bauden zu gehen?" Der Heiland allein weiß, „was im Menschen ist;" denu „der Geist durchforscht alles, selbst die Tiefen der Gottheit". Er kannte genau seinen Petrus, da Er ihm antwortete: „Ehe noch der Hahn zweimal gekräht hat, wirst du mich dreimal verraten haben." Er kannte seine Apostel, da Er zu ihnen trotz der Beteuerungen, sie würden Ihu niemals verlassen, sprach: „Der Geist ist zwar willig, aber das Fleisch ist schwach." Für Petrus selbst enthüllte der Abgrund seine Tiefe erst beim Blicke des Heilandes und die Apostel mußte erst der Kreuzestod des Gottmenschen erleuchten.

Was kann der Mensch, was kann er nicht? Welcher Kenntnis ist er fähig und welcher nicht? „Hat er betreten die Tiefe des Meeres und die verborgensten Schlünde des Abgrundes hat er sie durchwandelt?" „Wenn er ohne den Herrn umsonst aufbaut und wenn, ohne daß der Herr wacht, sein Wachen vergeblich ist;" wenn er also nur im Gefolge des Herrn den Abgrund seines eigenen Geistes zu betreten vermag und in dessen Tiefen nur dann zu wandeln versteht, falls der Herr ihn führt; wenn er nicht einmal sich selber klar lennt und doch nur auf Grund und gemäß dem Grade seiner Selbstkenntnis in thatsächlicher Freiheit zu handeln vermag; — und das alles spricht die Schrift unzählige Mal in den deutlichsten Worten aus, — wie ist dann die Annahme nur möglich, daß Gott sich in seinen Entschlüssen regelt nach dem, was Er im Menschengeiste sieht.

David dachte gar nicht an die Größe seiner Schuld. Was soll denu das auch für einen König viel bedeuten, einen Ehebruch begehen und einen einfachen Soldaten mitten in das dichteste Kampfgewühl schicken, auf daß letzterer da umkomme!

Da erscheint der Prophet und dessen Wort: „Tu es ille vir" dringt wie ein Lichtstrahl in das Dunkel des sündigen Herzens und enthüllt, was darin verborgen war. Die Größe seiner Missethaten steht nun auf einmal vor dem Geiste des begnadeten Königs und gedrückt durch dieses centnerschwere Gewicht beginnt er jenes Bußleben, für das er zu allen Zeiten als erhebendes Beispiel gelten wird.

Ein Wort hört der heilige Antonius und plötzlich steht vor seinem Gciste gegenwärtig die früher ungeahnte Schönheit der Armut, welche vorher in den Abgründen des Geistes verborgen gewesen.

Ein Blick auf den arm und demütig daherschreitenden Heiland — und die Hülle, welche vorher alle begangenen Missethaten bedeckt hatte, fällt vor den geistigen Augen des armen Zöllners: „Herr," ruft er, „die Hälfte meines Vermögens gebe ich den Armen und was ich durch Betrug gewonnen, dafür ersetze ich das Vierfache." Die Ungerechtigkeit war bereits in seinem Herzen; aber sie war ihm verborgen. Nun hatte er durch die gnadenreiche Einwirkung des Herrn sie gesehen (aspexi iniquitatem in corde meo Ps. 118) — und die Umkehr von seinem Wege war eine vollständige.

Nichts ist sich selber so wenig klar wie der Menschengeist. Wonach er sich heute sehnt, das verabscheut er morgen. Die Erkenntnis, deren er sich heute rühmt, die verwirft er morgen. Vom Irrtum gelangt er zur Wahrheit, von der

Wahrheit fällt er ab zum Irrtum. Vom Laster erhebt er sich bis zur Höhe der Tugend und von der Tugend stürzt er hinab zum Laster. Freundschaft verändert sich in Feindschaft und Feinde werden die besten Freunde. „Was wird aus diesem Knaben werden," fragten sich die Verwandten der Familie bei der Geburt des heiligen Johannes des Täufers. Eine ähnliche Frage können wir bei jedem Entschlusse, bei jedem Fortschritte im Erkennen oder in irgend einer Fertigkeit an uns richten. Was wird daraus werden? Wer weiß das, was aus seinen eigenen Plänen werden wird; ob er nach einigen Tagen noch ebenso begeistert von denselben sein wird, wie gerade gegenwärtig? Der Mensch wandelt herum in seinem Geiste; aber die Tiefen desselben versteht er nicht.

Auf Vermögen ruht sein Sein; auf Vermögen beruht sein Erkennen; Entwicklung ist der Mensch vom Anfange bis zum Ende; Entstehen und Vergehen beherrscht sein Leben. Erkennst du etwas? Du vermagst es, weiter und tiefer zu erkennen; du vermagst auch, diese Erkenntnis zu verlieren. Jeder Erkenntnisgegenstand hat in jeglicher Stufe das Vermögen, weiter erkannt zu werden; jeder Erkennende hat bei jeder Stufe seines Erkennens das Vermögen, noch weiter zu erkennen. Vom Menschen oder allgemeiner vom Geschöpfe selber aus wird keine Grenze gezogen. Das Wirkende, Begrenzende, im einzelnen Bestimmende kommt von außen und naturgemäß in letzter Linie von jenem, der in Sich keine Möglichkeit einschließt. Er ist der „rex qui sedet in solio judicii et dissipat omne malum intuitu suo". Von Ihm geht alle Entscheidung, alles Urteil, alle Bestimmung aus; Er allein kann aus voller Freiheit das reine geschöpfliche Vermögen bestimmen. Gott kann außerhalb seines Wesens gar nichts Wirkliches sehen, was für Ihn auch nur irgendwie Richtschnur sein könnte. Denn von Ihm geht alles thatsächlich Wirkliche aus und von dem Wirklichen hängt das Bestehen des Vermögens ab.

Der Punkt ist zu wichtig, er muß von allen Seiten her beleuchtet werden. Das wahre Vermögen muß zur Anerkennung kommen. Prüfen wir, bevor wir den Text des heiligen Thomas anführen und erklären, zuvörderst die **causa formalis** im einzelnen Dinge und ihre Wirkungen. Wir werden dann besser verstehen, welcher Unterschied eigentlich zwischen der naturnotwendigen Thätigkeit des Vernunftvermögens und der urteilenden oder zwischen der **veritas objectiva** und der **veritas formalis** besteht.

49. Die abstrakte Wissenschaft und das praktische Leben.

Jean Jacques Rousseau hatte im Jahre 1749 eine von der Akademie zu Dijon gestellte Preisfrage: „**Si le retablissement des sciences et des arts a contribué à épurer les moeurs**" im negativen Sinne beantwortet und es wurde ihm der erste Preis zugesprochen. Die Preisrichter erkannten damit vor der Öffentlichkeit den unheilvollen Einfluß an, welchen die Philosophie des siebzehnten und achtzehnten Jahrhunderts, die weiterausgebildete Philosophie des Cartesius nämlich, auf das praktische Leben ausgeübt hatte.

Anstatt mitzuhelfen, daß dem Geiste die ihm von Natur gebührende Herrschaft über das Fleisch, also seine eigenste Würde gesichert werde, trug das edelste seiner Erzeugnisse, die Wissenschaft, vielmehr dazu bei, den Geist unter das Fleisch zu knechten. Wäre in Deutschland damals dieselbe Preisaufgabe gestellt worden oder würde dies vielleicht auch später noch geschehen sein, so hätte sich wohl ebenfalls ohne große Schwierigkeit ein Jünger der Wissenschaft finden können, welcher imstande gewesen wäre, die vollendete Unfruchtbarkeit der gleichzeitigen Philosophie für das praktisch-sittliche Leben nachzuweisen.

Und doch besteht zwischen der französischen Philosophie des achtzehnten Jahrhunderts und der deutschen in dieser selben Zeit der durchgreifendste Unterschied, ja nicht selten ein völliger Gegensatz. Jene ging darauf aus, alles Geistige zu materialisieren, diese dagegen war durchweg auf eine sogenannte Vergeistigung der Materie gerichtet. Hatten die Franzosen nach dem Vorgange der Engländer die Sinneseindrücke als alleinige Quelle des menschlichen Erkennens bezeichnet und folgegemäß die einen den Sensualismus, die anderen den Materialismus ausgebildet, so findet der deutsche Idealismus die wesentlichen Bedingungen aller Erkenntnis im Menschengeiste.

Schon Leibnitz folgt diesem Princip, indem er die Erfahrung wohl als eine Quelle der Erkenntnis gelten läßt, diese selbst aber als ein Erzeugnis des Denkens auf seiner frühesten Entwicklungsstufe betrachtet. Bezeichnend ist für dieses Bestreben die Ergänzung, welche er zu dem von Locke allerdings mißverstandenen Satze „**nihil est in intellectu quod non fuerit in sensu**“ mit den Worten machte: „**nisi intellectus ipse.**“ Die Substanz ist nach ihm nicht ein Aggregat lebloser Atome, sondern sie besteht aus geistig beseelten Einzelnwesen, Monaden genannt; eine vorausbestimmte Harmonie (**harmonia praestabilita**) erklärt ihr Zusammenwirken in dieser Welt.

Eine ähnliche idealistische, um mit der modernen Philosophie zu sprechen, Anschauungsweise kennzeichnet Lessings Forschungen auf den Gebieten der Religion, der Ethik und der Ästhetik. In der Kunst wie im Leben ist, wenn gemäß seinen Worten geurteilt wird, ihm nicht der äußere Erfolg, sondern die Stimme des Gewissens maßgebend und, wie er in seiner „Erziehung des Menschengeschlechts“ ausführt, fällt die höchste Entwicklungsstufe desselben mit der des Mannes zusammen, der auch dann, wenn die Aussichten auf Ehre und Wohlstand, die im Jünglingsalter sein Handeln bestimmten, wegfallen, dennoch seine Pflicht freudig zu erfüllen bereit ist.

Kant faßt alle Errungenschaften seiner Vorgänger nach dieser Seite hin zusammen. Die „Kritik der reinen Vernunft“ giebt ihm die Überzeugung, daß außer den sinnlichen Eindrücken gewisse im menschlichen Geiste schon von vornherein vorhandene (a priori) Begriffe, z. B. Raum und Zeit, zur Erkenntnis nötig sind. Verbieten dem Menschen die Grenzen der „reinen Vernunft“, das Übersinnliche zu erfassen, bleibt es ihm versagt, mit ihrer Hilfe das von der Erscheinung unabhängige Wesen der Dinge („das Ding an sich“) zu erkennen, so zeigt ihm die „Kritik der praktischen Vernunft“ den Weg, auf welchem auch diese Forderung unseres geistigen Menschen Befriedigung findet. Die „praktische Vernunft“ erheischt die Unterdrückung des siunlichen Menschen durch den Vernunftmenschen, welch letzterer dem ersteren ein Gesetz gicbt; dieses Gesetz ist aber nicht, wie die Maximen der Klugheit, durch die Aussicht auf gewisse Erfolge bedingt, sondern es ist ein unbedingtes, das einzige unbedingte Gebot: der „kategorische Imperativ“. Die praktische Vernunft ist es auch, welche zu gewissen, zwar nicht logisch zu beweisenden, gleichwohl aber unerläßlichen Forderungen des sittlichen Menschen führt, von Kant *Postulate* genannt: 1) Die *Freiheit des Willens*, ohne welche der Mensch von der Naturnotwendigkeit abhängig bliebe und der Stimme des „kategorischen Imperativs“ nicht zu folgen vermöchte; 2) die *Unsterblichkeit* der Seele, die trotz der Unvollkommenheit der menschlichen Natur die Möglichkeit einer fortwährenden Annäherung an den Zustand sittlicher Vollendung zuläßt; 3) das *Dasein Gottes*, d. h. eines Wesens, welches einerseits die absolute Macht über die Natur hat, während es andererseits durch moralische Antriebe schlechthin bestimmt wird und dem Menschen die Verwirklichung des höchsten Gutes verbürgt, nämlich des in der Natur fehleuden Zusammenhanges zwischen der Sittlichkeit und einer zu ihr im Verhältnisse stehenden Glückseligkeit.

Ist nicht damit die Bankerotterklärung dieser Richtung, der sogenannten idealistischen, welche den Stoff vergeistigt, also eigentlich von selbem ganz und gar absieht, vollständig und mit klaren Worten ausgesprochen? Wie will eine Philosophic noch einen versittlichenden Einfluß auf das praktische Leben ausüben, die als Endergebnis den Satz aufstellt: die Freiheit des Willens, die Unsterblichkeit der Seele, das Dasein Gottes, mit einem Worte die an der Spitze aller Moralität stehenden und dieselbe allein ermöglichenden Wahrheiten lassen sich nicht „erweisen“, sondern sind nur „unerläßliche Forderungen“; die „reine Vernunft“ weise dieselben als ganz und gar unbeweisbar zurück und die „praktische Vernunft“ stelle sie als unumgänglich notwendig hin; die also den innerlichsten Widerspruch in die Natur der Veruunft selber hineinträgt? Das ist das Ende des reinen Idealismus, welches von den späteren ausdrücklichen Pantheisten nur nach allen Richtungen hin konstatiert worden ist. Die Worte „Moralität“, „Selbstlosigkeit“, „sittlicher Zweck“ rc. bleiben und täuschen durch ihren leeren Klang die Menge und vielleicht die Philosophen sclbst; ein wirklicher Einfluß in die Sittlichkeit des praktischen Lebens besteht scitens dieser Philosophie nicht mehr. Das wird durch die Thatsachen aus dem Leben der Koryphäen dieser Philosophie übrigens gleichfalls erwiesen, wie dies Janssens Buch über moderne, wissenschaftliche Größen hinlänglich darthut.

Im geraden Gegensatze zu der idealistischen Richtung der deutschen Philosophie entwickelt sich die französische, nachdem Voltaire seine Landsleute mit dem Empirismus des Engländers Locke bekannt gemacht. Sie huldigt einem Realismus, der schließlich in den nackten Materialismus übergeht. Die Grundsätze eines Holbach, der in seinem „système de la nature“, dem Hauptwerke des französischen Materialismus, die Sinnesempfindungen als bloße Gehirnthätigkeiten bezeichnet; der eine vom Sinne verschiedene Vernunft nicht anerkennt; der da in der Idee Gottes nur einen Deckmantel für unsere Unwissenheit sieht und als alleinige Triebfeder unseres Handelns betrachtet; — eines Lamettrie, der in seinen Schriften: „l'homme machine“ & „l'homme plante“ alles auf mechanische Notwendigkeit zurückführt, die Seele mit der Hirnsubstanz identifiziert und behauptet, wenn diese aufhöre zu funktionieren, so sei alles zu Ende (la farce est jouée) und es sei demnach für den Menschen die natürliche Bestimmung, zu genießen; — eines Rousseau, der trotz einer zum Idealismus hinneigenden Beanlagung in seiner Opposition gegen das Bestehende so weit ging, daß er die Aufhebung des Familienlebens befürwortete, den Forschritt der Wissenschaften als einen Nachteil für das Menschengeschlecht bezeichnete und durch Untergrabung alles Autoritätsglaubens die Revolution auf das wirksamste vorbereiten half; — alle diese Theorien drücken das klar und bestimmt auch mit Worten aus, was sich als nächste praktische Folgerung aus der sogenannten idealistischen Philosophie im deutschen Volksleben weit und breit bemerklich machte. Die einen setzten die Materie offen auf den Thron und ließen sich auf diese Weise von ihr beherrschen; die anderen fingierten ostensibel allgemeine Gleichgültigkeit gegen die Materie und erachteten es unter ihrer Würde, einem so verachteten Gegner Widerstand entgegenzusetzen. Auf die eine oder die andere Weise wurde der Geist und mit ihm aller Gemeinsinn, alles wahrhaft Edle im Menschen unter die Tyrannei des Fleisches gebeugt und anstatt daß die Wissenschaft die Leuchte sein sollte, in deren Glanze der Mensch emporsteigt aus Selbstsucht und Wollust, wurde sie sowohl nach ihrer offen materialistischen wie auch nach der sogenannten idealistischen Seite hin sowohl bei den Franzosen wie bei den Deutschen das Irrlicht, welches immer weiter abführte vom Frieden und von der Ordnung im eigenen Innern, in der Familie, im Staate zur allgemeinen Unordnung und Zerstörung.

Die „Philosophen“ in Frankreich machten die Revolution; die „Idealisten“ in Deutschland klatschten der Proklamierung aller revolutionären Grundprincipien mit vollen Händen Beifall.

Die Philosophie und mit ihr die Wissenschaft im allgemeinen kann erst dann wieder das werden, was sie von Natur aus ist, die glanzvolle Leuchte für das praktisch-sittliche Leben der Menschen, wenn sie nach keiner Seite hin den Extremen folgt; wenn sie weder den Stoff allein für existenzberechtig thält, noch alles, was die Welt enthält, als etwas Geistiges ansieht. Darin liegt eben gerade die Bedeutung der thomistischen Philosophie und der tiefste Grund, weshalb sie immer wieder zu Ehren kommt, daß sie auf das passendste und auf das durchgreifendste Leiden und Wirken, Stoff und Kraft, Materie und Form miteinander versöhnt und keinen Gegensatz da sieht, wo keiner besteht.

Die Natur wird von der thomistischen Philosophie betrachtet, wie sie wirklich ist. Deshalb findet sie überall im praktischen Leben ihre Bestätigung; kann mit ihren Principien von den stofflichsten Verhältnissen an bis zu den erhabensten geistigen überallhin durchdringen; nirgends im Bereiche des Natürlichen sind für sie die Thore des Verständnisses geschlossen. Sie kann deshalb auch überall klärend einwirken und wirklich haltbare und durchgreifende Regeln finden sowohl für das sittliche Verhalten als auch für den Denkprozeß. Kraft und Stoff sind in der Natur zu einheitlichem Sein und Wirken harmonisch vereinigt; nur jene Philosophie wird die goldene Mittelstraße einhalten, welche den Stoff und den Geist zusammenzuführen versteht. Wie gut das die thomistische vermag, ersehen wir von neuem aus der Behandlung, welche die causa formalis in ihr findet.

50. Die Art und Weise, wie der Formalgrund verursacht.

Im vorigen Kapitel wurde der Materialursache im Dinge eine längere Auseinandersetzung gewidmet; die notwendige Ergänzung dazu ist die causa formalis. Denn beide, die causa formalis und die causa materialis, bilden das ganze Wesen oder die innere Natur eines Dinges.

Worin besteht die Ursächlichkeit oder die verursachende Kraft der causa formalis?

Was für Bedingungen leiten ihre Wirksamkeit?

Welche Wirkungen müssen ihr zugeschrieben werden?

Wenn Thomas in der Summa theol. sagt:[1]) „Die Wesensform bewirkt durch sich selbst, daß das Ding ein thatsächliches Sein habe, da sie kraft ihres Wesens etwas Thatsächliches ist und nicht durch irgendwelche Vermittlung, sondern reiu durch sich selbst das Sein verleiht;" so bestimmt er dies näher in der Metaphysik:[2]) „Die Ursächlichkeit der Formalursache im Dinge besteht in nichts anderem, als daß dieselbe das Wesen des Dinges vollendet und in selbem den inneren bestimmten Seinsgrund für dieses Wesen bildet."

Deshalb sagt er auch wiederum in der Summa weiter erklärend:[3]) „Das thatsächliche Sein kommt der Form an und für sich zu, denu sie ist ihrem Wesen nach bestimmend; deshalb erlangt auch die Materie thatsächliches Sein ganz genau gemäß der Form, welche sie besitzt und demgemäß sie vergeht somit in demselben Grade, als sie von der Form getrennt wird."

Noch genauer:[4]) „Zwischen der bestimmenden Wesensform und dem dazu gehörigen Stoffe besteht kein anderes vermittelndes Sein. Und der Grund davon ist, daß der

---

[1]) S. Th. I. q. 76. art. 6. et 7 Quod forma per seipsam facit rem esse in actu, cum per essentiam suam sit actus, nec dat esse per aliquod medium.

[2]) V. Metaph. lect. II.: Quod haec est ratio, quare forma est causa, quia perficit rationem quidditatis rei.

[3]) S. Th. I. q. 75. art. 6.: Esse autem per se convenit formae, quae est actus. Unde materia secundum hoc acquirit esse in actu, quod acquirit formam: secundum hoc autem accidit in ea corruptio, quod separatur a forma.

[4]) St. Th. I. q. 76. art. 6.: Impossibile est quod aliqua dispositio accidentalis cadat media inter corpus et animam vel inter quamcunque formam substantialem et materiam suam. Et hujus ratio est quia, cum materia sit in potentia ad omnes actus ordine quodam, oportet quod id quod est primum simpliciter in actibus, primo in materia intelligatur. Primum autem inter omnes actus est esse. Impossibile est ergo intelligere materiam prius esse calidam vel quantam, quam esse in actu Esse autem in actu habet per formam substantialem, quae facit esse simpliciter

Stoff das Vermögen (die Potenz) bildet für alle Seinsstufen des thatsächlichen Seins gemäß einer gewissen Ordnung und daß er somit das zuerst thatsächlich ist, was im thatsächlichen Sein auf der ersten Stufe steht und daß er also auch demgemäß verstanden wird. Zuerst aber im Bereiche des thatsächlichen Seins kommt das einfache Sein, das Sein überhaupt. Es kann der Stoff gar nicht zuerst als warm oder ausgedehnt aufgefaßt werden, bevor er thatsächlich überhaupt ist. Dieses thatsächliche Sein aber hat er durch die Wesensform, die da bewirkt, daß einfach von ihm ausgesagt werden kann: er ist."

Thomas betont in diesen Stellen mehr und mehr, daß die Formalursache an und für sich durchaus nicht das thatsächliche einzelne Sein wirklich verleihe, sondern daß der Art und Weise ihrer Ursächlichkeit die Art und Weise des Seins entspreche, welches ihr folgt (ad eam consequitur) und zwar kraft der äußeren wirkenden Ursache. Im Innern des Dinges selber nur besteht kein anderer Grund und keine andere Vermittlung für die thatsächliche Bestimmtheit des Seins wie die Wesensform.

Ein Zweifel kann allein darüber herrschen, worin denn das Thatsächliche bestehe, welches der Formalursache an sich, also unabhängig von aller Verbindung mit Stoff und wirkender Ursache zugeschrieben wird, wenn dieses Thatsächliche nicht die einzelne Wirklichkeit selber ist. Letzteres schließt Thomas noch ganz entschieden aus, wenn er sagt:[1] „Gott ist die erste wirkende Ursache, also gehört es Ihm auch zu, in erster Stelle und ohne irgendwelche Abhängigkeit zu wirken; was aber der Teil eines zusammengesetzten Seins ist, dem ist es nicht eigentümlich, in erster Stelle und ohne daß es in

[1]) S. Th. I. q. 3. art. 8.: Cum Deus sit prima causa efficiens, ejus est et primo et per se agere: quod autem venit in compositionem alicujus, non est primo et per se agens, sed magis compositum.

irgendwelcher Abhängigkeit steht zu handeln, sondern vielmehr kommt dem Zusammengesetzten als solchem das Wirken zu. Deshalb kann Gott nicht den Teil eines zusammengesetzten Seins bilden."

Es ist ja klar, daß das Sein als einzelnes handelt, der Mensch z. B. als einzelner; die Formalursache im Dinge aber ist nur ein Teil im einzelnen Menschen. Nicht die Seele wirkt als Formalursache, sondern der Mensch vermittelst der Seele. Also ist auch die Formalursache allein nicht der unabhängige Grund des wirklichen Seins; denn jegliches wirkt, wie es ist.

Was aber kann dann in der Mitte stehen zwischen dem einfachen allgemeinen Möglichsein, welches wesentlich der Materialursache innewohnt und dem einzelnen Wirklichsein, welches dem bereits zusammengesetzten Dinge zugehört?

Das kann nur das Wesen selber sein, die innere Natur jedes Dinges, die Substanz, welche den individuellen Existenzen einer und derselben Gattung ganz und gar gemeinsam ist. Sie ist für sich allein nicht ein einzelnes Fürsichsein, sie fordert aber ein solches, wenn sie überhaupt sein soll; oder wie Thomas oben sich ausdrückte: „debetur illi."

Es ist falsch, wenn Spinoza ohne irgend eine Beschränkung meint, was begrenzt sei, wäre gleichbedeutend mit der Verneinung: determinationes sunt negationes. Gleichfalls aber ist es falsch, wenn gesagt wird, die substantielle Form verleihe von sich allein aus das positive Sein. In der Mitte steht die Wahrheit.

Die reine Form „Dreieck", „Mensch", „Hund" ist allerdings thatsächlich nichts und zwar gar nichts für sich allein, schon deshalb, weil sie wesentlich begrenzt ist. Denn was seinem Wesen nach Grenzen bedingt, das kann offenbar nur innerhalb dieser Grenzen sein, also nur in Abhängigkeit von dem, wodurch es begrenzt wird, d. h. in Abhängigkeit von etwas, was ihm selbst äußerlich ist; — demnach ist es unmöglich, daß es von sich aus, unabhängig von allem anderen, Sein habe und daß es den nach allen Seiten hin vollen Seinsgrund innerhalb seines Wesens trage. Dies also wird nicht behauptet, daß eine solche Wesensform für sich allein etwas sei. In diesem Sinne hat Spinoza recht. Aus der Wesensform allein kann nicht fließen, was sie nicht besitzt; sie hat kein wirkliches Sein in sich, vermag es also auch nicht zu geben. Eine solche Ursächlichkeit wohnt ihr nicht inne.

Kann nun aber eine solche Form, wie „Dreieck", „Mensch", „Hund" eine wirkliche Existenz gewinnen? Da dürfen bloß die Merkmale derselben geprüft und gesehen werden, ob dieselben einander widersprechen, ob das eine das andere aufhebt. Ist das nicht der Fall, so steht, falls die nötigen Bedingungen erfüllt werden, seitens der Form dem nichts entgegen, daß ein wirkliches Dreieck, ein wirklicher Mensch, ein thatsächlich einzelner Hund existiere. Was also von einer solchen Form als verursachtes ausgehen kann, das ist das Vermögen, ein Dreieck, ein Mensch, ein Hund oder ähnliches in der Wirklichkeit zu sein und zwar ist sie dafür das allein bestimmende und maßgebende Element, warum das betreffende Sein dieser Seinsart zugehört und keiner anderen.

Von der anderen Seite ist der Stoff da, welcher das Vermögen hat, eine Bestimmung zu empfangen und nach Maßgabe derselben in der Wirklichkeit zu sein. Wird somit eine Verbindung beider hergestellt, des Stoffes und der Wesensform, so kann nur wieder, wenn auf diese beiden Elemente an sich Rücksicht genommen wird, ein Vermögen entstehen; freilich aber ein Vermögen, nicht für ein unbestimmtes Sein wie auf Seiten des reinen Stoffes und ebenso nicht ein bloßes Vermögen, etwas zu bestimmen, wie auf seiten der reinen Form; nicht ein Maß ohne Meßbares oder ein Meßbares ohne Maß; — sondern es wird ein Vermögen entstehen, welches einfach einem Sein zu Grunde liegen kann und dem da von sich aus nichts mehr abgeht, um unter der Einwirkung der wirkenden Ursache den inneren formalen Seinsgrund des entsprechenden wirklichen Seins zu bilden. Die Dreiecksform für sich kann keine Substanz sein, weil sie ohne Stoff nicht in Wirklichkeit zu bestehen vermag; der Stoff kann keine Substanz sein, weil nichts ohne eine bestimmte Form zu existieren vermag. Form und Stoff aber verbunden enthalten alles, was für das einzelne wirkliche Sein vom Subjekte aus erforderlich ist. Noch mehr:

Die aus Stoff und Form hervorgehende Substanz fordert unmittelbar das Wirklichsein als einzelnes, mag die Substanz an sich selbst auch immer wesentlich Vermögen bleiben; **debetur illi**, sagt Thomas.

Denn wie bei Besprechung der **causa materialis** ersichtlich war, ist es dem Stoffe durchaus wesentlich, zu trennen, d. h. die letzte Bedingung dafür zu setzen, daß etwas einzeln für sich und in keiner Weise etwas anderes ist. Das ist aber gerade, wie ebenfalls oben gesehen worden, das Wirklichsein, nämlich das von allem anderen getrennte Sein. Also würde ein innerlicher Widerspruch darin liegen, daß Stoff und Form verbunden sei und doch nichts Einzelnes, Wirkliches bestehe.

Da nun der so gebildeten Substanz an sich immer nur das Vermögen innewohnt, wirklich zu sein, so ist mit derselben nicht ein dem Grade, der Zeit und dem Orte nach durchaus bestimmtes Wirklichsein gegeben, sondern überhaupt nur irgend eine entsprechende Wirklichkeit; und demnach ist in letzterer eine Entwicklung, ein Mehr- oder Mindersein nicht nur möglich, sondern in dem Wesen der Substanz selbst bedingt. Einen einzelnen Menschen nur erfordert die einmal bestehende Substanz „Mensch", um überhaupt zu sein; sie besteht im übrigen ebensogut wirklich im Kinde wie im Manne.

Dabei bleibt jedoch noch — denn alles ist bei diesen philosophischen Grundbegriffen von größter Wichtigkeit und bereitet den Weg zur Lösung von später sich ergebenden Schwierigkeiten — es bleibt noch ein Unterschied hervorzuheben zwischen dem Verhalten der **causa materialis** und der **causa formalis** in der Verbindung beider. Der reine Stoff ist wie gesagt Vermögen für das Sein ganz im allgemeinen, enthält also an sich weder für das eine noch für das andere eine Vorbereitung. Er steht zu keiner einzelnen substantialen Form in einem besonderen, durch seine Natur etwa gegebenen Verhältnisse. Demnach ist er nicht gleich von vornherein das empfangende Vermögen rücksichtlich der einzelnen Form; sondern er muß erst in jedem einzelnen Falle entsprechend disponiert werden, was nur von außen her erfolgen kann. Er oder allgemeiner die **causa materialis** nimmt die Wesensform erst vermittelst vorhergehender Dispositionen an, wie der Maler die Leinwand erst präparieren muß, ehe er zu malen anfangen kann. Dagegen ist die Wesensform selber, ist sie einmal innerhalb der Substanz, das bethätigende Element ohne die mindeste Vermittlung, welche innerhalb des Dinges etwa zwischen sie und den Stoff träte; es liegt eben in ihrem Wesen, gerade zu solchem Sein, z. B. zum Dreiecksein oder Menschensein zu formen und nicht zu einer anderen Seinsart.

Das entspricht ausdrücklich den Worten des heiligen Thomas:[1]) „Die Art und Weise des Bildens seitens der im Innern der Dinge vorhandenen Wesensformen vollzieht sich durch das einfache Darinsein."

Soweit also die Ursächlichkeit der reinen **causa formalis** reicht, besteht nur Vermögen: Vermögen von ihrer Seite; Vermögen, bestimmt zu werden seitens des Stoffes; Vermögen zum wirklichen Sein in der ganzen Substanz. Innerhalb der Substanz aber, als dem Vermögen, einfach ein Sein zu haben (**potentia substantialis**), ist die **causa formalis** nur bestimmend, nur bethätigend vorhanden; sie ist der **actus** im Sein der Substanz und ihr zufolge gehört

---

[1]) III. de Verit. art. 3.: Quod formatio in formis intrinsecis fit per modum inhaerentiae.

das wirkliche einzelne Sein einer bestimmten Seinsart oder Gattung zu. Daraus fließen die Bedingungen, welche die Ursächlichkeit der causa formalis voraussetzt.

51. Die Bedingungen für die Wirksamkeit der causa formalis.

Diese Bedingungen ergeben sich von drei Seiten her: 1) Mit Rücksicht auf die **causa formalis** selbst; 2) mit Rücksicht auf die anderen Ursachen; 3) mit Rücksicht auf die unmittelbare Wirkung.

Wir hören bereits die Stimmen jener, die da sagen: Aber woher sollen diese Wesensformen kommen? Du sprichst fortwährend von Formen; wer sagt, daß dieselben überhaupt bestehen? Es sind am Ende nackte Voraussetzungen. Wir antworten darauf.

Besteht in jedem stofflichen Dinge ein beständiger Wechsel, ein Zunehmen und Abnehmen? Das lehrt der Augenschein. Bleibt während dieses Wechsels, während der beständigen Änderungen das betreffende Ding ein und dasselbe dem Wesen nach? Sonst gäbe es kein Zu- und Abnehmen. Wenn der Mensch wächst, so ist eben damit gesagt, daß er Mensch war und wahrer Mensch bleibt. Entwickelt sich der mächtige Baum aus einem kleinen Pflänzchen und verdorrt später wieder nach und nach, so ist es doch immer dem Wesen und der Substanz nach ein und derselbe Baum gewesen.

Kann den Wechsel und die Beständigkeit innerhalb des einzelnen Seins ein und derselbe Grund unmittelbar verursachen? Kann das Feuer Wärme und Kälte zugleich verbreiten oder derselbe Brunnen frisches und faules Wasser enthalten? Wohlbemerkt; es wird nach der nächsten unmittelbaren Ursächlichkeit gefragt, die innerhalb des einzelnen Seins sich vorfindet.

Oder ist es etwa nicht ganz und gar ein und dasselbe Ding, welches an sich zugleich den Wechsel und die Stetigkeit; den Wechsel im wirklichen einzelnen Sein, die Stetigkeit in der Substanz und deren natürlichen Fähigkeiten erfährt? So ganz und gar ist es dasselbe Ding, daß der Wechsel die Stetigkeit und diese jenen bedingt. Die stetige Substanz besteht nicht ohne den Wechsel im wirklichen Sein von heute zu morgen, von einem Augenblicke zum anderen; und der Wechsel wäre nicht möglich ohne einheitliche innere Grundlage.

Offenbar also ist im Innern des einzelnen Seins einerseits etwas, was den Träger des Wechsels ausmacht und andererseits etwas, von dem die Stetigkeit ausgeht, so daß beides dem Dinge zugeschrieben und von selbem als zugehörig ausgesagt werden kann. Das folgt mit unabweisbarer Notwendigkeit und gerade daß eines von den beiden innerlich bestimmenden Elementen des Einzelnseins vernachlässigt oder unrichtig gewürdigt wird, ist der Ursprung mancherlei weitverzweigter Irrtümer. Die Philosophie soll das bestehende Sein erklären, nicht ein neues sich konstruieren; sie soll den Geist führen inmitten der Verhältnisse, welche wirklich vorhanden sind und nicht die letzteren ihm fremd machen; abstrahiert sie vom Wirklichen, so soll sie das nicht thun, um sich die Wirklichkeit zu verbergen, sondern im Gegenteil, um deren inneren Gehalt sich zu vergegenwärtigen und demnach richtiger abzuschätzen.

Der Träger des stetigen Elementes als solchen innerhalb des einzelnen Seins ist die *Form*, respektive die substantiale Form, wenn es sich um das einfache Sein oder Nichtsein eines Dinges und nicht nur um ein Sosein oder Anderssein handelt. Es muß eine solche Form in jedem Dinge vorhanden sein, sonst bliebe es nicht inmitten so vielgestalteter Änderungen fortwährend einer und derselben Seinsart getreu.

Ist diese Form nun *vor* dem betreffenden Sein, die Dreiecksform z. B. allein ohne jegliche materielle Unterlage thatsächlich vorhanden? Das ist aus zwei Gründen für alle stofflichen Dinge unmöglich. Erstens *kann* ja eine solche Wesensform ihrer ganzen Natur nach nur bestimmen, sie *kann* nur das Maß sein; was aber in dieser Weise nur kann, nur das Vermögen dazu hat, das bestimmt nicht und ist nicht thatsächlich maßgebend; es fehlt ihm eben das Bestimmbare. Und zweitens ist selbst innerhalb des wirklich bestehenden Dinges die Form nicht der Grund davon, daß dasselbe ein einzelnes, von allem übrigen getrenntes ist; nur als solches aber ist das Ding wirklich und hat Einzelnsein. Nicht die Wesensform also trägt das Einzelnsein, ist das **principium quod**, sondern vielmehr der Stoff. Die Form ist das **principium quo**; jenes Princip nämlich innerhalb des Dinges, vermittelst dessen das Sein und infolge dessen auch das Wirken einer bestimmten Seinsklasse, wie z. B. der menschlichen angehört und somit ist dieses Princip weit eher der innere Grund der Verbindung und der Gemeinschaft als der Trennung und des Einzelnseins.

Sowie nun aber das einzelne Sein nicht bestehen kann, ohne einer Seinsart anzugehören und sonach eine Substanz in sich zu haben und umgekehrt keine Substanz existieren kann, ohne eine einzelne wirkliche zu sein, so folgt daraus zwar nicht, daß ein und demselben inneren Princip das Einzelnsein und das substantielle entfließt; wohl aber, daß beide Principien, Form und Materie, entweder gleichzeitig oder gar nicht anfangen in der Wirklichkeit zu sein; keines besteht vor dem anderen.

2) In Hinsicht auf die Bedingungen, welche das Verhältnis zum Stoffe der Formalursache vorschreibt, ist zuerst erfordert, daß die Materie der substantialen Form nahegebracht sei. Es ist ja bereits gesagt worden, daß die Form nur Vermögen ist; ein Vermögen aber kann nicht an und für sich wirken; nur dem, was wirklich ist, erscheint es eigen zu wirken. Soll also die Form im Bereiche ihres Vermögens den Stoff durchdringen, so müssen beide einander nahe sein; gleichwie die Leinwand, welche eine künstlerische Form tragen soll, nur vermittelst der Idee des Künstlers und der entsprechenden Werkzeuge mit dieser Form durchdrungen wird.

Für alle stofflichen Dinge ist es also erforderlich, daß durch eine äußere wirkende Ursache Stoff und Form verbunden und in Verbindung erhalten werde und handelt es sich um die Wesensform, die das einfache Sein verleiht, so bedarf es der Einwirkung der ersten Ursache, welche eben die einfache Wirklichkeit dem Wesen nach ist.

3) Was die Bedingungen betrifft, welche aus dem Verhältnisse der causa formalis zu den Wirkungen hervorgehen, so sind sie bereits enthalten in der oben erwähnten Vorbereitung, respektive Disponierung des Stoffes in Rücksicht auf die einzelne Seinsart. Sie heben sich noch klarer ab, wenn diese Wirkungen eingehender erwogen werden.

52. Die Wirkungen der causa formalis.

Es läßt sich zuvörderst eine unmittelbare Wirkung und eine mittelbare unterscheiden. Soweit es sich um jene, die unmittelbare, handelt, kommt an erster Stelle in Betracht, was seitens der Formalursache allein an sich genommen für eine Wirkung erzielt worden ist. Diese ist leicht zu bestimmen. Da nämlich, wie bereits bemerkt, kein Sein als vermittelndes zwischen dem Stoffe und der Wesensform gedacht werden kann, sondern diese selbst innerhalb des einzelnen Seins besteht, so ist sie als gewirkte einzelne nur wieder sie selbst. Ihr actus primus ist sie selbst, soweit sie außerhalb des Seins gedacht wird im Zustande reiner Möglichkeit; in actu secundo ist sie wieder sie selbst, soweit sie dem wirklichen Sein mitgeteilt worden und innerhalb desselben formend und bildend erscheint.

Eine andere Frage ist, ob sie mit Rücksicht auf anderes etwas unmittelbar wirkt und da kommt 1) der reine Stoff in Betracht und 2) das sich ergebende zusammengesetzte Sein. Übt die Wesensform unmittelbare Wirkungen auf den Stoff aus? Im bejahenden Falle welche?

Es fehlen deren nicht, wie Suarez berichtet, Metaph. disp. XV. sect. VIII. nr. XIII., welche meinen, der Stoff, könne kraft seines Wesens auf natürliche Weise auch für sich allein ohne irgend welche Form Existenz gewinnen, und einzig und allein auf Grund der wechselnden Aufeinanderfolge der Dinge, vermöge deren aus dem einen ein anderes wird, sei diese Existenz des Stoffes für sich allein ohne irgendwelche innere Form unmöglich gemacht. Hätten diese recht, so könnte natürlich von einem Einwirken der Wesensform auf den zu Grunde liegenden reinen Stoff keine Rede sein. Denn da nur in dem Sinne von einer Wirkung der Wesensform gesprochen werden kann, als letztere auf die Herstellung eines einfachen Seins Einfluß hat, so muß dieser Einfluß gleich null sein überall da und nach allen jenen Richtungen hin, wo ein einfaches wirkliches Sein und nicht bloß ein allgemeines Vermögen für das Sein bereits vor ihr existiert. Hat der reine Stoff also wirkliches Sein bereits an sich und ist bloß gehindert, es zu offenbaren, so kann es nicht der Wesensform überlassen sein, in dieser Hinsicht denselben zu beeinflussen.

Auf diese Ansicht läuft dann auch die Meinung jener hinaus, die da wie Cabero (Phil. nat. tract. II. disp. III. dub. II.) und Fuente (Phys. II. q. III. diffic. II.) behaupten, das wirkliche Sein käme dem Stoffe einzig und allein durch die von außen her wirkende Ursache zu; die Wesensform habe nur die Substanz oder Gattungsart zur unmittelbaren Folge, ihre Wirkung könne sich also nur auf das zusammengesetzte Sein als solches erstrecken, nicht aber auf den reinen Stoff, denn nur dieses habe substantielles Sein, woran ja Stoff und Form gleichmäßig Anteil haben.

Der heilige Thomas bestimmt dagegen ausdrücklich: [1]) „Der Stoff ist die Ursache der Wesensform, insoweit letztere

---

[1]) Opusc. XXXI. §. Viso autem: Quod materia est causa formae, in quantum forma non est nisi in materia; et forma est causa materiae, in quantum materia non habet esse in actu, nisi per formam; materia enim et forma dicuntur relative ad invicem ut dicitur in II. Phys., dicuntur etiam relative ad compositum, sicut pars ad totum.

gar kein Sein erlangt außer im Stoffe (das Dreieck, der Stein, die Pflanze z. B. kann gar kein wirkliches Sein haben außer im Stoffe); die Wesensform aber ist die Ursache des Stoffes, insoweit dieser nur vermittelst der Wesensform thatsächliches Sein haben kann. Form nämlich und Stoff stehen in gegenseitiger Wechselbeziehung und werden demgemäß von einander ausgesagt und ebenso haben beide, ein jedes für sich Beziehung zum Ganzen."

Es muß bei dieser Frage immer festgehalten werden, daß es sich darum handelt, der Einheit des Seins in jedem einzelnen Dinge gerecht zu werden. Ist das Wasser nur Wasser oder noch etwas anderes dazu? Ist der Baum nur Baum oder liegt ihm noch ein anderes Sein zu Grunde, dem das Baumsein nur hinzugefügt erscheint? Kann ein Ding, soweit es einfach ist, zwei Namen tragen; zugleich Pflanze sein und Stein, oder Tier und Pflanze? Offenbar giebt hier das gemeine Verständnis bereits Antwort. Was auch immer ist, das ist dies und nicht jenes, und das ist ganz und gar dies und in keiner Beziehung jenes. Es ist im Steine nichts Pflanzliches, sondern er ist durchaus Stein; ebenso wenig wie im Tiere etwas Menschliches ist, sondern es ist durchaus Tier.

Das geht soweit, daß, während es dieses eine Sein ist, es mit metaphysischer Notwendigkeit nichts anderes sein kann. So lange Wasser Wasser ist, kann es gar nicht Luft sein. Das ist die volle und durchgreifende innere Einheit, welche jedem Dinge eigentümlich ist; es hat überhaupt nur Sein, insofern es dieses und kein anderes Wesen ist.

Wer auch immer und mag dies in welcher Weise auch immer geschehen, bevor die Wesensform da ist, ein bestimmtes Sein im Stoffe annimmt oder behauptet, daß dem Stoffe seiner Natur nach ein wenn auch sehr geringes wirkliches Sein zukommt außer dem allgemeinen passiven Möglichsein und daß demnach nur es der von außen wirkenden Ursache bedarf, um im Stoffe dieses gleichsam schlafende Sein lebendig zu machen; der zerstört die Einheit des Seins in jedem Dinge.

Danach müßte dann entweder, wie Spinoza annimmt, das zu Grunde liegende selbständige, unabhängige Sein des reinen, allgemeinen Stoffes die Substanz aller Dinge bilden, damit aber auch zugleich ohne Ende der Vervollkommnung bedürfen, um alle möglichen Bestimmungen zu tragen, oder es muß in jedem Dinge eine Zweiheit von Substanzen angenommen werden. Im ersten Falle gäbe es keinen Stein, keine Pflanze, kein Tier, sondern nur eine Substanz, man mag sie Urzelle oder Gott nennen, die zugleich Stein und Nicht-Stein, zugleich ganz Pflanze und ganz Tier wäre. Im zweiten Falle ergäbe sich einmal so ziemlich dasselbe, nur daß jedes Ding zwei Wesen hätte, anstatt daß die eine Substanz untereinander und ihr selber entgegengesetzte Bestimmungen trüge; — und ferner wäre keine gemeinschaftliche Grundlage der Dinge, somit aber auch kein eigentliches Werden und keine Entwicklung möglich; nicht ein reines Vermögen würde vermittelst der Wesensform bethätigt, das dann weiter entwickelt werden und auch etwas anderes sein kann, sondern zwei Seinsarten würden mechanisch miteinander verbunden, wie Steine im Bau.

Thomas findet in der Metaphysik das richtige Wort:[1] „In anderer Weise aber spricht man von dem inneren Wesen und vom Exemplar als von einer Ursache, und zwar

[1] In metaph. lib. V. lect. II Alio modo dicitur causa, species et exemplar; et haec est causa formalis, quae comparatur dupliciter ad rem. Uno modo sicut forma intrinseca rei; et haec dicitur species. Alio modo sicut extrinseca a re ad cujus similitudinem tamen res fieri dicitur et secundum hoc exemplar rei dicitur forma. Et quia unumquodque consequitur naturam vel generis vel speciei per formam suam; natura autem generis vel speciei est id quod significat definitio dicens quid est res, ideo forma est ratio ipsius id est definitio per quam scitur quid est res.

handelt es sich hier um die Formalursache, die da zum Dinge in doppelter Beziehung steht: denn einmal ist sie innerhalb des Dinges selbst Ursache als bestimmende Form desselben und so ist es die Wesensform. Dann aber ist sie Ursache auch außerhalb des Dinges, welches ihr in seinem ganzen Sein ähnlich ist und so ist es die Exemplarursache und wird ebenfalls Form genannt. Und weil nun jegliches Sein die Natur seiner allgemeinen Art oder seiner bestimmten Gattung vermittelst der entsprechend bestimmenden Form besitzt; die Natur aber der Art oder der Gattung das ist, was durch die Begriffsbestimmung bezeichnet wird, die da ausdrückt, um was für ein Ding es sich handle; deshalb ist die Form der innere Grund des Dinges, mit anderen Worten: aus ihr ergiebt sich die Definition, vermittelst deren gewußt wird, was eigentlich jedes Ding sei."

Mit diesen Worten trifft Thomas den Nagel auf den Kopf. Ist dies wirklich und thatsächlich ein Stein? Ja. Warum? Der Stein antwortet gewissermaßen: Innerhalb meiner selbst trage ich den bestimmenden Grund, warum ich ein Stein und nichts anderes bin. Warum ist hier der Stoff Wasser und dort ist er Pflanze? Ihm zu eigen gehört der Grund dafür an. Er trägt in sich selber den letzten Grund dafür im Bereiche des Vermögens. Daß er wirklich und thatsächlich ein Stein, daß er Wasser oder Pflanze ist, das ist, insoweit das Thatsächliche und die reine Wirklichkeit in Betracht kommt, nicht sein eigen; das hängt von außen, von den wirkenden Ursächlichkeiten ab, die ihn unter seiner bestimmten Wesensform wohl entwickeln, die ihn aber auch zerstören können. Aber daß jegliche Einwirkung von außen her, wie beschaffen sie auch immer sein mag, nur gemäß der bestehenden Wesensform in ihn einzutreten vermag; daß, wo der Stoff wesentlich Wasser ist, von ihm aus nur die Möglichkeit besteht, als Wasser zu wirken oder nur nach Art des Wassers von außen her zu empfangen; daß im allgemeinen in jedem Dinge ein substantielles Vermögen besteht, kraft dessen alles, was in dasselbe eintritt, nur in bestimmter Weise, nur nach Maßgabe dieses Vermögens einzutreten vermag; — das ist begründet in der Formalursache innerhalb des Dinges.

Diese Formalursache wirkt auf den reinen Stoff unmittelbar und dergestalt ein, daß dem Stoffe als einem an sich allgemeinen Vermögen zu sein es zu eigen wird, nur in einer ganz bestimmten Weise sein und wirken zu können und nicht in einer anderen. Das ist die stoffliche Notwendigkeit, die vom Wesen ausgeht.

Das thatsächliche Wirken kann dieser Notwendigkeit, also dem vollen inneren Wesen entsprechen oder nicht; wird ja auch der Stein manchmal thatsächlich nach oben geworfen und das Wasser in die Höhe geführt, anstatt seinem Wesen nach hinabzufließen; — immer aber bleibt das Vermögen im Innern, kraft dessen nur die eine Art der Thätigkeit dem inneren natürlichen Sein entspricht, nicht die andere. Und selbst wenn das thatsächliche Wirken nicht der Natur des Wesens gemäß ist, so bleibt im Innern des Dinges trotzdem das im Wesen begründete Vermögen bestehen, welches sagt, eine solche Thätigkeit ist meinem Sein zuwider. Das Vermögen hinabzufließen bleibt im Wasser, wenn letzteres auch thatsächlich in die Höhe strebt, weil dieses Vermögen das Wesen des Wassers ausmacht, d. h. das, kraft dessen das Wasser sagt: mir gehört es zu, Wasser zu sein und vermittelst dessen überhaupt zu sein; von mir mit meinem Vermögen herabzufließen, wird thatsächlich ausgesagt: es strebt nach oben.

Mit einem Worte: die causa formalis ist für den reinen Stoff unmittelbar und selbständig die Ursache, daß derselbe ist, und zwar, daß ihm das Sein als eigen zugehört, weil sie die Bestimmung seines vorher nur allgemeinen Vermögens nach einer ganz gewissen Richtung hin innerhalb ihrer Natur in sich enthält.

Das Vermögen, alles zu sein, kann nicht an sich existieren; es ist zu unbestimmt. Von dem Augenblicke an, wo in den Stoff die causa formalis tritt, erhält sein Vermögen eine ihm nun als Vermögen zugehörige feste Richtung und dann hält im Bereiche des Geschöpflichen nichts mehr den Eintritt des entsprechenden Seins auf. Das wirkliche Vermögen zu sein, ist kraft des Stoffes vorhanden; die nähere Bestimmung ist durch die Form gegeben; also von dieser Seite her hindert nichts mehr ein entsprechendes Thatsächlichsein.

Da ist nun eine Einheit vorhanden, wie sie schärfer und durchdringender nicht gewünscht werden kann. Innerhalb des Stoffes selbst besteht kraft der Formalursache der Grund, weshalb der Stoff dies ist und nichts anderes.

So entwickelt Thomas die unmittelbare Wirkung der Form auf den reinen Stoff:[1]) „Der Stoff an sich betrachtet entbehrt der Wesensform; diese erst verleiht demselben die eigene Art und Weise, vermittelst deren er am wirklichen Sein teilnimmt."

Und noch entsprechender:[2]) „Der Stoff hat an und für sich das Vermögen für endlos viele Formen und dem entsprechend für endlos viele Seinsarten; wird er aber bestimmt durch eine Form, so erreicht er vermittelst derselben eine Substanz oder ein Wesenssein."

Es versteht sich doch wohl von selbst, daß, wenn ein Vermögen bestimmt wird, es diese Bestimmung als Vermögen erfährt; das wirkliche Sein ist etwas Hinzutretendes, etwas Äußerliches, das mancherlei Änderungen rein von außen her erfährt; aber die Wesensform tritt in das Innere des Stoffes, wird ihm ganz zu eigen, beläßt ihm seine ganze Natur, so daß selbst unter der bestimmenden Wesensform der Stoff an sich ein Vermögen für alles andere Sein bleibt und nur solange die einzelne Wesensform besteht die Art und Weise

[1]) VIII. Met. lect. IV. et opusc. XV. c. VIII. Quod materia secundum se considerata caret forma, per quam participat esse in actu secundum proprium modum.

[2]) I. Met. lect. XII. in fine; S th. I. q. VII. art. 1. Quod materia cum sit infinitarum formarum, determinatur per formam et per eam consequitur aliquam speciem.

des wirklichen Seins dieser letzteren entspricht. Es kann das Wesen oder die Substanz des einzelnen Dinges selber nur Vermögen sein, wenn auch an die Stelle des allgemeinen ein bestimmtes, ein nach einer bestimmten Seite hin gerichtetes getreten ist.

Der Stoff verliert demgemäß kraft des Vorhandenseins der Wesensform in ihm 1) seine unbegrenzte Möglichkeit, etwas Wirkliches zu sein; wohlzumerken nur mit Rücksicht und im Verhältnis zur Wirklichkeit verliert er diese Indifferenz; im bloßen Bereiche des Vermögens an sich betrachtet, bleibt sie ihm; 2) seine Unfertigkeit, die ihn hinderte, thatsächlich etwas zu sein; „forma perficit quiddidatem rei;" der Stoff, welcher vorher nur in ganz unbestimmter Weise vermochte zu sein und deshalb keine wirkliche Existenz hatte, erhält durch die Form eine bestimmte Substanz, die sein Vermögen für das Sein nach einer ganz bestimmten Richtung hin vollendet.

53. Die Wirkungen auf das zusammengesetzte Sein.

Die Hauptfrage erscheint genügend vorbereitet: Wie beeinflußt die ratio formalis, der Formalgrund, nun das aus Stoff und Form sich ergebende, also das zusammengesetzte Sein? Die Antwort ist die Schlußfolge aus dem bereits Auseinandergesetzten.

Bei jeder Zusammensetzung ergiebt sich,[1] „daß das Wesen des zusammengesetzten Seins verschieden ist von dem Wesen eines jeden der zusammensetzenden Teile," so Thomas. Und an einer anderen Stelle:[2] „Alles zusammengesetzte Sein ist etwas, was keinem von den Teilen zukömmt und innerhalb desselben ist manches, was nicht es selbst ist."

---

[1]) Opusc. 42. c. 45. In omni compositione resultat essentia compositi altera ab utroque componentium.

[2]) S. Th. I. q. 3. a. 7.: Omne compositum est aliquid quod non convenit alicui suarum partium . . . et in omni composito est aliquid quod non est ipsum.

Zu untersuchen ist also, ob nach den gegebenen Erklärungen diese Sätze sich an dem Sein bewahrheiten, welches aus Stoff und Form zusammengesetzt worden. Das Ergebnis wird die Probe für die Richtigkeit des bisher über die **causa formalis** Behaupteten sein.

Und zwar scheint es zuvörderst, daß die Worte des heiligen Lehrers auf das zusammengesetzte Sein, wie es sich nach dem Gesagten aus Stoff und Form ergiebt, nicht so ganz anwendbar seien. Läßt sich denn bei der Anschauung, die wir bisher vertreten haben, überhaupt eine stofflich zusammengesetzte Substanz rechtfertigen? Wenn diese letztere nichts anderes ist als der Stoff selber, insoweit er in seinem Vermögen für das Sein nach irgend einer Richtung hin bestimmt ist, so scheint jede Voraussetzung für eine Zusammensetzung zu fehlen. Ein Stein, der nur nach einer gewissen Seite gewendet wird, ist doch deshalb nicht in seiner Substanz ein anderer! Es kann nicht gesagt werden, daß nun in diesem so gewendeten Steine etwas sei, was nicht Stein sei, oder daß dem Steine nun etwas zukomme, was diesem selben Steine an sich nicht zukommt.

Dieser Einwurf übersieht, daß, wie oben gesagt worden, keinerlei Vermittlung besteht zwischen der Wesensform und dem Stoffe, vermöge deren die Wesensform etwa erst bilde und forme. Nein! die letztere tritt selber als bethätigend ein und unmittelbar bestimmt sie den Stoff. Bei den Kunstformen ist ein Unterschied. Da existiert voll und ganz das Subjekt, welches benützt werden soll; es kann durch ein bloßes Werkzeug erreicht werden. Hier aber bei den substantiellen Naturformen existiert nichts Thatsächliches, sondern nur ein Vermögen ohne Grenzen für alles irgendwie bestimmte Sein. Da kann natürlich kein stoffliches Werkzeug genügen, welches ja ein vorhandenes Sein voraussetzt und an dessen Wesen nichts ändert, sondern es bedarf einer bestimmenden Form, die an bethätigendem Vermögen auf derselben Stufe steht, wie der Stoff an empfangendem; nämlich, soweit es auf dieselbe ankommt, ohne Grenzen viele Einzeldinge zu bilden vermag.

Demnach sind die zusammensetzenden Elemente in der Substanz: I. der Stoff als allgemeines Vermögen zu empfangen; II. die Wesensform als in bestimmter Weise bethätigend. Aus beiden ergiebt sich die Substanz als ein der Art und der Gattung nach genau bestimmtes Vermögen, unmittelbar wirkliches Sein zu empfangen, und somit ein Subjekt für das einzelne Sein zu bilden.

Es ergiebt sich aus dieser Angabe, wie die Substanz einerseits aus diesen beiden Elementen zusammengesetzt wird, und andererseits weder eines von diesen beiden Elementen ist, noch auch wie keines der beiden Elemente Substanz genannt werden kann. Wäre die Substanz an sich wirkliches Sein, so dürften nicht beide sie bildenden Elemente im Stande des Vermögens sich befinden, so daß aus keinem von beiden das Wirkliche zu fließen vermag. Daß es der Substanz eigen ist zu empfangen, ein Subjekt für wirkliches Sein zu bilden, das kommt vom Stoffe, der seinem Wesen nach nur Empfangsvermögen und somit die Grundlage des Werdens ist. Die Substanz ist aber nicht ein Vermögen, solches Sein zu empfangen, welches keine irgendwie bestimmenden Grenzen in sich schlösse, sondern sie ist auf eine gewisse Gattung angewiesen; — und das hat sie von der Wesensform, der es eigen ist, zu bestimmen.

Die Substanz kann an und für sich in zahllosen Einzeldingen sein; seitens der Substanz „Pflanze" z. B. ist keine Grenze für die Anzahl der einzelnen Pflanzen vorgeschrieben: das hat sie von der Grenzenlosigkeit des Stoffes. Dieselbe Substanz giebt allem Einzelnwirklichen, welches von ihr aufgenommen wird, die feste Richtung ihrer eigenen Gattung: das hat sie von der ihr innewohnenden Form.

Jetzt gewinnt auch der oben angeführte Text des heiligen Thomas sein entsprechendes Verständnis. Es kann gar kein wirkliches Sein vermitteln zwischen Form und Stoff.

Der Stoff kann nicht zuerst warm sein oder ausgedehnt, ehe er thatsächlich etwas ist. Die erste Wirkung, welche der substantialen Form folgt, — wohlgemerkt ihr folgt, d. h. weder mit ihr identisch ist noch vorher besteht — ist das Sein überhaupt. Quod est primum simpliciter in actibus, hoc primo in materia intelligatur. Ohne daß ein Ding überhaupt ist, also vom Nichts und von dem reinen Möglichsein getrennt, läßt sich von ihm keine Aussage machen. Daß es aber überhaupt ist und in Wirklichkeit ist, das dankt es der forma substantialis: hoc habet per formam substantialem. Die Wesensform der Pflanze macht also im Zusammengesetzten zu allererst, daß vom betreffenden Stoffe das „Sein" ausgesagt wird. Und dies: — nämlich daß nicht gerade das „Pflanzensein" ausgesagt wird, sondern einfach das Sein, das kommt wieder in erster Linie vom Stoffe, der eben das Vermögen ist, einfach zu sein. Daß dann unmittelbar darauf das Pflanzen-, also im allgemeinen das Gattungssein ausgesagt wird; — diese Reihenfolge in den Aussagen kommt von der bestimmenden Wesensform. Daß das einfache Sein nicht schlechthin, sondern kraft der inneren Wesensform als ein dem Stoffe zugehöriges, d. h. wovon er den Grund innerhalb seiner selbst hat, ausgesagt wird, das kommt dem Zusammengesetzten vermöge seiner Zusammensetzung zu. Wir werden, wenn wir später von der Sünde handeln, auf diese Reihenfolge zurückkommen müssen.

Nun endlich begreift es sich auch, warum Thomas überall, wo er davon spricht, nicht zwei Ursachen des Zusammengesetzten nennt, sondern deren drei angiebt: 1) zwei innerliche im Sein des Zusammengesetzten selber befindliche; nämlich Form und Stoff, causa materialis und causa formalis oder actus et potentia, und 2) eine äußerliche, die er einfach als causa bezeichnet. Omne compositum est posterius suis componentibus et habet causam, actum et potentiam (cf. S. th. I. q. 3 a. 7. et c. g. I. c. 18.). Oder componens est causa efficiens compositi (c. g. I. c. 18.).

Das einfache Sein nämlich kann weder vom Stoffe kommen, noch von der Wesensform; brächte eines dieser beiden Elemente dasselbe mit sich, so brauchte dieses Element nicht das andere, sein Mitelement, um wirklich zu sein, sondern es wäre die Substanz und das andere höchstens eine hinzutretende Eigenschaft, ein Accidens. Dagegen ist weder die Form, noch die Materie, sondern das Zusammengesetzte: neque forma est neque materia, sed compositum.

Dieses Sein, die Grundlage alles weiteren wirklichen und einzelnen Seins, wie z. B. des Warmseins oder des Ausgedehntseins; dieses primum esse, im Dinge; das kommt von der wirkenden Ursächlichkeit, welche die Form und den Stoff zusammenführt und zusammenhält und infolge deren dann der Stoff als Vermögen zu sein anfängt, gemäß der bestimmenden Form die Wirklichkeit zu tragen: mit anderen Worten, das principium quod zu sein — und infolge deren auch die Wesensform nun wirklich und thatsächlich die Richtung des Seins im einzelnen Dinge bestimmt und anfängt, principium quo in esse zu sein.

Die erste Wirkung der erstwirkenden Ursache ist das einfache Sein, wonach es heißt: dieses Ding ist; weil diese in der Natur vor allem anderen wirkende Ursache das einfache Sein seinem ganzen Wesen nach ist. Erst kraft dieser Einwirkung der ersten Ursache wirkt nun wirklich und thatsächlich die Form auf den Stoff, und beeinflußt der Stoff die Form. Erst kraft dieser Einwirkung können andere einzelne Bestimmungen zum primum esse, in welchem das bestimmende Element nur die Wesensform ist, hinzutreten. Diese erste Einwirkung bringt Leben und Wirklichkeit in die an sich nur als reines bestimmtes Vermögen bestehende Substanz; unter ihr wird die letztere, die bisher als einfache Substanz, also als reines Vermögen aufgefaßt nur substantia prima war, substantia secunda. Der substantia prima ist kraft der ersteinwirkenden Ursächlichkeit das bestimmte esse primum geschuldet und das esse primum macht seinerseits aus der substantia prima eine substantia secunda, die nämlich nun auch in Wirklichkeit anderes, nachfolgendes Sein (secundum esse) trägt. Das esse primum gehört dem Stoffe kraft der substantia prima; das esse secundum, die einzelne Thätigkeit, gehört ihm kraft der substantia secunda, die dann dadurch zugleich fähig wird, erkannt zu werden und somit auch als die bestimmende Form der Vernunft definiert wird.

So erscheint der Stoff, dessen inneres Sein an sich nur im Vermögen besteht und somit auf jeder Stufe der Entwicklung wesentlich und substantiell vom Wesen Gottes getrennt ist, auf Grund der einwirkenden ersten Ursache berufen, selbsteigene Thätigkeit auszuüben, die wohl den inneren Formalgrund der Entwicklung, des möglichen Fortschreitens, aber auch des möglichen Fallens selbständig in sich enthält; jedoch niemals den thatsächlich bestimmenden Grund für irgend welche Thätigkeit als solche in voller Selbständigkeit innerhalb ihrer selbst besitzen kann. Was hier vom Stoffe gesagt worden, das gilt allgemein von jedem geschöpflichen Vermögen je nach dessen Natur. Der Fall ist überall derselbe; der Stoff bedeutet bei den rein geistigen Substanzen die materialis causa.

Thomas hört nicht auf, diese Wahrheit, daß jegliches wirkliche Sein auf Gott unmittelbar zurückzuführen ist, in jeder Weise einzuschärfen: [1]) „Gott giebt das Sein; die andere Ursächlichkeiten fügen bloß Bestimmungen hinzu;" [2]) „das Sein eines jeden Dinges ist unmittelbar von Gott;" [3]) „allein Gott verleiht das Sein;" [4]) „das Sein wird von

[1]) 2. d. I. q. I. a. 4.: Deus dat esse, aliae causae determinant illud cf. 2. c. g. c. 21.

[2]) Esse cujuslibet rei est a Deo immediate I. d. 35, 3.; d. 36. q. 1, 1. 7. de pot. 2.

[3]) 2 d. 8, a. 5. ad 3.; d. 15. q. I. a. 2. Solus Deus dat esse.

[4]) 27. de Ver. 1. ad 3. Esse causatur a Deo nullo agente mediante sed mediante forma quae est principium ipsius esse cf 3. de pot. 16. ad 21. 2. de Virt. 1. ad 13.

Gott allein verursacht unter keinerlei Vermittlung einer anderen wirkenden Ursache, sondern vermittelst der Wesensform, welche im Innern des Dinges das Formalprincip des einzelnen Seins ist;"[1]) „die Wesensform kann Princip des Seins, des Handelns, des Erkennens sein einzig und allein auf Grund des Einwirkens Gottes;"[2]) „das Sein ist die Gott eigentümliche Wirkung;"[3]) „nichts außer Gott kann die Ursache des Seins sein."

Hier ist der tiefste Grund, weshalb niemand über sein eigenes Sein Gewalt hat: nulla res habet potestatem supra suum esse (6. de pot. 7. ad 4.); denn nichts hat dasselbe sich selbst gegeben. Es gehört ihm nicht zu kraft des Wesens, als ob das Wesen es aus sich heraus mitbrächte; dasselbe ist ein reines Erzeugnis der ersten Ursache, welche dem Wesen nach Sein ist und demnach es nach Belieben ausstreuen kann. Nihil praeter Deum est causa ipsius esse nisi instrumentaliter in virtute Dei (2. c. g. 21; 3. de lib. arb. 66.; 5. de verit. 9. ad 7.; 3. de pot. 1.; 16. de malo 9. ad 3.; 12. Quodl. 6.). Der Kreatur gehört das Vermögen als solches zu, die Ohnmacht ist ihr eigen; der Schöpfer ist die Wirklichkeit. Nur insoweit das Vermögen vom Wirklichsein durchdrungen ist und von selbem positiv abhängt; nur insoweit besagt es positive Macht; nur die Abhängigkeit vom Schöpfer giebt Leben und Freiheit.

54. Die mittelbare Wirkung der causa formalis.

Einige Worte noch über die mittelbare Wirkung der Formalursache. Die Lehre von der causa formalis, soweit sie den vorliegenden Gegenstand angeht, wird dann erschöpft

[1]) 5. de pot. 1 ad 18. Forma non potest esse principium essendi nec operandi nec cognoscendi, cessante actione Dei.

[2]) S. Th. I. q. 8. art. 1. Esse est proprius effectus Dei cf. 2. c. g. 21.; 5. de verit. art. 9. ad 7.; 3. de pot. 1.; 12. Quodl. 6.; 7. de pot. 7. Hebr. 4. lect. 2.

[3]) 2. c. g. 21. Nihil praeter Deum est causa ipsius esse.

sein. Es handelt sich nur um eine Schlußfolgerung aus ihrer unmittelbaren Wirkung. Trägt die Formalursache im Dinge, also der im Innern des Dinges das einzelne Sein bestimmende Grund, auch dazu bei, daß aus einem Dinge ein anderes wird; wie z. B. die Wärme die Kälte vertreibt? Nimmt also die causa formalis wirksamen Anteil an der Entwicklung der Gesamtheit? Die Antwort wird jeder bereits geben können. Sie kann nicht an der Vertreibung der früheren Wesensform wie ein wirkender Grund teilnehmen, denn sie hat keinen Einfluß außer auf sich selbst und auf das, wo sie ist; der Stoff wird von ihr nur beeinflußt, weil sie mitten in selbem sich befindet und mit ihm eine innige Einheit bildet. Durch ihre Anwesenheit allein hat der Stoff eine bestimmte Richtung; außerhalb ihrer im gewissen Sinne persönlichen Sphäre existiert sie in keiner Beziehung.

Jedoch ist zu bemerken: 1) daß sie den Stoff bestimmt gemäß seinem Wesen und seiner Natur, daß demgemäß der Stoff im Bereiche der Möglichkeit auch für andere Wesensformen empfänglich bleibt und daß also nur dem thatsächlichen Sein nach er nicht zugleich ein anderes Wesen sein kann; 2) daß jede Wesensform an sich begrenzt und somit unvollkommen ist, nicht nur in sich, sondern auch im Verhältnisse zu anderen; daß also auch von ihr selbst im Sein des Stoffes ein Vermögen zurückbleibt, noch weiter entwickelt zu werden.

Aus 1) folgt, daß es der Natur des Stoffes entspricht, wenn unter einer wirkenden Ursächlichkeit derselbe disponiert wird zum Empfange einer anderen Wesensform; eine solche Entwicklung gehört dem Wesen des Stoffes an sich zu; sie geschieht, ohne ihm Gewalt anzuthun.

Aus 2) folgt, daß nur der wirkliche Bestand der Wesensform in einem Dinge die Anwesenheit einer anderen hindert; denn ein Ding kann nicht zu gleicher Zeit zwei sein. Was aber von derselben Wesensform aus zurückbleibt im Stoffe, das dient vielmehr zur Vorbereitung und Disposition desselben zu Gunsten einer folgenden Wesensform, anstatt dafür ein Hindernis zu sein. Was z. B. von der Form der Raupe im Stoffe zurückbleibt, das disponiert für den Schmetterling.

In dieser Weise greift in der Natur alles ineinander, eines dient dem anderen, eines bereitet das andere vor. „Aus der Verschiedenheit der Wesensformen," so Thomas in 3. c. g. 97, „rührt die Verschiedenheit und die Vielheit im Sein her; dann die Verschiedenheit und Vielheit der Thätigkeiten und der Beziehungen zum Stoffe; die Ordnung also der Dinge. Aus der Verschiedenheit der Thätigkeiten entspringt die Verschiedenheit der Zweckrichtungen. Aus den verschiedenen Beziehungen zur Materie die Verschiedenheit im Wirken und Leiden, im Empfangen und Geben. Und endlich stammt aus der Verschiedenheit der Wesensformen, der einzelnen stofflichen Dinge, der wirkenden Kräfte die Verschiedenheit in den Eigenschaften und Zuständen."

Und all diese Verschiedenheit in der uns umgebenden Natur, die noch kein Mensch messen konnte, deren Grenzenlosigkeit der Mensch nach ernsten Studien nur anerkennen oder besser ahnen kann, sie wird geleitet und geordnet von der einen wirkenden göttlichen Ursache, von jener Substanz, die da nicht unendlich ist, weil sie alles werden kann; sondern weil sie alles in sich enthält. Nichts Wirkliches in der Welt, was da nicht in ihr die stets thätige Quelle seines Seins hätte. Das ist keine Substanz wie die Spinozas, die da alle Freiheit und alles Sein und alles Leben außerhalb ihrer selbst erstickt; die da determiniert, nur damit das andere nichts sei und als nichts erscheine. Nein! Wenn unser Gott schafft, so macht Er es seinem Geschöpfe möglich, daß dieses auch ein eigenes Sein hat; Er giebt ihm ein wahres Vermögen zu sein und kraft desselben kann das Geschöpf sagen: Ich bin; ich habe ein Vermögen zu sein als inneren bestimmenden Grund, als Substanz in mir; das Sein ist mein Eigentum. Gott will, daß auch anderes wirklich sei und wirklich lebe und wirklich frei handle und gerade deshalb verleiht er selbständige Vermögen, kraft deren das Geschöpf, auch wenn es fällt, sagen muß: Ich bin gefallen; denn ich habe das Vermögen, zu stehen.

Indem Spinoza die Substanz des Geschöpflichen nicht trennt von der Gottes, ist alles, was außer Gott ist, ohne Substanz. Nicht von innen heraus handeln die Geschöpfe, sondern sie erhalten einzig und allein von außen ihre Bestimmung. Deshalb ist bei Spinoza nur Zwang und keinerlei Unabhängigkeit. So oft aber der wahre Gott einwirkt in seine Geschöpfe, erhöht und befestigt Er in ihnen ihr inneres eigenstes Vermögen zu sein und zu wirken und infolge dessen sind diese Geschöpfe selber, sie wirken selber nach dem Grade ihres Vermögens; denn sie sind es, denen das Vermögen eigen zugehört, zu sein und zu wirken. Nicht auf Grund ihrer wesentlichen Thatsächlichkeit sind sie selbst; sondern auf Grund der in ihnen vorhandenen und ihnen allein eigentümlichen Vermögen. Sie sind, weil Gott ist; sie wirken, weil Gott wirkt; — aber *innerhalb ihrer selbst* besteht der Grund, weshalb sie so und nicht anders sind; innerhalb ihrer selbst ist der subjektive Grund ihrer Thätigkeit.

Hat da nicht Gregor der Große recht, wenn er sagt, der Mensch solle aus der Betrachtung seiner selbst emporsteigen zum Lobe und zur Anerkennung der göttlichen Allmacht.

Was ist er selbst seiner Substanz nach? Vermögen, Möglichkeit im tiefsten Grunde. Was sind die Geschöpfe um ihn herum? Vermögen, Möglichkeit ist ihre Substanz. Er kann sich nicht aus sich erkennen; er kann die Geschöpfe nicht aus sich heraus erkennen. Denn wie sollte was an und für sich wohl sein kann, aber auch nicht sein kann, einen Gegenstand der Erkenntnis bilden. Erst wenn die höchste erhabenste Ursache sich hineinmengt; erst auf Grund ihrer Einwirkung wird im nämlichen Maße dieser Einwirkung Wirklichkeit verbreitet und auf Grund dieser Wirklichkeit kann der Mensch die Geschöpfe und ihre substantiellen Vermögen erkennen und vermag er in das Innere der Geschöpfe und vermittelst ihrer in sich selbst einzutreten.

Und was sieht er dann wieder? Grenzenlosigkeit; und je weiter er nachforscht, desto weiter wird die Grenzenlosigkeit in der innersten Substanz der Geschöpfe und desto weiter breitet sich das eigene Innere in seiner endlosen Erkennbarkeit vor ihm aus. Jedes Geschöpf erweitert diese Endlosigkeit; jede Äußerung der Geschöpfe bringt es mehr zum Bewußtsein, daß noch mehr zu erkennen übrig bleibt.

Hast du jemals ernstlich dein Inneres betreten? Hast du jemals versucht, da drinnen im Geiste nach einem festen Anhaltspunkte zu forschen? Der Psalmist wußte um dieses Geheimnis. „Zu Nichts bin ich geworden und ich erkannte es nicht einmal." (Ps. 72.) „Ad nihilum redactus sum et nescivi." Wenn dein Inneres, ohne daß es dir selbst klar wird warum, erschüttert wird vor dem eigenen, kein Ende nehmenden Nichts und vor der Allgewalt deines großen Gottes, der den Kreaturen ihr eigenes Sein giebt und doch wunderbarerweise alles in seiner Hand hält und nach allen Richtungen hin zeigt, wie im Verhältnisse zu jedem anderen Sein Er allein ist und „niemand neben Ihm", und wie alles, was lebt und webt, was sich regt und thätig ist, nur kraft seiner Macht Bestand hat; — erst dann, wenn du wie ein Schlafender gleichsam aus tiefem Schlafe erwachst, velut somnium surgentium Domine und in allem nur Schatten, nur das Bild des einen Vaters, der im Himmel ist, in allem siehst und wie alles nichts ist außer Ihm allein — imaginem ipsorum ad nihilum rediges — erst dann wird sich dein Herz in Liebe entzünden und du wirst vor dir selbst als ein Nichts erscheinen. Dann wirst du dich aber auch leiten lassen von Ihm wie das Kind, das sein Vater führt. „Er wird deine Rechte fassen und in seinem Willen wird Er dich führen und in seiner Herrlichkeit wird Er dich aufnehmen — tenuisti manum dexteram meam et in voluntate tua deduxisti me et cum gloria suscepisti me." „Denn was ist im Himmel und auf Erden als der Gott unserer Herzen!" „Er allein ist, und wir sind wie der Tropfen am Eimer."

55. Text des heiligen Gregor des Großen, moralia lib. 29. c. 8.

„Sind dir erschlossen die Pforten des Todes." Die Pforten des Todes sind alle schlechten Gedanken, die wir vor Gott bekennen und vor Ihm ausbreiten, wenn wir sie in Reuethränen vor Ihm beweinen. Pforten des Todes sind sie genannt, weil in Wahrheit der Weg zum Verderben durch schlechte Gedanken eröffnet wird.

„Und hast du geschaut die dunklen Thore?" Die dunklen Thore sind die verborgenen Übel des Geistes, die wohl im Innern sind, aber trotzdem nicht leicht von anderen gesehen werden. Und doch der Herr erkennt sie, wenn Er sie durch seine verborgene Heimsuchung in seiner Gnade zerstreut. Und weil jedes Laster enge macht, die Tugend aber in jeder Gestalt die Seele erweitert, deßhalb fährt der heilige Text fort: „Hast du erwogen die Weite der Erde?" Denn wenu nicht die Tugend die Herzen erweiterte, würde Paulus nicht sagen: Erweitert euch auch ihr und verbindet euch nicht in der Verbreitung der Bosheit mit den Ungläubigen. Doch das bedarf einer weiteren Erwägung. Die Weite nämlich der inneren Güter, in denen das Herz der Tugendhaften sich ausdehnt, wird kaum in etwa erfaßt, wenn sie nicht tief durchforscht wird. Denn zum größten Teil demütigt sie äußerer Mangel, beengt sie Trübsal und trotzdem geht die innere Kraft so weit, daß sie bis zur Hoffnung auf ewige Güter sich erhebt. Viel Leid ängstigte die Apostel von außen her, da sie sogar Geißelhiebe zu ertragen hatten, aber weit hatten sie ihr Herz geöffnet, daß diese Peinen für sie ein Gegenstand selbst der Freude wurden. „Sie gingen freudig fort aus dem hohen Rate, weil sie gewürdigt worden, für den Namen Jesu Schmach zu leiden." Diese Weite des Herzens hatte Paulus gefunden, der da sagte: „Das will ich euch aber kundthun, daß was mich umgiebt, mehr und mehr dem Evangelium zum Vorteile gereicht. Meine Fesseln sind offenbar geworden vor jedem Richterstuhl.“ Dieser Weite des Herzens erfreute sich David, der da ausrief: „In der Versuchung hast du mein Herz erweitert.“ Dann nämlich wird diese Erde weit im Gewissen der Heiligen, wann sie durch die Trübsale dieser Welt erdrückt zu werden scheinen. Denn wenn die Welt sie zurückstößt durch Verfolgung, dann treten sie in sich selbst ein und bereiten ihr Herz zur Hoffnung auf die glückselige Ewigkeit vor. Sie werden gehindert, sich zu zerstreuen in die Freuden dieser Welt und sie werden dann weit ausdehnen das Innere ihres Herzens. Wir sehen dann wohl, was sie äußerlich leiden, aber welchen Frieden sie im Innern haben, das sehen wir nicht. Es möge also die irdische Weisheit es hören und sich selber zur Thorheit werden: „Hast du erwogen die Weite der Erde?“ als ob der heilige Dulder sagen wollte: Ich, der ich mit Leid gewissermaßen umgürtet bin, ich betrachte für mich allein die stille Freude der Gerechten, welche die Qualen, anstatt sie zu mindern, nur erhöhen und befestigen. Betrachte, sagt er gleichsam, jene, die da durch die ungezählten Übel des gegenwärtigen Lebens nicht beengt werden können und höre auf, dich zu rühmen über den Zustand deines eigenen Herzens.

Doch nun zum Texte des heiligen Thomas:[1])

---

[1]) Respondeo dicendum, quod Deus perfecte comprehendit seipsum. Quod sic patet: tunc enim dicitur aliquid comprehendi, quando pervenitur ad finem cognitionis ipsius; et hoc est quando res cognoscitur ita perfecte, sicut cognoscibilis est; sicut propositio demonstrabilis comprehenditur quando scitur per demonstrationem, non autem quando cognoscitur per aliquam rationem probabilem. Manifestum est autem, quod Deus ita perfecte cognoscit seipsum, sicut perfecte cognoscibilis est: est enim unumquodque cognoscibile secundum modum sui actus. Non enim cognoscitur aliquid secundum quod in potentia est, sed secundum quod est in actu, ut dicitur in IX. metaphys. Tanta autem est virtus Dei in cognoscendo quanta est actualitas ejus in exi-

„Ich antworte, daß Gott Sich selber vollkommen begreift. Das erhellt aus folgendem. In dem Falle wird etwas ganz und gar begriffen, wenn alles daran erkannt wird, was erkennbar ist und man somit bis an das Ende der Erkenntnis, soweit dieser Gegenstand reicht, gelangt. Das geschieht z. B., wenn ein beweisbarer Satz mit Gewißheit erkannt wird und nicht bloß aus Wahrscheinlichkeitsgründen. Nun ist es aber offenbar, daß Gott Sich selber so vollkommen erkennt, wie Er vollkommen erkennbar ist; denn jegliches Ding ist erkennbar in derselben Weise, wie es thatsächliches Sein besitzt. Nichts wird nämlich erkannt, weil es im Zustande der Möglichkeit ist, sondern weil und insofern es thatsächliche Wirklichkeit hat, wie dies im IX. metaph. gezeigt wird. Soweit aber reicht die Erkenntniskraft Gottes, wie weit sein Sein Thatsächlichkeit hat; denn gerade deshalb ist in Gott Erkenntnis, weil Er frei und völlig getrennt ist nicht nur von jeglichem Stoffe, sondern auch von allem Vermögen und sonach ohne jede Entwicklungsfähigkeit besteht. Daher ist es offenbar, daß Gott Sich selbst soweit erkennt, als Er erkennbar ist und somit begreift Er Sich vollkommen."

§. 2.

Erläuterung des Textes.

56. Syllogismus.

Thomas hätte niemals für die scientia media angeführt werden können, wenn seine Lehre über das Wissen Gottes im Zusammenhange genommen worden wäre, an-

---

stendo; quia per hoc quod actu est et ab omni materia et potentia separatus, Deus cognoscitivus est, ut ostensum est, art. I. huj. quaest. Unde manifestum est quod tantum seipsum cognoscit, quantum cognoscibilis est; et propter hoc seipsum perfecte comprehendit.

statt daß man sich begnügte, einige Texte, die nach dem äußerlichen Klang der Worte günstig schienen, herauszureißen. Der engelgleiche Lehrer ist sich in allen Teilen seiner Lehre durchaus konsequent; bei ihm erklärt eine Wahrheit die andere; folgt eine Wahrheit aus der anderen; zieht die Leugnung einer einzigen jene vieler, wenn nicht aller anderen nach sich.

Wir legen besonderes Gewicht auf die ersten vier Artikel der vorliegenden Quästion, denn sie enthalten die Grundlage für die ganze Behandlung der Wissenschaft Gottes.

Darin besteht eben der Unterschied zwischen Gott und den Geschöpfen, daß Gott unmittelbar Sich selbst erkennt und auf Grund dessen anderes; wogegen das Geschöpf vermittelst des anderen zur Selbsterkenntnis gelangt. Die Behandlung der Wissenschaft Gottes muß deshalb als maßgebende Grundlage die Art und Weise der Selbstkenntnis Gottes betrachten; während die Selbstkenntnis der Geschöpfe die Art und Weise, wie dieselben das andere erkennen, zur Regel und Richtschnur hat.

Der heilige Thomas geht in vier Artikeln die verschiedenen Seiten der göttlichen Selbsterkenntnis erschöpfend durch und beruft sich später fortwährend auf sie. Sie sind entscheidend für alle Behauptungen, welche das Wissen Gottes betreffen. Die folgenden Artikel derselben Quästion sind mit Ausnahme des dreizehnten, der nach der Ansicht vieler der schwierigste in der ganzen Summa ist, nur Folgerungen und Anwendungen der in den ersten vier aufgestellten Principien.

Wie will man die richtige Ansicht des heiligen Thomas über das Wissen Gottes wiedergeben, wenn man die Grundlage, welche er selber legt, entweder vernachlässigt oder gar offen verachtet!

Der logische Grund, welchen Thomas für das gänzlich erschöpfende Selbstbegreifen Gottes im dritten Artikel geltend macht, ist nicht derselbe wie der für die einfache

Selbstkenntnis angeführte. Ging er da von der erkennenden Vernunft aus und wies nach, daß, wo die Erkenntniskraft keinerlei Vermögen in sich enthält, sondern reiner Akt, rein thatsächlich ist, daß da auch ohne weitere Vermittlung einer fremden **species intelligibilis**, d. h. einer die Erkenntnis bestimmenden Erkenntnisform, sie selbst der Erkenntnisgegenstand sein muß; — so leitet ihn hier im dritten Artikel das Erkennbare, der Gegenstand des Erkennens.

Gott erkennt unmittelbar Sich selbst, weil seine Vernunft von vornherein thatsächlich ist, also keines Mittels bedarf, um aus dem Zustande des Vermögens in den der thatsächlichen Wirksamkeit versetzt zu werden, wie das bei jeder geschöpflichen Erkenntniskraft der Fall ist. Das war der Inhalt des zweiten Artikels.

Gott begreift Sich selbst vollkommen, weil der Gegenstand seines Erkennens, sein eigenes Sein, Thatsächlichkeit ist. Das ist kurz der Inhalt des dritten Artikels. Prüfen wir zuvörderst, wie Thomas dies streng beweist, und dann steigen wir in die Tiefe der Beweisführung so viel uns möglich hinab.

Etwas begreifen, — so würde sich der Syllogismus formieren lassen, — etwas begreifen heißt bis zum Ende der Kenntnis kommen, so zwar, daß von dem erkennbaren Gegenstande nichts mehr zu erkennen übrig bleibt.

Gott aber erkennt so Sich selbst, daß nichts mehr von seinem Sein Ihm zu erkennen übrig bleibt.

Also begreift Er in erschöpfendster Weise Sich selbst.

Der Obersatz ist klar; es ist etwas einbegriffen, wann es ganz umgriffen ist, so daß nichts mehr außerhalb des Umgreifenden bleibt. Die Luft umgreife ich nicht, wenn ich auch einen Teil wirklicher Luft in meiner Hand einschließe; es bleibt noch viel übrig außerhalb meiner Hand. Aber die Uhr, welche ich mit meiner Hand umschließe, so daß nichts von derselben außerhalb ist; die umgreife ich — **comprehendo**.

Die Schlußfolge ist von metaphysischer Notwendigkeit.

Der Untersatz wird bewiesen.

Nur dann kann etwas übrig bleiben vom Erkennbaren, wenn dasselbe noch weiter das Vermögen hat, erkannt zu werden; erkennbar sein will ja doch nichts anderes besagen, als fähig sein erkannt zu werden, resp. die Erkenntniskraft zu bethätigen; ist also der Gegenstand nicht ganz durchkannt, so bleibt nur die Annahme übrig, daß er noch die Fähigkeit hat, mehr erkannt zu werden.

Gottes Sein aber ist nur Thatsächlichkeit und enthält keinerlei Fähigkeit oder Vermögen.

Also vom göttlichen Sein aus steht nichts dem erschöpfenden Begreifen entgegen. Von der göttlichen Vernunft aus aber steht dem vollen Begreifen des Seins auch nichts entgegen; denn so weit erstreckt sich ihre Kraft im Erkennen wie die Thatsächlichkeit im göttlichen Sein.

Also muß Gott Sich selbst völlig erschöpfend begreifen.

Die Begründung des letzten Untersatzes kann nicht in Zweifel gezogen werden; denn notwendig muß sich die Kraft der göttlichen Vernunft im Erkennen so weit erstrecken, wie die Thatsächlichkeit im Sein Gottes, weil eben für Gott der nächste Grund seines Erkennens der ist, daß Er nur thatsächliches Sein hat und in keiner Weise in potentia ist.

So begründet Thomas die Schlußfolge des heiligen Augustin: „Omne quod intelligit se, comprehendit se". Was sich selber zum unmittelbaren Gegenstande der Erkenntnis hat, das begreift auch zu gleicher Zeit vollkommen sich selber.

Um jedoch die Tiefe der thomistischen Begründung uns zu veranschaulichen, wollen wir dem Winke folgen, den Thomas selbst giebt. Er vergleicht das Begreifen mit dem sicheren und allen Zweifel ausschließenden Beweise eines aufgestellten Satzes; das bloße Erkennen mit Beweisgründen, die mehr oder minder nur Wahrscheinlichkeit ergeben. Die Betrachtung der verschiedenen Grade der menschlichen Erkenntnis mag einen Anhaltspunkt dafür geben, daß der hier vorgetragenen Lehre des heiligen Thomas das richtige **Verständnis abgewonnen wird und nach welcher Seite dieses Verständnis hinzielt.**

57. Die objektive Wahrheit.

„Die Thätigkeit der Vernunft,“ so Thomas,[1]) „ist eine doppelte: Die eine wird das „Verständnis der unteilbaren Wesenheiten“ genannt, vermittelst deren von jeder Sache das Wesen, der innere Seinsgrund erfaßt wird. Die andere aber ist diejenige, welche zusammensetzt oder teilt, bejahend urteilt oder verneinend, behauptet oder leugnet. Diese zwei Thätigkeiten entsprechen vollkommen den zwei Seiten des Seins, die in den Dingen sich vorfinden. Denn die erstgenannte Thätigkeit berücksichtigt die innere Natur oder Substanz der Sache, der gemäß die letztere eine bestimmte Seinsstufe einnimmt, mag es sich um die Sache als ein Ganzes handeln oder um einen Teil oder eine Eigenschaft derselben. Die an zweiter Stelle angeführte berücksichtigt das wirkliche Sein der Sache, das da bei den zusammengesetzten Dingen sich aus der Verbindung aller Seinsprincipien ergiebt oder bei den einfachen Substanzen die einfache Natur der Sache begleitet.“

Es tritt immer mehr hervor, wie notwendig bei der

---

[1]) In Boët. de Trinit. qu. 5. art. 3. Duplex est operatio intellectus. Una quae dicitur intelligentia indivisibilium, qua cognoscitur de unaquaque re quid est. Alia vero est, qua componit et dividit, scilicet enuntiationem negativam vel affirmativam formando: et hae quidem duae operationes duobus quae sunt in rebus respondent. Prima quidem operatio respicit ipsam naturam rei, secundum quam aliqua res intellecta aliquem gradum in entibus obtinet: sive sit res completa ut totum aliquod, sive incompleta, ut pars vel accidens. Secunda operatio respicit ipsum esse rei, quod quidem resultat ex aggregatione principiorum rei in compositis vel ipsam simplicem naturam rei concomitatur ut in substantiis simplicibus.

Frage nach dem Wissen Gottes das Eingehen auf die Grundprincipien des Seins und des Verstehens ist. Existiert eine objektive Wahrheit in dem Sinne, daß ein Sein, ein Akt, wahr wäre aus sich heraus, weil er eben von jeder Vernunft unabhängig erscheint? Unmöglich. Die Thätigkeit der Vernunft ist eine innerliche, eine immanente; das will heißen, sie hat ihren Gegenstand, ihren terminus innerhalb ihrer selbst. Wäre ein Sein Gegenstand der Erkenntnis, nur eben weil es Sein ist; so würde sich die Vernunft notwendig von sich ab nach außen wenden müssen, also wie das Feuer etwa eine von ihm sich entfernende, eine transeunte Thätigkeit haben, nicht aber eine immanente, in ihm bleibende.

Wollte man dagegen einwenden, daß die Thätigkeit der Vernunft trotzdem immanent wäre, wenn auch der Gegenstand außen eine von jeder Vernunft unabhängige Wahrheit hätte; weil sie selbstthätig ist und somit das Ende oder der terminus der Thätigkeit ihr zugehört, innerhalb ihrer selbst und ihr Vorteil ist; so würde das ein Spiel mit Worten sein. Oder gehört das Erwärmen nicht dem Feuer zu, ist es nicht innerhalb des Feuers? oder gehört das Schnitzen nicht dem Meißel zu, ist es nicht und bleibt es nicht eine Eigentümlichkeit, ein Werk des Meißels? Ist deshalb das Wärmen, ist das Meißeln eine immanente Thätigkeit? Keiner wird das sagen.

Oder soll etwa die Vernunft nicht das Gedachte, sondern der Gedanke; soll sie nicht das Erkannte, sondern das thatsächliche Erkennen sein? Soll also eine Identität nur bestehen zwischen dem Vermögen und seiner Thätigkeit und nicht zwischen dem Erkennen und dem Gegenstande des Erkennens? Aber Träger des gewirkten Seins ist immer und jedesmal der Gegenstand, welcher das Wirken aufnimmt und auf den somit das Wirken unmittelbar gerichtet ist. Das durch den Gärtner Gewirkte wird von der Pflanze getragen und nicht vom Gärtner; und in der Pflanze bleibt das

Ergebnis dieses Wirkens. Der Gegenstand des Erkennens trägt den Erkenntnisakt und dieser Gegenstand muß innerhalb der Vernunft sein und nur darum kann er wahr genannt werden. Wahr sein ohne Abhängigkeit von der Vernunft heißt ebensoviel als daß das Vernunftvermögen in sich das subjektive einzelne Sein des Verstandenen ist. Von einer objektiven Wahrheit sprechen, die dem Dinge, weil es einmal ist oder sein wird, innewohnt, ohne daß eine Vernunft maßgebend dafür sei; das ist ein **non-sens.**

„Die Wahrheit ist zuerst in der Vernunft und kraft dessen erst in den Dingen," **veritas prius est in intellectu quam in rebus,**[1] sagt Thomas in seiner immer sich gleichbleibenden Weise an verschiedenen Stellen gerade von der Wahrheit der Dinge, die als „objektive Wahrheit" bezeichnet wird.

Wie aber hat man sich diese Wahrheit der Dinge, die wirkliche „objektive Wahrheit" zu denken?

Zwei Dinge sind hier auseinanderzuhalten:

1) Der Gegenstand der Erkenntnis muß innerhalb des Vernunftvermögens sein; sonst wäre das Erkennen keine reiu innerliche Thätigkeit. Die Vernunft kann ihrer Natur nach gar nicht aus sich herausgehen; wie etwa das Feuer den Gegenstand seiner Thätigkeit außen sucht oder wie der Maler seine Idee auf die Leinwand überträgt.

2) Das thatsächliche Sein des Erkennens darf nicht ohne weiteres züsammenfallen mit dem wirklichen einzelnen subjektiven Sein des Erkannten.

Dic Leugnung des ersten Punktes würde das Vernunftvermögen unter den Sinn erniedrigen, der doch immerdar, weun auch nicht in vollkommener Weise, den Gegenstand der Sinneserkenntnis in sich hat, wie z. B. das Farbenbild im

---

[1]) S. Th. 1. q. XVI. art 1.; I. d. 19. q X. 5. art. 1.; I. de Verit. art. 2.

Auge ist. Die Behauptung des zweiten Punktes würde über den Pantheismus hinausgehen.

Wie ist zwischen diesen beiden Klippen hindurchzukommen? In keiner anderen Weise als gemäß dem Texte, der am Anfange dieser Nummer steht.

Es muß das Vernunftvermögen im strengsten Sinne des Wortes als Vermögen genommen werden. Innerhalb des Vermögens der Vernunft als eines solchen muß der Gegenstand der Vernunft sein. Dann kann aber dieser Gegenstand wieder nur Vermögen sein, wenn auch in einem anderen Sinne: leitendes oder bestimmendes nämlich anstatt empfangendes oder leidendes. Die Vernunft bleibt Vermögen und hat im Zustande des Vermögens den Erkenntnisgegenstand innerhalb ihrer selbst.

Aber dann könnte sie als reines Vermögen nicht selbständig verstehen! Sie könnte zudem in diesem Falle auch nichts dazu thun, daß der bestimmende Grund in sie eintritt, ist sie ja doch ein bloßes Vermögen und wirkt als solches thatsächlich nicht!

Ganz richtig! Zwei Thätigkeiten der Vernunft unterscheidet im oben citierten Texte der heilige Thomas: 1) Der Eintritt der Natur oder Substanz des äußeren Dinges in die Vernunft; 2) die Erkenntnis des wirklichen einzelnen Seins. Die erste Thätigkeit ist naturnotwendig, unbewußt, rein bestimmend im Bereiche der Möglichkeit. Die zweite hängt von der einzelnen Vernunft selbst ab, geschieht im vollbewußten Urteilen, ist von bestimmendem Einflusse auf das wirkliche Sein.

Die erste Thätigkeit macht, daß der Gegenstand der erkennenden Vernunft innerhalb des Vernunftvermögens, daß sonach die Thätigkeit der Vernunft fortwährend eine immanente, auch während des bewußten Urteilens sei.

Was tritt nun in die Vernunft ein kraft dieser ersten Thätigkeit? Thomas sagt es: „Die Natur“ oder die innere Substanz des Dinges. Und sie tritt ein nach ihrem eigensten

Wesen, als bestimmendes, formendes Element. Warum soll sie denselben Einfluß, den sie auf den Stoff ausübt, nicht auch auf das Vernunftvermögen ausüben können? Warum soll sie da nicht ebensogut enden, begrenzen, füllen können, als im Stoffe?

Eher noch weit besser; könnte man sagen! Im Stoffe findet sie bereits manches ihr Fremdes vor: die allgemeine Hinneigung zu Ort und Zeit; ferner die Potenz für eine bestimmte Ausdehnung; und endlich eine gewisse Vorbereitung und Disposition, die nicht von ihr selber herrührt. Dies alles schließt das Vernunftvermögen nicht in sich ein. Da kann die Wesensform mit ihrer bestimmenden Kraft weit tiefer eindringen und weit mächtiger gestalten; da kann sie eine vollendete Einheit ohne Zusammensetzung bilden, ein und dasselbe Sein haben mit dem Vernunftvermögen; sie kann so weit vordringen, daß gesagt werden muß: „Das Vernunftvermögen wird durchaus die bestimmende Form,“ während der Stoff niemals sich in dieser innigsten Weise mit seiner Wesensform identifiziert; es bleiben da immer zwei in sehr vielen Beziehungen einander entgegengesetzte Elemente, die nur von außen her durch Zwang, möchte man beinahe sagen, zusammengehalten werden und kaum sind sie beisammen, auch schon wieder der Trennung zueilen.

Oder soll etwa dem entgegenstehen, daß es so viele Vernunftvermögen giebt, die dann alle gleichmäßig von derselben Wesensform durchdrungen und bestimmt würden. Im Gegenteil; das ist vielmehr günstig. Es kommt ja der Natur der Wesensform zu, daß sie von sich aus unbegrenzt viele Einzelndinge erzielen, daß sie also auch, da überall das Erkennen dem Sein entspricht, ohne Ende oft Princip des einzelnen Verständnisses werden kann.

Täuscht etwa der äußere Schein? Die Wesensform außen, die Idee innen; der Stoff draußen, das Vernunftvermögen drinnen; die substantielle Einheit des Seins und des Wirkens außerhalb, die ideelle Einheit des Seins und des Wirkens innerhalb! Das klingt allerdings verführerisch; — aber führt nicht etwa gerade diese scheinbar so wunderbare Harmonie zwischen der Außenwelt und dem regnum quod intra nos est in die Irre?

Man erwäge die offenbare Notwendigkeit, welche zu einer solchen Annahme führt. Erkennen wir in vernunftgemäßer Weise die äußeren einzelnen Dinge? Das kann niemand bezweifeln. Leiden diese Dinge unter unserer Kenntnis, wie das Holz unter dem Feuer leidet, der Marmor unter dem Meißel? Nein, im Gegenteil; sie werden ganz und gar gemäß ihrer Natur vervollkommnet und vervollkommnen wieder ihrerseits. Ist das besondere Sein dieser Dinge das unsrige, so daß die Verbindung daher käme? Unmöglich.

Nun was allein ist dann gemäß allen diesen evidenten Thatsachen möglich? Wir kennen diese Dinge; ihr einzelnes wirkliches Sein bleibt in seinem eigensten Bestande völlig unberührt; es vermindert sich weder unter unserer vernünftigen Kenntnisnahme, noch vermehrt es sich; wir haben den innersten Grund ihres ganzen Einzelnseins in uns, denn wir leiten sie ganz genau nach ihren Bedürfnissen.

Da kann gar keine andere Lösung gegeben werden, als daß in unserem Vernunftvermögen die innerste Natur dieser Dinge als leitendes Element sich vorfindet.

Aber ist nun diese Natur in den Dingen wirklich vorhanden; wir meinen, nach ihrer Unabhängigkeit von Zeit und Ort im einzelnen; nach ihrer Allgemeinheit; nach ihrer Unveränderlichkeit, gemäß welcher die Natur der Pflanze niemals die Natur des Tieres wird, das Dreieck immer zwei R hat?

Nein; es giebt unter den einzelnen stofflichen Dingen keines, welches nicht in bestimmter Zeit und Lage, nicht fortwährend wandelbar, nicht unter ganz besonderen Verhältnissen wäre.

Die Natur oder Substanz ist innerhalb der Einzeldinge als Vermögen und nicht als einzelne Wirklichkeit.

Weil sie vermag, die einzelnen Einflüsse nach einer bestimmten Seinsstufe hinzuleiten; weil kraft ihrer, kraft der Substanz, wie Thomas sagt, das Einzelnding eine gewisse Seinsstufe einnimmt; deshalb und nur insoweit dauert das Einzelnding und nimmt es teil am allgemeinen Sein: es hat thatsächliches Sein und trotzdem vermag es, obgleich es jedes einzelne Mal in einer bestimmten Zeit und Lage sich vorfindet, auch in einer anderen Zeit und in einer anderen Lage zu sein.

Also wird auch diese selbe Natur innerhalb des Vernunftvermögens nur bestimmendes Vermögen sein; freilich mit dem Unterschiede, daß sie in der Vernunft, die ja ganz von ihr durchdrungen wird und keinerlei fremde Elemente darbietet, eben nur sie selbst ist und nur als sie selbst erscheint, begleitet von ihrer Allgemeinheit, von ihrer Indifferenz und Unwandelbarkeit; während sie im Stoffe, wenn sie überhaupt sein soll, nur als einzelnes Besondere, Beschränkte, Veränderliche thatsächlich erscheinen kann.

Hier ist der Quell und der tiefste Grund der „objektiven Wahrheit", der „Wahrheit der Dinge" (veritas rei). Die Anwesenheit der substantiellen Form der Dinge, also ihrer innersten Natur innerhalb der Vernunft als leitender Erkenntnisgrund, macht für die erkennende Vernunft diese Dinge zu wahren, welche Vernunft auch immer genommen werde. Die Dinge sind erst dadurch wahr, daß sie in Abhängigkeit stehen von der Vernunft oder in der Vernunft sind. Die objektive Wahrheit eines Dinges erkennen heißt nicht das Ding erkennen, je nachdem es ein Sein hat; sondern das heißt es erkennen, weil und insoweit die innerste Natur dieses einzelnen Seins innerhalb der Vernunft als bestimmende Form, als species intelligibilis sich vorfindet.

Das alles gilt natürlich von Gott in wesentlich erhöhtem Maße. Nehmen wir die Dinge wie sie sind. Wodurch sind sie fähig, soweit es auf sie ankommt, wahr zu sein? Welches Fundament haben sie an sich selbst, daß sie wahr genannt werden können? Einzig und allein ihre innere Substanz, ihre Natur. Mag diese aber nun inmitten des Stoffes als Formalprincip des stofflichen Seins gedacht werden oder als bestimmende Form innerhalb des Vernunftvermögens; immer bleibt sie an und für sich nur Vermögen; an und für sich somit unerkennbar — ein bloßes Vermögen kann ja für sich allein nicht erkennbar sein! — sie hat somit keine Wahrheit, bis sie als unter der Kraft der einwirkenden Ursächlichkeit stehend, also als wirklich, gedacht wird; und diese Ursächlichkeit kann einzig und allein Gott sein.

Und wenn die Substanz nun an und für sich nicht erkennbar, also auch unwahr, oder wenigstens nicht thatsächlich wahr ist — denn ratio ejus completur in intellectu; — wie soll dann eine einfache Handlung, ein Akt, an und für sich Wahrheit besitzen, der da an sich betrachtet nicht einmal innerhalb seiner selbst als bloßer Akt den Grund besitzt, daß er so sei und nicht anders, sondern ganz und gar einerseits von der wirkenden, und andererseits von der inneren substantiellen Ursächlichkeit abhängt!

Das wird sich in noch weit hellerem Lichte zeigen, wenn wir die zweite Thätigkeit der Vernunft, ihr Verhältnis zum wirklichen äußeren einzelnen Sein erwägen. Alles bis jetzt Gesagte wird sich da bestätigt finden und das Wesen der „objektiven Wahrheit“, wie es eben festgestellt worden, als das einzig mögliche sich erweisen. Der Beweis des heiligen Thomas für die Notwendigkeit, daß Gott Sich selbst erschöpfend begreift, wird dann in seiner durchdringenden Kraft mehr bemessen werden können.

58. Die „objektive Wahrheit“ ist die innere Regel und Richtschnur für die formale.

„In der Auffassung des Wesens einer Sache täuscht sich die Vernunft nicht,[1]) außer vielleicht zufälligerweise, per accidens, sobald dieselbe nämlich darangeht, etwas zu bejahen oder zu verneinen. Von der Auffassung des Wesens der Dinge seitens der Vernunft kann weder ausgesagt werden, daß sie wahr noch daß sie falsch ist; die Vernunft täuscht sich da weder noch erkennt sie sich als wahres erkennend; sondern nur in dem Sinne, wie der Sinn mit Rücksicht auf seinen eigentlichen Erkenntnisgegenstand immer wahr ist, in diesem Sinne ist auch die Vernunft rücksichtlich der Auffassung des Wesens oder der Natur des äußeren Dinges immer wahr.“

Diese Worte des heiligen Thomas sind die volle Bestätigung des in der letzten Nummer Gesagten. Was ist denn zufällig, per accidens, für alle Geschöpfe und so auch für das geschöpfliche Erkennen? Nichts anderes als das wirkliche, thatsächliche Sein. Mit Rücksicht auf dieses ist nimmer eine Notwendigkeit vorhanden: das Geschöpfliche hat in sich niemals den Grund, daß es in der Wirklichkeit Existenz hat. Da also beginnt das Wahre und Falsche im Verstande, wo das wirkliche thatsächliche Erkennen beginnt, wo ausgesagt wird: das ist thatsächlich so oder das ist nicht so.

Was demnach vor einem solchen Erkenntnisakte innerhalb der Vernunft vorhanden ist, kann an und für sich be-

---

[1]) In metaph. lib. IX. lect. 11. Sed circa quod quid est non decipitur intellectus nisi per accidens: aut enim per intellectum attingit aliquis quod quid est rei et tunc vere cognoscit quid est res: aut non attingit et tunc non apprehendit rem illam. Unde circa eam non verificatur neque decipitur. Propter quod dicit Arist. in III. de anima quod sicut sensus circa propria objecta semper est verus, ita intellectus circa quod quid est, quasi circa proprium objectum.

trachtet nur im Zustande des Vermögens sich da finden, mag auch ein solches in sich völlig bestimmtes Vermögen nicht ganz ohne irgend welchen wirklichen Akt existieren können; besteht ja auch die Substanz außen, obgleich in sich nur ein Vermögen zu sein, nicht ohne irgendwelche Wirklichkeit, sonst wäre sie auch nicht einmal Vermögen. Hier jedoch wie da hat dieses Wirklichsein seinen bestimmenden Grund nicht in der inneren Form, sondern in der äußeren, wirkenden Ursache. Die innere Form, hier das Wesen oder die Substanz, dort die **species intelligibilis**, besagt nur, daß, falls ein einzelnes Wirklichsein eintritt, dies nach Maßgabe der inneren Form, nach Maßgabe der Pflanze oder des Tieres oder der entsprechenden Idee eintreten muß. Die Form vermag wohl das eintretende Sein gemäß ihrer Seinsstufe zu leiten, aber daß überhaupt ein wirklich thatsächliches Sein eintritt, das steht nicht in ihrer Macht. Das tritt von außen hinzu, ist per accidens.

Ehe jedoch ein solches Hinzutreten kann, muß die Disposition des Stoffes oder des Vernunftvermögens **in linea potentiae** eine vollendete sein. Es muß etwas da sein, was dem wirklichen Sein als Träger dient; wozu das Wirklichsein hinzutritt; was da macht, daß dieses letztere nicht mehr der wirkenden Ursache dem Wesen nach zugehört; sondern vom Geschöpfe als eigenes ausgesagt wird. Das ist im Sein das Wesen, im Erkennen die species intelligibilis. Letztere ist das principium quo, das innere Princip, dem gemäß und vermittelst dessen der Erkenntnisakt ein dem Menschen eigentümlicher genannt wird.

Es muß das Vernunftvermögen dermaßen für den einzelnen Akt bestimmt und darauf gerichtet sein, daß die Einwirkung der wirkenden Ursächlichkeit als solcher nur das Einzeln-Wirkliche hinzuzufügen, mit anderen Worten nur zu bethätigen, nur zu beleben braucht, und so in Wirklichkeit gesagt werden kann: Ich erkenne in Wirklichkeit, ich mache einen Erkenntnisakt.

Von allen Seiten bestätigt sich die Lehre des heiligen Thomas. Alles, was dem Stande des Vermögens zugehört, bildet das wesentliche Unterscheidungsmerkmal des Kreatürlichen; das ist dem Geschöpfe als solchem eigen. Aus dem Nichts und der einwirkenden ersten Ursache, der reinen Wirklichkeit, kann als für sich Bestehendes oder als etwas Selbständiges sich nur ein Vermögen ergeben; das da, will es irgendwie wirklich sein, nach außen gewiesen ist, nämlich nach dem Sein, was wesentlich Thatsächlichkeit ist und demnach auch allein Thatsächliches in jeder Beziehung hervorbringen kann; will es aber fallen, so kann es dies aus sich selbst. Notwendig im Geschöpfe ist nur das innere substantielle Vermögen, kraft dessen das Sein einer bestimmten Gattung angehört und somit auch die allwirkende Ursache, Gott selbst, nicht bewirken kann, daß die Pflanze in der Wirklichkeit sieht und hört oder der Stein dem wirklichen Sein nach lebt. Er kann im einzelnen Falle das innere Wesen ändern; aber ist dieses da, so arbeitet es unter der wirkenden Ursächlichkeit mit strengster Notwendigkeit in einer bestimmten Weise und vermag nicht anders sich zu äußern.

Wirkt das Licht auf das Auge, so bestimmt es mit Notwendigkeit die Sehkraft nach einer bestimmten Richtung. Kann das Auge sehen ohne Licht und ohne dementsprechendes Lichtbild? Nein; also verlangt die Natur des Auges, daß demselben eine solche Form gegeben werde. Warum kann es nicht sehen ohne ein bestimmtes Lichtbild? Weil es keine Farbe im allgemeinen giebt, sondern nur immer eine so und so im einzelnen beschaffene; das Auge aber als Sehvermögen für alle Farben ohne Unterschied offen ist. Als Vermögen für alle Farben kann es zweifellos unmöglich für eine einzelne von Natur aus bestimmt sein; es vermag nicht ohne weitere Bestimmung, eine einzelne zu erkennen. Nur damit es also eine einzelne Farbe sehen kann, muß es komplet werden durch den Eintritt eines auf das einzelne richtenden Lichtbildes, welches dann die Regel und die Richtschnur für den ganzen Sehakt bildet. Das Sehvermögen an sich kann nur im allgemeinen sehen; das vom Lichtbilde bestimmte Sehvermögen kann etwas einzelnes sehen.

Dasselbe nun, was vom Auge, was vom Ohre, was von allen Sinnen gilt, das hat seinen Wert auch für das Vernunftvermögen.

Dasselbe kann als reines Vermögen alles geistig erfassen; ebenso wie der reine Stoff ein Vermögen zu allem wirklichen Sein ist. Aber eben damit ist es auch gegeben, daß die Vernunft von sich allein es nicht vermag, etwas Einzelnes und Bestimmtes zu erkennen. Das kann von ihr selber gar nicht kommen, weil sie selbst ihrem Wesen als Vermögen nach gleichmäßig zu allem geistigen Erkennen hinneigt. Sie würde damit nur ihrem eigenen Wesen widersprechen, wenn sie nun aus sich allein zugleich zur Erkenntnis eines einzelnen bestimmt wäre.

Also muß die kompletierende Bestimmung im Inneren der Vernunft, damit letztere nur überhaupt etwas einzelnes erkennen kann, damit also die innere Natur für den einzelnen Erkenntnisakt vorhanden und so der Erkenntnisakt ein eigener sei, notwendig von außen kommen. Diese Bestimmung nun, welche das Vernunftvermögen befähigt, etwas einzelnes zu erkennen, ist die Substanz des einzelnen Dinges selber, die da, losgelöst von dem Stoffe, welchen sie zum wirklichen Sein formt, innerhalb der Vernunft die Idee wird. Und in dieser Thätigkeit ist nie ein Fehl; nie ein Irrtum.

Die Idee in der Vernunft bewirkt beim wirklichen einzelnen Erkenntnisakt, daß das außenstehende Sein gemäß seiner innersten maßgebenden Substanz und nicht anders erkannt wird; ebenso wie das Bild im Auge bewirkt, daß das einzelne, insoweit es farbig ist, sich offenbart. Jede Idee ist die Richtschnur für das einzelne Erkennen, für das Urteilen, für die Bestimmungen der Vernunft und leitet immer nach dem Grundsatze, daß das Äußere, wie es dessen eigene Natur will, gelenkt werde.

Wie aber ist diese eigene Natur und ihr Verhältnis zum Einzelnsein beschaffen? Sie ist so beschaffen, daß von diesem Verhältnisse selbst sowohl die Möglichkeit des Irrtums im wirklichen Erkennen bedingt wird, wie auch die Verschiedenheit in den Graden der Gewißheit. Gerade daß die bestimmende Form innerhalb der Vernunft immer der substantiellen Form außen entspricht, vielmehr diese selbe Form, losgelöst vom Stoffe, ist; — aber auch nichts mehr ist als diese Form, d. h. kein wirklich thatsächliches Sein hat, sondern zusammen mit der Vernunft den einzelnen Erkenntnisakt nur in letzter Instanz ermöglicht, nicht aber direkt bewirkt; — gerade dies macht, daß auch rücksichtlich der Erkenntnis des einzeln Wirklichen ein Irrtum möglich ist. Mag Thomas sprechen: [1])

---

[1]) In metaph. lib. IX. lect. 11. Si (non apprehensio simplex vel intelligentia indivisibilium sed) compositio et divisio rei est causa veritatis et falsitatis in opinione et oratione, necesse est quod secundum differentiam compositionis et divisionis ejus quod est in rebus est differentia veritatis et falsitatis in opinione et oratione. In rebus autem talis differentia invenitur circa compositionem et divisionem: quod quaedam semper componuntur et impossibile est ea dividi; sicut animae rationali conjungitur natura sensitiva semper et impossibile est, ut dividatur ab ea, ita scilicet quod anima rationalis sit sine ratione. Quaedam vero sunt divisa et impossibile est ea componi, sicut nigrum albo et formam asini homini. Quaedam vero se habent ad contraria, quia possunt componi et dividi sicut homo et albus et etiam currens. Esse autem, in quo consistit compositio intellectus, ut affirmatio, compositionem quandam et unionem indicat: non esse vero, quod significat negatio, tollit compositionem et designat pluralitatem et diversitatem.

59. Die Möglichkeit des Irrtums.

„Wenn nun (nicht die einfache Auffassung des Wesens, sondern) das, was im Dinge zusammengesetzt oder voneinander getrennt ist, die Ursache des Wahren und des Falschen bildet sowohl im bloßen Meinen, als in der Rede; so ist es durchaus notwendig, daß je nachdem in den Dingen eine Zusammensetzung oder eine Trennung besteht, auch in der Meinung der Vernunft und in der Rede Wahrheit und Falschheit sich finde. Nun verhält es sich aber mit dieser Verschiedenheit in den Dingen folgendermaßen: Manches gehört immer zusammen und es ist unmöglich, es voneinander zu trennen; wie z. B. die vernünftige Seele im Menschen immer mit der sinnlichen Natur verbunden erscheint und es eine Unmöglichkeit ist, daß die vernünftige, menschliche Seele ohne Vernunft sei. Manches aber ist so voneinander getrennt, daß eine Verbindung im selben Sein unmöglich ist; wie z. B. das Weiße und das Schwarze oder die Wesensform des Esels und der Mensch. Noch anderes aber ist gegenteiligen Einflüssen offen; es kann nämlich miteinander verbunden werden und auch nicht, oder voneinander getrennt sein und auch nicht; wie der Mensch z. B. und die weiße Farbe oder das Laufen. Das Sein aber, welches dem von der Vernunft ausgehenden Zusammensetzen zu Grunde liegt, gleichwie die Bejahung, womit die Vernunft dieses selbe Zusammensetzen ausdrückt, bezeichnet Verbindung; wogegen Nicht-Sein und Leugnung die Verbindung löst und Verschiedenheit und Mehrheit anzeigt." Da liegt im Keime die ganze Frage und ihre Lösung vor uns. Wie erscheint der Irrtum zuvörderst möglich, wenn die innerste, souverän maßgebende Substanz des erkannten Dinges zugleich die bestimmende Erkenntnisform in der Vernunft ist?

Eben deshalb ist derselbe möglich, weil sowohl außen die Substanz als auch innen die Idee oder bestimmende Erkenntnisform an sich nicht die Quelle der Wirklichkeit ist, keinerlei Wirklichkeit in sich einschließt, sondern nur im Zustande des Vermögens sich vorfindet. Demnach wirkt die Ursache, von welcher das einzelne wirkliche Erkennen ausgeht, von außen her ein und sie wirkt folgerichtig ein gemäß und mit Hilfe der bestehenden Naturen, deren wirkliches Sein der ersten Ursache als Werkzeug dient, jener Ursache nämlich, die da zugleich reines Wesen und thatsächliche Vernunft ist.

In welchem Verhältnisse aber steht nun die Substanz zum wirklichen einzelnen Sein und ebenso das Vernunftvermögen zum besonderen Erkenntnisakt? Darüber waltet kein Zweifel ob. Das wirkliche Bestehen im einzelnen ist für die Substanz ein rein zufälliges, von ihr nicht gefordertes; es ist bald mehr bald weniger, bald stärker bald schwächer, bald umfangreicher, bald beengter. Die Substanz gerade als einzelne und so weit sie stofflich ist, wechselt beständig. Dem angemessen wird sich dann auch seitens einer solchen einzelnen Substanz die Einwirkung auf die Vernunft gestalten. Es wird also je nach dem Wechsel in der einzelnen Substanz bald dieses bald jenes von ihr behauptet werden können, zumal, wie Thomas eben bemerkt hat, die Substanz ad contraria ist, also in mannigfacher Beziehung unter verschiedenen Umständen in entgegengesetzter Weise sich äußern, heute schwarz, morgen weiß sein kann.

Da läge jedoch kein Irrtum noch vor, obgleich die Verschiedenheit im einzelnen Sein der Substanz sowie die Mannigfaltigkeit ihrer Accidentien und Eigenschaften für die Möglichkeit eines Irrtums schon ein weites Thor öffnet. Diese Möglichkeit selber aber wird positiv begründet durch die eigentümliche Stellung des menschlichen Vernunftvermögens. Dasselbe kann erst thätig werden und einen einzelnen Erkenntnisakt hervorbringen, wenn es als ein der Substanz „Mensch“ zugehöriges Vermögen auftritt. Um zu sagen: ich erkenne, ich urteile muß alles mitwirken, was die Substanz „Mensch“, von der das „Ich“ gilt, zusammenhält. Zur Substanz „Mensch“ aber gehören die Sinne, gehört die Phantasie, der Körper. Dies alles muß in harmonischem Zusammenwirken mit dem Vernunftvermögen stehen, ehe der Mensch sagen kann: Ich erkenne, und somit das principium quod, der Träger des einzelnen Erkenntnisaktes, hergestellt ist.

Das Ergebnis ist dann der auf das einzelne angewandte Begriff, der conceptus, das verbum (vgl. die Stelle aus Thomas oben c. 2. § 2.). Es handelt sich darum, daß in diesem Verbum, nämlich im geformten, auf ein ganz bestimmtes Sein gerichteten Begriffe die allgemeine Idee, welche dem reinen Vernunftvermögen als bildende und leitende Form innewohnt, überall im einzelnen wiederstrahlt und gleichsam sich abspiegelt. Ist das nicht der Fall, so besteht ein Irrtum; es wird dann nämlich von der Substanz etwas einzelnes und etwas Bestimmendes ausgesagt oder „mit ihr zusammengesetzt", was thatsächlich nicht in ihr ist und was dem allgemeinen im Vernunftvermögen befindlichen Begriffe somit nicht entspricht.

Es ist dies dieselbe Erscheinung wie in der Natur die Monstren. Woher entstehen das Ungeheuerliche? Dadurch, daß die innere Wesensform nicht durchaus alle Einzelnheiten im wirklichen Sein durchdringt, sondern andere fremde Einflüsse bestimmend da gestaltet haben. Die innere substantielle Menschenform hat sich in demjenigen, der mit einem gelähmten Arm oder blind zur Welt kommt, nicht alles Einzelnsein unterwerfen können und somit nicht überall Menschliches, der menschlichen Substanz Entsprechendes zustande gebracht.

Nun gerade so besteht der Irrtum darin, daß der einzelne Erkenntnisakt oder, was dasselbe ist, das Verbum, der Begriff, auf das wirkliche Sein angewandt, nicht ganz und durchaus den Stempel der innerhalb des Vernunftvermögens waltenden Form trägt: ein Beweis, daß eine solche innere maßgebende Form in der Vernunft vorhanden ist. Sonst gäbe es überhaupt keinen Irrtum. Irren ist nur da möglich, wo ein gerader Weg existiert. Wären aber nur die sinnlichen

Eindrücke vorhanden, aus denen etwa die Vernunft ihr Resultat zöge, so müßte dieses Resultat immer richtig sein, denn es würde eben immer den vorliegenden Thatsachen folgen. Die Sinne an erster Stelle brächten alle Elemente für den Erkenntnisakt vor die Seele und aus ihnen würde dann die Vernunft zusammenstellen. Sowie nun aber die Sinne einerseits sich in ihren rein natürlichen Thätigkeiten nicht täuschen können, wie das Auge nie etwa irrtümlich den Ton auffaßt und das Ohr niemals die Farbe; sowie aber auch die Vernunft in ihrer Natur es hat, das Allgemeine zu erkennen und somit nur dem Zuge ihrer Natur folgen würde, wenn sie aus dem mit aller Wahrheit vorliegenden Material kraft natürlicher Notwendigkeit ihr Ergebnis zöge, so könnte da unmöglich ein Irrtum sich hineinmischen.

Dem ist aber nicht so. Die Vernunft hat vor allem, von vornherein, kraft ihrer natürlichen Thätigkeit als Vermögen innerhalb ihrer selbst die allgemeine bestimmte Wesensform als Form, vermittelst deren sie selbst zur genau abgegrenzten Thätigkeit befähigt wird. Die Vernunft als reines Vermögen bringt auch ihrerseits etwas Bestimmtes mit zu den Elementen des wirklichen Erkenntnisaktes und zwar muß sie, da es sich um einen vernünftigen Erkenntnisakt handelt, unter allen Vermögen und Fähigkeiten das Maßgebendste mitbringen; sie bringt das Allgemeine mit.

Die Sinne stellen die Abbilder des einzelnen Seins, je nach ihrer Natur und entsprechenden Thätigkeit vor, denn sensus est in particularibus, bloß besonderes Sein prägen die Sinne ab; nicht die Farbe im allgemeinen giebt das Auge wieder, sondern diese bestimmte Farbe, sowie das Ohr diesen bestimmten Ton hört und nicht den Ton im allgemeinen. Da ist nun die Vernunft in den Stand gesetzt, zu vergleichen: ihre eigene allgemeine Erkenntnisform nämlich, welche das Abbild der einzelnen Substanz, die im vorliegenden Dinge befindliche subjektive Seinsregel trägt; — mit den Sinnesabdrücken, welche vermittelst des Gemeinsinnes und der

Phantasie die einzelnen Zustände und Eigenschaften mit ihren Beziehungen auf Zeit und Ort ausprägen.

Kommt dieses einzelne, kommt diese Eigenschaft, wie sie sich da unter den bestimmtesten Verhältnissen vorstellt, der allgemeinen Substanz zu oder nicht?

Das ist die Frage. Was z. B. unter dieser glänzenden gelben Farbe ist, muß das als Gold betrachtet werden; gehört es in diesem einzelnen Falle als Eigenschaft zur Substanz „Gold"? Die allgemeine Substanz „Gold" ist im Innern des Vernunftvermögens; die einzelnen Eigenschaften des vorliegenden Gegenstandes werden durch die Sinne zur Anschauung gebracht. Im ersten Falle haben wir die veritas objectiva; im zweiten die Vorbereitung für die veritas formalis, die da zusammenstellt und trennt, bejaht und verneint. Die letztere kann also hier in diesem Falle dem Irrtume unterliegen. Nicht daß die veritas objectiva, wie sie im reinen Vernunftvermögen ist, falsch wäre; nein — da ist die wahre Substanz Gold mit allen ihren Charaktereigentümlichkeiten als bestimmende Erkenntnisform vorhanden. Wohl aber kann mit Rücksicht auf die einzelne vorliegende Substanz ein Irrtum in der Weise obwalten, daß von derselben ausgesagt wird, es sei Gold, weil die gelbe glänzende Farbe besteht, trotzdem es doch nicht Gold ist. Der Irrtum besteht also dann in der falschen Zueignung einer Eigentümlichkeit an eine einzelne Substanz oder in der Zueignung einer Substanz an eine einzelne Eigenschaft, die nicht dazu gehört.

Der Irrtum beruht demgemäß 1) darin, daß der rechte Weg im Vernunftvermögen vorliegt, von dem abgewichen werden kann oder auf dem gewandelt werden kann; und demzufolge ist es auch durch fortgesetzte Beobachtung wieder möglich, den Irrtum zu berichtigen; denn dieser rechte Weg, der allgemeine Erkenntnisgrund im reinen Vernunftvermögen, bleibt trotz des vollendeten Irrtums ganz derselbe; —

2) darin, daß die Verbindung des Wesens mit dem

wirklichen Sein außen eine zufällige, nicht aus dem Wesen selbst sich ergebende, sondern von den äußeren einwirkenden Ursächlichkeiten abhängig ist, wonach das Wesen also nicht immer ganz und gar dieselben Erscheinungen bietet, sondern je nach seiner Natur selbst entgegengesetzten Einflüssen zugänglich ist. Je weiter somit das Wesen, desto verschiedenartiger seine äußere Erscheinung und desto leichter der Irrtum; —

3) darin, daß dieser oder jener einzelne Sinneseindruck zu bewältigend ist im Vergleiche zu den anderen, die alle auch nur Einzelnheiten darstellen, so daß die in der Vernunft dirigierende Form nicht gleichmäßig durchdringt und so vorschnell zu Gunsten einer bestimmten Einzelnheit das schließliche Urteil erfolgt. Dies letztere ist der Grund des Irrtums zumal bei Kindern, bei von Leidenschaften beherrschten Personen und schließlich bei Wahnwitzigen.

60. Die Evidenz.

Man möge sich nicht beirren lassen dadurch, daß Thomas manchmal von der ersten Thätigkeit der Vernunft, von dem Erfassen der reinen Wesenheiten, als von einer Kenntnis spricht: „Intelligentia indivisibilium qua cognoscitur de unaquaque re quid est,“ als ob bereits kraft dieser Thätigkeit die Vernunft thatsächlich erkännte. Das ist unmöglich, denn das Wesen keiner geschöpflichen Seinsart schließt das einzelne Wirklichsein in sich ein und ist demgemäß auch nicht aus sich heraus im wirklichen Sein; was es aber selber nicht hat, danach kann es nicht anderes bethätigen. Die wirkende Ursache als solche, welche die Annäherung des Wesens im Stoffe an das Vernunftvermögen bewirkt und beide miteinander auf das innigste verbindet, muß unbedingt außen sein, nämlich außerhalb des subjektiven Wesens sowohl als außerhalb des Vernunftvermögens und sie muß ihrem eigenen Sein und Wesen nach immer außen bleiben. Die sogenannte „wirkende Vernunft“ ist niemals zu identifizieren mit der leidenden, bestimmbaren, empfangenden, die da am Ende erkennt und welcher der Erkenntnisakt zugehört. Ihre Wirksamkeit hat nur zur Folge, daß das vorher unbestimmte Vernunftvermögen nun durch eine Form bestimmt und somit für den einzelnen Erkenntnisakt befähigt ist.

Wenn also Thomas öfter von der ersten „Thätigkeit" der Vernunft spricht, als ob dieselbe wirklich erkännte, so will er nicht dahin verstanden werden, daß nun damit ein einzelner Erkenntnisakt gegeben sei; sondern nur dahin, daß nun seitens der Vernunft nichts mehr fehlt, um thatsächlich etwas Bestimmtes zu erkennen. Ebenso wird ein Kind der Herr des Hauses genannt, trotzdem es, schon seiner unentwickelten Natur halber, gar nicht imstande ist eine thatsächliche Verfügung über sein Eigentum zu treffen. Es heißt deshalb Herr des Hauses und ist es auch, weil ihm der Besitztitel zugehört, kraft dessen es, weun die anderen Bedingungen sich erfüllen, verfügen kann.

So erklärt sich Thomas selbst:[1] „Es wird von jemandem gesagt, er wisse etwas, weil er sich seiner Wissenschaft bedienen kann und auch thatsächlich zuweilen sich bedient," nicht weil er immer sein Wissen äußert.

Den schlagendsten Beweis dafür, daß für das menschliche Erkennen, soweit es die Vernunft angeht, ein Vermögen maßgebend ist von Anfang bis Ende, bietet die tägliche Erfahrung. Wann halten wir etwas für unerschütterlich gewiß? Wann wir es schauen, sehen; also wann das wirkliche Einzelnsein unmittelbar unsere Sinne bethätigt. Dann ist aber auch für diesen Grad der Gewißheit das betreffende Ding an und für sich der eigentlichen Vernunft entrückt und nur der Sinn erreicht es.

Thomas macht das in folgender Weise anschaulich und entwickelt demgemäß den inneren Grund der Evidenz.[2] „Warum

[1]) In metaph. lib. V. lect. X.: Dicitur enim aliquis scire, quia potest uti scientia et quia utitur.

[2]) In metaph. lib. IX. lect. 10.

erläutert der Lehrer der Mathematik den Satz, daß das Dreieck zwei R habe dadurch, daß er die Basis verlängert? Es wird dann mehr sichtbar seinen Schülern, daß das Dreieck zwei R hat. Und warum wird der Satz, daß jeder Winkel auf dem Durchmesser im Halbkreise ein R sei, dadurch erläutert, daß eine Linie vom Centrum bis zur Spitze des Winkels geführt wird? Weil es dadurch jedem, welcher die Principien der Geometrie kennt, gleichsam sichtbar wird, jener Winkel müsse ein R sein. Und je mehr es gelingt, dies sichtbar zu machen, desto größer wird die Gewißheit sein und desto schneller wird sie erworben werden."

Damit wird natürlich nicht gesagt, daß die zweifellose Gewißheit von den Sinnen komme; es wird bloß angedeutet, warum wir auf die Sinne uns beziehen, wenn wir von etwas ganz Gewissem sprechen wollen, warum wir sagen: „Ich habe es mit Augen gesehen, mit meinen Ohren gehört;" und woran das liegt, daß unsere Vernunft in dieser Beziehung gleichsam als tiefer stehend gedacht wird, als ob sie nicht so sehr Quelle der Gewißheit sei wie die Sinne. Aus dem Thatsächlichen, Wirklichen wird das Vermögen erkannt. Was also dem Thatsächlichen, bereits Entwickelten, Gewordenen näher steht, das ist nach dieser Seite hin näher der Gewißheit. Aus dem, was ist, kann erkannt werden, was sein kann oder nicht sein kann und vor allem, daß das, was ist, nicht zugleich nicht sein kann; aber aus dem, was sein kann, folgt in keiner Weise mit Gewißheit das, was wirklich ist.

Nun dienen aber die Sinne durchaus und unmittelbar dem Thatsächlichen, dem Wirklichen; also sind sie nach dieser Seite hin der Gewißheit näher. Würde die Vernunft ebenso direkt und unmittelbar das Thatsächliche und Wirkliche erkennen, so dürfte dem Sinne darin kein Vorrang einzuräumen sein. Aber die Vernunft bleibt Vermögen im Erkennen selber; sie faßt auch nur das substantielle Vermögen in den Dingen auf und wird ihr ganzer Erkenntnisakt dadurch geleitet.

Nicht also weil die Sinne rücksichtlich der Gewißheit höher ständen als die Vernunft, sondern weil unsere Vernunft in ihrem jetzigen Zustande nicht das thatsächliche Sein zum direkten Gegenstande ihrer Kenntnis hat, vielmehr nur auf das Vermögen sich richtet; deshalb ist im Bereiche der stofflichen Einzelndinge den Sinnen rücksichtlich der Gewißheit der Vorrang eingeräumt; sie sind näher deren thatsächlichem Sein. Deshalb fügt Thomas der obigen Darlegung hinzu: [1]) „Wann etwas aus dem Vermögen in die Thatsächlichkeit übergeführt wird, da wird dessen Wahrheit gefunden. Und die Ursache davon ist, weil die vollkommene Vernunft an sich Thatsächlichkeit ist. Deshalb muß das, was verstanden wird, ein thatsächliches Sein haben. Und darum wird aus dem Thatsächlichen das Vermögen, die Potenz erkannt. Wenn also etwas deutlich ausgeführt und entwickelt; wenn, was im Vermögen vorhanden war, zur vorliegenden Thatsache wird, wie oben in den mathematischen Lehrsätzen, so wird es erkannt."

Wo also wie in Gott entweder die Vernunft selber Thatsächlichkeit ist, oder wo wie bei uns es sich um voll entwickelte und so vorgestellte Wahrheiten handelt, da ist die Gewißheit der Vernunft auch unvergleichlich, weil dem ganzen Wesen nach höher wie bei den Sinnen.

Letzteres, wir meinen voll entwickelte Wahrheiten, finden wir als Gegenstand unserer Vernunft streng genommen nur in den ersten Principien. Warum sind diese voll entwickelt? Warum ist also ihre Evidenz eine zweifellose, in Umfang und innerem Wesen eine weit über die Evidenz der Sinne erhabene, ganz unübertreffliche und aus sich selbst einleuchtende?

---

[1]) L. c. Quando reducuntur aliqua de potentia in actum, tunc invenitur eorum veritas. Et hujus causa est, quia intellectus actus est. Et ideo ea quae intelliguntur oportet esse actu. Propter quod ex actu cognoscitur potentia. Unde facientes aliquid actu cognoscunt, sicut patet in praedictis descriptionibus.

Weil diese Wahrheiten eben nur das thatsächliche Wesen der Vernunft selber darstellen, vielmehr dieses Vermögen in gewissem Sinne selber sind. Sie schließen kein positives wirkliches Sein in sich ein, wohl aber enthalten sie das Vermögen in sich, überallhin Klarheit zu bringen. Sie drücken schon in ihrem Wortlaute die Einheit der Vernunft aus.

„Eben dasselbe kann nicht zugleich sein und nicht sein!" Was ist das anders als der Satz: „Was ist, das ist." „Das Übel ist zu meiden, das Gute zu thun!" Was ist „Meiden" anderes, als der Begriff des Übels: das Übel ist Meidenswertes, zu Fliehendes; das Gute ist nichts anderes, als das, was anzieht; mag es sich um wahre oder Scheingüter handeln. Die innigste Einheit wird ausgedrückt in diesen Principien; die umfassendste Entwicklungsunfähigkeit; das Wesen der Vernunft als Vermögen. „Agere sequitur esse." Das ist wieder nur dasselbe wie: was ist, kann sich nicht äußern als ob es nicht wäre. Dasselbe gilt von allen diesen und ähnlichen Principien, welche die Grundlage der gesamten vernünftigen Thätigkeit sind. Das Prädikat deckt sich vollkommen mit dem Subjekt. Das „ist" bezeichnet eine vollkommene, gar nicht zu durchbrechende Identität.

Da ist eine gewisse Thatsächlichkeit im Gegenstande der Vernunft; vermittelst deren sich diese Vernunft selber als Vermögen ausdrückt. Denn wohlgemerkt: keines dieser Principien enthüllt das mindeste wirkliche Sein der Wesen; sie sind nur anwendbar auf das wirkliche Sein, in sich selbst haben sie keinerlei Fülle; nur die Macht schließen sie ein, Licht zu bringen, falls sie regelrecht gebraucht werden; nicht jedoch das Vermögen, an sich vollkommener zu sein.

Sie bilden die Quelle aller Evidenz und Gewißheit; denn sie sind in sich als Principien vollkommen. Sie werden vom menschlichen Geiste geschaut, weil sie durch ihr eigenes Licht die Vernunft bestimmen, sie zu erkennen.

„Es stimmt," so erklärt Thomas l. c., „in zweifacher Weise die Vernunft einer Wahrheit zu. Einmal weil ent=

weder diese Wahrheit selber aus sich heraus dazu bestimmt, wie das bei den ersten Principien der Fall ist, welche die Vernunft ohne weiteres formt; oder weil sie sich auf diese Principien zurückführen läßt, wie z. B. die Schlüsse, welche den Inhalt der eigentlichen Wissenschaft bilden. Dann stimmt die Vernunft einer Wahrheit zu, weil, wenn auch diese Wahrheit selbst nicht davon der Grund ist und somit keine innere wissenschaftliche Überzeugung besteht, sie doch aus freier Wahl erfaßt wird. Was aber evident ist, das bestimmt den Sinn oder die Vernunft ganz aus sich selbst."

Damit zeigt uns Thomas den Weg zu einer anderen Gewißheit als die der Evidenz: zur Gewißheit des Glaubens.

61. Der Glaube.

Man möge nicht sich wundern, daß hier auch diese Art Gewißheit erwähnt wird. Wir müssen vorbauen. Wir fragen: Sind die einzelnen freien Akte des Menschen einzig und allein in seiner menschlichen Substanz begründet? Da würden sie nicht frei sein. Es wären determinationes nach dem Spinozaschen System; sie wären in sich nichts; sie hätten nicht den Grund in sich selber, abgesehen nämlich von der zu Grunde liegenden Substanz.

Sind sie aber in ihrer einzelnen Bestimmung nicht in der Potenz der menschlichen Substanz enthalten, sondern, soweit sie frei sind, unabhängig von der subjektiven Bestimmung der Substanz; so fragen wir weiter: Wie können sie Gegenstand einer vernünftigen Erkenntnis sein?

Die geschöpfliche Vernunft erkennt nur gemäß der Substanz; alles geschöpfliche Vermögen kann aber keinen ausreichenden Grund bieten für den freien Akt, also wird auch kein Geschöpf imstande sein, den freien Akt als solchen zu erkennen.

Nur des Schöpfers Vernunft hat das Thatsächliche zum Gegenstande und erkennt gemäß dem Thatsächlichen; dies jedoch allein aus dem Grunde, weil sie selbst Thatsächlichkeit ist. Erkennt nun Gott den geschöpflichen freien Akt, weil Er die wirkende Ursache der menschlichen Substanz ist, dieselbe demnach durchaus ermißt und begreift? Unmöglich. Denn Erkennen heißt den bestimmenden Grund des Erkannten in sich haben; die Substanz des Geschöpfes aber ist nicht der bestimmende Grund des freien Aktes. Ist Gott selber der erstwirkende Grund des freien Aktes, so daß Er den letzteren in seiner eigenen thatsächlichen Bestimmung, also in Sich selbst erkennt und somit der freie Akt Ihm in derselben Weise evident ist, wie Er selbst oder wie etwa uns das Widerspruchsprincip oder $2 + 2 = 4$ oder ähnliche Principien, die ja nur der Ausdruck des Wesens der Vernunft, der Identität, sind?

Dann wäre allerdings ein Erkennen und zwar ein evidentes Erkennen vorhanden, aber die Möglichkeit einer solchen Art des Erkennens leugnen die Molinisten. Wie anders also kann ihrerseits behauptet werden, daß Gott mit Evidenz die freien Akte erkennt, als vermittelst der zweiten Art der Gewißheit: der des Glaubens! Mit Gewißheit erkennt Gott die freien Akte. Das ist allgemein anerkannt. Mit innerer Evidenz kann Er sie nicht erkennen, denn Er sieht Sich nicht als deren bestimmenden Grund. Also bleibt nur übrig, daß Er sie vermittelst äußerer Evidenz weiß. Das ist aber nichts anderes als der Glaube.

Das sei nur bemerkt, damit der Leser nicht meine, es werde etwas der Sache Fremdes behandelt. Wir müssen später eingehender darauf zurückkommen. Wir legen jetzt nur dar, in welcher Weise der Glaube Gewißheit vermittelt, damit die in diesem Paragraph vorgetragene Lehre zum zweckentsprechenden Abschlusse komme.

Die Evidenz rührt daher, daß der Erkenntnisgegenstand unmittelbar durch sein eigenes Licht die Vernunft bestimme.

Die Wissenschaft enthält die Schlüsse, welche von der Vernunft auf evidente Principien zurückgeführt werden und somit an deren Gewißheit teilnehmen. In beiden Fällen handelt es sich um einen Erkenntnisgegenstand, dessen Sein Subjekt und Prädikat immer verbindet, oder immer trennt: wie z. B. der vernünftige Mensch hat eine Seele; der Mensch ist kein Esel (vgl. oben). Es sind dies Sätze, welche, wie es im Texte des vorliegenden Artikels heißt, vermittelst eines strengen Beweisgrundes, per demonstrationem, gewußt werden.

Nun giebt es aber auch Bestimmungen oder Eigenschaften im einzelnen Sein, welche nicht immer demselben innewohnen oder wenn sie auch immer da sind, doch an und für sich ebenso nicht da sein können, ohne daß das einzelne Sein dadurch aufgehoben würde, wie z. B. der Mensch ist klein oder er weiß etwas oder dergl.

Mag nun der Grund im Sein der Dinge selbst liegen oder in der Schwäche der Vernunft, die da nicht immer zu einem sicheren Beweisgrunde vorzudringen vermag; jedenfalls giebt es Sätze, in welchen der Beweisgrund keine unbeschränkte Gewißheit zu leihen vermag, sondern vielmehr erlaubt, auch das Gegenteil für wahr zu halten.

Es sind dies dann Wahrscheinlichkeiten, welche je nach dem verschiedenen Grade des Beweisgrundes über den einfachen Zweifel sich erheben, nie aber aus sich heraus den Geist zur Gewißheit bestimmen.

Dem stellt sich jedoch eine Schwierigkeit entgegen. Sie besteht darin, daß Sätze vorhanden sind, deren Gewißheit kein strenges Beweismittel der Vernunft verbürgt und die da letztere trotzdem für zweifellos gewiß erachtet. So z. B. der Satz: die Stadt Rom existiert, oder noch zweckdienlicher dieser andere Satz: Jede Mutter liebt ihr Kind. Woher haben es diese Sätze, daß die Vernunft allsogleich und ohne weiteres denselben anhängt, obgleich kein notwendiger Grund die Stadt Rom mit der Existenz verbindet und die Mutter mit der Liebe zu ihrem Kinde? Woher kommt die Einheit zwischen Prädikat und Subjekt in solchen Fällen, da sie nicht von dem Sein des Gegenstandes selbst herrührt?

Sie kommt von der natürlichen Verbindung des Vernunftvermögens mit der Substanz oder der Person „Mensch" und sonach von den sinnlichen Fähigkeiten oder dem Willensvermögen, die von dieser Substanz getragen werden. Diese Art Evidenz ist nicht rein und ganz im Vernunftvermögen, sondern sie ist im Vernunftvermögen, insofern als es dem „Ich" angehört, zu welchem auch alle anderen menschlichen Fähigkeiten gehören. Steigen wir vom Niedrigsten allmählich auf. Es liegt hier die Vermittlung zwischen der Evidenz der Sinne, wie sie oben geschildert worden und der Evidenz, wie sie die reine Vernunft beansprucht.

Warum ist es mir in der Vernunft evident, daß dieser Mensch, der vor mir steht, existiert? Weil etwa meiner Vernunft die Notwendigkeit einleuchtet, welche diesen Menschen mit der Existenz verbindet. Durchaus nicht. Nur deshalb, weil meine Augen ihn sehen. Die substantielle Einheit zwischen meinem Vernunftvermögen und den Sinnen ist die formelle Ursache dafür, daß meiner Vernunft die Einheit zwischen diesem vor mir stehenden Menschen und der Existenz evident ist.

Bei solchen Sätzen, wie: „die Stadt Rom existiert," vertritt das Zeugnis vieler Personen oder vieler Thatsachen den Eindruck in die äußeren Sinne.

Das Gefühl in uns, unsere ganze sinnliche Natur hat den Eindruck von der Größe und Tiefe der Mutterliebe, die ja auch in den Tieren erscheint, und die Vernunft nimmt den betreffenden Satz ohne weiteres als evident an, ohne nach Beweisen zu forschen.

Die sinnliche Leidenschaft läßt uns von allem felsenfest überzeugt sein, was ihr günstig ist.

Sei einer Person zugethan — und du wirst von den Behauptungen überzeugt sein, die sie macht. Oder ist das Kind nicht davon überzeugt, was die Mutter ihm sagt? Daß ein Schüler seinen Lehrer hasse — und er wird in alle Reden desselben Zweifel setzen. Daß der Lehrer sich die Liebe der Kinder erwirbt — und er wird es leicht haben, sie von dem, was er lehrt, zu überzeugen, mögen sie auch die innere Notwendigkeit nur unter mehr oder minder starker Wahrscheinlichkeit sehen. „Incipientem oportet credere," sagt Aristoteles.

Die beiden Evidenzen: jene, welche von den Sinnen aus sich auf Einzelnheiten und einfache Thatsachen richtet und jene, welche von der Vernunft ausgeht und auf die Identität des Subjekts und Prädikats sich gründet, fangen an hier sich die Hand zu reichen; bis sie durch den übernatürlichen Glauben hindurch, der ja auch damit beginnt, daß er den sinnlichen (Rom. 10, 17.), dann den geistigen Willensaffekt gefangen nimmt, in der Seligkeit zum geistigen Schauen der reinen Thatsächlichkeit, des Urgrundes und der vollsten inneren Notwendigkeit sich durchaus vereinen und in wunderbarster Einheit die Herrlichkeit des Ewigen in sich aufnehmen.

62. Anwendung auf Gott.

Wie jetzt erst die Worte des heiligen Thomas: „Begreifen heißt: ein Sein bis ans Ende erkennen" und jene anderen: „So groß ist die Kraft Gottes im Erkennen, wie groß seine Thatsächlichkeit im Sein ist," in ihrer großartigen Bedeutung und in ihrem weiten Umfange erscheinen! Einheit ist Erkennen; und zwar ist es die allerinnigste Einheit. Diese Einheit besteht rein und vollkommen in der „objektiven Wahrheit". Da ist dem Wesen nach volle Identität zwischen Erkanntem und Erkennendem. Aber was ist diese objektive Wahrheit in uns? Nur Vermögen zu erkennen ist sie; der Gegenstand des Erkennens ist nur dem substantiellen Vermögen nach in der Vernunft. „So groß," dies kann von uns gesagt werden, „so groß ist unsere Schwäche im Erkennen, wie weit die innere Grundlage unseres Erkennens nur Vermögen, in sich hilflos, in allem ein auf die außenbefindliche wirkende Ursache angewiesenes Vermögen ist." Unbegrenzt vielen verschiedenen Wandlungen kann die Substanz in der

Wirklichkeit unterworfen sein; in unbegrenzt vielen Einzelnbeständen kann sie in der Wirklichkeit existieren; zu unbegrenzt vielen einzelnen Erkenntnisakten kann sie die Vernunft führen; — unsere Vernunft hat nur so viel Kraft, daß sie das weite, unbegrenzt weite Feld desto mehr zeigt, je öfter und tiefer sie bethätigt wird.

Aber Gottes Erkenntnisgegenstand ist kein Vermögen, ist nicht etwas der Entwicklung Fähiges; sondern reine Thatsächlichkeit. Er gelangt mit einem Blicke bis ans Ende. Oder wo sollte da ein Hindernis entgegentreten, wo nichts noch weiter zu Erkennendes übrig bleibt, sondern wo nur thatsächliches Sein ist. Er sieht wohl, wie Er die geschöpflichen Vermögen als erste wirkende Ursächlichkeit bestimmen und in wie mannigfacher Weise Er sie wirklich machen kann. Aber nimmer sieht Er in Sich selbst etwas, was da noch entwickelt und bestimmt zu werden vermag.

Veritas fundatur in re, sed ratio ejus completur per actionem animae.[1]) So schreibt treffend und scharf der engelgleiche Lehrer. Das Fundament für das Selbsterkennen Gottes ist die Thatsächlichkeit des göttlichen Seins als des Erkenntnisgegenstandes und seine Vollendung besitzt es im thatsächlichen Erkennen. Da auf beiden Seiten reine Thatsächlichkeit ist und Thatsächlichkeit Einheit bedeutet, — das Vermögen ist Ursache der Verschiedenheit und Vielheit, sagte oben Thomas — so erfordert das Fundament des göttlichen Erkennens, nämlich das Wesen Gottes, auch, daß es zugleich thatsächliches einzelnes Erkennen, d. h. Vollendung sei.

Veritas magis fundatur in esse rei quam in essentia.[2]) Damit dringt Thomas in seiner Bestimmung der Erkenntnis, deren Gegenstand das Wahre ist, weiter vor. Die Wahrheit kommt in erster Linie von der Thatsächlichkeit. Weil

---

[1]) 1. d. 19. q. 5. art.; 1. de verit. 1.

[2]) S. Th. 22. q. 109. art. 1. 7. de verit. q. 1. art. 5. ad 18 et 19.

Gottes Sein die reine Thatsächlichkeit ist, deshalb wird es ganz erkannt „bis zum Ende"; deshalb ist dieses Sein selbst thatsächliches Erkennen; also Wahrheit im vollsten Sinne des Wortes. Deshalb wird auch beim kreatürlichen Erkennen die Wahrheit im eigentlichen Sinne mehr im wirklichen Erkenntnisakt sein, der sich auf das einzelne thatsächliche Sein richtet, als im Wesen des Vernunftvermögens und im Wesen des Dinges, die beide zusammen nur die Möglichkeit zu erkennen bilden und dem Akte bloß die Richtung anweisen, nicht aber derselbe sind. Die „objektive Wahrheit" ist vielmehr Vermögen für die Wahrheit als Wahrheit selber, selbst wenn sie, wie oben dargestellt worden, als dem Wesen nach innerhalb der Vernunft bestehend aufgefaßt werden muß. „Soweit die Kraft Gottes im Erkennen reicht, soweit erstreckt sich seine Thatsächlichkeit im Sein."

Aber was ist dieser Thatsächlichkeit im Sein fremd? Wo ist ein Vermögen, wo eine reine Wesensform, die ohne den bewirkenden Einfluß Gottes auch nur Vermögen oder Wesensform bleiben könnte. **Ex actu cognoscitur potentia:** nur aus dem thatsächlichen Sein Gottes heraus kann das Vermögen der Natur erkannt werden, wie auch wieder im Bereiche des Geschöpflichen nur aus dem, was wirklich ist, auf das, was möglich erscheint, geschlossen werden kann. Eine reine Möglichkeit ist an sich gar nicht erkennbar; denn Erkennen ist Thätigkeit wie nichts anderes. Nur was und insoweit etwas eine wirkliche Einheit ist mit dem erkennenden Vermögen, ist es erkennbar; also kann nur das, was thatsächlich und insoweit es thatsächlich ist erkannt werden.

Schließt so der reine göttliche Akt in seiner wirkenden Kraft bereits alle Wesensvermögen der Natur ein, die da nur auf Grund der göttlichen Thatsächlichkeit Vermögen, also innerer Seinsgrund des Geschöpflichen sein können; — so gilt dies womöglich noch mehr von der wirklichen Thätigkeit der Geschöpfe. Die Vermögen haben ja immerhin ihrem Wesen nach viel noch vom Nichts ihres subjektiven Ursprungs an sich; sie können fallen, sie können in ihr Nichts zurückkehren. Was aber einmal wirklich ist, das kann in Ewigkeit nicht mehr nicht sein. Was wirklich geschehen ist, ist und bleibt geschehen; niemand kann mehr etwas davon fortnehmen.

Um so mehr also muß da die Wirkung der erstwirkenden, ihrem Wesen nach nur und rein wirklichen Ursache als solche erscheinen. In der That, worauf ist die gesamte Aufeinanderfolge in den thatsächlichen Erscheinungen einer Substanz zurückzuführen? Worauf stützt sich in letzter Linie die Wirklichkeit des Erkenntnisaktes? Wir haben das nicht im einzelnen zu wiederholen; nur zusammenfassen wollen wir und das Ergebnis auf den Preis der Macht Gottes zurückführen. Vom substantiellen inneren Seinsgrunde des einzeln Wirklichen kann diese Wirklichkeit nicht kommen und ebensowenig vom Vermögen der Vernunft; also kann nur im reinen Akte Gottes dafür die erste Ursache gefunden werden.

Nun ist aber Gottes Wirklichkeit und Thatsächlichkeit das Erkennen selber; Er ist seine eigene wirkende Kraft selber und Er dringt „bis zu deren Ende" in Sich vor! Wie klar wird deshalb alles Geschöpfliche vor Ihm liegen, da Er von allem Wirklichen der erstwirkende Grund ist und also, ohne irgend Widerstand zu finden, am tiefsten eindringt!

Da ist keine Evidenz, wie die der Sinne, welche den inneren Grund des erscheinenden Seins nicht zeigt. Da ist keine Evidenz, wie die der geschöpflichen Vernunft, die sich nicht bis zur reinen Thatsächlichkeit erhebt, sondern wenn sie auch noch so viel erkennt, immer nur vermag und nichts als vermag, weiter zu kommen. Da ist beides vereinigt: das eigene einzelne Sein wird thatsächlich von Gott geschaut, wie dies den Sinnen sonst zukommt; und dieses einzelne Sein ist dabei sein eigener notwendiger und von allen anderen Dingen der freie bestimmende Grund.

Vereinigt ist da also beides; und zwar ist diese Vereinigung in sich ohne Grenzen erhaben. Denn das einzelne Sein der Kreatur enthält immer noch Vermögen in sich, kraft dessen es weiter entwicklungsfähig ist. Nur für einen vorübergehenden Augenblick des wirklichen Seins ist da irgend welche Evidenz vorhanden. Das Wesen selber, welches von der geschöpflichen Vernunft aufgefaßt wird, ist an sich von allen Seiten her beschränkt und beengt; es bildet von so Wenigem und so Geringem den völlig notwendigen Grund und erklärt demnach so wenig.

Gott aber, der sein eigenes Sein als reine Thatsächlichkeit völlig begreift; Er geht „bis ans Ende". Nicht bis ans Ende der Kreatur, nein, noch ohne Grenzen weit darüber hinaus. Denn Er ist allein dem Wesen nach wirklich; alle anderen Dinge stehen nur auf der Basis der Möglichkeit. Was alles im einzelnen Dinge auf Grund der vorhandenen Wirklichkeit noch möglich ist, das erkennt nur Gott, denn „so weit geht seine Kraft im Erkennen, wie weit seine Thatsächlichkeit sich erstreckt im wirklichen Sein."

§. 3.

Widerlegung der entgegenstehenden Irrtümer.

63. Baruch 3. 25. et sq. und der freie Akt.

„O Israel! Wie groß ist die Wohnung Gottes und wie ins Ungeheuere ausgedehnt ist der Ort seines Besitztums! Groß ist Er, Ihm ist kein Ende; erhaben ist Er und unmeßbar."

Was der Mensch weiß, das ist sein wahres Besitztum. Gottes Wissen ist gewaltig ohne Grenzen; sein Besitztum ist ausgedehnt ohne Grenzen. [1]) „Vom Aufgange der Sonne bis zu deren Niedergange strahlt von Sion, der ewigen Anschauung des Unendlichen, der Glanz seiner Schönheit . . . Höre mein Volk und ich will sprechen: Israel und ich will es dir bezeugen; Gott, dein Gott bin ich. Mein sind alle

---

[1]) Ps. 49, 2.

Tiere des Waldes, das Lastvich auf den Bergen und die Rinder gehören mir. Ich kenne alle Vögel des Himmels und die Schönheit des Feldes besteht nur in Verbindung mit mir. Wenn ich hungre; ich werde es dir nicht sagen: mein ist der Erdkreis und seine Fülle."

Alles gehört dem Herrn; alles findet in Ihm seine Ruhe und seinen Frieden. „Er ist der Jubel der Morgensterne und die Freude der Kinder Gottes. Er schließt das Meer ab, wenn es hervorbricht mit Gewalt und wie aus einem Abgrunde ohne Ende ausströmt. Die Wolken giebt er Er ihm als Kleid und wie mit Windeln der Kindheit umhüllt Er es mit Dunkel. Bis hierher und nicht weiter, spricht Er zur unabsehbaren Wasserflut und es brechen sich ihre schäumenden Wogen. Die Morgendämmerung läßt Er hervorgehen und der Morgenröte zeigt Er ihren Platz. Er hält die Enden der Erde und schüttelt ab von ihr die Gottlosen. Dem Lichte weist Er den Weg an und sagt den Finsternissen: hier ist euer Ort. Ein jedes führt Er zum vorgeschriebenen Ende und Ihm sind bekannt die Pfade in seinem Hause." (Job. 38.)

Nur der arme freie Akt des Geschöpfes soll außen bleiben! Nur er soll da, wo alles seine beseligende Ruhe findet, fremd sein. Als der ältere, der erstgeborene Bruder, steht er unter den stofflichen Geschöpfen und alle diese kommen zurück zu Gott, wie zu ihrem Anfange und erstem Grunde, sie werden bewillkommt und mit Ehre und Herrlichkeit gekrönt; nur er soll beiseite stehen und von der Festesfreude ausgeschlossen sein. Ihn allein soll der Herr des Erdkreises als die erste bestimmende Ursache nicht hervorbringen können und da „die Meere dahin zurückströmen, von wo sie ausfließen," kann auch die arme Freiheit nicht in Gott ihr Heim finden, sondern ist verurteilt, nur Pilgrim zu sein auf Erden und nie Ruhe zu haben. Denn in welcher Weise könnte ein solches Vermögen wie der geschöpfliche Wille, ein Vermögen, das selber leer ist, füllen; wie etwas, das selber ohnmächtig ist, beglücken; das selber seiner Natur nach wandelbar und veränderlich ist, unwandelbare Festigkeit verleihen!

Gerade diese menschliche Freiheit soll Gott fremd sein; gerade sie soll ihren erstbestimmenden Grund für den freien Akt in sich selbst, in ihrer unberechenbaren Armut haben!

„Da, in der Wohnung Gottes, waren," wie der Prophet fortfährt, „da waren wohl Riesen im Anfange, groß von Gestalt und reich an Erfahrung." Hohe erhabene Geister standen beim Beginne der Welt im Tempel Gottes, die da mit umfassendster Weisheit ausgerüstet in Glanz und Herrscherkraft dem Weltall vorstanden und die Kreaturen leiteten. Konnten sie den Weg zu Gott aus sich herausfinden? „Nicht sie erwählte Gott und sie fanden den Pfad des Lebens nicht und deshalb gingen sie unter. Die Weisheit fehlte ihnen und ihre Thorheit führte sie ins Verderben." Welche Weisheit fehlte? Wo ist das Mittel, von seiner eigenen Thorheit hinwegzukommen? Je höher die Kraft und je erhabener die Vernunft, desto mehr muß diese Vernunft und diese Kraft „in den Händen" sein, die sich falten und in dem Dunkel der Nacht flehentlich sich zum Herrn erheben: **anima mea in manibus meis**, meine Seele ist in meinen Händen **et manus meae nocte contra eum**, meine Hände strecken sich in der Nacht gegen Ihn hin aus. Denn je mehr Licht und Vermögen der Kreatur gegeben ist, desto mehr muß sie für ihr Wirken von Gott Sein und Leben empfangen und desto mehr ist sie auf Ihn angewiesen. Das Meer bedarf mehr Wasserzufluß, wie der seichte Fluß.

Das war die Täuschung jener riesengroßen Geister, daß sie von ihrer Weisheit geblendet, in sich stille standen und sich selbst als die erstbestimmende Ursache ihrer freien Willensthätigkeit und so als die Quelle ihres Heiles betrachteten. „Ihre Weisheit war Thorheit geworden" und eine um so größere und verderblichere Thorheit ward sie als diese Weisheit so groß gewesen war. Sie wollten allein mit ihr zu Gott emporsteigen, anstatt mit ihrer Hilfe nur um so mehr die eigene Ohnmacht zu sehen und das Licht und die Macht Gottes zu preisen. Sie wollten mit ihrem eigenen Lichte die „Pfade im Hause Gottes“ finden, die doch nur Gott allein kennt und deshalb auch allein dem Flehenden und dem sein eigenes Nichts Erkennenden mitzuteilen vermag. Zwischen allen Kreaturen und deren unzähligen Wandlungen hindurch meinten sie stark genug zu sein, zum Herrn zu gelangen, anstatt neues Licht von Ihm zu erwarten. Der Herr ist die Liebe. Mitteilen will Er und was er mitteilt, das soll dazu allein bewegen, daß wir um neues Licht und um neue Kraft flehen.

„Wer steigt zum Himmel auf und findet die göttliche Weisheit? Wer führt sie herab aus den Wolken? Wer durchfährt das Meer und begegnet ihr und nimmt sie in Besitz wie auserwähltes Gold? Keiner weiß ihre Wege und keiner vermag aus sich ihre Pfade zu erforschen. Der da alles weiß, Er kennt sie, der da alles leitet und von Ewigkeit her die Erde vorbereitet hat . . . Er sendet das Licht aus und es geht; Er ruft es zurück und zitternd kommt es.“

Wenn wir uns in den Grenzen halten, die Er gesteckt hat, dann strahlen wir selber Licht und Freude aus und gefallen dem Allgewaltigen. „Die Sterne gaben Licht in ihren Behausungen und freueten sich; gerufen wurden sie und sprachen: hier sind wir und sie leuchteten im Wohlgefallen dessen, der sie gemacht. Das ist unser Gott und kein anderer ist neben Ihm.“

Und wenn die hohen Geister ins Verderben stürzten, weil sie ihren freien Willen von Gott entfernten, trotzdem daß wie Edelstein-Glanz ihr Gewand war und ihr Thron hoch hervorragte mitten heraus aus allem Stoffe; — was soll dann unsere erbärmliche Natur sich auf sich selbst steifen und einen Ruhm darin finden, daß sie im wesentlichsten sich selbst unabhängig von Gott bestimmt! Was sollen wir, die da „irdene Häuser“ bewohnen und anstatt mit dem unzerstörbaren Glanze von hellem Edelgestein, mit einem Körper bekleidet sind, zu dem gesagt worden: „von Erde bist du und Erde wirst du wieder;" — was sollen wir dann werden, wenn wir unsere Freiheit, die Quelle unserer Größe und unseres Heiles, Gott entfremden!

Das darf nicht sein! Unsere Freiheit hört gleich dem älteren erstgeborenen Sohne die Worte: Omnia mea tua sunt? Sohn, was mein ist, ist ja dein." Das ist die Wahrheit. Tu semper mecum es et omnia mea tua sunt. Was dem freien Willen zugehört, das gehört ihm deshalb zu, weil es Gott ihm giebt. Der freie Wille bestimmt sich selbst! Wohl! Er bestimmt sich selbst; dies ist sein eigen, weil Gott macht, daß er sich selbst bestimmt. Nichts in der Schöpfung ist so immer bei Gott und untersteht so dem Einflusse der wirkenden Kraft Gottes, wie der freie Willensakt. Molina will das nicht anerkennen; er macht den freien Willen zum Sklaven. Es geht ihm wie dem Ödipus in der Fabel. Er will eine gottentfremdete Freiheit aufrichten und thut alles, um die Freiheit zu vernichten.

64. Die scientia media des Molina und die heutige theologische Wissenschaft.

Es handelt sich hier um eine höchst ernste Sache; nämlich um die Erkenntnis dessen, was wahr ist und zwar nicht nur um irgend welches Wahre, sondern um den Inhalt der übernatürlich geoffenbarten Wahrheit: um das Licht auf unserem Pilgerpfade, um die heilige Hinterlassenschaft des gekreuzigten Sohnes Gottes. Wer den Wert des Erlösungstodes Jesu für einen unendlich großen, über alles Irdische erhabenen erachtet; wer da mit allen Kräften danach strebt, den „Geist, welchen der Sohn gesendet hat, der vom Vater ausgeht, den Geist der Wahrheit" zu ehren; wem da die Sicherheit des Weges zum ewigen Endzwecke; wem das so teuer erkaufte Heil der Seele am Herzen liegt; — der kann nicht offen seine Gleichgültigkeit bekennen, wenn nach einer der einschneidendsten Wahrheiten, wenn nach dem Verhältnisse des geschöpflichen Seins und Wissens zum schöpferischen Sein und Wissen gefragt wird. Der kann sich nicht bescheiden mit Worten, wie: „Das wird wohl nie dem Menschengeiste klar werden.“

Giebt es Streitpunkte in der Kirche, so ist es heilige Pflicht eines jeden Theologen, darüber ohne Voreingenommenheit nachzudenken, Schrift und Väter mit aller Sorgfalt und Ausdauer zu erforschen und sich von vornherein die Bedeutung und Weite der Kontroverse klar zu machen. Es ist ja möglich, daß ernstes und eifriges Studium ein seit Jahren mühsam aufgebautes „System“ über den Haufen wirft; aber ist die Furcht, von vorn gleichsam wieder anfangen zu müssen, ein Grund, sich ängstlich abzuschließen gegen die Macht der Wahrheit, wenn man den Beruf hat, gerade die Wahrheit und zwar die bestimmte Wahrheit und nicht reine Zweifel vorzutragen?

Es ist aber auch gar nicht zu befürchten, daß die Erkenntnis der Wahrheit so viel Mühe verursachen und die Arbeit vieler Jahre unnütz machen werde. Oder ist es denn leichter, ein Zimmer in Ordnung zu bringen, wenn es dunkel ist oder das Licht nur einen unbestimmten zweifelhaften Schein von sich giebt als wenn die Sonne klar und hell hineinstrahlt? Gilt es nicht auch vom Irrtume, was der Psalmist von den Sündern sagt: „Schwierige Wege haben sie gewandelt?“ Wie will denn der Geist zur Ruhe kommen, wenn er gleichgültig ist gegen Wahres und Falsches, ganz kalt zu sagen vermag: „ich will im Zweifel bleiben?“ Giebt es eine einzige Wissenschaft, eine einzige Kunst unter den Menschen, die mit solcher Gleichgültigkeit auf ihre Erzeugnisse und auf ihr Wohl und Wehe blickt?

Der Wanderer giebt sich nicht zufrieden, bis er bestimmt weiß, nach welcher Richtung der Zielpunkt seiner Wanderschaft liegt; der Maler ist nicht eher ruhig, als er mit Gewißheit weiß, welche Wirkung diese oder jene Farbe im Gemälde hervorbringen wird; der Astronom untersucht den

Lauf und die Thätigkeit der Sterne und wenn er auch am Ende gestehen muß, wie ein großer Teil seiner Annahmen unsicher sei und wie endlos vieles noch zu erforschen übrig bleibe, so wird er doch niemals seiner Wissenschaft den Schimpf anthun, daß er aus lauter Trägheit und Nachlässigkeit ihr von vornherein die Möglichkeit abspricht, gewisse in ihr Bereich fallende Vorgänge am Sternenhimmel zu erklären.

Und nur die Philosophie, nur die Theologie soll einer solchen schuldigen Gleichgültigkeit geopfert werden? Nur in der unbedingt ersten Wissenschaft soll es als Princip gelten, daß der Zweifel berechtigt sei, bloß weil auch andere gezweifelt haben? Nur da, wo der Sohn Gottes selbst gesprochen, wo die erleuchtetsten Geister Licht verbreitet haben, wo der Beistand der Gnade dem ernst Forschenden sicher ist; nur da sollen Formeln gelten wie: „ich bekenne gerne meine Unwissenheit mit Augustin;“ „ich verzichte darauf, das Dunkel zu erhellen, welches Thomas und Augustin mitsamt den anderen Vätern nicht erhellen konnten?“

Was sagt denn am Ende Augustin in der Erklärung des 49. Psalmes: [1]) „Wagen wir es nicht, zu bestimmen, auf welche Weise Gott erkennt; erwartet nicht das von mir, daß ich euch erkläre, wie Gott erkennt; ich wage es nicht zu sagen, weil ich es nicht wissen kann.“

Wir fragen, was soll denn ein solches Berufen auf Augustin? Wer sagt denn, daß er das innere Wie der göttlichen Selbsterkenntnis erklären will? Höchstens die Molinisten, die da die Wahrheit eines geschöpflichen Aktes zum unmittelbaren Erkenntnisgegenstande Gottes machen und somit das Wie des göttlichen Erkennens, das doch gerade in seiner Natur jedenfalls vom Gegenstande abhängt, ver-

---

[1]) Non audeamus dicere quomodo novit Deus; ne forte hoc a me fratres expectetis, ut explicem vobis, quomodo cognoscat Deus . . . dicere non audeo, quoniam et scire non possum.

wechseln mit dem einfachen Vorhandensein des Wissens Gottes und nachdem sie zu den offenbarsten Widersprüchen gelangt sind, sich zurückziehen auf die vermeintliche Demut des Eingeständnisses ihrer Unwissenheit, anstatt wahrhaft demütig zu bekennen, wir haben uns geirrt.

Daß sie doch mit Augustin an derselben Stelle offen sagen, wie das die Thomisten thun:[1]) „Das allein sage ich, Gott erkennt nicht, wie ein Mensch; Er erkennt nicht, wie ein Engel." Das ist die Wahrheit, die uns hier beschäftigt; nicht das innere Wie des göttlichen Wissens, sondern die Thatsache, daß Gottes Wissen wesentlich durchaus verschieden sein muß vom geschöpflichen. Der Mensch gelangt durch Erwägung der Umstände und Verhältnisse zur etwaigen Kenntnis des geschöpflichen freien Aktes; der Mensch hat notwendig, daß letzterer erst in sich existiert, ehe er zu erkennen ist; — aber „so erkennt nicht Gott."[2]) „Und wenn Gott jemandem Erkenntnis giebt, so giebt Er sie nicht, wie Er selber sie hat." Welches ist dann, immer nach derselben Stelle, der innere Grund des göttlichen Wissens? „Wer die höchste Macht hat,[3]) der besitzt auch das höchste und geheimste Wissen" antwortet Augustin. Man bemerke wohl, wie der heilige Lehrer auf das „secreta cognitio" Gewicht legt; denn er schließt dadurch eine der menschlichen ähnliche Wissenschaft in Gott vollständig aus. Diese letztere ist nicht dem Einflusse geschöpflichen Seins und geschöpflicher Wahrheit offen, sondern von allem Geschöpflichen in sich abgeschlossen; in ihr Inneres kann gar niemand eindringen. Nun das eben weisen wir nach.

---

[1]) Hoc solum dico, non cognoscit, ut homo, non cognoscit ut angelus.

[2]) Sed et si alicui Deus det notitiam omnium volatitium coeli, non sic ipse novit ut dat nosse homini.

[3]) Apud quem summa potestas est, summa et secreta cognitio.

Daß die Molinisten dies anerkennen; daß sie mit Augustin Halt machen vor dem Wie der inneren Natur Gottes und konsequent leugnen von Gott, was dem Wesen des Geschöpfes als eines solchen eigentümlich ist — und der Streit ist zu Ende. Darin besteht eben in diesem Punkte das Wesen des Thomismus, daß er das Wesen Gottes mit äußerster Strenge trennt von der geschöpflichen Natur, daß er ein solches Verhältnis zwischen dem menschlichen und dem göttlichen Wissen aufstellt, in welchem Gott als in sich thatsächlich ganz und gar vollkommen, keinem Einflusse von außen her zugänglich, völlig unabhängig und die Bestimmungen alles Geschöpflichen ohne Ausnahme mit voller Freiheit in sich enthaltend, in möglichster Klarheit, also gerade als „unaussprechlich" wie Augustin schreibt, erscheint!

Darin sollen nur die Molinisten sich ändern, daß sie aus dieser uneingeschränkten Annahme den Thomisten den größten Vorwurf machen — und sie werden nicht mehr notwendig haben, ihre „Unwissenheit" zu bekennen. Sie werden vom Glanze der Wahrheit und der Macht Gottes, wie selbiger von Gott in die Kreatur strömt und in keiner Weise umgekehrt, erleuchtet werden und in wahrer Demut dann im Lichte das Licht sehen, um von ganzer Seele vor dem „Unsagbaren" auszurufen: „Domine, quis similis tibi!"

Die Molinisten mögen sich bei solchen und ähnlichen Phrasen mancher Vorgänge in der Kirchengeschichte erinnern, mag auch diese Erinnerung nicht immer sehr angenehm sein. Es kommt alles darauf, die irrende Vernunft zu heilen selbst unter Anwendung bitterer Medizin.

Oben hatten wir bereits gesehen, wie geläufig den Arianern die Redensarten von „weiterer Entwicklung unnützer Spitzfindigkeiten 2c. waren, wenn sie von den Gegnern gedrängt wurden, während sie sonst ihr Festhalten am alten Glauben, die Einfachheit ihrer Schlüsse betonten. Wenn nun die Molinisten, von ihren Gegnern in die Enge getrieben, damit sich trösten, daß hier ein Geheimnis vorliege anstatt eines Widerspruches und daß man in solchen Fragen dann „mit Augustin" lieber seine „Unwissenheit eingestehen" solle als die „Natur Gottes" erforschen zu wollen; so wiederholen sie nur beinahe wörtlich das Argument des Eutyches vor der Synode zu Konstantinopel im Jahre 448, welcher der heilige Flavian präsidierte:[1] „Der Erzbischof fragte weiter: Bekennst du auch, daß der eine und selbe Sohn, unser Herr Jesus Christus, gleichen Wesens ist mit dem Vater seiner Gottheit nach und gleichen Wesens mit der Mutter seiner Menschheit nach? Eutyches erwiderte: Laßt mich jetzt in Ruhe; ich habe meine Meinung bereits erklärt. Als aber der Erzbischof weiter fragte: Bekennst du; daß Christus aus zwei Naturen bestche; entgegnete er: Ich habe bisher über die Natur meines Gottes zu disputieren mir nicht angemaßt; aber daß er gleichen Wesens mit uns ist, habe ich bisher, wie ich gestche, nie gesagt. Bis auf den heutigen Tag habe ich nie gesagt, daß der Leib unseres Herrn und Gottes gleichen Wesens mit uns sei. Wohl aber bekenne ich, daß die heilige Jungfrau wesensgleich mit uns und daß unser Gott aus ihr Fleisch geworden ist."

Der einzig wahre Weg ist der, daß der Theologe, welcher in seinem Gedankengange auf Widersprüche und Unmöglichkeiten stößt, zum Ausgange seines Denkens zurückkehrt und den Grundsatz, aus welchem diese Widersprüche und Unmöglichkeiten mit logischer Konsequenz geflossen, als einen falschen vor sich selber anerkennt. Die Quelle des Irrtums nicht verstopfen und anstatt dessenbehufs Rechtfertigung der sich ergebenden Widersprüche sich auf das „Mysterium" berufen, das heißt nichts anderes als letzteres dem Spotte preisgeben. Das wirkliche „Mysterium" öffnet den Blick des Geistes statt ihn zu schließen und es läßt ahnen das unermeßliche Meer beseligenden Lichtes, das da ob seiner Fülle unserem Begreifen entgeht.

---

[1] Cf. Hefele, Konziliengesch. Bd. II. S. 331.

Es ist heutzutage gang und gäbe unter den Molinisten, daß sie Molina in dem, was offenbar in sich widerspruchsvoll ist, preisgeben und anstatt nun einem anderen ihrer Koriphäen zu folgen, entweder dem Suarez oder Vasquez, die Wahl freilassen zwischen diesen verschiedenartigen Auffassungen. Mit anderen Worten: Sie sehen den Abgrund, aber sie wollen die Augen schließen. Es ist unsere Pflicht, nachdem wir oben das System Molinas vorgeführt, auch zu zeigen, was die Molinisten wohl stillschweigend zugestehen, aber nicht offen aussprechen; wir müssen zeigen, wohin die Annahme Molinas führt: 1) Sie zerstört die geschöpfliche Freiheit; 2) sie macht die Selbsterkenntnis Gottes unmöglich.

65. Molina und die geschöpfliche Freiheit. Text Bellarmins.

Bellarmin erklärt seine Zustimmung zu der Lehre Molinas in folgenden Worten:[1] „Es erscheint uns als wahr-

---

[1]) Bellarmin Controv. de gratia et lib. arb. l. 4. c. 15. Probabile tamen nobis videtur, Deum futuras actiones liberas non videre nisi in humana voluntate. Id enim significat in primis scriptura, cum dicit, Deum scrutari renes et corda et in Ps. 138. Deum investigare omnes semitas nostras. Nam si videret eas in sua voluntate determinante omnia, non diceretur scrutari corda nostra et investigare semitas sed intueri voluntatem suam. (Cf. Eccli. 23. 28. Oculi Domini multo plus lucidiores sunt super solem, circumspicientes omnes vias hominum et profundum abyssi et hominum corda intuentes in absconditas partes; et Eccli 17. 16. Omnia opera illorum velut sol in conspectu Dei.) Deinde non esset mirabile, Deum omnia praenoscere, si omnia praedeterminaret ... Deus igitur, quia perfecte cognoscit omnes propensiones et totum ingenium animi nostri et rursum non ignorat omnia, quae illi possunt occurrere in singulis deliberationibus et denique perspectum habet, quid magis congruum et aptum sit, ut moveat talem animum tali propensione et ingenio praeditum, infallibiliter colligit, quam in partem sit animus inclinaturus ... Verum enim et ens convertuntur et ideo non est verum modo

scheinlich, daß Gott die zukünftigen freien Handlungen nur im menschlichen Willen sehe. Dies drückt zuvörderst bereits die Schrift aus, wenn sie sagt, daß „Gott die Herzen und Nieren erforsche" und ‚daß Gott alle unsere Pfade untersuche." Wenn Er dieselben nämlich in seinem alles bestimmenden Willen schauete, so würde nicht gesagt werden können, Gott erforsche unsere Herzen und prüfe unsere Pfade, sondern Er schaue seinen Willen an. Ebenso heißt es aber im Ekklesiastikus: „Die Augen Gottes sind bei weitem leuchtender als die Sonne, sie schauen herum auf die Wege der Menschen und dringen in die Tiefe des Abgrundes und die verborgensten Teile der menschlichen Herzen liegen offen vor ihnen da;" und an einer anderen Stelle: „Alle Werke der Menschen stehen in voller Klarheit vor Gott." Zudem würde es doch gar nicht wunderbar sein, daß Gott alles vorherwisse, wenn Er alles vorherbestimmte . . . Weil also Gott in höchster Vollkommenheit alle angeborenen Neigungen und den ganzen Charakter unseres Geistes erkennt und ebenso, weil Ihm nichts von dem unbekannt ist, was den Geist bei seinem Nachdenken beeinflussen kann und endlich, weil Er ganz wohl weiß, was am meisten geeignet und zukömmlich ist, um den Geist, der einen solchen Charakter und solche Neigungen hat, wirksam zu bestimmen; — aus allen

---

aliquid esse futurum nisi illud „modo" habeat aliquod esse, nimirum in causa; non autem habet esse in causa id quod est libere et contingenter futurum, nisi quando in causa est aliqua determinatio. Et quoniam in ipsa contingente causa praecise considerata nulla est determinatio, ideo vere dixit Philosophus, de futuris contingentibus non esse determinatam veritatem; respexit enim ad ipsam solam causam contingentem. Tamen si quis conjungat cum causà contingente vel libera omnia quae possunt occurrere et impedire et videat propensiones et aptitudines tum ipsius causae, tum omnium objectorum et circumstantiarum quod solus Deus facere potest, existet inde aliqua determinatio et ratione illius verum erit dicere, hoc erit tali tempore.

diesen Gründen erkennt Gott mit unfehlbarer Gewißheit, wohin die Entscheidung des Geistes gehen wird . . . Denn soweit ein Ding ist, soweit ist es auch wahr, und es ist deshalb nicht wahr, daß jetzt etwas zukünftig sei, wenn dieses „jetzt" nicht irgend ein Sein hat, nämlich in der Ursache. Was jedoch nicht notwendig, sondern mit Freiheit zukünftig ist, dessen Sein hängt nicht durchaus von der Ursache ab außer insoweit in dieser irgend eine Bestimmung sich vorfindet. Und eben weil in der freien Ursächlichkeit selber an sich betrachtet gar keine Bestimmung für den einzelnen Akt ist, deshalb sagt Aristoteles mit Recht, eine bestimmte Wahrheit könne von freien oder im allgemeinen von zufälligen Dingen für die Zukunft nicht ausgesagt werden, weder nämlich daß sie sein noch daß sie nicht sein werden, denn er berücksichtigte einzig und allein die zufällige Ursächlichkeit. Wer jedoch, wie das nur Gott eigen ist, mit einer solchen Ursächlichkeit alles zusammenhält, was ihr begegnen und was sie hindern kann; wer da sowohl die Neigungen und Fähigkeiten der Ursächlichkeit schaut als auch die Umstände und Verhältnisse aller beeinflussenden Gegenstände, für den besteht eine gewisse Bestimmtheit und auf Grund dieser Bestimmtheit wird es wahr sein, zu sagen, dies wird zu dieser oder jener Zeit sein."

Der Leser möge die Ausdehnung der angezogenen Stelle entschuldigen; es soll ihm ermöglicht werden, sein eigenes Urteil sich zu bilden. Bellarmin ist jedenfalls der geistvollste und ein unter den Molinisten sich weiter Anerkennung erfreuender Anhänger Molinas und zwar ein fast bedingungsloser Anhänger desselben. Aus diesen seinen Worten ergiebt sich zuvörderst unzweifelhaft, daß die geschöpfliche Freiheit mit der Annahme Molinas nicht bestehen kann.

66. Molina und der Begriff der geschöpflichen Freiheit.

Was erfordert der Begriff der Freiheit vom geschöpflichen Vermögen? Das Wort „Freiheit" besagt es bereits.

„Frei sein“ ist dasselbe wie „unabhängig sein“. Wer frei ist, der erscheint, soweit sich seine Freiheit erstreckt, nur auf sich selber angewiesen. Frei verfügt über seine Zeit, über sein Besitztum, über seine Fähigkeiten und Talente derjenige, welcher auf keinen anderen zu hören hat und nicht fremdem Einflusse seine betreffende Bestimmung schuldet.

Thomas drückt diese Wahrheit, die sich allgemeiner Anerkennung erfreut, folgendermaßen aus:[1]) „Der freie Wille erfordert es seiner Natur nach, daß der bestimmende Grund seiner Entschließung innerhalb seiner selbst sei.“

An einer anderen Stelle:[2]) „Das will das Wort „freiwillig“ besagen, daß die Bestimmung und das Wirken aus der eigenen Neigung komme“ und: „Das Wirken des freien Willens, also Wollen ist nichts anderes als die Neigung des Wollenden zum Gegenstande hin.“ Ebenso:[3]) „Daß der Wille sich zu diesem oder jenem bestimmten Akte entschließt, das ist von keiner anderen, ihm fremden bestimmenden Ursache, sondern vom Willen selbst.“

Wir haben nicht notwendig, mehrere Texte beizubringen; die solchermaßen behauptete Natur des freien Willens wird wohl von niemanden bestritten. Doch wie stellt sich dazu Molina?

Nach dem was Bellarmin in der oben angeführten Stelle ausführt, hängt die Bestimmung des freien Willens und demgemäß die Sicherheit und Gewißheit des göttlichen Wissens von drei Umständen ab:

---

[1]) S. Th. l. 2. q. 6. art. 1. ad 1. De ratione voluntarii est quod principium ejus sit intus.

[2]) L. c. in corpore: Hoc autem importat nomen voluntarii quod motus et actus sit a propria inclinatione et l. c I. q 82. art. 2. Operatio voluntatis scil. velle nihil aliud est nisi inclinatio volentis ad objectum.

[3]) 2. d. 39. q. 1. art. 2. Quod voluntas determinate exeat in hunc vel illum actum, non est ab alio determinante, sed ab ipsa voluntate.

I. Von den Neigungen und der ganzen Anlage unseres Geistes: propensiones et totum ingenium animi nostri;

II. von den äußeren Verhältnissen, denen er begegnet: omnia quae possunt occurrere in singulis deliberationibus;

III. von den Bestimmungen, die von Gott selbst herrühren: quid magis congruum et aptum sit, ut moveat talem animum, tali propensione et tali ingenio praeditum.

Es entsteht also die Frage: Sind diese drei Einflüsse, sei es einzeln für sich, sei es alle insgesamt dem Willen äußerlich oder innerlich? Sind sie demgemäß eine Quelle des Zwanges für selben, oder eine Quelle der Freiheit? Die Antwort ist nicht schwer. Welche Neigungen oder welche „ganze Anlage" besitzt denn der freie Geist in sich selber? Keine einzige, die auf ein bestimmtes Sein hinzielte; seine „ganze Anlage", totum ingenium und all seine Neigung ist einfach die, daß er seiner Natur nach für alle Wahrheit ohne Unterschied fähig ist und nach allem Guten streben kann. Das weiß Bellarmin ganz gut.

Er kann somit nicht die Neigungen und die Charakteranlage des Geistes an sich meinen. Es existieren eben in der Natur des Geistes keine derartigen Neigungen, welche zu einer einzelnen bestimmten Handlung zu führen vermöchten. Das ganze Wesen des Geistes widersetzt sich dem; es ist uneingeschränkt in jedem einzelnen Falle ad utrumlibet und demgemäß gestaltet sich auch das Vermögen des freien Willens an sich betrachtet. Bellarmin kann nur an die Natur des ganzen einzelnen Menschen gedacht haben, zu der dann auch noch die äußeren und inneren Sinnesfähigkeiten und was damit zusammenhängt gehören. Seine propensiones etc. können also nur dem sinnlichen Teile des Menschen entstammen und vom ganzen Menschen einfach aus dem Grunde gelten, weil dieser sinnliche Teil mit die menschliche Natur ausmacht. Es sind dies die Leidenschaften, passiones, im guten oder wenigstens indifferenten Sinne des Wortes; wie z. B. der Hang zum Malen, die Neigung zum

Vergnügen, die angeborene Lust für die Einsamkeit 2c. Aber das sind für den freien geistigen Willen offenbar durchaus äußerliche Einflüsse, wenn sie auch vom Innern des Menschen herkommen. Auf die Trunksucht des Gastes spekuliert der Wirt und täuscht sich kaum. Ist deshalb diese Leidenschaft eine Begünstigung der Freiheit des Trinkers? Wohl gerade das Gegenteil. Dem Leichtgläubigen nähert sich gern der Lügner und Betrüger. Ist deshalb die Neigung, ohne vernünftigen Grund und irgendwelche Prüfung alles zu glauben, was man hört, eine Stütze der Freiheit? Ganz im Gegenteil sind alle diese und ähnliche Neigungen sowie die „ganze Anlage" des einzelnen Menschen ein Hindernis für thatsächlich freie Handlungen; sie stehen dem entgegen, daß der Wille in seinem eigenen Innern den Bestimmungsgrund findet und veranlassen ihn weit mehr dazu, daß er sich von äußeren Einflüssen ziehen läßt, als daß er selbstherrlich wirkt. Es mag sein, daß sich jener selten täuscht, der seine Voraussicht auf die Macht der Leidenschaften stützt; aber er erkennt dann nicht den freien Akt als solchen, er erkennt höchstens den äußeren Grund von dessen Schwäche. Solche propensiones sind unfähig, ein Urteil über den freien Akt zu begründen.

Wenn aber bereits von solchen propensiones, die doch immerhin im Innern des Menschen, wenn auch nicht im Innern des freien Willens sind, dies gilt, daß sie der freien Selbstbestimmung als einem vom Innern des Willens ausgehenden Akte mindestens fremd sind, so tritt dieser Fall naturgemäß noch bei weitem mehr ein, wenn, wie im zweiten Einflusse, den Bellarmin anführt, nur „alles, was von außen her begegnen kann", in Frage kommt.

Da nun Gott nur auf Grund dieser zwei ersten Einflüsse den Willen bewegt, „weil Er wohl weiß, was unter den obwaltenden Umständen das Beste ist," so muß auch sein Einfluß für den Willen an und für sich ganz äußerlich genannt werden; mit anderen Worten: Bellarmins freier

Wille ist nach seinen eigenen Worten kein freier Wille; er erhält seine Bestimmung nach jeder Richtung hin von außen und nicht von sich selbst; von bestimmenden Ursächlichkeiten, die ihm durchaus fremd sind, und nicht aus seiner eigenen Kraft heraus.

67. Molina und die Selbsterkenntnis Gottes.

Molina hat den anerkennenswerten Vorzug, daß er offen ist. Er stellt seine Lehre als das hin, was sie ist: als eine neue, von ihm aufgefundene. Augustin und die Väter haben nicht an die scientia media gedacht; Thomas hat keine Idee davon gehabt. Das spricht er offen und klar aus; während seine Anhänger sich abmühen, die klarsten Stellen des heiligen Augustin und sogar des heiligen Thomas zum Belege ihrer Behauptungen zwangsweise heranzuziehen und doch am Ende sagen müssen: Allerdings haben die heiligen Väter nicht in voller Klarheit die scientia media gelehrt, aber die „Weiterführung und Entwicklung" ihrer Lehre leitet notwendig zur selben hin.

Molina und Vasquez kannten die Väter und zumal den heiligen Augustin besser. Molina schreibt (Concordia qu. 23. art. 4 u. 5.):[1] „Diese neue Art und Weise, den freien Willen mit der göttlichen Vorherbestimmung zu versöhnen, wurde bisher von niemand gelehrt und ist deshalb eingehender auseinanderzusetzen. Hätte Augustin sie gekannt und erklärt, so wäre die Pelagianische Ketzerei niemals entstanden und es würden infolge der Lehren Augustins nicht so viele Gläubige in Verwirrung gestürzt worden sein." Ver-

[1]) Quia haec nova ratio conciliandae libertatis arbitrii cum divina praedestinatione a nemine quem vidimus fuit hucusque tradita, ideo paulo fusius est exponenda. Si ab Augustino ea data et explanata fuisset, Pelagiana haeresis nunquam fuisset exorta neque ex Augustini opinione concertationibusque ejus cum Pelagianis tot fideles fuissent turbati nec ad Pelagianos defecissent.

deckterweise sagen die späteren Molinisten dasselbe, was ihr Haupt offen ausspricht. Da ist „Augustin in der Hitze des Streites hie und da zu weit gegangen"; „es war ihm die ganze Tragweite der Frage nicht klar" und wie diese Phrasen alle heißen, als ob ein solcher Denker wie Augustin sich mit vagen Ideen begnügt hätte und als ob er nicht selber immer deutlich es ausspräche, so oft er über einen wissenschaftlichen Punkt Zweifel hegt.

Vasquez meint ebenso wie Molina:[1]) „Was haben die scholastischen Theologen sich zu wundern, wenn wir in Gott außer der scientia simplicis intelligentiae und der scientia visionis eine dritte Art aufstellen, welche sie nicht erwähnt haben."

Desgleichen rühmt sich Fonseca[2]) im Herrn, daß er rücksichtlich der freien bedingungsweisen Akte eine Wissenschaft ausgedacht habe, welche er media, ein Mittelding, nennt zwischen der natürlichen Wissenschaft Gottes und der freien.

Granado[3]) staunt, wie man das wunderbar finden kann, daß im Verlaufe der Zeit von den neueren Theologen etwas Neues ausgedacht worden sei. Valentinus Herice[4]) endlich ist überzeugt, daß die scientia media der ganzen Scholastik, also a fortiori dem heiligen Thomas unbekannt war und erst von Molina aus der Finsternis herausgezogen worden sei.

Diese Gelehrten hatten recht. Augustin sagt ausdrücklich, was den gegenwärtigen Punkt angeht: Deo hoc est esse quod sapientem esse (7. de Trini. c. 7.): „Für Gott

---

[1]) Vasquez I. p. disp. 67. c. 7. Quid mirantur Scholastici theologi, si praeter scientiam simplicis intelligentiae et visionis nos aliam ponamus cujus ipsi mentionem non fecerunt.

[2]) Qu. 6. Metaph. sect 8.

[3]) Granado: Tract. 5. disp. 3. sect 2. Quid mirum est, si temporum decursu aliquid novi a recentioribus Theologis excogitatum sit.

[4]) 1. disp. 7. c. 10.

ist eben dasselbe Sein und Wissen.“ Was aber sagt Molina? Das Sein Gottes wird von der comprehensio erfaßt, es wird einfach begriffen; aber das freie Wirken der Geschöpfe bedarf, um erkannt zu werden, der supercomprehensio; das Wissen Gottes erstreckt sich also weiter als das Sein.

Thomas sagt: „So groß ist die Kraft Gottes im Erkennen, wie seine Thatsächlichkeit im Sein.“ Molina bestimmt: Das Erkennen Gottes als comprehensio mißt sich mit dem thatsächlichen Sein und Wesen Gottes; aber nicht so das Erkennen Gottes als supercomprehensio. Da ist doch wohl nicht bloß eine „Weiterführung“, sondern ein ausgesprochener Gegensatz zwischen Augustin und Thomas einerseits und Molina andererseits. Die **scientia media** war den ersten beiden heiligen Lehrern nicht nur unbekannt, sondern sie weisen dieselbe aus ihrem Lehrsystem heraus.

Das erhellt bei Thomas noch mehr, wenn wir seine Argumentation für das Sichselbstbegreifen Gottes, wie wir sie oben wiedergegeben, der supercomprehensio entgegenhalten. Molina macht das Sichselbstbegreifen Gottes zu einer Unmöglichkeit. Sich selbst begreifen kann nur jener, der reine Thatsächlichkeit ist. Quod est cognoscitur, sagt Thomas beständig. Nicht was sein kann oder nicht sein kann vermag unmittelbar erkannt zu werden, sondern was und insoweit etwas thatsächlich ist; und erst auf Grund des Thatsächlichen vermag die Vernunft zu erkennen, was sein kann oder nicht sein kann. Der Gegenstand der supercomprehensio in Gott aber ist, wie Molina mit ausdrücklichen Worten hervorhebt, das Freiheits**vermögen** als solches, gerade inwieweit es unter den Einflüssen der propensiones, der äußeren Verhältnisse und Umstände steht. Die supercomprehensio schaut nicht die abschließende wirkliche Bestimmung des freien Willens in sich und erst kraft und vermittelst derselben etwa das Willensvermögen, sondern Gott schaut letzteres zuerst und erst nach Maßgabe dieses letzteren schaut Er die eigene Bestimmung.

Kann Gott in diesem Falle Sich selbst, sein eigenes Wissen begreifen? Unmöglich. Er begreift wohl nach Molina das geschöpfliche freie Wesen und Wirken; aber da dieses wesentlich auf einem in sich unbestimmten Vermögen, auf reiner Möglichkeit ruht, so kann Gott, wie Thomas sich ausdrückt, in dieser selbstbewußten Erkenntnis gar nicht „ans Ende" kommen. Das Vermögen bleibt eben wesentlich Vermögen, d. h. es bleibt notwendig das, was es ist. Gott kann gar nicht „zu sich zurückkehren" (cf. art. 2. ad 2.), denn das, was sein kann oder nicht sein kann, kann aus sich heraus nie zum wirklich thatsächlichen Sein führen. Somit giebt es auch kein wahres Sichselbstbegreifen in Gott, denn seine eigene supercomprehensio, deren Gegenstand wesentlich Vermögen ohne Ende ist, kann Er nicht umgreifen.

Aber der Molinist gelangt nicht nur in keiner Weise zum göttlichen Sichselbstbegreifen, sondern auch seine Annahme, daß vermittelst der supercomprehensio Gott den freien Willen begreife, ist inhaltlos. Es wird dem Leser schon oben im Texte aufgefallen sein, wie Bellarmin zuerst es der Höhe und Erhabenheit des göttlichen Wissens nicht angemessen findet, daß Gott aus dem Grunde alles vorherwisse, weil Er alles vorherbestimme — non esset mirabile Deum omnia praecognoscere, si omnia praedeterminaret; — und wie derselbe Autor in derselben Stelle gleich darauf schließlich alles darauf ankommen läßt, daß Gott nach Kenntnisnahme der Willensneigungen und der äußeren Umstände selber in geeigneter Weise den Willen in Thätigkeit setzt — ut moveat talem animum; — wie also einerseits nach Bellarmin Gottes Wissenschaft zu erhaben sei, als daß sie gemäß seiner eigenen Bestimmung sich gestalte und andererseits doch wieder nur kraft dieser eigenen Bestimmung unfehlbare Sicherheit und Gewißheit gewinnt.

Nun dieser große Gelehrte fühlt es wohl, daß mit der supercomprehensio an sich nicht viel gewonnen sei. Denn mag auch, da die supercomprehensio die Gottes ist, mit ihr die Wahrheit bestehen, daß Gott in Sich selber und nicht kraft einer Bestimmung von außen her erkenne, nämlich in und vermittelst seiner eigenen Vernunft, die über das göttliche Wesen hinausgreift, so fehlt diesem „Übergreifen" der Vernunft doch aller und jeder Inhalt. Molina spricht gar nicht von einem Bestimmen oder Bewegen seitens Gottes mit Rücksicht auf den freien Willen; Bellarmin zieht sich erst am Ende, nachdem alles andere geprüft ist, darauf zurück. Was ist aber dann eigentlich der Gegenstand dieses „Übergreifens über Sich selbst hinaus"? Das Sein Gottes? Nein; denn die „supercomprehensio" geht darüber hinaus. Das Sein des thatsächlich freien Aktes? Nein; denn die Kenntnis des freien Aktes folgt erst der supercomprehensio, letztere vermittelt erst diese Kenntnis und ist gerade deshalb erfunden. Das Willensvermögen? Aber das ist reines Vermögen mit voller Gleichgültigkeit gegen alles im einzelnen Bestimmte. Die Hinneigungen und äußeren Verhältnisse? Aber diese sind an sich betrachtet Gegenstand der scientia visionis und werden sie in Verbindung gebracht mit dem Willensvermögen, so hängt die schließliche Entscheidung von der Beschaffenheit des letzteren ab.

Zudem nützt diese ganze supercomprehensio für den angenommenen Zweck gar nichts. Denn es handelt sich nicht darum, bloß den freien Akt als einen vorhandenen zu sehen, sondern soll ein Wissen, ein wahres Wissen davon in Gott bestehen, so muß der innere Grund dieses freien Seins vor Gott offen liegen, ist doch das Wissen eben eine Kenntnis vermittelst des ausreichenden inneren Seinsgrundes. Weder aber das innere indifferente Vermögen, noch die äußeren Einflüsse können einen solchen hinreichenden Grund bilden.

Es ist nach allem dem ganz erklärlich, wenn Bellarmin, dem alle diese Schwierigkeiten wohl nicht fremd waren, klagt: Res est omnino difficilis et in hac vita fortasse incomprehensibilis, qua ratione Deus futura cognoscat. Er hätte nur noch weiter gehen sollen und sagen, auf diese seine Weise sei die Sache nicht nur schwer, sondern ganz unmöglich und nicht nur in diesem Leben unbegreiflich, sondern werde es noch mehr im künftigen erscheinen. Für Augustin war die Frage nicht so unbegreiflich, auch nicht in diesem Leben; denn Er gab Gott die Ehre: Apud eum summa potestas, summa secretaque cognitio. Weil Gott die höchste Macht ist, deshalb hat Er die höchste Kenntnis und weil diese seine Macht alle Kreatur dem ganzen Wesen nach überragt und von aller Kreatur dem Wesen nach getrennt und völlig unabhängig ist, deshalb ist seine Kenntnis ganz und gar geheim und deren Offenbarung nur von Ihm abhängig. Molina kennt keine summa potestas in Gott, denn die Macht des göttlichen Seins genügt ja nicht einmal, um den Grund für die entsprechende höchste Kenntnis abzugeben, deshalb muß er eine supercomprehensio, eine über das eigene göttliche Sein hinausgehende Kenntnis annehmen, damit Gott die freien Akte erreiche.

Bellarmin ist auch ehrlich genug, anzudeuten, daß die mit der supercomprehensio erlangte Wissenschaft Gottes durchaus nicht die höchste Stufe der Gewißheit und Unfehlbarkeit besitze; sagt er doch am Ende der citierten Stelle ausdrücklich, auf Grund der „propensiones et circumstantiae existet aliqua determinatio“. Wenn nun bloß eine gewisse, eine etwaige determinatio des Willens vorliegt, so kann auch nicht mehr gewußt werden, als vorhanden ist, d. h. es kann nur eine aliqua certitudo und eine aliqua scientia annehmbar sein. Soll eine omnimoda Unfehlbarkeit Gottes im Wissen der freien Akte existieren, dann ist eine omnimoda determinatio des Willens erfordert; diese kann aber, wie Bellarmin vorher sagte, nur auf Grund der von Gott ausgehenden Bestimmung, der motio voluntatis, ermöglicht werden. Soll nun aber doch das schließliche Ergebnis, nämlich die volle Sicherheit im Wissen, von Gottes Sein und Willen abhängen, dann existiert gar kein Grund, warum überhaupt eine supercomprehensio angenommen werde. Die

Molinisten erhalten damit jene Schwierigkeiten zu lösen, welche auch die Thomisten haben; aber noch dazu kommen alle die Unmöglichkeiten, welche im Gefolge der supercomprehensio sind.

Sonderbar ist bei Bellarmin nur, wie er aus Stellen, wie: „Gott erforsche die Herzen und Nieren", „Er prüfe alle unsere Pfade", etwas zu Gunsten der supercomprehensio folgern will und ein Wissen Gottes nicht für „wunderbar" findet, das sich nur auf die Vorherbestimmung Gottes stützt; — er, der selber am Ende zur motio et determinatio des geschöpflichen Willens seitens Gottes, also zur göttlichen Vorherbestimmung seine Zuflucht nimmt.

Oder hat denn Gott wirklich Augen, weil von Ihm die Schrift das Sehen aussagt? Hat Er wirklich Ohren, weil die Schrift von Ihm das Hören aussagt? Die Schrift antwortet selber: „Soll der nicht hören, der das Ohr gemacht hat!" Ebenso sagen wir: Soll der nicht Herz und Nieren prüfen, der Herz und Nieren gemacht hat, soll der den freien Willen nicht kennen und gemäß der Natur desselben bestimmen, der denselben gemacht hat!

Das Wissen Gottes soll nicht wunderbar sein, wenn es sich auf das Vorherbestimmen Gottes stützt! Nun gewiß; das ist allerdings nicht wunderbar, daß jemand weiß, was er vorher selber bestimmt hat; das ist sogar ganz natürlich und für Gott ist es noch weit mehr natürlich; es ist für Ihn notwendig, daß Er nichts weiß, als wozu und was Er selber bestimmt. Aber das ist wunderbar und das Wunder der Wunder, daß ein Wissen von nichts anderem abhängig erscheint als von sich selbst, daß Gott in Sich alles Wissen findet und bonorum nostrorum non eget; das ist wunderbar, daß Gott will und es ist, daß Er das Nichts ruft und es kommt; daß Er nur Sich selbst weiß, damit aber alles.

68. Die Beweise Molinas für seine supercomprehensio.

Es erübrigt noch, die im c. 2. §. 3. aufgezählten Argumente Molinas für seine Lehre zurückzuweisen. 1) Der Text des heiligen Thomas 1. c. g. 67. spricht vielmehr gegen ihn als für ihn. Wenn Thomas behauptet, daß sowie die mit innerer Notwendigkeit wirkende Ursache eine notwendig hervorgehende Wirkung mit Sicherheit erkennen läßt, so die mit Freiheit oder unter dem Einflusse des Zufalls wirkende Ursache erlaubt, eine freie oder zufällige Wirkung mit Sicherheit zu erkennen, falls diese letztere Ursächlichkeit nämlich nicht gehindert wird; wenn Thomas dies behauptet, so stellt er eben damit der freien oder zufälligen Ursache die notwendige gegenüber. Aus der ersteren kann auf eine notwendige Wirkung mit Gewißheit geschlossen werden, aus der zweiten mit gleicher Gewißheit nur auf eine zufällige. Letztere somit giebt keinerlei Gewißheit für sich allein, wie das die notwendige giebt. Molina aber sagt, die frei wirkenden Ursachen könnten so durchforscht werden, daß ihre Wirkungen ganz sicher und gewiß vorlägen. Thomas also und Molina stehen sich bereits im Wortlaute der Stellen gegenüber. Thomas accentuiert seine Meinung ausdrücklich. **Ex causa contingenti non impedita cognoscitur certo effectus contingens.**

Die Wirkung also bleibt eine freie und zufällige und wird als solche mit Gewißheit erkannt, wenn die entsprechende Ursache nicht gehindert wird. Hängt das nun von dieser Ursache ab, daß sie in ihrem Thätigsein nicht gehindert wird? Durchaus nicht; da wäre sie notwendig. Daß sie eben gehindert werden kann, das liegt an ihrer Kontingenz und Zufälligkeit und aus diesem Grunde ist eine Wirkung vorher nicht mit Gewißheit zu erkennen und nachher noch wird aus diesem selben Grunde die stattgehabte Wirkung als eine zufällig eingetretene erkannt. Also von seiten der kontingenten freien Ursache ist gerade nach den

Worten des heiligen Thomas eine sichere Kenntnis unmöglich, sie erlaubt ihrer Natur nach nur Wahrscheinlichkeit.

Nur wer die Hindernisse ihrer Wirksamkeit aufzuheben versteht, der kann in der kontingenten freien Ursächlichkeit etwas Sicheres mit aller Gewißheit erkennen, nicht aber auf Grund dieser Ursächlichkeit, sondern auf Grund seiner eigenen Kraft, vermöge deren er die Hindernisse des Wirkens fernzuhalten vermag. Wenn Gott nach seinen geheimen Absichten die Hindernisse für das thatsächlich freie Wirken der Seele fernhält: also die Folgen ihres Ursprunges aus dem Nichts und demgemäß das beständige Fallen von sich aus; ferner den Einfluß der Leidenschaften verdorbener Sinnlichkeit, sowie der Umstände und der Verhältnisse, mit einem Worte: totum nostrum ingenium corruptum; — dann erkennt Gott nicht vermittelst des Willens, der fallen kann und nicht fallen kann, nicht vermittelst der Leidenschaften und äußeren Verhältnisse, sondern vermittelst seiner Macht und Liebe den eintretenden thatsächlich freien Akt mit Gewißheit.

2) In allen diesen Argumenten tritt das Bestreben hervor, das göttliche Wissen zu einem potenzierten menschlichen zu machen; aber in keinem mehr wie im zweiten. So soll der Herr Himmels und der Erde, der „alles macht, was auch immer Er will"; Er soll die freien Handlungen erkennen, wie ein Vater aus den Charaktereigentümlichkeiten seines Kindes dessen freie Entschließung ermittelt. Die metaphysische Seite ist bereits oben erörtert worden: der Wille ist uneingeschränkt indifferent, sonach kann in ihm gar nicht mit Gewißheit etwas erkannt werden vermittelst äußerer Vorkommnisse und Umstände oder vermittelst der Neigungen des sinnlichen Menschen. Eine andere Seite ist die moralische.

Wohin sollen wir kommen, wenn Gott aus den Neigungen, dem Charakter &c. die freie Entschließung erkennt; wenn also Gott selbst gleichsam die Rechtmäßigkeit eines solchen Einflusses voraussetzt und demgemäß seine Maßregeln trifft! Jeder Lehrer, jeder Gewissensführer leitet dazu an, daß sich der Mensch in seinen freien Entschließungen nicht von der bloßen Neigung, nicht von seinem Charakter, nicht von äußeren Umständen nachschleppen lassen; sondern daß er vielmehr von seinen Neigungen das Überflüssige abschneiden, seiner Charaktereigentümlichkeiten zweckgemäß sich bedienen, die äußeren Kreaturen beherrschen soll; daß er also in allen diesen Dingen nicht den maßgebenden Einfluß auf seinen freien Willen sehe — und Gott soll nach Molina gerade in diesen Einflüssen von außen die etwaige freie Willensbestimmung schauen. Selbst Weltmenschen schämen sich, offen diesen Einflüssen nachzuhängen, anstatt in sich selbst die maßgebende Gewalt zu erblicken; — Gott aber soll die Folgen der Sünde sanktionieren, indem Er nicht im freien Willen die leitende Richtschnur für die Äußerung der Neigungen, des Charakters, der äußeren Umstände sicht, sondern umgekehrt; und indem Er seine Bestimmung dann gemäß dem Einflusse dieser Äußerlichkeiten trifft. Anstatt den freien Willen, sein edelstes Geschöpf, zu stärken in der Herrschaft, die ihm von Rechtswegen gebührt, hinkt Gott den verderblichen oder sagen wir, an sich indifferenten Einflüssen nach, die den freien Willen schwächen und zum Sklaven machen!

Hier ist der Ausgangspunkt für alle die probabilistischen Laxheiten und für die Unbestimmtheiten moderner Moralisten.

3) Im dritten Argument verwechselt Molina die geschaffene Natur mit der schöpferischen. Bei der ersteren begreift die einfache comprehensio allerdings nur das, was notwendigen Zusammenhang miteinander hat; also im Willen was notwendig mit selbem verbunden ist. Aber die geschaffene Natur ist auch nicht sich selber unmittelbarer Gegenstand des Wissens und Begreifens; sie begreift sich selber nur, inwieweit sie anderes, für sie Äußerliches begreift.

Gott aber ist kraft seiner Natur super omnia, seine Natur ist reine Thatsächlichkeit und ebenmäßige Quelle des

Seins wie des Erkennens; von ihr hängt alles andere ab, mehr als es von geschöpflicher Seite je begriffen werden kann. Nicht darin also liegt der Unterschied zwischen Gottes Begreifen und dem des Geschöpfes, daß das Geschöpf bloß das Notwendige begreift, der Schöpfer jedoch über das Notwendige oder die Natur hinaus sowohl über seine eigene als auch über die der Geschöpfe bis in den freien Willen hineinschaut. Durchaus nicht. Das wäre nur ein accidenteller, gradueller Unterschied. Gott erkännte wohl etwas mehr; aber die leitende Kraft seines Erkennens, die Natur in Ihm, wäre wesentlich im selben Zustande wie die Kraft des geschöpflichen Erkennens.

Der Unterschied muß ein wesentlicher sein und er besteht darin, daß Gott unmittelbar seine Natur voll und ganz begreift, comprehendit, und dieses Begreifen seiner eigenen Natur, seines eigenen Seins, ist kraft dieser rein thatsächlichen Natur, kraft seines unendlich vollkommenen Seins rücksichtlich alles dessen, was nicht Er selbst ist eine supercomprehensio; d. h. Gott begreift die Kreatur kraft seines Sichselbstbegreifens weit hinaus über die Begriffe, welche die Kreatur von ihrem eigenen Wesen und ihrer eigenen Kraft besitzt.

4) Das vierte Argument ist beim ersten bereits widerlegt. Die Thomisten behaupten eben nur, daß Gott den freien Akt als einen freien indifferenten erkennt, weil derselbe von einer freien, indifferenten Ursache kommt; daß Er ihn dagegen mit unfehlbarer Sicherheit erkennt, weil Er vermöge seiner Macht und seiner Liebe die Hindernisse für die thatsächliche Äußerung der Freiheit fernhält. Das hat nichts mit den Molinaschen Annahmen zu thun. Denn in diesen letzteren erkennt Gott den freien Akt vermöge und innerhalb des freien Willens; er erkennt das Bestimmte innerhalb und vermittelst des wesentlich Unbestimmten und Indifferenten.

69. Ein Charakterzug der modernen Philosophie.

Die Philosophie des heiligen Thomas feiert erst dann ihren vollen Triumph und erzwingt sich von allen Seiten her Anerkennung, wenn sie in Vergleich gebracht wird zu den verschiedenen anderen Systemen. Es zeigt sich dann so recht, daß ein jedes dieser anderen Systeme wohl etwas herausgenommen und einseitig weiter entwickelt hat; daß aber nur die Philosophie des heiligen Thomas die Fäden zusammenhält, welche die mannigfachen Äußerungen des Menschengeistes und der ihn umgebenden Natur durchziehen und verknüpfen. Von ihr aus erscheint das All: Stoff, Kraft, Geist und Natur, Sichtbares und Unsichtbares als ein einheitliches, in allen seinen Teilen harmonisches Ganze, in welchem das eine die Stütze für das andere bildet und alles zusammen seine Wirklichkeit nur kraft der Verbindung mit der allwirkenden Ursache hat.

Spinoza hatte das substantielle Vermögen in den Dingen, das da nur Vermögen und nicht von sich aus Wirklichkeit ist, einseitig ausgebildet. Die Allgemeinheit, Unbeschränktheit, Ewigkeit der inneren Substanz in jedem Dinge bestimmten ihn, diese Eigenschaften einer einzigen wirklichen und doch die einzelne Entwicklung tragenden, also zugleich innerlich möglichen und trotzdem ganz vollendeten zuzuschreiben. In dieser Einseitigkeit lag sein Irrtum.

Es entging ihm, wie seine Substanz als eine Möglichkeit, als ein Vermögen, erst ihre eigene Wirklichkeit gewinnt in der Vernunft; wie abgesehen von der Vernunft sie eben nur Möglichkeit, nur Vermögen ist und aus sich heraus nichts wirken kann, sondern erst in Verbindung mit einem von außen kommenden, ihr an und für sich fremden wirklichen Sein. Es entging ihm deshalb ebenso, daß diese Substanz erst innerhalb des Vernunftvermögens, wenn sie da als bestimmender Erkenntnisgrund eine ihr entsprechende Wirklichkeit gewonnen hat, leiten und so erst die von Zeit und Ort beschränkte Wirklichkeit, welche sie außen hat, vervollkommnen kann.

Das alles entging aber nicht Kant; nur daß dieser in die entgegengesetzte Einseitigkeit fiel, indem er die Substanz da außen, „das Ding an sich“, außer acht ließ und seine Welt in der Vernunft allein aufbaute, unbekümmert, ob sie der wirklichen in die Erscheinung tretenden entspreche oder nicht. Seine Philosophie geht ihren eigenen Weg und die wirkliche Welt einen anderen; das setzt er in seinen Axiomen ausdrücklich fest. Kant trennt — und er ist der erste, welcher das klar hervorhebt — er trennt die Vernunft und ihre Ideen von der wirklichen Welt.

Kant hat zuerst die Einseitigkeit der Vernunft mit ausdrücklichen Worten auf die Spitze getrieben; andere sind ihm mehr oder minder nachgefolgt. Da wir ihm also später noch bei Besprechung der anderen begegnen und sehen werden, wie jeder einen einzelnen seiner oft nur angedeuteten Grundsätze nach seiner Weise weiter ausgebildet hat, genügt es jetzt, die Hauptzüge seiner Lehre vorzuführen.

70. Die Hauptgrundsätze der Lehre Kants.

Kants System läßt sich auf drei Hauptpunkte zurückführen; es sind dies:

I. Das Mißtrauen in den „Dogmatismus der Metaphysik“.

II. Das unbedingte Vertrauen in die „reine Vernunft“.

III. Das Mißverhältnis zwischen der äußeren Welt und den Ergebnissen der „reinen Vernunft“ oder die Unbeweisbarkeit der moralischen leitenden Grundsätze.

Was versteht Kant unter dem „Dogmatismus der Metaphysik“? Nichts anderes, als das allgemeine Zutrauen zu deren Principien ohne vorhergehende Kritik des Vernunftvermögens selber. Wolff und Leibnitz sind ihm die Hauptvertreter eines solchen „Dogmatismus“. Kant will nicht das dogmatische wenn auch aus philosophischen Begriffen mit strenger Schlußfolge hervorgehende Verfahren der Vernunft, ohne daß vorher das Vernunftvermögen selber geprüft worden wäre. Seine Meinung drückt er in folgenden Worten aus (Einleitung der Prolegomena zur Metaphysik): „Ich gestehe frei, die Erinnerung des David Hume (der an der Gültigkeit des Kausalbegriffs zweifelte) war eben dasjenige, was mir vor vielen Jahren den dogmatischen Schlummer zuerst unterbrach und meinen Untersuchungen im Felde der spekulativen Philosophie eine ganz andere Richtung gab. Ich versuchte zuerst, ob sich nicht Humes Einwurf allgemein vorstellen ließe und fand bald, daß der Begriff der Verknüpfung von Ursache und Wirkung bei weitem nicht der einzige sei, durch den der Verstand a priori sich Verknüpfungen der Dinge denkt, vielmehr, daß die Metaphysik ganz und gar daraus bestehe. Ich versuchte, mich ihrer Zahl zu versichern und da dieses mir nach Wunsch, nämlich aus einem einzigen Princip, gelungen war, so ging ich an die Deduktion dieser Begriffe, von denen ich nunmehr versichert war, daß sie nicht, wie Hume besorgt hatte, von der Erfahrung abgeleitet, sondern aus dem reinen Verstande entsprungen seien."

Kant will nicht die Verknüpfung von Ursache und Wirkung überhaupt leugnen; aber er leugnet eine von unserem Denken unabhängige Voraussetzung von Ursächlichkeiten und deren notwendigen Folgen. Deshalb definiert er in der „transcendentalen Logik" den Verstand als „die Spontaneität des Erkenntnisses, Vorstellungen selbst hervorzubringen" und verneint, daß „der Verstand etwas anzuschauen vermöge". Er faßt seine diesbezügliche Lehre in der „allgemeinen Anmerkung zur transcendentalen Ästhetik" (2. Aufl. S. 59) folgendermaßen zusammen: „Die Dinge, die wir anschauen, sind nicht das an sich selbst, wofür wir sie anschauen, noch sind ihre Verhältnisse so an sich selbst beschaffen, wie sie uns erscheinen und es würden, wenn wir unser eigenes Subjekt oder auch nur die subjektive Beschaffenheit der Sinne überhaupt aufheben, alle die Beschaffenheit, alle Verhältnisse der Objekte in Raum und Zeit, ja selbst Raum und Zeit verschwinden und als Erscheinungen können sie nicht an sich selbst, sondern nur in uns existieren; was es für eine Bewandtnis mit den Gegenständen an sich und abgesondert von aller dieser Rezeptivität unserer Sinnlichkeit haben möge, bleibt uns gänzlich unbekannt.“ Was wir äußere Gegenstände nennen, darin sieht Kant nur Vorstellungen unserer Sinnlichkeit.

Ist aber die Verknüpfung der Dinge in der Außenwelt keine von uns unabhängige, so giebt es auch keine von uns unabhängigen metaphysischen Grundsätze, die ja eben nur aus der Außenwelt heraus geschöpft werden können; es giebt keine für alle maßgebende (dogmatische) Metaphysik.

Die subjektiven Verstandesregeln ermöglichen die Einheit der Erscheinungen; die Vernunft ist das Vermögen der Verstandesregeln unter Principien. Der Vernunftbegriff enthält das Unbedingte und geht deshalb über jeden Gegenstand der Erfahrung, also des Verstandes hinaus. Idee nennt der Philosoph ausdrücklich einen notwendigen Vernunftbegriff, dem kein kongruierender Gegenstand in den Sinnen gegeben werden kann.

Kant räumt jede an sich bestehende Grundlage für alle objektiven Denkregeln und Vernunftprincipien hinweg und stellt eine rein subjektive Metaphysik auf, eine Metaphysik nämlich, die sich nur auf die eigene Vernunft gründet und deshalb auch jeder Anwendung auf die Dinge an sich unfähig ist.

„Es existieren keine anderen Verschiedenheiten,“ so resumieren sich die Anschauungen Kants in wenigen Sätzen, „als die, durch welche der Verstand seine reinen Begriffe voneinander unterscheidet.“ „Das begrifflich nicht zu Unterscheidende ist schlechthin ununterschieden oder identisch.“ „Realitäten als bloße Bejahungen können einander realiter durch Entgegenstreben nicht aufheben, denn es besteht zwischen ihnen kein logischer Widerspruch." „Die Substauzen haben keinen anderen inneren Zustand, als den der Vorstellungen und ihre Gemeinschaft untereinander ist nur als präſtabilierte Harmonie zu denken." „Der Raum ist nur die Ordnung in der Gemeinschaft der Substanzen und die Zeit die dynamische Folge ihrer Zustände." „Vergleichungsbegriffe dürfen nur unter Mitberücksichtigung der an die sinnliche Anschauung geknüpften Unterschiede angewandt werden und auf die Dinge an sich (Noumena) gar nicht."

Es ergiebt sich daraus natürlich — und es sei dies bloß gleichsam als Beispiel zur Veranschaulichung des Gesagten angeführt —, daß es keinen Beweis für Gottes Dasein giebt. Kant bespricht deren drei: den ontologischen, kosmologischen und teleologischen. Dem ontologischen (vgl. oben Spinoza), der aus dem Begriffe Gottes als des allerrealsten Wesens auf seine Existenz schließt, weil die notwendige Existenz mit zu den Realitäten gehöre und daher im Begriffe eines allerrealsten Wesens mitenthalten sei, bestreitet Kant die Voraussetzung, daß das Sein ein reales Prädikat neben anderen sei, welches zu diesen hinzutreten und dadurch die Summe der Realitäten vermehren könne. Der Vergleich zwischen einem Wesen, das andere Prädikate zwar habe, aber nicht das Sein, und einem Wesen, das mit jenen Prädikaten auch das Sein vereine und daher um das Sein größer, vollkommener oder realer sei als jenes andere, müsse als absurd bezeichnet werden. Sein sei die Setzung des Objektes mit allen seinen Prädikaten und diese Setzung bilde die unerläßliche Voraussetzung für jeden Schluß aus dem Begriffe eines Objektes auf seine Prädikate. Demnach müßte bei einem Schlusse auf das Sein Gottes, falls das Sein als Prädikat erschlossen werden sollte, das Sein schon vorausgesetzt werden, woraus nur eine elende Tautologie folgen würde.

Den Anhängern des kosmologischen Argumentes, welches aus der Existenz eines beliebigen Wesens auf die

Existenz eines schlechthin notwendigen schließt, bestreitet Kant, daß die Principien des Vernunftgebrauchs uns zu einer Verlängerung der Kette der Ursachen über alle Erfahrung hinaus berechtigen. Sollte aber auch wirklich das Argument auf eine außerweltliche und schlechthin notwendige Ursache führen, so sei damit diese letztere noch nicht als das absolut vollkommene Wesen erwiesen, außer wenn, was unzulässig ist, die Zuflucht zum ontologischen Argument genommen würde.

Dem teleologischen Argument, welches aus der Zweckmäßigkeit der Natur zu der absoluten Weisheit und Macht eines Urhebers kommt, erkennt zwar Kant eine populäre Überzeugungskraft zu, spricht ihm aber alle wissenschaftliche Gültigkeit ab. Der Zweckbegriff berechtige ebensowenig wie der Begriff der Ursache zu Schlüssen, die uns über die Erscheinungswelt hinausführen; er wird ebenso wie die Ursache vom Ich in die Dinge hineingetragen. Die Erscheinungen, also die äußere Wirklichkeit, besitzen an und für sich keine unabhängig bestehende Kraft.

71. Die „Kritik der reinen Vernunft“.

Warum Kant der „reinen Vernunft“ einerseits die Kraft abspricht, über die Erfahrung der Sinne hinaus etwas positiv Sicheres für die Außenwelt festzustellen, sonach zur Erkenntnis des Daseins Gottes und der Unsterblichkeit der Seele zu gelangen; andererseits aber dieselbe als sich selbst voll genügend hinstellt, geht aus der ihm einzig eigentümlichen Auffassung des Wesens der Vernunft hervor.

Die „reine Vernunft“ kann zu keinem nach allen Seiten sicheren Resultate, zu keinem „Dogma“ gelangen, ehe sie nicht vor dem kritischen Auge einer höheren und richterlichen Vernunft erscheint; die „Kritik der reinen Vernunft“ ist der wahre Gerichtshof für alle Streitigkeiten der Vernunft; der Kritizismus des Verfahrens mit allem, was zur Metaphysik gehört, ist die Maxime eines allgemeinen Mißtrauens gegen alle synthetischen Sätze derselben, bevor nicht ein allgemeiner Grund ihrer Möglichkeit in den wesentlichen Bedingungen unserer Erkenntnisvermögen eingesehen worden.

Unter der „Kritik der reinen Vernunft" versteht Kant eine Prüfung des Vernunftvermögens an sich rücksichtlich aller Kenntnisse, zu denen die Vernunft unabhängig von jeglicher Erfahrung streben mag, mithin die Entscheidung der Möglichkeit oder Unmöglichkeit einer Metaphysik überhaupt und die Bestimmung sowohl der Quellen als des Umfanges und der Grenzen derselben; dies alles aber aus Principien. Vernunft ist in dieser Beziehung für Kant das Vermögen, welches die Principien der Erkenntnis a priori enthält; reine Vernunft das Vermögen der Principien, etwas schlechthin a priori zu erkennen. Die „Kritik der reinen Vernunft" ist die Vorbedingung eines Systems der reinen Vernunft oder aller reinen Erkenntnisse a priori.

Kant leugnet wohl eine irgend notwendige oder auch natürliche Verbindung der Erfahrung mit der reinen Vernunft, muß aber zugestehen, daß Allgemeinheit und Notwendigkeit, Kennzeichen, die sonst nur den Ergebnissen der reinen Vernunft zukommen, auch mit Sätzen, welche aus der Erfahrung geschöpft sind, verknüpft sein können. „Erfahrung sagt uns zwar," so seine Worte, „was das sei; aber nicht, daß es notwendigerweise so und nicht anders sein müsse; eben darum giebt sie uns auch keine wahre Allgemeinheit." Dagegen gelten für Kant das Gravitationsprincip, das Gesetz der Trägheit, das Gleichgewicht der Wirkung und Gegenwirkung in der Bewegung rc. als allgemein anzunehmende Sätze, trotzdem sie, abgesehen von der Erfahrung, nicht gewonnen werden können und zudem Notwendigkeit sowie strenge, nicht „komparative" Allgemeinheit ihm sichere Kennzeichen einer nicht empirischen Erkenntnis sind.

Der Lösung dieser Schwierigkeit ist sein Werk über „die Kritik der reinen Vernunft" gewidmet. Und allerdings muß anerkannt werden, daß die vernunftgemäße Erklärung der

Verbindung zwischen der einzelnen Wirklichkeit als des Gegenstandes der Anschauung (vgl. oben das über die Evidenz Gesagte) und der Allgemeinheit und Notwendigkeit als dem Gegenstande des reinen Vernunftvermögens der Prüfstein für jedes philosophische System ist und das Bewußtwerden dieser Erklärung und ihres inneren Grundes die fundamentale Aufgabe der Metaphysik und jeder Erkenntnislehre genannt werden muß.

Wie löst Kant die vorgelegte Schwierigkeit? Durch die Annahme von „synthetischen Urteilen a priori". Die Begründung der Rechtfertigung solcher Urteile ist seine „Kritik der reinen Vernunft".

Unter analytischen oder apriorischen Urteilen versteht Kant solche, deren Prädikat B zum Subjekte A als etwas gehört, was verdeckterweise in diesem Begriffe bereits enthalten ist, z. B. alle Körper (nach Kant alle ausgedehnten undurchdringlichen Substanzen) sind ausgedehnt. Unter synthetischen oder Erfahrungs- (empirischen) Urteilen solche, deren Prädikat B außerhalb des Subjektsbegriffes A liegt, wenngleich es mit ihm in Verbindung steht; z. B. alle Körper sind schwer. In den analytischen Urteilen wird die Verknüpfung des Prädikats mit dem Subjekt durch Identität hergestellt, mag diese Identität partiell sein, so daß nur ein Element des Subjektsbegriffes das Prädikat bildet wie im obigen Beispiele, oder mag sie eine schlechthin totale sein, so daß das Prädikat nur den vollentsprechenden begrifflichen Ausdruck des Subjekts bildet. In den synthetischen ist nicht die innere Identität des Subjekts und Prädikats gedacht.

Durch analytische Urteile wird unsere Erkenntnis nicht erweitert, sondern nur der Begriff, den wir haben, auseinandergesetzt. Bei den synthetischen Urteilen aber muß ich außer dem Begriffe des Subjektes noch etwas anderes haben, worauf sich der Verstand stützt, um ein Prädikat, das in jenem Begriffe nicht liegt, doch als dazu gehörig zu erkennen. Die analytischen Urteile stützen sich auf die reine Vernunft; die synthetischen auf die Anschauung. Worauf aber stützen sich synthetische Urteile a priori, solche nämlich, die da auf der Anschauung beruhen und doch ganz allgemein notwendige Geltung haben, in welchen also das Prädikat den Subjektsbegriff erschöpft?

Drei Arten synthetischer Urteile glaubt Kant als a priori nachweisen zu können: nämlich mathematische, naturwissenschaftliche und metaphysische. Die mathematischen Urteile sind nach Kant alle synthetisch; wirklich und rein analytische wie a = a dienen nur zur Kette der Methode und nicht als Principien. Man solle, sagt Kant, anfänglich zwar denken, daß der Satz 7 + 5 = 12 ein rein analytisches Urteil sei, der aus dem Begriffe einer Summe von 7 und 5 nach dem Satze des Widerspruches folge. Aber durch diesen Begriff sei noch nicht gedacht, welches in Wirklichkeit die einzige Zahl sei, die jene beiden zusammenfaßt. Man muß über diese Begriffe hinausgehen, indem man die Anschauung zu Hilfe nimmt, die einem von beiden korrespondiert, etwa seine fünf Finger oder fünf Punkte und so nach und nach die Einheiten der in der Anschauung gegebenen Fünf zu dem Begriffe der Sieben hinzuthut.

Ebensowenig, meint Kant, ist ein Grundsatz der reinen Geometrie analytisch. Daß die gerade Linie zwischen zwei Linien die kürzeste sei, ist ein synthetischer Satz; denn mein Begriff vom Geraden enthält nichts von Größe, sondern nur eine Qualität; Anschauung muß zu Hilfe genommen werden, vermöge deren allein die Synthesis möglich ist.

Die Sätze, welche Kant in der Naturwissenschaft für synthetisch a priori hält, sind von derselben Art wie die bereits oben beispielsweise angeführten.

Ob in der Metaphysik synthetische Urteile a priori sind, ist Kant zufolge wohl bestreitbar; aber nur aus dem Grunde, weil es fraglich erscheint, ob überhaupt eine Metaphysik möglich sei. Wird sie als eine für die Natur der menschlichen Vernunft unentbehrliche Wissenschaft betrachtet, so sind in ihr nur synthetische Kenntnisse a priori enthalten;

wie z. B. die Welt muß einen Anfang haben; alles, was in den Dingen Substanz ist, muß beharrlich sein.

Fragen wir nun, wie Kant die Möglichkeit solcher Urteile begründet, so wird uns die Antwort: Dadurch, daß er den Raum und die Zeit als subjektive Anschauungsformen a priori hinstellt; jenen als eine Anschauungsform des äußeren Sinnes, diese als eine Anschauungsform des inneren Sinnes. In der „transcendentalen Erörterung des Raumes" sagt er: 1) Der Raum ist kein empirischer Begriff, der von äußeren Erfahrungen abgezogen worden; denn die Vorstellung des Raumes muß aller konkreten Lokalisierung schon zu Grunde liegen. 2) Der Raum ist eine notwendige Vorstellung a priori, die allen äußeren Anschauungen zu Grunde liegt; denn man kann sich niemals eine Vorstellung davon machen, daß kein Raum sei. 3) Der Raum ist kein diskursiver oder allgemeiner Begriff von Verhältnissen der Dinge überhaupt, sondern eine reine Anschauung, denn man kann sich nur einen Raum vorstellen, dessen Teile alle sogenannten Räume sind. 4) Der Raum wird als eine unendlich gegebene Größe vorgestellt; kein Begriff aber kann so gedacht werden, als ob er eine unendliche Menge von Vorstellungen in sich enthielte; also ist die ursprüngliche Vorstellung vom Raume Anschauung und nicht Begriff.

Der Raum (und in ihrer Weise auch die Zeit) gilt demnach Kant als eine Anschauung a priori, die vor aller Wahrnehmung eines Gegenstandes in uns angetroffen werde und zwar als die formale Beschaffenheit des Gemütes, von Objekten affiziert zu werden oder als die Form des äußeren Sinnes überhaupt. „Wäre nicht der Raum (l. c.) eine bloße Form euerer Anschauung, welche Bedingungen a priori enthält, unter denen allein Dinge für euch äußere Gegenstände sein können, die ohne diese subjektiven Bedingungen nichts sind, so könntet ihr a priori ganz und gar nichts über äußere Objekte synthetisch ausmachen."

So macht sich Kant die Brücke von der reinen Vernunft

zur Außenwelt. Die synthetischen Urteile a priori sind synthetisch oder aposteriorisch, soweit sie einzelnes Wirkliche betreffen; sie sind apriorisch, soweit sie von der allgemeinen notwendigen Form des Raumes ausgehen; sie sind beides zusammen: synthetisch und a priori, weil sie diese allgemeine notwendige Form auf äußere Einzelnheiten anwenden.

72. Das Verhältnis der reinen Vernunft zur Außenwelt oder zum praktischen Leben.

Wie gestaltet sich jedoch in praxi diese Brücke und somit die Möglichkeit der vernunftgemäßen Verbindung mit der Außenwelt? Die Anschauungsformen Raum und Zeit sind rein subjektiv und nur vermöge dieser rein in uns befindlichen allgemeinen Anschauungsformen existiert für uns Raum und Zeit in besonderen beschränkten Verhältnissen. Die Wesensformen, die Kategorien, aus welchen die reinen Vernunftideen erwachsen, sind rein subjektiv. Der transcendente Gebrauch von Begriffen, ein solcher Gebrauch der Vernunft also, der über alle mögliche Erfahrung hinausgeht, ist unzulässig. Transcendental kann eine Erkenntnis nur insofern genannt werden, als sie lehrt, wie gewisse Vorstellungen (Anschauungen oder Begriffe) a priori angewandt werden oder möglich seien; nicht also in dem Sinne, als ob etwas **a parte rei** allem Gemeinsames und besonders eine allem gemeinschaftliche, über alles erhabene wirkende Ursache existiert.

Kant argumentiert daraus sehr richtig also. Alle praktischen Principien, die ein Objekt (Materie) des Begehrungsvermögens als den Bestimmungsgrund des Willens voraussetzen, sind insgesamt empirisch und können keine praktischen Gesetze abgeben. Eine objektiv und unabhängig von uns existierende Sittenlehre oder eben solche Sittenregeln und praktischen Gesetze giebt es nicht.

Kants Vermögen der Freiheit kann demnach nur ein völlig unbeschränktes, ganz selbständiges im Menschen sein, dessen höchstes Gebot die eigene Glückseligkeit ist. Und worin besteht diese Glückseligkeit? Kant definiert sie in der „praktischen Vernunft“ wie folgt: „Glückseligkeit ist das Bewußtsein eines vernünftigen Wesens von der Annehmlichkeit des Lebens, die ununterbrochen sein ganzes Dasein begleitet.“ Das Princip, diese Glückseligkeit sich zum höchsten Bestimmungsgrunde der Willkür zu machen, ist ihm das Princip der Selbstliebe.

Wenn Kant das höchste Princip der Sittlichkeit in die Worte kleidet: „Handle so, daß die Maxime deines Willens zugleich als Princip einer allgemeinen Gesetzgebung dienen kann,“ so will das durchaus nicht besagen, als ob etwa das Interesse der anderen oder das Gemeinwohl das leitende Princip für das Handeln des einzelnen sein sollte. Vielmehr soll der Mensch darauf sehen, daß er so handelt, wie andere auch handeln können, damit er sich selber auf diese Weise die Möglichkeit biete, von dem Handeln anderer nicht gestört zu werden und somit zum wenigsten das beglückende Bewußtsein habe, sein Handeln sei an sich betrachtet ein vollkommen harmonisches. Das „Selbst“ allein, das „Ich“ ist der kategorische Imperativ.

Das erklärt Kant selber so klar als möglich „in der Grundlegung zur Metaphysik der Sitten“. Alle materiellen praktischen Principien sind als solche insgesamt von einer und derselben Art und gehören unter das allgemeine Princip der Selbstliebe. Da nun Kant allem Empirischen die Notwendigkeit abspricht, welche zur Gesetzmäßigkeit erforderlich ist, alle Materie des Begehrens aber, d. h. jeder Gegenstand des Willens als Bestimmungsgrund einen empirischen Charakter trägt, so folgt, daß wenn ein vernünftiges Wesen sich seine Maximen als praktische allgemeine Gesetze denken soll, es sich dieselben nur als solche Principien denken kann, die nicht der Materie, sondern nur der Form nach, wodurch sie sich zur allgemeinen Gesetzgebung schicken, den Bestimmungsgrund des Willens enthalten (§. 4). Somit ist der

Wille, der durch die bloße gesetzgebende Form bestimmt wird, unabhängig von dem Naturgesetze der sinnlichen Erscheinungen, der Materie, er ist in diesem Sinne also frei (§. 5); wie auch umgekehrt ein freier Wille nur bestimmt werden kann durch die bloße Form oder die Tauglichkeit einer Maxime zum allgemeinen Gesetze.

Mit anderen Worten: Das Moralgesetz ist eine bloße Form und gänzlich inhaltslos; denn natürlich könnte seinen praktischen Inhalt nur die einzelne Wirklichkeit da außen bilden. Diese objektive Wirklichkeit leugnet aber Kant gemäß der Anlage seines gesamten Systems. Auch von der inneren Vernunft kann dem Moralgesetze und folgerichtig der Freiheit selber kein Inhalt kommen; das folgt aus den auseinandergesetzten Principien, wird aber auch noch von Kant ausdrücklich behauptet. Die positive Wahlfreiheit, die Unsterblichkeit der Seele, das Dasein Gottes sind ihm zwar theoretische, aber als solche nicht erweisliche Sätze. Sie folgen aus keinem Vernunftprincip, sondern stellen sich als reine Postulate dar. Alles also, was dem Moralgesetze seitens der Vernunft wirklichen Inhalt verleihen kann, ist bloß ein Postulat der praktischen Vernunft, oder besser ein Erfordernis der Schicklichkeit; kann somit auch keinen unabhängig bindenden Einfluß äußern. Die Unsterblichkeit der Seele behauptet Kant infolge des Widerstreites zwischen der moralischen Anforderung an den Menschen und dem moralischen Vermögen des Menschen; denn dieser Widerstreit könne nur durch einen bis ins Unendliche gehenden Progressus der Annäherung an die völlige Angemessenheit der Gesinnung, durch fortwährend sich weiter entwickelnde Tugend aufgehoben werden. Freilich ist aber eine solche Auffassung der Unsterblichkeit mehr ein Entbehren des Endes als eine schließliche Vollendung und stimmt durchaus mit den Darwinischen Principien.

Den Gottesglauben gründet Kant in der Tugendlehre auf das Gewissen als das Bewußtsein eines inneren

Gerichtshofes im Menschen. Der Mensch muß sich in zweifacher Persönlichkeit denken, als Angeklagten und als Richter. Der Ankläger muß einen anderen, als sich selbst, ein über alles Macht habendes, moralisches Wesen, d. h. Gott als Richter denken; „mag nun dieser andere eine wirkliche oder eine bloß idealische Person sein, welche die Vernunft sich selbst schafft.“ Die Annahme des Daseins einer obersten Intelligenz ist in Ansehung der theoretischen Vernunft nur eine bloße Hypothese; in Ansehung der praktischen Vernunft aber Glaube. Es ist klar, daß ein auf solche „Postulate“ gegründetes sittliches Handeln, mögen auch die gewöhnlichen hohen Ausdrücke, wie Heiligkeit, Tugend, Recht u. s. w. auf dasselbe angewandt werden, doch nur einen moralisch imaginären Inhalt haben kann; jene Ausdrücke sind in diesem Falle mehr leerer Klang als daß sie wirklichen Gehalt besitzen. Kant reduziert demnach auch in der „Religion innerhalb der Grenzen der bloßen Vernunft“ alle kirchlichen Dogmen durch allegorisierende Umdeutung auf Lehrsätze der philosophischen, d. h. inhaltslosen Moral und will von „Gunstbuhlerei bei Gott durch statutarische Religionshandlungen nichts wissen“.

73. Das „Ich“ bei Kant und dessen Zurückweisung.

„Nicht nur der Staat bin Ich,“ heißt es bei Kant, sondern auch „die Menschheit bin Ich;“ „die Welt bin Ich;“ wenn er auch dies nicht so offen ausspricht und logisch durchführt, wie es später Fichte that. Die Richtschnur meines Denkens ist allein meine Vernunft. Eine Richtschnur meines Handelns, die unabhängig von mir wäre, giebt es nicht. Nur so wie sie in mir und in meiner Auffassung sich kundgiebt, kann sie als leitende Regel dienen. Die Kausalität als Freiheit kommt dem Menschen nur zu, sofern er ein Ich, ein Wesen an sich, oder besser das Wesen an sich ist (Noumenon); die Kausalität als Naturmechanismus kommt ihm zu, sofern er dem Reiche der Erscheinungen (Phänomena) angehört.

Gerade diese Auffassung des Ich ist die Quelle zahlreicher Schwächen im Kantschen Denken. Ist das „Ich“ im Menschen etwas einzelnes? Ohne Zweifel; denn gerade weil das „Ich“ von mir ausgesagt wird, bin ich geschieden von anderen Wesen. Aber dann ist es auch nicht möglich, von einer „Kritik der reinen Vernunft“ in der Weise zu sprechen, als ob eine solche Prüfung der Vernunft als des menschlichen Denkwerkzeuges alle andere Kenntnis bedinge. Als einzelner Mensch kann ich zuvörderst nur von meiner Vernunft sprechen und muß an die Spitze aller Gewißheit die Thätigkeit dieser meiner Vernunft als einer einzelnen stellen. Ist denn die Vernunft des Menschen von vornherein etwas wesentlich Thatsächliches? Wäre dies der Fall, so brauchte sie gar nicht geprüft zu werden; sie stände mit ihren Kenntnissen fertig und dem Geiste gegenwärtig da. Aber Kant nennt sie selbst ein Vermögen. Kann sie als ein Vermögen erkannt werden, oder ist sie thatsächlich ohne weiteres gekannt?

Im letzteren Falle ist sie kein Vermögen mehr, sondern sie besteht thatsächlich als einzelnes Wesen für sich und dann kann von einer „Kritik der reinen, d. h. allgemeinen Vernunft“ nicht mehr gesprochen werden. Es ist dann immer und wesentlich notwendig diese oder jene bestimmte einzelne Vernunft, die entweder als göttliche oder als die des Petrus oder Johannes und nicht anders gekannt wird, da eben Petrus nicht Johannes ist; alles einzelne ist ja als solches durchaus getrennt vom anderen einzelnen, und nur was einzeln ist, kann dementsprechend thatsächlich sein.

Kann aber die Vernunft an sich betrachtet nur erkannt werden, ist sie nur Vermögen und ist es deshalb möglich, daß sie auch nicht thatsächlich erkannt wird; dann darf nicht sie der Ausgangspunkt und der bestimmende Grund für alle Erkenntnis sein. Denn was selber nicht bestimmt ist, kann unmöglich bestimmen, und noch weit mehr ist es unmöglich, daß etwas was sein kann oder nicht sein kann, sich selber aus eigener Bestimmung erkenne. Entweder nämlich war diese Bestimmung im Innern der Vernunft schon von vornherein vorhanden; dann war sie kein Vermögen, sondern hatte den hinreichenden inneren Erkenntnisgrund innerhalb ihrer selbst, erkannte demnach auch sich selbst von vornherein. Oder die innere Bestimmung für das Erkennen war nicht von vornherein in ihr; dann konnte sie sich dieselbe nicht geben, denn niemand kann sich geben, was er nicht hat. Die Vernunft ist dann eben, wie es in Wirklichkeit sich verhält, wahres Vermögen und als solches muß sie von außen her den bestimmenden Erkenntnisgrund empfangen.

Das kann indes wieder nur geschehen, wenn sie als Vernunft des einzelnen betrachtet wird. Denn ein Vermögen handelt als Vermögen nicht, das kann nur handeln; vielmehr handelt es, soweit es im Einzelnsein sich befindet und nur als einzelnes kann es empfangen. Nicht die Menschheit handelt und nicht die Menschheit erkennt, sondern der Mensch.

Ehe also die Vernunft als „reine Vernunft" geprüft werden kann und ein sicheres Ergebnis zu ermöglichen ist, muß eine andere Sicherheit vorausgehen und zwar die in der Natur des Vermögens begründete Sicherheit für das Empfangen des richtigen Erkenntnisgrundes. Soll ich mit meinen Augen zuverlässig sehen können, so muß der Eintritt des Lichtbildes in mein Auge mit Naturnotwendigkeit gesichert sein. Soll ich mit meiner Vernunft zu erkennen vermögen, so muß, auch wenn ich, ja dann noch in höherem Grade, auch wenn ich meine Vernunft selber zum Erkenntnisgegenstande mache, für diese meine einzelne Vernunft der Eintritt des Erkenntnisgrundes, der Idee, mit Naturnotwendigkeit gesichert erscheinen.

Das ist die erste Gewißheit und die fundamentalste Sicherheit, die für das Erkenntnisvermögen durch die Natur der Sache erfordert wird. Was nicht Feuer ist, muß erst in sich die Wärme empfangen, ehe es thatsächlich warm zu sein vermag.

Sollen dafür allgemeine Ideen hinreichend sein, die

etwa mit der Vernunft selbst gegeben wären und nur der Anwendung warteten, wie das Kant von Zeit und Raum zu meinen scheint? Das ist ganz unmöglich. Es existiert ja gar keine „allgemeine Vernunft" nach Kantscher Auffassung in der Welt. Es existiert meine Vernunft und die des Petrus und die des Johannes u. s. w.; nur also als meine Vernunft, will sagen, als einzelne Vernunft kann sie in Wirksamkeit treten; sie kann also auch nur als einzelne den bestimmenden Erkenntnisgrund in sich empfangen und dies kann nur wieder seitens eines einzelnen Seins bewirkt werden, da ja nur thatsächlich Einzelndinge existieren.

Was sollte auch die Vernunft mit solchen allgemeinen Begriffen anfangen! Ich muß doch erkennen und ich muß meine Vernunft erkennen. Wie soll das allein vermittelst solcher Ideen geschehen, die allen oder allem gemeinsam sind. Ich könnte die Vernunft nicht zum einzelnen oder besonderen hinleiten, denn ich verstehe nicht; — und die Vernunft könnte dies auch nicht, denn sie ist nur mit allgemeinen Ideen angefüllt.

Kant hat Konsequenz in seinem System, wenn einmal sein Grundprincip zugegeben wird. Dies kann man von vielen anderen nicht sagen, die ohne Skrupel in seinen Fußstapfen wandeln, ohne sich dessen bewußt zu werden. Kant erkennt die berührte Schlußfolge. Er leugnet deshalb frischweg die unabhängige Realität des Besonderen, Einzelnen mit Bezug auf uns. Er leugnet auch das Ich, soweit es eine besondere Erscheinung ist und erkennt es bloß an, insoweit es identisch erscheint mit der Vernunft. Es verschwindet allerdings mit der Vernunft im Nebel; aber das ist die schließliche Folge jener Denkprozesse, die nicht, wie Thomas es thut, davon ausgehen, alles zu überblicken.

Wir verteidigen in Thomas nicht bloß eine besondere philosophische Schule, sondern die alte allgemeine philosophische Tradition, die bereits in Plato und Aristoteles ihren prägnantesten Ausdruck gefunden hat. Diese Philosophie verliert nie bei der Ausbildung und Entwicklung eines ihrer Teile den weiten Blick über das Ganze und gelangt so nicht nur zu eigener harmonischer Vollendung, sondern vermag auch das All als Ganzes darzustellen.

74. Thomas mit seiner objektiven Wahrheit und Kant.

Kant soll an die Stelle seines „Dinges an sich“ die geschöpfliche Substanz als unmittelbares inneres Vermögen für das Sein, also den formalen Seinsgrund eines jeden Dinges setzen und an die Stelle seiner „reinen Vernunft“ das von der Idee naturnotwendig geformte und bestimmte Vermögen, das dann immer noch Vermögen bleibt; — und sein System wird dann nicht mehr so dunkel sein. Die Vernunft ist substantiell eine einzelne und äußert sich deshalb als eine einzelne; ihr gegenüber steht einzelnes Sein, das natürlich auch als einzelnes wirkt. Was wirkt es in der Vernunft? Das natürlich, wozu das innere Wesen des Vernunftvermögens die Möglichkeit bietet. Das einzelne begründet als einwirkend auf das Vernunftvermögen das Eine, das Notwendige, das Allgemeine, soweit dieses in ihm sich vorfindet, weil das Wesen der Vernunft an sich, also als reines Vermögen, des Einen, des Notwendigen, des Allgemeinen fähig ist; gerade so wie das einzelne Feuer im Auge das Lichtbild, im Gefühl Wärme je nach Maßgabe des Wesens dieser Fähigkeiten wirkt.

Dieses Eine, Notwendige, Allgemeine ist innerhalb des einzelnen Seins nur als Wesensvermögen vorhanden, denn das einzelne ist nun einmal nicht thatsächlich eine unauflösliche Einheit und durchaus notwendig und allgemein, sondern vielmehr als solches das gerade Gegenteil; trotzdem besitzt es innerhalb seiner selbst die Kraft und das Vermögen, einer bestimmten allgemeinen Gattung anzugehören, zu der noch vieles andere gehört und wirklich zu sein, wie alles andere, was ist; also kann auch nur ein solches Vermögen vom Einzeln-Wirklichen aus in die Vernunft treten. Und da letztere wieder nur Vermögen an und für sich ist, Einzelnsein aber nur hat kraft der menschlichen Person und Substanz, so kann auch die Vernunft an und für sich, die „reine Vernunft", die da absieht von jeder Einzelnexistenz, infolge der genannten Einwirkung nur wieder Vermögen werden, und nur insoweit sie Vernunft eines Einzelnen ist, hat dieses Vermögen wirkliche Thätigkeit auszuüben.

Das ist die wahre „reine Vernunft", die da wie auf fester Grundlage auf der Naturnotwendigkeit des harmonischen Zusammenhanges der Dinge beruht und nur das Wirken des Wirklichen voraussetzt, d. h. eine rein apriorische, im Begriffe des Subjektes enthaltene Wahrheit.

In einer solchen „reinen" Vernunft findet Kant nur Innerlichkeit, nur Allgemeinheit, nur Notwendigkeit, nur Identität, nur Absolutes. Beinahe alles, was er als Eigenschaft der „reinen" Vernunft rühmt, findet sich in diesem reinen, von der Wesensform der Dinge als einer wahren und bloßen Wesensform ohne einzelne Wirklichkeit bestimmten Vernunftvermögen.

Ein unabhängiges Erkennen kann jedoch dieser „reinen Vernunft" nicht zugeschrieben werden. Daß Kant dies that, darin liegt sein großer Fehler. Wie kann ein reines Vermögen aus sich heraus thätig sein? Es kann sich keine Thatsächlichkeit geben, die es als wesentlich Vermögen nicht hat! Die Vernunft besitzt thatsächliches Sein nur als Vermögen eines Einzelnen und nur nach Maßgabe der Substanz dieses Einzelnen kann sie demnach Thätigkeit entwickeln.

Wenn somit der einzelne Mensch will und wenn die anderen Fähigkeiten der menschlichen Substanz gehörig vorbereitet sind; dann wird die Vernunft als meine Vernunft, als die des Petrus, des Johannes erkennen und dann wird sie erkennen gemäß der objektiven Wahrheit des vorliegenden Gegenstandes, welche durch naturnotwendige, ihr unbewußte Wirksamkeit in ihrem Innern ist. Sie wird vermittelst ihres eigenen Innern das Einzelne erkennen, soweit dieses dieselbe Wesensform trägt, welche mit bestimmender Kraft zugleich mit der ihr eigenen Einheit, Allgemeinheit und Notwendigkeit innerhalb der Vernunft sich vorfindet. Sie wird dann kraft dieser Erkenntnis in sich selber zurückkehren können, um sich als durch die Idee bereits bestimmtes oder auch als bloßes Erkenntnisvermögen zu prüfen.

So steht alles in schönster Harmonie und von allem erscheint der bestimmende, hinreichende Grund. Die Außenwelt trägt das Ihrige bei zur Beleuchtung der Innenwelt, des in der Vernunft verborgenen Wirkens der Natur; — und die Vernunft vervollkommnet wieder nach deren eigenster Natur die Entwicklung der Außenwelt. Der Psalmist singt mit Recht:[1]) „Der vergangenen Tage gedachte ich; in allen Deinen Werken betrachtete ich und ich erwog, was Deine Hand gebildet. — Da breitete ich meine Hände aus; siehe da meine Seele, wie trockenes Erdreich liegt sie vor dir."

Denn ach! Wie viel läßt eine solche Erkenntnisform im Innern der Vernunft noch an sich selbst und an der Vernunft zu erkennen übrig. Je mehr Einzelnes von ihr erkannt wird, desto mehr liegt die Endlosigkeit ihres Vermögens vor uns; desto reicher erscheint uns, was sie noch leisten kann und was sie noch in sich birgt; desto mehr entflammt sie unseren Durst nach weiterem Vordringen und nach weiterem Wissen. Ruhelos ist der Mensch, weil das arme beschränkte einzelne Sein so wenig zum Ausdrucke bringt den Reichtum ohne Ende, welchen sein innerer Seinsgrund birgt und der da in der Vernunft sich offenbar machen will. Hier in der Vernunft vermählt sich im Erkenntnisakte das Einzelne mit dem Allgemeinen, das Endliche mit dem Unendlichen, das Eine mit dem Vielen, das Zufällige mit dem Notwendigen; jenes infolge der Vernunft als einer thatsächlich wirkenden,

---

[1]) Memor fui dierum antiquorum, meditatus sum in omnibus operibus tuis, in factis manuum tuarum meditabar. Expandi manus meas ad te; anima sicut terra sine aqua tibi.

dieses infolge ihres erhabenen Wesens als Vermögen; jenes, um die Sprossen der Himmelsleiter zu bilden, auf die der Fuß sich stützen kann, dieses um immer weiter emporzuziehen; jenes der Olivenzweig, den die Taube inmitten der ungemessenen Wassermassen findet, dieses die Arche, in welcher wir schließlich Ruhe finden in dem Besitze dessen, der da zugleich der eine ist und doch alles Sein einschließt.

Die Philosophie hat von Kant die verschiedenartigsten Anregungen erhalten; wir werden deshalb, wie schon bemerkt, noch Gelegenheit finden, auf Einzelnheiten seiner Lehre, wie z. B. auf die synthetischen Urteile a priori, zurückzukommen. Wir erinnern jedoch bereits jetzt daran, daß, was Kant in dieser Beziehung Berechtigtes schreibt, Thomas in seinen öfteren Auseinandersetzungen der Eigentümlichkeiten zusammengefaßt hat, welche von den mathematischen Wahrheiten beansprucht werden. Die modernen Philosophen gruppieren sich folgendermaßen um Kant.

75. Kant und seine Nachfolger.

Was wir bereits oben betont haben, thut auch die wirkliche Geschichte der Philosophie seit Kant dar. Seine begabtesten Nachfolger zeigen ein Übergewicht der spekulativen Elemente über die empirischen; sie vernachlässigen das Einzeln-Wirkliche und irren deshalb auch stets rücksichtlich der Stellung, welche sie der wirkenden Ursache anweisen. Diejenigen, welche sich, durch die Wucht der einmal in Wirklichkeit bestehenden Natur getrieben, abmühten, vornehmlich die empirische Seite der Philosophie Kants zu höherer Ausbildung zu führen, wie Kruge, Fries, Benecke, haben Leistungen von geringerer Bedeutung zustande gebracht. Nur die dürftigsten Köpfe haben die Kantsche Philosophie als das wahre, in der Hauptsache unübertreffliche und nur in nebensächlichen Punkten der Modifikation bedürftige System angepriesen. Alle späteren selbständigen Denker haben Kant einfach als Ausgangspunkt weiterer Entwicklung verehrt.

Und da ist zu bemerken, daß gerade diejenigen metaphysischen Andeutungen sich fruchtbar erwiesen haben, welche auf theoretischem Grunde im Widerspruche mit den Verboten seiner falschen Erkenntnistheorie erwachsen sind.

Die Kantsche Erkenntnistheorie hatte es für falsch erklärt, dem transcendentalen Subjekte des bewußten Denkens ein selbständiges, von der subjektiven Auffassung unabhängiges oder dieselbe gar objektiv leitendes Sein zu unterstellen; aber Kant selbst hatte trotz dieses Verbotes das „Ich an sich“ als ein unter anderen intelligiblen Wesen selbständig existierendes intelligibles Wesen behandelt und auf diese Voraussetzung seine praktische Philosophie mit ihren unbeweisbaren Postulaten der Freiheit, Unsterblichkeit und der Existenz Gottes begründet. Fichte verfuhr nur konsequent, wenn er neben der strengeren Durchbildung der letzteren das „Ich“ auch in der theoretischen, nicht bloß in der praktischen Philosophie zum metaphysischen Princip erhob und so nicht, wie Kant sich mit einer Metaphysik begnügte, die in offen ausgesprochener Weise auf „unerweisliche“, nur durch gewisse Konvenienz entstandene Sätze sich stützte.

Kants erkenntnistheoretische Grundsätze ließen das „Ding an sich“ (die Substanz der Dinge) lediglich als einen negativen Grenzbegriff des Denkens ohne alle positive Bedeutung erscheinen; aber er selbst behandelt, wo es auf die praktische Seite ankommt, wieder andererseits die Welt der Dinge an sich als eine Summe vieler an sich seiender Realen, welche von Gott geschaffen sind. Die Herbartsche Metaphysik mit ihrer Vielheit „einfacher Realen“, deren jedes eine „absolute Position“ repräsentiert, ist nur die Fortsetzung und Ausführung dieser aus dem subjektiv idealistischen Standpunkte bereits völlig herausfallenden metaphysischen Anschauung.

Sein Idealismus führt Kant zu der Behauptung, daß die teleologische Auffassung des Natur- und Weltprozesses nur eine durch die subjektive Form unseres Verstandes veranlaßte Hineintragung unserer Denkweise in die Natur sei;

auf der anderen Seite räumt er ein, daß diese Hineintragung sich nicht willkürlich auf beliebige Objekte erstrecke, sondern daß die ohne unser Zuthun gegebene Beschaffenheit der Organismen und Naturwesen eine solche sei, welche schlechterdings nicht durch mechanische Kausalität erschöpft werde und uns deshalb zur Anwendung der teleologischen Betrachtungsweise zwinge. Es bedarf nur eines Schrittes, um von hier zu der metaphysischen Erkenntnis Hegels zu gelangen, daß der Zweck als ideales Princip in den Dingen und in ihrem natürlichen Werden und Wachsen wirksam sei und daß wir deshalb nur auf Grund dessen empirisch genötigt seien, die auch in unserem Denken funktionierende apriorische Idee des Zweckes auf die Naturdinge anzuwenden.

Seine erkenntnistheoretischen Grundsätze hatten Kant verwehrt, über die objektive Existenz oder Beschaffenheit eines Dinges an sich irgend etwas zu behaupten; aber er hatte sich dadurch nicht hindern lassen, das Ding an sich als das unsere Sinnlichkeit in unabhängiger Weise kausal Affizierende und eben dadurch als das unsere Wahrnehmung der an sich seienden Welt Vermittelnde zu behaupten. Es bedarf nur eines weiteren Ausbaues dieser Annahme, um zu dem transcendentalen Realismus zu gelangen, wie er der modernen Naturwissenschaft als maßgebende Doktrin zu Grunde liegt.

Dem subjektiven Idealismus Kants galten zwar das transcendentale Subjekt und das transcendentale Objekt beide nur als negative Grenzbegriffe des Denkens; das positive Ding an sich aber und das Ich an sich als falsche Unterstellungen und trügerische Hypostasierungen des Inhaltes, beziehungsweise der Form des Bewußtseins. Dies hinderte ihn jedoch nicht, die Vermutung auszusprechen, daß das Ding an sich und das Ich an sich möglicherweise ihrem Wesen nach identisch sein könnten. Hierauf baute die absolute Identitätsphilosophie fort, zu welcher im weiteren Sinne Schopenhauer ebensowohl wie Hegel und Schelling zu zählen sind.

In seinem ersten Systeme erweitert nämlich Schelling den Fichteschen Begriff des Ich = Ich zu dem Begriffe des Subjekt-Ich = Ich Objekt und bemüht sich, die (unbewußte) Identität von Subjekt und Objekt ebensowohl in der Natur als im menschlichen Bewußtsein nachzuweisen. Hegel bestimmte das im „Ding an sich" und im „Ich an sich" nachzuweisende identische Moment formell als die Vernunft oder das Logische, materiell als die Idee oder den Begriff. Schopenhauer bezeichnete es dagegen als den Willen. Der erstere verlor hierbei das Moment der Realität aus den Augen und der Unterschied zwischen Sein und Denken zerrann ihm in deren absoluter Identität; der letztere erfaßte zwar das reale Moment des Willens oder der Kraft, welches als Streben nach Selbständigkeit und als Widerstandskraft zugleich das entgegensetzende und scheidende ist, aber er büßte jeden angebbaren Inhalt des Dinges an sich und des Ich an sich bei dieser leeren Formalbestimmung ein und verschloß sich deshalb auch, obwohl er nachträglich einen objektiven Idealismus seiner Willensphilosophie hinzufügte, hartnäckig der Einsicht in die inhaltliche Identität des Objektiven und Subjektiven.

Erst Schelling in seiner letzteren Philosophie faßte beide Seiten, die der realen und idealen Identität, in ein einziges Princip zusammen und erhob die moderne Identitätsphilosophie auf jene Stufe, auf welcher ebensowohl die Identität wie zugleich der Unterschied zwischen Denken und Sein hervorgehoben wird. Er setzte nämlich Idee und Wille zu Attributen des Absoluten oder der absoluten Substanz herab und griff auch hiermit auf eine Andeutung Kants zurück.

In der „Kritik der praktischen Vernunft" bezeichnet nämlich Kant als die beiden Prädikate Gottes (des Schöpfers der Dinge an sich oder der Welt) Verstand und Wille, wobei aber von allem zu abstrahieren ist, was diesen Begriffen psychologisch anhängt, z. B. also das Diskursivdenken des Menschen. Wenn nun Kant auf der folgenden Seite behauptet, daß nach Absonderung alles Menschlichen (Anthropomorphischen) nur diese bloßen Worte übrig blieben, ohne den mindesten damit verbindbaren Begriff, daß aber trotzdem für die Bedürfnisse der praktischen Philosophie (vgl. oben die Darlegung seiner Lehre) ein genügender Begriff noch vorhanden sei; so zeigt sich wieder darin das Widerspruchsvolle in der Kantschen Philosophie, welches den Ursprung in der Begründung seiner Erkenntnistheorie, nämlich in seiner ganz und gar selbständigen „reinen Vernunft" hat. Übrigens sagt wiederum Kant in demselben Werke ausdrücklich und konstatiert damit förmlich den Widerspruch mit sich selbst: „Wenn wir den Versuch machen, es (das angeblich praktische Erkennen Gottes) zu einem theoretischen zu erweitern, so würden wir einen Verstand desselben bekommen, der nicht denkt (nicht diskursiv und abstrakt nämlich), sondern anschaut; einen Willen, der auf Gegenstände gerichtet ist, von deren Existenz seine Zufriedenheit nicht im mindesten abhängt."

Dies sind nun freilich Begriffe, zu denen uns in der unmittelbaren Erfahrung jedes anschauliche Beispiel fehlt, aber es sind doch ganz bestimmte und innerlich ganz widerspruchslose Begriffe und nicht bloß reine Worte. Diese Seite nun gerade wurde von Schelling in seinem Systeme ausgeführt.

Kant ist demnach sehr wichtig als Ausgangspunkt für die Entwicklung der modern-pantheistischen Philosophie und wir müssen ihm deshalb noch des öfteren begegnen, wenn wir die Grundfehler der verschiedenen Systeme in derselben bloßlegen und verständlich machen wollen.

Viertes Kapitel.

Die unbeschränkte Identität zwischen dem substantiellen Sein und dem Wissen in Gott.

76. Anwendung von Psalm 38, 7.

„In imagine pertransit homo.“ So zeichnet treffend der Psalmist das menschliche Erkennen sowohl nach der Unvollkommenheit seines thatsächlichen Seins hin als auch gemäß der inneren Vollendung, die seinem Wesen innewohnt. Der Mensch geht vorüber in beständigem Wechsel, pertransit; aber er geht vorüber in dem feststehenden Bilde, welches in ihm lebt.

Frage den ruhelosen Wanderer, was ihn führt. Volkreiche Städte und einsame Dörfer durchwandert er. Über hohe Gebirge und weite Ebenen führt ihn sein Weg. Weder fruchtbare Gefilde noch öde Steppen halten ihn auf. Hinüber geht es über den gewaltigen Strom, hinweg mit Todesgefahr über maßlose Abgründe. Freude und Jubel tönt ihm entgegen, es zieht ihn weiter. Trauer und Wehklagen muß er hören, es fesselt ihn nicht. Zeige ihm die prachtvollen Werke menschlichen Schaffens, es läßt ihn gleichgültig. Daß die Natur ihren entzückendsten Zauber vor ihm ausbreitet, er bewundert und trennt sich. Was zeigt ihm so inmitten alles Wechsels unverrückbar seinen Pfad, daß die Furcht ihn nicht zu schrecken vermag und die Ermüdung nur daran ihn erinnert, daß er nicht vorschnell seine Kräfte vergeude? „Er geht vorüber," aber das Bild der Heimat in ihm wird vom Wechsel nicht berührt: in imagine pertransit homo.

Einen seltenen Edelstein sucht der Kenner? Er durchliest viele Werke und durchreist manches Land, legt sich unglaublich viele Entbehrungen auf und scheut jahrelange Mühen nicht — „hat er ihn gefunden, so verkauft er alles, was er hat," entäußert sich all seiner Ersparnisse und „kauft ihn". Das leuchtende Bild des Edelsteines war der feste Punkt, in welchem all seine Arbeiten, eine nach der anderen, „vorübergingen". In imagine pertransit homo. Das Bild der glücklich bestandenen Prüfung führt den Jüngling durch das mühsame Studium; das Bild der Frucht läßt den Landmann ackern, säen, das Unkraut ausjähen; das Bild des verlorenen Drachmen bleibt unwandelbar fest in der Frau, die da das Zimmer ausfegt, die Möbel fortrückt, alle Schubladen öffnet. Wahrlich in imagine pertransit homo. Immer ist es das Anziehende des Bildes in seiner inneren Vernunft, bald dieses und bald jenes Bildes, was da den Wechsel in den einzelnen Thätigkeiten begründet.

In sich hinein schaut Raphael und findet da die Schönheit seiner Madonna, die da für ihn alle sichtbare Schönheit überragt. Aus seinem Innern heraus, aus dem Bilde, das da in ihm lebt, erhebt sich vor dem Meister der stolze Dom. Im Innern seiner Brust trägt der Dichter sein Ideal und sucht es in Worte zu fassen. In imagine pertransit homo!

Ist dieses Bild das Dargestellte, wie es in der einzelnen Wirklichkeit besteht? Ist die wirkliche Heimat im Wanderer, der da rastlos weiter strebt? Ist der seltene Edelstein wirklich und thatsächlich in der Hand des Kenners, währenddem das Suchen vorübergeht? Hat der Landmann die tröstende Frucht, der Winzer den süßen Wein, der Maler den Gegenstand seines hohen Ideals thatsächlich in sich, während die Hand arbeitet? Offenbar nicht. Aber das entsprechende Bild ist vorhanden; es ist der leitende bestimmende innere Grund des ganzen Strebens; das einzige Feste im Wechsel. Was ist aber dann dieses Bild, wenn es keine thatsächliche Wirklichkeit, nicht der gesuchte einzelne Gegenstand selbst ist? Es ist nichts anderes, als die innere Möglichkeit, das Erstrebte, welches seinerseits Wirklichkeit hat, zu erreichen. In dieser inneren Möglichkeit „geht fortwährend der Mensch vorüber". Ein solches Bild ist das vom äußeren Einzelnsein losgelöste freie Vermögen, einer bestimmten Seinsstufe zuzugehören, und kann dasselbe sogar das bestimmte einzelne Sein an Schönheit übertreffen; denn es trägt nicht die Schranken des thatsächlichen Wirklichseins in sich und leuchtet deshalb in seiner ganzen, nur ihm eigentümlichen Schönheit. Der Maler von Gottes Gnaden wird der Landschaft, die er abzeichnet, den Hauch des Unendlichen mitteilen, dem gemäß diese selbe landschaftliche Schönheit auch unendliche viele andere Plätze und Stellen der Welt zieren könnte und so erscheint sie noch bei weitem reizender. Sie ist im Maler losgelöst von den Schranken der einzelnen zufälligen Verhältnisse und wird in dieser Weise sein Ideal, das er freilich in Wirklichkeit niemals zu erreichen vermag.

Es sind auch nicht gerade die einzelnen Häuser oder Straßen der Heimat, die in der Idee des Wanderers den Fuß in Bewegung setzen. Es ist das Undefinierbare, das da immer wieder von neuem und ohne Ende Anziehende, das unbeschreibliche Etwas, was der Idee „Heimat" anhaftet und nur zu oft durch die einzelne Wirklichkeit und die thatsächlichen Verhältnisse seines strahlenden Schimmers beraubt wird. Das „Bild" reizt und reizt ohne Ende, soweit es auf dasselbe allein ankommt; denn es ist enthoben der störenden Schranken und entfaltet ungehindert, was es an Vermögen zu gestalten, zu formen, zu verschönern besitzt. Erscheint es einmal verbunden mit der beengenden Wirklichkeit und wird so besessen, so befriedigt es nicht. „Es geht mit vorüber" und „vergebens ist der Mensch thätig gewesen", vergebens hat er gearbeitet; nur „Verwirrung und namenlose Täuschung ist sein Los" **frustra perturbatur homo.** „Er hat gesammelt und wußte nicht, für wen;" nicht für ihn, nicht zu seiner schließlichen Ruhe führte seine Mühe.

Soll deshalb der Mensch den reizenden „Bildern" des Geschaffenen nicht folgen? Gewiß; denn sie sind eine Spur des Ewigen. Aber er soll nicht in der allseitig beschränkten Wirklichkeit seine Ruhe suchen; er soll ihrem Winke folgen; dem Zuge nach dem Unendlichen, welches diese „Bilder" in sich tragen, soll er nachgehen; immer mehr, immer mehr ruft ihm das Wesen jedes Geschöpfes zu, „ich kann noch schöner sein, ich kann noch zahlreicher sein." — Nun wohl; der Mensch soll sich von ihnen führen lassen, bis er nicht nur das Vermögen findet, ohne Ende zu sein, sondern die volle unbegrenzte Wirklichkeit ihn aufnimmt, wo jedes Wesen die ihm angemessene Fülle, jeder Hunger seine Sättigung findet: „Et nunc quae est exspectatio mea? nonne Dominus?"

Und nun, wenn der Mensch, was er auf Erden durch lange Zeit und mit vieler Mühe gesucht, endlich erreicht zu haben glaubt, nur aber Verwirrung und Geistesqual gefunden hat, nun richte er sein Warten nicht mehr auf ein einzelnes beschränktes Sein. Nein; der Herr selber sei seine Erwartung; Er, der gewaltige Gott, dessen Fülle nichts mangelt und der alles Vermögen befriedigen, allen Hunger sättigen kann. Et substantia mea apud te est.

§. 1.

Die moderne Identitätsphilosophie im allgemeinen.

77. Die Kunst.

Es muß unser Bestreben sein, den schwierigsten Punkt von allen Seiten her zu beleuchten: das geschöpfliche Erkennen beruht auf der Identität des Objekts und Subjekts im Vermögen. Das ist bis jetzt rein wissenschaftlich gezeigt worden; es soll nun das Verständnis davon durch möglichste Veranschaulichung erleichtert werden.

Hier liegt die Entscheidung der ganzen Frage, die uns beschäftigt, sowie der Grund für den Fundamentalunterschied im Wesen zwischen Schöpfer und Geschöpf. Ist das menschliche Erkennen seinem ganzen inneren Wesen nach nur Vermögen, wirkliches Vermögen, so kann auch die dementsprechende Hinneigung zum einzelnen thatsächlichen Sein, die Hinneigung zu einem äußeren Gute im Willen dem Wesen nach nur ein solches Vermögen sein, welches in keinerlei Weise innerhalb seiner selbst die Hinüberführung zur Bethätigung, d. h. zum wirklichen Akte, zu finden vermag.

Die grundlegende Wahrheit, die wir verteidigen, ist durchaus nicht so abstrakt, wie es den Anschein hat. Wir finden vielmehr ihre mannigfachste Anwendung im ganzen praktischen Leben: in der Kunst, in dem Vorgehen der Wissenschaft und zumal verbreitet sie Licht über die rätselhafteste Zeit des menschlichen Lebens: über die Kindheit.

Lege einem Maler tausend Gemälde vor; er wird immer das herausfinden, welches er selber gemacht hat, mag es auch sonst den anderen noch so ähnlich und mag er auch seinem Werke lange Jahre hindurch nicht begegnet sein.

Es giebt gewiegte Kunstkenner, die da auf den ersten Blick zu entscheiden wissen, welcher Epoche ein Bau angehört oder von welchem Meister das Werk stammt und selbst von wo das betreffende Material entnommen ist. Freut sich etwa nicht der begeisterte Musikliebhaber gerade so, als ob ihm selber das größte Lob gespendet würde, wann der Meister, den er allen anderen vorzieht, hochgefeiert wird? Der Gärtner identifiziert sich mit dem Schicksale seiner Pflanzen; ihr fröhliches Gedeihen beschäftigt ihn wie sein eigenes Wohl, ihr vorzeitiges Welken betrübt sein Herz.

Unzweifelhaft liegt in allen diesen und ähnlichen Fällen eine innerliche vollendete Einheit vor. Es bleibt nur zu untersuchen, worin am Ende diese Einheit besteht. Welches ist das geheimnisvolle Band, welches den Meister mit seinem Werke verknüpft? Welcher Art ist dieses eine Element, welches innen im Meister und auch außen im Stoffe besteht und kraft dessen selbst nach dem Verlaufe vieler Jahre das einzelne Werk mit Sicherheit wiedererkannt wird?

Die äußere Beschaffenheit des Stoffes, die Größe oder Ausdehnung des Gemäldes im einzelnen, der Schmelz der Farben, setzen wir hinzu auch die Zeichnung und die besondere Ausführung der einzelnen Teile ist es nicht. Das alles hat sich geändert. Die Leinwand ist geborsten, die Farben sind verblaßt, die einzelnen Meisterstriche der Zeichnung treten nicht mehr so prägnant hervor; in vielen Beziehungen ist das Gemälde schadhaft geworden und in allen jedenfalls stark verändert.

Auch der einzelne Gedanke des Künstlers, wie er sich bei dem Anblicke seines Werkes äußerlich darstellt, kann kein solch unzerreißbares Band begründen. Denn dieser Gedanke vergeht, sowie tausend andere vergangen sind, und dazu sind die Umstände, die ihn begleiten, ganz andere als die, welche dem Meister damals vorlagen, als er das Bild machte. Das wirkliche einzelne Sein kann unmöglich und von keiner Seite her eine so innige, allen Wechsel und alle Änderung überdauernde Verbindung herstellen.

Dazu kommt, daß bei wirklichen Kunstwerken man gar nicht bestimmt sagen kann, wo denn, in welchem Teile, in welcher einzelnen Beschaffenheit das Fesselnde, wahrhaft Künstlerische liegt. Je mehr der Ursprung des Schönen in wahrer Kunst zu suchen ist, desto einfacher, ja, möchte man sagen schmuckloser ist alles bestimmte einzelne; desto mehr verschwindet es und desto ungezwungener reiht sich der eine Teil an den anderen. Wer kann etwas Einfacheres sich vorstellen als die Worte des Lauda Sion; etwas Positiveres und Bestimmteres als die darin gepriesenen Wahrheiten; etwas Ungezwungeneres als die Anreihung der einen an die andere? Und doch; man kann es tausendmal hören und lesen: immer wird der Geist daran seine Freude haben.

Welche Formen können einfacher sein als die des Kölner Domes! Wer will da sagen, hier ist das Hochkünstlerische oder dort ist es! Ein Stein ist da in ungezwungenster Weise an den anderen gefügt und sieht man das Ganze, — der Geist wird wunderbar ergriffen und immer mehr und immer mehr wird er ergriffen, je länger er schaut und doch bleiben die Steine immer dieselben und dieselbe einfache Form kehrt immer wieder.

Das „ohne Ende" macht die Kunst. „Ohne Ende" wollte man das Benedictus in der missa brevis von Palestrina hören; immer feiner müßte die Ausführung sein; immer engelgleicher die waltende Stimme. Es besteht da im Innern eine Form, zu welcher der Geist beim Anblicke der beim Anhören des Kunstwerkes immer wieder zurückkehrt und zwar mit allmählicher Verachtung der Einzelnheiten, welche die künstlerische Idee wohl ausdrücken; haben sie dieselbe aber einmal ausgedrückt, auch gleich den Abstand zeigen von einer vollendeten Wiedergabe und den Wunsch rege machen, sie noch vollendeter ausgedrückt zu sehen.

Unbewußt besteht da innerhalb des Geistes ein zuverlässiger Maßstab, der unbarmherzig alles verwirft, was der Kunstidee selber zuwider ist und am Ende nur darin sich gefällt, daß die Schrankenlosigkeit, der Eindruck des Unendlichen nicht abgeschwächt wird. „Möglich" ist die vollkommenere Verwirklichung, das ist der Inhalt dieses Maßstabes. „Möglich" ist eine größere Schönheit in der Äußerung der Idee. „Möglich" ist eine noch größere Freude über dieselbe.

Das ist dieses „Mögliche" im Innern, welches dem Maler lehrt, niemals zufrieden zu sein mit der Wiedergabe seiner Idee. Das ist dieses „Mögliche" im Innern, welches den Blick in weite Fernen führt, wenn er plötzlich vor einem wirklichen Kunstwerk steht. Der Künstler allein versteht dieses Mögliche in die Einzelnheiten seines Werkes hineinzulegen. Gerade da ist die Einheit zwischen beiden: es strahlt entgegen aus dem Werke; es strahlt heraus aus dem künstlerischen Innern. Kunst ist der sichtbare Ausdruck dieses ohne Ende Möglichen, einer Schönheit ohne Ende, einer Harmonie ohne Ende, eines Entzückens ohne Ende.

Es ist das Edelste, was der Stoff bieten kann. Die Kunst ist der Trost für Geister, welche der Ewigkeit zustreben. Sie ist einerseits die Freiheit von den stofflichen Beschränkungen. Sie ist andererseits der Stoff selbst, das Sichtbare im unmittelbaren Dienste des ohne Ende Schönen. Die Köpfe Fra Angelicos sind keine menschlichen Köpfe und doch tragen sie menschliche Züge! Worin das Übermenschliche, Anziehende, bis in Ewigkeit Künstlerische? Das „ohne Ende" ist da einigermaßen zum sichtbaren Ausdrucke gelangt. Und wer künstlerisches Gemüt besitzt, der fühlt sich einig mit diesen Werken, denn er trägt in sich ebendasselbe Vermögen „ohne Ende", wie es in ihnen zum Ausdrucke gelangt ist. Der Mensch, der sein einziges Vergnügen im Essen und Trinken sucht, der sieht auch nur alle die Einzelnheiten der Beschaffenheit des Stoffes, der Ausdehnung, der Verteilung der verschiedenen Farben. Fühlt er sich eins mit dem Werke, daß dessen Lob ihm wie das eigene klingt und er sich selber darüber wie vergißt? Nein. Es fehlt ihm dieses Vermögen, welchem die Äußerlichkeiten nur wirkliche Äußerlichkeiten sind und bleiben; und das da über dieselben

hinweg die entgegenleuchtende unaussprechliche Möglichkeit immer höherer Vollendung schaut.

Der Menschengeist dürstet nach dem Unendlichen und selbst das ist ihm schon Speise, wenn ihm eine Vervollkommnung ohne Ende möglich erscheint oder wenu er in den Äußerlichkeiten die positive Unterlage cines solchen „ohne Ende" erblickt. Der Geist spricht in der Kunst zum Geiste und gerade darum ist diese die Sprache des Geistes, weil über das Kunstwerk das Vermögen in Wirklichkeit immer schöner und vollendeter zu sein ausgegossen ist. Das Leben des Geistes ist die Unendlichkeit und wo auch immer der Geist zu ihr geführt wird, da findet er seine Nahrung und seinen Frieden. Nur in der Identität dieses Vermögens, ohne Ende zu sein, ruht das Wesen der Kunst; die Identität im wirklichen Sein wird von der Kunst geradezu ausgeschlossen. Letztere besiegt die Schranken, sie unterliegt ihnen nicht. Das ist der Unterschied zwischen freier Kunst nach allen verschiedenen Richtungen hin und dem reinen Handwerke.

Der feine Kunstkenner unterscheidet alsbald die Autorschaft, die Epoche, den Bildungsstand des Künstlers! Die innere Kunstform, die da im Werke es möglich macht, daß der Stoff in seinen Einzelnheiten dient und noch mehr dienen kann; die innere Kunstform, die der Sinn nicht greifen und fassen kann, sondern die da wie ein unerklärbares Etwas alles Einzelne trägt, alles durchdringt und über alles wieder hervorragt; die innere Kunstform, die da selbst inmitten ihrer einzelnen Existenz dem Geiste gleichsam sagt, sie könne noch vollkommener und zwar ohne Ende vollkommener wiedergegeben werden; der betreffende Stoff sei nicht ihre schließliche Heimat und ihr unverrückbarer Ruheort; — diese Kunstform wird erzeugt im Innern des künstlerischen Beschauers; nicht ein Bild davon, sondern sie selber findet sich innerhalb des Geistes als bestimmende Erkenntnisform, wie sie sich außen im Stoffe als maßgebendes Vermögen befindet.

Und sie scheint auch alsogleich zu fühlen, wo sie ist. Der Kunstkenner erklärt gleich, warum in solcher und in keiner anderen Weise die einzelnen Teile des betreffenden Werkes sich aneinanderreihen; in welcher Beziehung der Stoff hätte noch besser dienstbar gemacht werden können oder wie beschaffen derselbe hätte sein müssen, um die Idee ausdrücklicher darzustellen, ohne daß damit der Vollendung eine allseitige Grenze gegeben wäre. Diese selbe Idee, welche da außen die Steine, das Holz, die Leinwand, die Töne ordnet und die da an die betreffende stoffliche Wirklichkeit gebunden ist; sie erscheint im Geiste gemäß der Natur desselben frei, ungebunden, in ihrer Fähigkeit zu leiten und zu ordnen.

Sie heißt im Geiste „Bild“ nur mit Beziehung auf das wirkliche äußerliche Sein des Kunstwerkes, da zwischen diesem und dem Geiste keinerlei Identität besteht; sie heißt ferner, soweit sie im Geiste ist, „Bild“, weil nicht der thatsächliche einzelne Gedanke des Geistes die Identität begründet. Sie hat in diesem Sinne ein anderes Sein wie das wirkliche Stoffliche; sowie sie ein anderes Sein hat als die einzelne Thätigkeit des Geistes und wird nach dieser Seite hin deshalb mit Recht „Bild“ genannt.

Als inneres Vermögen aber, etwas Bestimmtes zu erkennen und somit als innerer bestimmender Seinsgrund im Erkenntnisakte ist die Idee vollständig identisch mit dem inneren Vermögen im Kunstwerke, welches alle Einzelnheiten des sichtbaren Stoffes beherrscht und vereinigt. Ein und dieselbe Form ist es, die außen den Stoff unter sich regelt und innen den Geist; dort das Sein des Kunstwerkes ermöglicht und hier dessen Erkenntnis; nur daß sie da im wirklichen Kunstwerke mit ihrer Unbeschränktheit und Allgemeinheit und Indifferenz gegen den einzelnen Stoff nicht erscheint, wogegen diese ihre Eigenschaften im Geiste sich klar kundgeben; in beiden Fällen gemäß dem Subjekte, mit dem sie ein Wesen bildet. Ähnlich ist es ja ein und dasselbe Licht, welches im trüben Glase beschränkterweise wiederstrahlt, im spiegelhellen Krystall aber in seiner ganzen Klarheit und Vollkommenheit.

78. Die Wissenschaft.

Als „species indifferens“ definiert Hilarius im Buche de synodis das Bild. Das ist der rechte Ausdruck für die geistige Idee als formalen Erkenntnisgrund. Im äußeren einzelnen Sein ist der Formalgrund nicht mehr in Wirklichkeit indifferens; sondern inwieweit er am wirklichen Sein teilnimmt, ist er vielmehr gebunden an jene Einzelnheiten, in und vermittelst deren er wirkliches Sein gewonnen hat. „Es giebt keinen Menschen im allgemeinen,“ wiederholt Thomas gleichwie Aristoteles beständig; „sondern es giebt nur diesen oder jenen Menschen.“ Als allgemeiner, für die einzelnen Umstände indifferenter Gattungsbegriff hat die species im wirklichen Sein keine Wirklichkeit, sondern sie ist durch und durch thatsächlich beschränkt und sogar an Zeit und Ort ihrer Wirksamkeit gebunden. Sie bewahrt da an und für sich betrachtet nur das Vermögen, 1) auch unter anderen einzelnen Verhältnissen sein, und 2) zusammen mit ihrer Indifferenz für alles Einzelne in der Vernunft erscheinen zu können.

In letzterer äußert sie sich demgemäß gerade als species indifferens; sie wird als solche geschaut. Nicht zwar, daß sie als bloße species indifferens der thatsächliche Erkenntnisakt wäre, es könnte ja in diesem Falle gar kein thatsächliches Erkennen bestehen, da zum Erkenntnisakte wie zu allem Thatsächlichen allseitige Bestimmtheit und nicht gleichgültige Indifferenz gehört. Wohl aber ist sie der innerlich bestimmende Grund, demzufolge im einzelnen Wirklichen und Beschränkten das maßgebende Allgemeine und für das Einzelne Indifferente geschaut wird.

Wir wollen uns verständlich machen; denn wir sind überzeugt, daß, wenn uns dies gelingt, allseitig verstanden zu werden, wir bereits gewonnen haben. Die Wahrheit hat sich bloß vorzustellen, wie sie ist, sagt der große Areopagite, um anerkannt zu werden. Es muß deshalb in jeder Beziehung die Bestätigung des aufgestellten Satzes herbeigebracht werden, damit der Leser, wohin er seinen Blick auch immer wende, überall jene Identität im geschöpflichen Erkenntnisakte finde, die hier verteidigt wird.

Der bestimmende formale Seinsgrund im einzelnen Sein ist voll identisch mit dem bestimmenden formalen Erkenntnisgrund innerhalb des Vernunftvermögens. Nicht der Stoff als bestimmbares subjektives Seins-Vermögen ist identisch mit der Vernunft als bestimmbares Erkenntnisvermögen. Ebensowenig ist das einzelne bestimmte Sein identisch mit dem einzelnen bestimmten Erkennen. Die Wahrheit liegt in der Mitte. Im Bereiche des Vermögens, in linea potentiae, liegt die geschöpfliche Identität; aber nicht im Bereiche des reinen Vermögens, das aller Bestimmung bar ist, sondern im Bereiche des bestimmenden Formalgrundes, der nicht das einzelne Sein ist, denn es giebt keine allgemeine Pflanze als solche, sondern nur diese giebt es oder jene; dem aber das einzelne Sein ohne weiteres folgt. Nur wo die Substanz selber einzelne Wirklichkeit ist, da herrscht auch Identität im wirklichen Sein und Erkennen.

Es müssen zwei Abwege vermieden werden. Der erste (wie Kant, allerdings nicht mit gewünschter Deutlichkeit, dies aufstellt) möchte, daß die Vernunft angeborene, ihr von der Natur mitgegebene fertige Ideen hätte, wie z. B. die Ideen von Zeit und Raum. Der andere möchte eine durch keinerlei species intelligibilis vermittelte Kenntnis. Beides sind offenbare Abwege. Das erste ist einseitiger Idealismus, das andere Sensualismus.

Ich muß so erkennen, wie ich die innere leitende Idee habe. Besitze ich nun die allgemeinen Ideen von Zeit und Raum oder auch andere einzig und allein kraft der allgemeinen Vernunftnatur, so kann ich selbstverständlich auch nur Zeit und Raum im allgemeinen erkennen; nicht aber diese bestimmte Zeit und diesen bestimmten Raum. Der Maler würde dann Gemälde im allgemeinen kennen, aber nicht gerade das seinige; was alles als durchaus falsch bezeichnet werden muß.

Der zweitgenannte Abweg ist aus demselben Gruude thatsächlich ein solcher. Wenn das Einzeln-Wirkliche unmittelbar die Vernunft für das Erkennen bestimmt, so kann letztere nichts anderes erkennen als das Einzeln-Wirkliche. Sie wird also die Einzelnheiten der Pflanze z. B. erkennen, nicht aber die Pflanze als allgemeinen Seinsgrund für alle wirklichen und möglichen Pflanzen.

Die Wahrheit ist die, daß 1) durch das Einzeln-Wirkliche als instrumentale Ursache das Vernunftvermögen vermittelst der allgemeinen Wesensform bestimmt wird, welche dann von allen rein stofflichen Bedingungen losgelöst erscheint; und daß 2) die Vernunft als Vermögen nichts zum Erkennen mitbringt, als die völlig unbegrenzte Neigung, den bestimmenden Erkenntnisgrund in sich zu empfangen. Alle Ideen kommen als befähigend zum wirklichen Erkennen thatsächlich von außen und führen sonach unmittelbar zur Erkenntnis des Wirklichen auf Grund der Identität des außen bestimmenden Seinsgrundes und des in der Vernunft bestimmenden Erkenntnisgrundes.

Das wird bestätigt durch das praktische Vorgehen der menschlichen Wissenschaft. Vou welchem Feldherrn sagt man aus, daß er die Kriegswissenschaft in hohem Grade besitze? Etwa von jenem, der erst abwartet, welche Bewegungen der Feind wirklich macht, um dann die seinigen dauach einzurichten? Gewiß nicht. Vielmehr besteht darin die Kriegswissenschaft, alsogleich zu wissen, was der Feind unter diesen oder jenen Verhältnissen zu thun vermag und was er nicht zu thun vermag, um danach den eigenen Plan einzurichten. Der Feldherr muß wissen, was eine Waffe zu leisten vermag, wie weit eine gewisse Kampfweise Schaden bringen kann, er muß gleichsam im Innern des ihm gegenüberstehenden Feldherrn lesen, bis wohin und nach welcher Richtung hin vorzugsweise seine Fähigkeiten gehen — und nicht erst den wirklichen Erfolg abwarten. Das wäre ein einfacher Soldat und kein Feldherr, der da nur die wirklichen Einzelnheiten erblickt und danach handelt; sondern vielmehr ist derjenige ein Feldherr, welcher bei jeder Einzelnheit, die sich darbietet, sei es bei ihm und seinem Heere oder beim Feinde, alsbald das mit festem Blicke durchdringt, was daraus entstehen kann. Das Einheitliche, die Identität, richtet sich immer auf das dem Einzeln-Wirklichen innewohnende und es tragende Vermögen sowohl was den Erkenntnisakt betrifft, als auch was das äußere einzelne Sein anbelangt.

Wenn der wissenschaftliche Botaniker nur das thatsächliche Wirkliche in der Pflanze kennt, so ist es schlecht um ihn bestellt. Nein; er muß wissen, wie die einzelnen Verhältnisse derselben vom inneren allgemeinen Vermögen, Pflanze zu sein, abhängen. Er muß dieses innere substantielle Vermögen in sich haben und es sich mehr und mehr gegenwärtig halten, damit er vor der eintretenden Wirklichkeit, vor Sturm und Unwetter, vor Hitze und Kälte u. dgl. die einzelne Pflanze vor Schaden zu bewahren vermag.

Dieses die einzelne Pflanze außen und den einzelnen Erkenntnisakt innen bestimmende Vermögen ist identisch; nicht die wirkliche Einzelnheit. Letztere darf nur dazu dienen, damit das allgemeine Vermögen mehr ausgedrückt und vergegenwärtigt werde, ist aber nicht der eigentliche leitende Erkenntnisgegenstand. Der Mensch erkennt das Einzelne als solches; aber sowie er mit den Augen es erkennt, insoweit es Farbe hat, und mit den Ohren, insoweit es thatsächlich tönt; so erkennt er es mit der Vernunft, insoweit es ein substantielles Vermögen in sich besitzt und er diesem gemäß fähig ist, zu ermessen, was es werden oder thun kann.

Je größer und tiefer die Wissenschaft in der einzelnen Vernunft ist, desto mehr sieht der Betreffende bereits in den geringsten Einzelnheiten die ganze Tragweite und ermißt die fernsten Folgen. Worauf aber die Vernunft in ihrem Erkennen hinzielt, das verrät offenbar, wie beschaffen der innerlich bestimmende Grund ist. Auf das, was sein kann, zielt überall die Vernunft hin; also ein Vermögen als bestimmender innerer Ursprung des einzelnen Erkenntnisaktes liegt letzterem zu Grunde.

79. Das Vernunftvermögen und das Kindesalter.

Nirgends jedoch spiegelt sich im praktischen Leben die Thatsächlichkeit des Gesagten so treu ab, wie im Kinde. Was ist so rätselhaft in der Welt wie das Kind? Alle Gegensätze des menschlichen Lebens schließt es in sich ein. Der Verlust, die Kränkung, der Schmerz, der dem Kinde noch eben glühende Thränen erpreßte, ist im nächsten Moment schon völlig vergessen. Lachen und Weinen hat es, wie der Volksmund sagt, in einer Tasche. Mit dem einen Auge ist es imstande zu lachen, mit dem anderen zu weinen oder wenn noch heiße Thränen aus dem Auge herabfließen, verkündet schon der Mund innere ungezügelte Heiterkeit. Es möchte fortwährend essen; sobald die Händchen imstande sind, einen Gegenstand zu ergreifen, führen sie ihn, gleichviel ob er sich eignen mag oder nicht, zum Munde; und trotzdem ist wieder der Mensch niemals eifriger im Zuhören, begreift schneller und behält es tiefer und lernt besser die verschiedensten Wissenszweige als im Kindesalter.

Kann etwas verglichen werden mit den Kinderblicken, die am Munde dessen hängen, der ihnen etwas Interessantes erzählt; ihre ganze Seele scheint dann Hunger zu sein nach Wissen. Es ist so klein und so verächtlich das Kind, es kann sich nur durch Weinen verteidigen und es weint so leicht; — aber doch wieder wer hat so viel Mut wie ein Kind? Es kauert vergnügt unter dem Schwerte, das an dünner Schnur ihm zu Häupten schwebt; sorglos schreitet es über die gefährlichsten Wege und Stege und freut sich am blinkenden Glanze der Todesklinge, deren Bedeutung es nicht versteht. Nichts so eigensinnig, wie ein Kind, das weiß jede Mutter — und doch wieder wie veränderlich in seinem Wollen; kaum hat es die Puppe, nach der es sich ungestüm gesehnt, so wirft es dieselbe mit eigenen Händen fort.

Wo ist die Poesie so reich gestaltend, wie im Kinde? Wie die Biene aus jeder Blume Honig zu saugen weiß, so macht das Kind jedes Objekt zum Gegenstande seiner dichterischen Phantasie. Es spielt damit; und was ist Spielen anderes als ein dichtendes Umgestalten der Wirklichkeit, das ebenso unmittelbar beglückt, wie den Künstler das weltbewegendste Kunstwerk! Das Kind verwandelt den Stuhl in die Prachtequipage, mit der es durch ein wundersames Traumleben einherkutschiert, durch Gefilde, in denen Raum und Zeit keine Gültigkeit haben. Wie der Sohn des Harun al Raschid auf dem kunstvollen Rosse des Magiers legt es im Fluge einer Sekunde weite Strecken zurück und sein leuchtendes Auge verkündet, wie sehr es im Ausspinnen dieser märchenhaften Evolutionen genießt. Es verwandelt den Stock in die Lanze des Ritters, die dunkle Ecke hinter dem Eichenschranke in die Höhle der Berggeister, sein enges Gemach in einen Thronsaal. Es wechselt unaufhörlich die Rollen, binnen wenig Stunden ist es Räuber, Husar, verzauberter Prinz, Arzt, Patient, Kutscher und Pferd und wie lebhaft das Kind sich in seine Rollen hineindenkt, das erhellt aus der logischen Konsequenz, mit der es sie durchführt — eine Konsequenz, die so weit geht, daß der „Kutscher“ am Schlusse der Rundfahrt dem „Pferde“ zuruft: So, nun mußt du stillstehen und fressen. Wer könnte etwas Schöneres sehen, als ein Kindchen, welches die kleinen Händchen emporhebt, die Augen senkt und voll hohem Ernste und tiefer Sammlung das Kreuzzeichen unter Anleitung der Mutter macht oder zu Gott und den heiligen Engeln betet oder auch von denselben erzählen hört. Da ist die ganze niedliche Figur ein Gedicht, wie rührender noch kein Dichter eines gemacht hat. Aber wie prosaisch stellt sich auf der anderen Seite das Kindesleben dar mit seinen unzähligen Bedürfnissen und Nöten.

„Das Kind will Mensch werden," so faßt ein englischer Staatsmann die Wunder des Kindesalters zusammen. „Mitten in unserem kindischen Treiben," meint Schopenhauer, „sind wir während unserer Kinderjahre stets im stillen und ohne deutliche Absicht beschäftigt, in den einzelnen Scenen und Vorgängen das Wesen des Lebens selbst, die Grundtypen seiner Gestaltungen und Darstellungen aufzufassen. Wir sehen, wie Spinoza sich ausdrückt, alle Dinge und Personen sub specie aeternitatis." Wir würden genauer sagen, das Kind ist die zum Selbstbewußtsein werdende Vernunft.

Es ist der Vernunft ihrer Natur nach eigen, die Gegensätze in sich zu versöhnen; der Vernunft ist es ihrer Natur nach eigen, auf alles sich zu erstrecken; der Vernunft ist es eigen, soweit sie als Vernunft reicht, identisch zu sein mit ihrem Gegenstande. Wie deutlich veranschaulicht das Kind diese wesentlichen Merkmale der Vernunft! Später im Leben giebt sich immer mehr eine bestimmte Richtung im Erkennen kund; das Talent für eine eigengeartete Beschäftigung zieht die Vernunft von anderen Erkenntnisarten ab. Aber was ist für das Kind nicht interessant; was reizt nicht seine Neugierde; was bewegt nicht alles seine Arme, seine Füße! Es miaut mit der Katze, es bellt mit dem Hunde, es mäkert mit dem Lamme, es brüllt mit dem Stiere. Hört es die schlechteste Musik, es macht sie nach; sieht es Menschen sich schlagen, es will machen wie sie; hat es ein Pferd einmal gesehen, es erkennt ein anderes gleich wieder; der Baum im Hofe des Elternhauses ist ihm der Typus der Gattung; die Blume in der Tapete, die Decke auf dem Tische, die elterliche Wohnung prägen sich unauslöschlich in sein Inneres ein und machen es fähig, alles einzelne derselben Gattung wiederzuerkennen. Mag der erste Hund, den es gesehen, schwarz gewesen sein, es wird den zweiten Hund als Hund unterscheiden, wenn derselbe auch weiß ist. Die Farbe, die Größe des Apfels kann noch so verschieden sein; das Kind wird keinen Zweifel haben, daß es Äpfel vor sich hat, wenn ihm solche gegeben werden; hat es einmal den ersten in der Hand gehabt. Auf alles erstreckt sich die Vernunft des Kindes und von allem prägt sich in dasselbe nicht der äußere Schein ein, wie er dem einzelnen Exemplar anhaftet, sondern das innere Wesen, kraft dessen es keine Mühe hat, ähnliche zu erkennen. Wahrhaft species indifferens in der kindlichen Vernunft!

Die Identität im Vermögen des Erkennens ist beim Kinde weit ausgeprägter wie im späteren Leben. Das Kindesleben ist Nachahmen; es ist aber nie ein mechanisches, angelerntes, gezwungenes Nachahmen, sondern Geist und Leben ist darin, es kommt vom innersten Herzen. Voller Lust und als ob es nicht anders sein könnte, spielen die Kinder Katz und Mäuschen; von innen heraus machen sie ein Viergespann und lassen sich leiten wie wenn es wirkliche Pferde wären; hat es einmal einen Bären tanzen gesehen, so wird es ganz ohne Zweifel zu Hause vor den Eltern es ebenso machen wie der Bär; vielleicht weiß es nicht die Farbe des Bären oder wie groß er gewesen, wie derselbe aber gethan hat, so thut es auch. Das Kind empfängt in seinem Geiste dieselbe W e s e n s f o r m, die das Ding da außen in sich besitzt und mag auch die äußere Gestalt, Farbe und ähnliche Einzelnheiten nach Kindesart sehr leicht vergessen werden; der innere Erkenntnisgrund, die Idee als bestimmendes Vermögen zu erkennen bleibt.

Aber was ist das für eine Identität? Darüber kann kein Zweifel obwalten. Das Kind hat ja keinen eigentlichen Erkenntnisakt. Ein vernünftiges thatsächliches Erkennen kann niemals ohne Selbstbewußtsein stattfinden. Der Trunkene, obgleich er wohl auch erkennt, hat nicht den Gebrauch seiner Vernunft, denn sein Erkennen mündet nicht im Selbsterkennen. Nun besitzt aber das Kind kein selbstbewußtes Erkennen. Es besitzt also auch keinen thatsächlichen vernünftigen Erkenntnisakt. Die Identität kann nur im Bereiche des Vermögens vorhanden sein. Jenes vernünftige Einwirken von außen, welches von der Natur selbst kommt und mit dem bewußten Erkennen nicht identisch, wohl aber dessen naturnotwendige Grundlage und Vorbedingung ist; dieses vernünftige Einwirken von außen fängt an, sobald die menschliche Natur beginnt und senkt in den unbewußten Geist die mehr oder minder bestimmten Wesensbilder der umgebenden Dinge. Es bereitet so gemäß der persönlichen Entwicklung des einzelnen Menschen im Innern des Menschen gleichsam bereits das Material vor für das spätere selbstbewußte Erkennen. Es macht seitens der Natur dieses letztere für den Augenblick möglich, in welchem die Entwicklung der einzelnen Fähigkeiten des Menschen, die gleichmäßige Entwicklung der Phantasie zumal es zu einem thatsächlichen gestalten kann.

Die Natur selbst bereitet im Kinde die Schätze künftiger Erkenntnisse vor. „Das Kind leistet," so sagt mit Recht ein geistreicher Franzose, „in wenigen Monaten eine ungeheure Arbeit. Man bedenke nur. Es nimmt die Geräusche wahr, es klassifiziert sie; es begreift, daß einzelne dieser Geräusche Wörter sind und daß diese Wörter Gedanken enthalten. Es findet gleichsam von selbst die Bedeutung der Dinge; es unterscheidet das Wahre vom Falschen, das Wirkliche vom Eingebildeten. Es verbessert vermöge der Beobachtung die Irrtümer seiner allzu regen Phantasie; es entwirrt ein Chaos und während dieser riesigen Arbeit findet es noch Zeit, seine Zunge gelenkig zu machen und Sicherheit auf den schwankenden Beinchen zu erlangen, mit einem Worte: unsersgleichen zu werden. Wenn jemals ein Schauspiel interessant und rührend war, so ist es der Anblick dieses kleinen Wesens, das da auszieht, die Welt zu erobern."

Die Natur des Menschen ist überall dieselbe. Ist die naturnotwendig für jedes vernünftige Erkennen geforderte Identität beim Kinde im Bereiche des Vermögens — und das ist notwendig, denn das Kind hat kein selbstbewußtes und somit kein thatsächlich vernünftiges Erkennen —; so besteht diese Identität überhaupt nur im Vermögen. Sie ist, wie bereits gesagt, außen Vermögen im substantiellen Seinsgrunde eines jeden einzelnen Dinges, den viele andere einzelne innerhalb einer Gattung gemeinschaftlich haben; sie ist, innen Vermögen als bestimmender Grund in der Vernunft für jeden einzelnen Erkenntnisakt und auch dieser bestimmende Grund vermag viele einzelne Akte zu tragen.

Aber ist denn im Kinde kein Selbstbewußtsein? Es sieht so frei in die Welt hinaus und so treu begegnet dir sein Auge; es kann so wichtig thun wie ein großer Herr und seine Mutter würde es nach dem schönen Ausdrucke des heiligen Chrysostomus einer mit Krone und Diadem geschmückten Königin vorziehen. Herrscht nicht das kleine Tröpfchen, das kaum laufen kann, inmitten des Lebens, das es umgiebt; fühlt der Hund, die Katze, das Lamm und die Ziege sich nicht gleichsam geehrt, wenn Kinderhand sie streichelt. „Sobald das Kind erscheint,“ heißt es in einer der schönsten Dichtungen Viktor Hugos, „jubelt der Kreis der Familie laut auf. Sein heller Blick läßt alle Augen erglänzen und die traurigsten Stirnen — ach, und vielleicht die beflecktesten — glätten sich, wenn in seiner fröhlichen Unschuld das Kind erscheint.“ „Du bist das Morgenrot,“ ruft er ihm zu „und mein Gemüt die Flur“.

Das Kind schreitet *selbständig* zum Selbstbewußtsein fort. Das Höchste im geschöpflichen Leben ist das *freie Selbstbewußtsein*. Nun wohl; dem Menschen wird das nicht plötzlich von außen zugeworfen. Seine eigene Natur bietet ihm das Vermögen, selber sich zum thatsächlichen Selbstbewußtsein zu entwickeln. So viele der Ideen das Kind in sich aufnimmt, so viele Schritte macht es zum thatsächlichen Selbstbewußtsein; so viel Vermögen nimmt es auf, um wirklich einmal an die Spitze seiner selbst zu treten. Es wird von sich selber, kraft seiner eigenen inneren Natur das Vernunftvermögen weiter getragen bis zur höchsten Stufe geschöpflichen Lebens, bis zum freien Selbstbewußtsein. Das ist der innere Grund aller Liebenswürdigkeit im Kinde, das innere Vermögen für freie Selbständigkeit, die unbewußte Schönheit der menschlichen Vernunft.

80. Die Identität des modernen Pantheismus.

Stellen wir der Wahrheit den Irrtum gegenüber; die erstere wird dann um so heller strahlen. Mag die Philosophie und zumal die Erkenntnistheorie des heiligen Thomas hinschauen, wohin sie will; ihr Licht verbreitet in alle Seinskreise und in alle Verhältnisse des geschöpflichen Lebens Klarheit und Verständnis. Wer von ihren Grundprincipien abweicht nach welcher Seite hin auch immer muß zugleich darauf verzichten, unter den Geschöpfen jene Harmonie zu finden, in welcher alle insgesamt mit allen ihren verschiedenen Zuständen und Eigenschaften einen Platz finden. Wir sehen das so recht am modernen Pantheismus. Er hat die für das Erkennen erforderliche Identität bald da bald dort finden wollen, nur nicht wo sie Thomas und die alte Philosophie insgesamt gefunden hat und er ist auch richtig dazu gekommen, nur Störung und Unfrieden überall zu finden, wovon der begehrenswerte Endpunkt schließlich das Nichts ist.

Es genügt, um den Gegensatz zu zeigen, die drei Hauptsysteme des modernen Pantheismus einfach nebeneinander und in Vergleich mit der thomistischen Wahrheit zu stellen. Auf jedes Einzelne muß später eingegangen werden. Jetzt gilt es, klar zum Bewußtsein zu bringen, welches der eigentliche Inhalt der thomistischen Identität sowohl im Geschöpfe als auch im Schöpfer ist; damit schon bei Vorlegung des vierten Artikels es sogleich hervortrete, wie tief einschneidend die Auffassung des heiligen Thomas ist. Jedes Wort hat da seine unleugbare Bedeutung.

a) Fichte legt die Identität, welche das Wesen des Erkennens bildet, in das Kantsche „Ding an sich“ und ent=

kleidet dieses der Zweideutigkeit eines „negativen Grenz=begriffes" (des Scheines der äußeren Wirklichkeit, die doch am Ende selbst nach Kant nichts Positives in sich hat). Dieses „Ding an sich" wird sonach bei Fichte nichts anderes als der bloße Begriff des denkenden Subjekts von sich selbst. Jenseits des subjektiven Bewußtseins vom eigenen Ich ist nichts da. Da aber dieses Bewußtsein von jeder Grenze und jeder Bestimmung fern, vielmehr in steter Entwicklung seiner Natur nach, also rein Potenz ist; — so ist die Identität als Wesensgrundlage des vernünftigen Erkennens nur ein=seitig das subjektive Vernunftvermögen als solches. Es ist nichts Identisches zwischen zwei sonst selbständigen Faktoren vorhanden, sondern es existiert eben nur ein Vermögen und zwar nur einseitiges Vernunftvermögen.

Die ganze Naturseite der subjektiv=phänomenalen Welt wird hier rein zu einem gesetzmäßig aus dem „Ich ent=wickelten Vorstellungsgespinste degradiert", wie Hartmann sehr richtig bemerkt. Ja sogar die Existenz anderer Bewußt=seine, Geister oder Menschen, wird keineswegs im transcendent=realen Sinne behauptet, sondern Fichte sucht nur aus dem Begriffe des Rechtes den Beweis zu führen, daß ich ohne die Vorstellung der Existenz anderer Menschen nicht zu einem juridischen Handeln kommen könnte und daß demnach diese Vorstellung für mich unerläßlich notwendig sei.

Die letzte Konsequenz einer solchen Voraussetzung liegt auf der Hand, wenn sie auch Fichte selbst nicht ausgesprochen hat: „Mein Bewußtsein" dies ist die letzte Konsequenz, „und die in ihm gegebene subjektiv=phänomenale Welt ist das einzige, was existiert." Fichte hat wohl später in Nebensachen sein System etwas modifiziert; aber die Grund=lage vom „absoluten Ich", das nur in der Vorstellung anderer Ichs seine Begrenzung findet, die Vorstellung vom reinen Selbstbewußtsein ist ihm immer dieselbe geblieben.

b) Hegel sucht die Schwierigkeiten oder besser Unmög=lichkeiten dieses subjektiven Idealismus zu vermeiden. Er behauptet die transcendentale Realität der Außenwelt und legt das Fundament des Erkennens in die Identität der Außenwelt und der Vernunft im reinen Begriffe. Im abstrakten Begriffe, insoweit er losgelöst erscheint von allem Stofflich-Beschränkten, wird das Endliche zum Unendlichen, das Objekt Subjekt, das Sein Denken. Man bemerke wohl, wie auch Fichte nicht das All in die beschränkte Sphäre des einzelnen Individuums als einer besonderen Persönlichkeit eingeschlossen, sondern auf dem Standpunkte des absoluten Ich stand und von da im reinen Selbstbewußtsein zu einer absoluten Identität des Subjektes und Objektes gelangt war. Wie wir eben bereits bemerkten, war das Ich des Fichte nicht die begrenzte Person, sondern das allgemeine subjektive Vernunftvermögen in der Person und dieses Vernunftvermögen ward deshalb und insoweit als „absolutes Ich" bezeichnet, weil und inwieweit es völlig unbestimmt, also reine Potenz war; inwiefern ich mir nämlich bewußt bin, nichts Bestimmtes zu denken. Fichte reduzierte also alles Sein auf das erkennende Vermögen als ein Vermögen.

Hegel dagegen setzte, aber in derselben einseitigen Weise, an die Stelle dieses unbestimmten Vermögens den bestimmenden Begriff (Panlogismus), der die Schranken des einzelnen aufhebt; in dem also das einzelne alles, das Subjekt Objekt wird.

Hegels System kann nicht besser gekennzeichnet, respektive verurteilt werden, als mit seinen eigenen Worten (Werke XV. S. 619.): „Wo mehrere Philosophien zugleich auftreten, sind es verschiedene Seiten, die eine Totalität ausmachen, welche ihnen zu Grunde liegt." Bloß eine Seite zu betrachten und diese allein zur maßgebenden zu machen, das ist eben der schlimmste Fehler eines philosophischen Systems, dessen innere Aufgabe es sein muß, zu den allgemeinen, d. h. für alles maßgebenden Ursachen der Dinge emporzusteigen.

c) Schelling sucht Fichte und Hegel zu verbinden und stellt die absolute Identität auf, in welcher die subjektive

Identität Fichtes und die objektiv-reale Hegels sich miteinander identifizieren. Mit anderen Worten: Ihm ist der Erkenntnisakt die Identität, welche das Erkennen trägt, und zwar insoweit im Erkenntnisakt das subjektive Erkenntnisvermögen und der gemäß dem Sein der Außenwelt bestimmende Begriff sich gegenseitig identifizieren und durchdringen. „So ist," schreibt Schelling, „die Philosophie Wissenschaft des Absoluten;" aber wie das Absolute in seinem ewigen Handeln notwendig zwei Seiten, eine reale und eine ideale als eins begreift, so hat die Philosophie von seiten der Form angesehen, sich nach zwei Seiten zu teilen, obgleich ihr Wesen eben darin besteht, beide Seiten als eins im absoluten Erkenntnisakte zu sehen.

Faßt sich so das Ergebnis des modernen Pantheismus in die Formeln zusammen: 1) Alles ist Vernunftvermögen, das zwar seiner eigenen Natur nach allgemein, nämlich absolut; aber einem Einzelnwesen, einem Ich zugehörig, ein Ich ist (Fichte); — 2) alles ist und zwar ganz allgemein als Sein nur bestimmender Begriff, unter dem das gesamte empfangende Vermögen, selbst die Vernunft als Vermögen verschwindet (Hegel); — 3) die subjektive absolute Identität, in welcher innerlich das Vernunftvermögen aus sich heraus eins ist mit dem gedachten Sein; und die objektiv-reale Identität, kraft deren außen das Wesen des Dinges eins ist mit dem zu Grunde liegenden Stoffe und seinen Einzelnheiten und die da im Begriffe sich offenbart; diese beiden Identitäten werden miteinander eins in einer höheren Identität, dem thatsächlichen Denkakt, der das absolute Sein erreicht (Schelling); — läßt sich, so sagen wir, der moderne Pantheismus in diesen drei Formeln zusammenfassen, die alle drei erfunden sind, um den Schöpfer als den dem All notwendigen wirkenden Grund zu beseitigen und das Werk ohne Rücksicht auf die leitende Idee im Urheber zu erklären, so führt die wahre Identität des Erkenntnisgegenstandes mit der Erkenntniskraft, die da je nach der inneren Substanz im Schöpfer grundverschieden ist von der im Geschöpfe, allerseits zur Anerkennung der völligen Ohnmacht, die dem letzteren an sich betrachtet innewohnt und ebenso zum bewundernden Lobpreise der von nichts beschränkten, rein in sich abgeschlossenen wirklichen Allmacht der prima causa. Der heilige Gregor drückt dies schön und ergreifend aus in dem folgenden Texte:

81. **Text Gregors des Großen** (Mor. in Job lib. 16. c. 16.).

„Denn Er hat allein Sein." [1]) Aber sind denn nicht die Engel und Menschen und Himmel und Erde, die Luft

[1]) „Ipse enim solus est." Numquid non sunt angeli et homines et coelum et terra, aër et maria, cuncta volatilia, quadrupedia atque repentia? Et certe scriptum est, creavit ut essent omnia. Cum enim in rerum natura tam multa sunt, cur beati viri voce dicitur: Ipse enim solus est? Sed aliud est esse, aliud principaliter esse; aliud mutabiliter, aliud immutabiliter esse. Sunt enim haec omnia, sed principaliter non sunt: quia in semetipsis minime subsistunt et, nisi gubernantis manu teneantur, esse nequaquam possunt. Cuncta namque in illo subsistunt, a quo creata sunt, nec ea quae vivunt sibimetipsis vitam tribuunt, neque ea quae moventur et non vivunt, suis nutibus ad motum ducuntur, sed ille cuncta movet, qui quaedam vivificat, quaedam vero non vivificata in extremam essentiam mire ordinans servat. Cuncta quippe ex nihilo facta sunt eorumque essentia rursum ad nihilum tenderet, nisi eam auctor omnium regiminis manu retineret Omnia itaque, quae creata sunt, per se nec subsistere praevalent, nec moveri, sed in tantum subsistunt, in quantum ut esse debeant acceperunt. In tantum moventur, in quantum occulto instinctu disponuntur. Ecce enim peccator flagellandus, de rebus humanis. Arescit in ejus laboribus terra, concutitur in ejus naufragiis mare, ignescit in ejus sudoribus aër, obtenebrescit contra eum inundationibus coelum, inardescunt in ejus oppressionibus homines, moventur in ejus adversitate et Angelicae virtutes. Numquidnam haec, quae inanimata vel quae viventia diximus, suis instinctionibus et non magis divinis impulsionibus agitantur? Quidquid est igitur quod exterius

und die Meere, alle Vögel und Vierfüßler und was da kriecht am Erdboden? Jedenfalls; denn es steht geschrieben: „Er hat alles geschaffen, damit es sei." Da nun also im Weltall so viele Dinge Sein haben, warum spricht jetzt der heilige Dulder: „Er allein hat nämlich Sein?" Etwas anderes ist es jedoch zu sein, und etwas anderes, vor allem zu sein; etwas anderes, ein veränderliches Sein besitzen und etwas anderes, ein unveränderliches. Was da eben genannt worden, das ist wohl; aber es ist nicht unabhängig: denn alle diese Seinsarten haben keineswegs innerhalb ihrer selbst den letzten Seinsgrund und sie hätten auch gar nicht ein Vermögen zu sein, wenn nicht die mit Festigkeit alles leitende Hand sie hielte. Alles hat in demjenigen seinen letzten Seinsgrund,

---

saevit, per hoc ille intuendus est qui hoc interius disponit In omni itaque causa solus ipse intuendus est, qui principaliter est. Qui etiam ad Moysen dicit: Ego sum qui sum. Cum igitur flagellamur per ea quae videmus, illum debemus sollicite metuere, quem non videmus. Vir itaque sanctus despiciat quidquid exterius terret, quidquid per essentiam nisi regeretur, ad nihilum tenderet et mentis oculis, suppressis omnibus, intueatur unum, in cujus essentiae comparatione esse nostrum non esse est et dicat: „Ipse enim solus est." „Et nemo avertere potest cogitationem ejus." Sicut enim immutabilis naturâ est, ita immutabilis cogitatione. Cogitationem quippe ejus nullus avertit: quia nemo resistere occultis ejus judiciis potest. Nam etsi fuerunt quidam, qui deprecationibus suis cogitationem ejus avertisse videantur, ita fuit ejus interna cogitatio, ut sententiam illius avertere deprecando potuissent et ab eo acciperent, quod agerent apud ipsum. Dicat ergo: „Et nemo avertere poterit cogitationem ejus;" quia semel fixa judicia mutari nequaquam possunt. Unde scriptum est (ps. 148.): „Praeceptum posuit et non praeteribit" et rursum (Luc. 21.): „Coelum et terra transibunt; verba autem mea non transibunt" et iterum (Isai. 55.): „Non enim cogitationes meae sicut cogitationes vestrae neque viae meae sicut viae vestrae." Cum ergo exterius mutari videtur sententia, interius consilium non mutatur: quia de unaquaque re immutabiliter intus constituitur, quidquid foris mutabiliter agitur.

von welchem es geschaffen ist, und was da lebt, schuldet nicht sich selber das Leben, und was da bewegt wird, aber nicht lebt, hat nicht in sich selbst die erstbewegende Kraft. Vielmehr bewegt jener alles, der da manches lebendig macht und wieder anderes, dem er kein Leben zuerteilt, wunderbar so leitet, daß auch die letzte Wesenheit, das reine Vermögen, der aller Form bare Stoff Sein erhält. Alles ist aus dem Nichts geworden und das Wesen des Geschöpflichen würde wieder zu Nichts werden, wenn der Urheber des Alls es nicht mit mächtiger Hand festhielte und gemäß seinem Zwecke führte. Alle Dinge also, die geschaffen sind, haben nicht unabhängig in sich selbst den ersten Grund ihrer Subsistenz und ebenso nicht der Bewegung, sondern insoweit bestehen sie selbständig, inwieweit sie es erhalten haben, daß ein das Sein fördernder Grund (ein Formalgrund) in ihnen ist. Und insoweit sind sie in Bewegung, als eine verborgene Leitung über sie verfügt. Siehe da den Sünder, der Strafe verdient hat. In einer seiner menschlichen Natur angemessenen Weise wird er bestraft. Es wird dürre die Erde trotz seiner Arbeiten; wild erhebt sich das Meer und er leidet Schiffbruch; die heiße Luft läßt seinen Schweiß fließen; der Himmel wird finster im Zorne gegen ihn und Wasserfluten strömen herab; die Menschen entbrennen in Wut gegen ihren Bedrücker und zu seiner Züchtigung werden in Bewegung gesetzt die unsichtbaren Gewalten. Was wir aber nun eben sei es als leblos sei es als lebendig bezeichnet haben; ist dies nun durch eigenen Antrieb in solcher Thätigkeit zur Bestrafung des Sünders oder unterliegt es nicht vielmehr der göttlichen Bestimmung? Durch welche Dinge auch immer also wir von außen her bestraft werden, in ihnen muß derjenige geschaut werden, der dies alles innerlich leitet. Und in jeglicher Ursächlichkeit ist auf jenen allein Rücksicht zu nehmen, der da vor allem und die erste Ursache ist. Er hat zu Moses gesagt: Ich bin, der ich bin. In allen Züchtigungen also, die über uns kommen, fürchten wir mit vollem Ernste jenen, den wir nicht sehen. Der wirklich fromme Mensch soll somit verachten, was von außen her Schrecken bereitet und was kraft seines Wesens, wenn es nicht geleitet würde, zum Nichts eilt und mit den Augen seines Geistes soll er alles außer acht lassen und nur den sich gegenwärtig halten, mit dessen Substanz unser Sein verglichen Nichtsein ist und er soll sagen: Er allein hat Sein. Ipse solus est.

Und niemand kann seinen Gedanken abwenden. Denn sowie Gott in seinem Wesen unveränderlich, so ist auch sein Gedanke keines Wechsels fähig. Den Gedanken Gottes kann nämlich niemand abwenden: weil niemand seinen verborgenen Ratschlüssen Widerstand leisten kann. Denn wenn es auch den Anschein hat, daß Manche durch ihre Gebete den Gedanken Gottes abgewendet haben, so ging doch der wahre innere Gedanke des Herrn dahin, daß sie durch Gebet seinen Ausspruch abwenden konnten und daß diese Seelen von Ihm selber das empfingen, was sie bei Ihm bewirkten. Ruhig also soll der Mensch sagen: „Und niemand kann seinen Gedanken abwenden,“ weil die Ratschlüsse, die einmal unabänderlich gefaßt sind, niemals eine Änderung erfahren können. Daher steht geschrieben (Ps. 148): „Er hat die Richtschnur gesetzt und niemals wird sie vorübergehen,“ und an einer anderen Stelle (Luk. 21): „Himmel und Erde werden vergehen, meine Worte aber werden nicht vergehen,“ und nochmals (Isai. 55): „Denn es sind meine Gedanken nicht wie die eurigen und meine Wege sind nicht gleich eueren Wegen.“

Wenn also auch ein Ausspruch Gottes, soweit er äußerlich als Kreatur hervortritt, geändert zu werden scheint, der innere Ratschluß wird nicht geändert, weil eben auch das, was außen eine Änderung erleidet, zusammen mit dieser Änderung im Innern Gottes unveränderlich feststeht.

82. Thomas und die Väterlehre.

Man möge die ungemessene Entwicklungstheorie Darwins vom katholischen Dogma fernhalten. Das ewige Rufen nach weiterer Entwicklung, nach Weiterführung, nach unbegrenzbarem Fortschritte ist in der katholischen Dogmatik am wenigsten am Platze. Die Väter sollen uns entwickeln, uns weiterführen, uns den wahren Fortschritt zeigen, aber nicht umgekehrt. In dieser Weise folgte Thomas den Vätern und deshalb kam er zu seinem durchgreifenden, alles beherrschenden Wissen.

„Omnia in eo constant," „alles steht in Gott," so sagte Paulus. „Deus est omnibus quae sunt subsistentia," „in Gottes Sein steht alles, was da ist," so der älteste Kirchenvater, der Areopagite. „Cuncta in illo subsistunt, a quo creata sunt," „alles steht in demjenigen, von dem es geschaffen worden," so Gregor. „Quae sunt diversa et opposita in seipsis, in Deo praeexsistunt ut unum," „was in den Dingen verschieden und vielmehr eines dem anderen entgegengesetzt ist, das ist in Gott als in dem ersten Sein (oben Gregor principaliter esse) eine Einheit," so Thomas (S. th. I. qu. 4. art. 2. ad I.).

Dieselben Principien, dieselbe Auffassung und beinahe wörtlich dieselbe Ausdrucksweise! Angewendet werden diese einigen Principien verschieden je nach dem verschiedenartigen Abfall von der Wahrheit, gegen welchen sie sich richten; erklärt werden sie und gemäß den Bedürfnissen deutlicher auseinandergesetzt; aber von einer inneren Entwicklung des Dogmas, so daß sein Verständnis im Laufe der Zeit ein tieferes, klareres, umfassenderes geworden wäre, sollte man schweigen. Paulus, Dionysius, Augustinus, Gregorius, Thomas verstanden das Dogma, so weit es von unserer schwachen Vernunft erfaßt werden kann, mehr und besser wie wir.

Hätte denn Thomas auch nur eine Zeile zu ändern

brauchen im obigen Texte Gregors des Großen? Im Gegenteil sollte man eher meinen, Thomas habe seine Lehre daraus wörtlich entnommen, selbst mit Beibehaltung der termini. Niemand wird da eine vermeintliche „Weiterführung" seitens des einen und ein etwelches Zurückbleiben seitens des anderen bemerken. Nur wer seinen Irrtum mit den Vätern bedecken will, trotzdem er denselben in keinerlei Weise in ihnen ausgedrückt findet, der beruft sich für das, was die Väter nicht sagen, und nicht selten für das, wovon sie gerade das Gegenteil sagen, auf das „Weiterführen" der Väter. In diesem Falle war Thomas nicht. Er wendet deshalb die deutlich ausgedrückten Begriffe des heiligen Gregor auf den Stand der Wissenschaften seiner Zeit an, sowie Gregor die Principien des Areopagiten anwendet. Beide aber illustrieren das Wort der Schrift: in imagine pertransit homo; im Bilde geht der Mensch vorüber. Im geoffenbarten Bilde der ewigen Wahrheit, das da stets dasselbe bleibt, wandelt das menschliche Forschen vorüber.

Gregor sagt: aliud est esse et aliud principaliter esse. Was ist aber bei Thomas mehr leitender Faden in seinen Forschungen, als daß das ganze Sein Gottes ein anderes ist wie das Sein des Geschöpfes! Und aus welchem Grunde ist es ein durchaus anderes Sein? Weil Gott das primum esse ist, die prima causa, das principaliter esse, und weil somit seine Substanz Wirklichkeit, Thatsächlichkeit und in keiner Weise Vermögen oder Potenz enthält. Da ist der Grund, weshalb jenes, das göttliche Sein, wesentlich unverändert ist; das geschöpfliche aber veränderlich: aliud immutabile, aliud mutabile. Denn nur insoweit etwas wirklich und thatsächlich ist, erscheint es keiner Veränderung fähig. Der Gedanke, der einmal Wirklichkeit gewonnen hat, bleibt in Ewigkeit so; keiner Veränderung mehr, weder zum Guten noch zum Schlechten, ist er unterworfen. Gottes innerer Seinsgrund aber, d. h. die ganze Ursache davon, daß Er ist, ist Wirklichkeit, Thatsächlichkeit; also ist Er mit aller Notwendigkeit unveränderlich.

Des Geschöpfes Substanz jedoch ist nur Vermögen zu sein; Vermögen, mehr oder minder zu sein, also ist es auch dem ganzen Wesen nach veränderlich; ja es ist rücksichtlich des wirklichen Seins fortwährend veränderlich, weil sein substantielles Vermögen, wenn es überhaupt sein soll, nur fordert, zu dieser oder jener bestimmten Seinsstufe oder Gattung zu gehören; nicht aber im mindesten, diesen oder jenen Grad thatsächlicher Entwicklung zu besitzen. Das Geschöpf kann bloß in Wirklichkeit sein; es kann aber auch nicht sein und dieses Können ist sein Wesen.

Deshalb fügt Gregor fein hinzu: in semetipsis non subsistunt. Nicht innerhalb ihrer selbst finden die Geschöpfe den schließlichen Grund ihres Bestandes. Natürlich nicht; denn ihrem ganzen Wesen nach vermögen sie nur zu sein, d. h. es ist in den Merkmalen ihres Gattungsbegriffs kein innerer Widerspruch. Was haben wir aber oben im ersten Kapitel nachgewiesen? Die causa materialis giebt zwar das Einzelnsein, das subjektive Getrenntsein vom anderen, die Unteilbarkeit innerhalb des Wesens, aber insofern sie die Fähigkeit, die nächste Potenz dazu verleiht; das Negative allein kommt von ihr und der positive Einfluß der erstwirkenden Ursache, die da Wirklichkeit, reine Substanz ist, wird vorausgesetzt. Erst wenn die Wirkung des „principaliter esse“ da ist, treten auch die Wirkungen der causa materialis, des Stoffes ein. „Wenn die Hand des Höchsten sie nicht trägt (nisi manu gubernantis teneantur), können sie selbst gar nicht sein.“ Also selbst ihr Können ist auf den Herrn angewiesen: nisi Dominus supponit manum suam, sagt der Psalmist.

Schön nennt Gregor die materia prima „extrema essentia“. Denn wenn Wesen oder Substanz nur Vermögen, nur Potenz ist für ein der Gattung nach bestimmt abgegrenztes Sein; was soll dann die „extrema essentia“, hinter der keine andere mehr möglich ist, sondern nach welcher nur das Nichts kommen kann, was soll diese „extrema essentia“ anderes bedeuten, als die pure, in sich gänzlich unbestimmte Möglichkeit zu sein! Vermittelst der Bewegung erhält sie eine bestimmte Form; denn nur der Bewegung, nicht der Unbeweglichkeit ist der Stoff naturgemäß zugänglich und nur vermittelst der Bewegung kann derselbe, wie Thomas unzählige Male wiederholt, vervollkommnet werden, „quaedam vero non vivificata in extremam essentiam mire ordinans movendo servat.“

Kraft des inneren Wesens allein, das eben aus sich heraus sein oder nicht sein kann, eilen die Geschöpfe dem Nichts zu und fallen; nicht auf Grund der Kraft des erstwirkenden Grundes. Ja selbst daß sie kraft ihres Wesens positiv sein können, selbst ihr Vermögen als solches, das haben sie von der gütigen Hand des Schöpfers: „essentia rursum ad nihilum tenderet, nisi eam auctor omnium regiminis manu teneret.“

Wer kann zudem schärfer die Thatsache ausdrücken, daß das substantielle Vermögen in den Dingen, sobald es einmal in Wirklichkeit ist, nicht als allgemeines Vermögen existieren kann, sondern ein einzelnes Wirklichsein fordert; — und damit verbinden diese andere Thatsache, daß Gott ein solches Vermögen schafft und dann kraft dieses Vermögens das wirkliche Sein den Dingen zu eigen giebt; ihnen selber also verleiht, daß sie dieses Sein fordern und als das ihrige betrachten können einzig und allein auf Grund ihres inneren Vermögens so zu sein, da dies als solches nicht mehr zum Sein Gottes gehört, sondern ihr eigenstes (geschöpfliches) Sein bildet: Omnia itaque, quae creata sunt, per se nec subsistere praevalent, nec moveri, sed in tantum subsistunt, in quantum ut esse debeant acceperunt (cf. oben Thomas, der von der Substanz sagt, cui debetur esse)! Wie kann es dann noch für nichts gehalten werden, wenn gesagt wird: Gott verleihe das Vermögen als solches, zu sein und zu wirken und kraft dieses Vermögens gehöre sowohl das Fallen wie das Stehen dem Geschöpfe zu; jenes dem Geschöpfe ganz allein, dieses als in erster Linie Gott geschuldet, der, wie Gregor sagt, in jeder Ursächlichkeit vor allem, also überall die erste wirkliche Ursache ist. Es wird später Gelegenheit geboten sein, an diese Ausdrücke zu erinnern.

„Im Vergleiche mit der Substanz Gottes" (in cujus essentia comparatione), sagt deshalb Gregor schließend mit schärfster und treffendster Entschiedenheit, „ist unser Sein Nicht-Sein;" denn unsere Substanz ist aus sich nichts und selbst vorausgesetzt das Einwirken Gottes ist sie nur Vermögen zu sein; Gottes Substanz aber ist reine Wirklichkeit.

„Bilder" nur tragen wir in uns als Schmuck der Seele und als Licht auf unseren Wegen; Bilder, in sich wesenlose Bilder leiten uns. Denn nur das Vermögen zu sein wird im bestimmten Falle identisch mit dem Vermögen zu erkennen.

Unsere Seele ist ein bloßes Bild Gottes und kann von sich aus keinerlei einzelne Wirklichkeit für irgendwelchen Akt beanspruchen. Unser Erkenntnisvermögen wartet auf Gott, den ersten Grund, um, nachdem es bereits naturgemäß befruchtet und bestimmt worden durch die Idee des Wesens der einzelnen Dinge, nun auch thatsächlich zu erkennen. Unsere Substanz wartet auf Gott, 1) um zu sein, 2) um so zu sein und 3) um in einem gewissen Grade wirklich zu sein. „Im Bilde," in seinem eigenen und im Bilde der Geschöpfe, „geht der Mensch vorüber;" unter ein und derselben Erkenntnisform bald mehr bald weniger erkennend; unter ein und derselben Wesensform bald mehr bald weniger in Wirklichkeit seiend.

Nicht so Gott! Tu autem permanes et omnes sicut vestimentum veterascent. „Denn," so der Psalmist, „Du, o Gott allein bleibst, wenn auch alle Geschöpfe gleich einem

Kleide alt werden und Dein Gedächtnis dauert von Geschlecht zu Geschlecht, et memoriale tuum in generationem et generationem" (Ps. 101). Den Grund davon wird nun Thomas angeben; in Gott ist die ganze Substanz thatsächliches Erkennen. Sein Erkennen beruht auf keinerlei inneren Möglichkeit.

83. Text des vierten Artikels des heiligen Thomas.

„Ich antworte, daß ganz notwendigerweise das Erkennen Gottes seine eigene Substanz ist.[1]) Denn vorausgesetzt, das thatsächliche Erkennen Gottes wäre verschieden, so müßte nach XII. Metaph. etwas anderes sein die Thätigkeit und Vollendung der göttlichen Substanz und etwas anderes diese Substanz selber; vielmehr verhielte sich letztere zum thatsächlichen Erkennen wie die Potenz zum Akt, wie ein Vermögen zu seiner Entwicklung und Vervollkommnung.

---

[1]) Respondeo dicendum, quod est necesse dicere quod intelligere Deus est ejus substantia. Nam si intelligere Dei sit aliud quam ejus substantia, oporteret, ut dicit Philosophus, quod aliquid aliud esset actus et perfectio substantiae divinae ad quod se haberet substantia divina sicut potentia ad actum; quod est omnino impossibile. Nam intelligere est perfectio et actus intelligentis. Hoc autem qualiter sit considerandum est. Sicut enim supra dictum est (art. 2.), intelligere non est actio progrediens ad aliquid extrinsecum, sed manet in operante, sicut actus et perfectio ejus, prout esse est perfectio existentis Sicut enim esse consequitur formam, ita intelligere sequitur speciem intelligibilem. In Deo autem non est forma quae sit aliud quam suum esse, ut supra ostensum est. Unde cum ipsa sua essentia sit etiam species intelligibilis, ut dictum est, ex necessitate sequitur quod ipsum ejus intelligere sit ejus essentia et ejus esse.

Et sic patet ex omnibus praemissis quod in Deo intellectus intelligens et id quod intelligitur et species intelligibilis et ipsum intelligere sunt omnino unum et idem. Unde patet quod per hoc quod Deus dicitur intelligens nulla multiplicitas ponitur in ejus substantia.

Das aber ist ganz und gar unmöglich. Denn Erkennen ist die Vollendung und die Thätigkeit des Erkennenden. Das ist aber so zu verstehen. Wie nämlich oben hervorgehoben worden, ist der Akt des Erkennens nicht nach außen gerichtet, als ob er etwas Äußerliches bethätigte oder vollendete, wie etwa der Meißel den Marmor, sondern bleibt innerhalb des Erkennenden als dessen eigenste Thätigkeit und Vollendung, gleichwie das Wirklichsein die Vollendung des Existierenden ist. Wie nämlich das wirkliche Sein der Existenz der inneren Wesensform entsprechend eintritt; die Pflanze z. B. ganz wirkliche Pflanze in der Existenz wird und nicht das mindeste andere; so verhält sich auch das thatsächliche Erkennen zur inneren Erkenntnisform oder dem inneren Erkenntnisgrunde, zur Idee. In Gott aber ist die innere Wesensform nichts anderes als sein Wirklichsein und diese innere Wesensform ist zugleich, wie bereits erwiesen, für Gott der bestimmende Erkenntnisgrund, die species intelligibilis, also folgt mit Notwendigkeit, daß das Sein Gottes sein thatsächliches Erkennen ist.

Somit ist klar, daß in Gott 1) die erkennende Vernunft; 2) der erkannte Gegenstand; 3) der innerlich bestimmende Erkenntnisgrund; 4) das thatsächliche Erkennen selbst durchaus ein und dasselbe sind und daß die Thatsache, daß Gott erkennend ist, nimmermehr eine Vielheit in Gott bedingt."

Es ist wiederum schwer zu begreifen, wie jemand nach der aufmerksamen Lektüre dieser in so bestimmten Ausdrücken abgefaßten Auseinandersetzung noch den heiligen Thomas für die scientia media anführen kann.

Zudem begnügt sich Thomas nicht mit dem einfachen Nachweise der in Frage gestellten Wahrheit, sondern deutet in den Schlußworten auf die Gefahr hin, welcher jede andere Art des Nachweises, also jede andere Auffassung der Identität in Gott unterliegt. Erklären wir uns deutlicher.

§. 2.

Erklärung und Erläuterung des Textes.

84. Standpunkt der Untersuchung.

Thomas stellt in diesem Artikel nicht nur die Identität zwischen der Substanz und dem thatsächlichen Erkennen, resp. dem Begreifen in Gott fest, sondern beweist zugleich, daß eine absolute Identität von Sein und Erkennen anders gar nicht gedacht werden könne. Thomas fragt hier nicht, ob der Erkenntnisgrund das thatsächliche Erkennen sei; das ist im zweiten Artikel entschieden worden. Er fragt desgleichen nicht, ob das thatsächliche Sein in Gott die thatsächliche Erkenntnis sei; das hat der dritte Artikel bewiesen. Er fragt auch nicht, ob die Substanz, der innere Formalgrund des Seins, zugleich den Erkenntnisgrund, die species intelligibilis, bilde; das wäre eine bloße Folge der drei vorhergehenden Artikel. Nein! Er fragt, ob der innere Grund des subjektiven Seins in Gott zugleich das volle thatsächliche Erkennen, also nicht nur das Erkennende als subjektive Erkenntniskraft sei, sondern auch der gauze Gegenstand des Erkennens. Denn ist die göttliche Substanz nicht nur der ganze Erkenntnisgrund in und für Gott, sondern auch das ganze Erkennen, so kann eben Gott absolut und völlig unbedingt nichts anderes erkennen als Sich selbst oder was Er anderes erkennt, nur auf Grund Seiner selbst, nur weil Er davon der Grund ist.

Mit diesem Artikel ist demnach nicht nur die Lehre von der Selbsterkenntnis Gottes abgeschlossen, sondern zugleich die Thüre geöffnet zur Erklärung der Art und Weise, wie Gott erkennt, was nicht Er selbst ist.

Ist denn das für uns ein Wissen oder vernünftiges Erkennen, wenn wir bloß den Gegenstand schauen, wie derselbe existiert? Jedenfalls nicht, denn vernünftiges Erkennen umfaßt so recht eigentlich den inneren Grund dieses Existierens. Nicht daß ich den Baum an diesem Ort und in dieser Ausdehnung sehe, nicht dies besagt zugleich, daß ich von dem Baume ein Wissen habe. Nur dann habe ich ein solches, wenn ich den inneren Grund weiß, welcher die Art und Weise dieser äußeren Erscheinung regelt; wenn ich also weiß, daß dieses Sein nur besteht, weil sein innerer Seinsgrund, die Substanz, die Wesensform „Baum" ist; wenn ich demgemäß angeben kann, aus welchem inneren Grunde das wirkliche Wachstum, die Teilung in Äste, Zweige und Blätter, die schließliche Frucht ꝛc. hervorgeht.

Deckt sich dieser innere Seinsgrund, die Substanz im Dinge, mit dem wirklichen thatsächlichen Sein? Nein; sie ist nur der Grund im Dinge selbst, warum dasselbe Sein hat, schließt also das thatsächliche Sein nur dem Vermögen nach in sich ein, wie etwa der Satz, daß das Dreieck zwei R hat, diesen anderen dem Vermögen nach einschließt, daß der Außenwinkel gleich sei den beiden inneren gegenüberliegenden.

Daß das wirklich existierende Sein gerade an diesem bestimmten Orte ist, daß vom einzelnen Baum gerade heute und nicht morgen die Früchte abfallen, das liegt nicht in der Substanz, sondern davon ist der Grund außen und kann sonach in dieser Beziehung ein Wissen nur eintreten, wenn der von außen her maßgebende Grund erfaßt wird. Nicht von allem also, was den einzelnen Baum ausmacht, enthält die Substanz „Baum" den inneren leitenden Grund, sondern nur davon, daß der einzelne Baum überhaupt ist, daß von selbem das Sein ausgesagt wird. Wenn auch demnach von einem Dinge die Substanz erkannt wird, so ist damit noch nicht dessen einzelnes thatsächliches Sein in seinem vollen Umfange erkannt. Die Substanz der Dinge kann nichts anderes zu erkennen geben als das, was sie selbst verursacht im wirklichen Sein; sie erkennen heißt deshalb nicht das wirkliche Sein präcis in seinen Einzelnheiten erkennen.

Das gilt aber noch mehr vom Erkennen des eigenen

Seins. Hier kann die innere Substanz des erkennenden Geschöpfes von sich aus nicht einmal den unmittelbaren Erkenntnisgrund für das einfache Sein bilden. Es könnte dann eben nicht mehr von einem Erkenntnis*vermögen* die Rede sein; denn wofür die Substanz der Seinsgrund ist, da besteht einfaches thatsächliches Sein infolge dessen. Auf Grund der Substanz in ihr ist eben einfach die Pflanze, sie ist nicht mehr bloß vermögend zu sein. Wäre also im Geschöpflichen die eigene Substanz als Seinsgrund auch der Erkenntnisgrund innerhalb des Erkennenden, so würde dieser nicht mehr vermögend sein zu erkennen, er hätte kein Erkenntnis*vermögen*, sondern die Thatsache der Erkenntnis fände sich ohne weiteres in der Wirklichkeit; jedes erkennende Geschöpf müßte notwendig immer in thatsächlicher Wirklichkeit erkennen; — was offenbar falsch ist.

Vielmehr bilden im Erkenntnisvermögen die Substanzen der *äußeren* Dinge als befruchtende Ideen den inneren Grund für die thatsächliche Erkenntnis des eigenen Seins des Erkennenden und vermittelst dieses thatsächlichen Erkennens des eigenen wirklichen Seins erkennt er seine Substanz, als den inneren Grund seines Seins. Das „cogito ergo sum“ hat nur Wert, insofern das thatsächliche wirkliche Sein außen den einzelnen Gedanken veranlaßt und aus der Existenz des letzteren das eigene Sein erschlossen wird. Kurz:

1) Die Substanz der uns umgebenden Dinge deckt sich nicht mit ihrem wirklichen thatsächlichen Sein; manches ist im wirklichen Sein, was von der inneren Substanz nicht bedingt wird, sondern zur selben zufällig hinzutritt, zuvörderst bereits das Sein als einzeln-wirkliches selbst; — also ist die Kenntnis einer solchen Substanz nicht der ausreichende Erkenntnisgrund für das wirkliche einzelne Sein in seinem ganzen Umfange; — also kann noch weniger eine solche Substanz das thatsächliche Erkennen, sie kann nicht der Erkenntnisakt sein, welcher das einzelne Sein zum Gegenstande hat.

2) Das erkennende Geschöpf kann erkennen und kann

auch nicht erkennen; es kann mehr erkennen und weniger erkennen. Die innere Substanz aber giebt immer und ununterbrochen dasselbe Gattungssein, z. B. dasselbe Menschsein. Also kann da niemals die eigene Substanz der unmittelbare Erkenntnisgrund sein und demnach noch weit weniger kann sie das einzelne thatsächliche Erkennen sein.

Nur wo die innere Substanz auch das thatsächliche wirkliche Sein ist und nicht bloß der Grund eines gewissen beschränkten Gattungsseins; — nur wo die innere Substanz jegliche Entwicklung sowie jegliche Vervollkommnung verbietet; — nur da ist sie und da muß sie sein zugleich der innere Erkenntnisgrund, nur da ist und muß sie sein zugleich das thatsächliche Erkennen. In Gott allein ist Substanz oder Wesensform thatsächliches Sein; in Gott allein ist demnach auch die eigene Substanz oder Wesensform thatsächlicher Erkenntnisgrund und sein Erkennen ist Sein (sein); sein Erkennen ist Substanz; sein Erkennen hat nur in sich selber seinen Grund. Die weittragende Bedeutung dieses Satzes: substantia est suum intelligere, wird sogleich hervortreten.

85. Einwürfe des P. Herice.

Parvus error in principiis maximus fit in fine; so beginnt Thomas das erste opusculum, welches er veröffentlichte: die Abhandlung de ente et essentia. Mag der Fehler, welcher beim Legen der Fundamente eines großen Baues gemacht wird, noch so klein sein; je weiter der Bau vorschreitet, desto verhängnisvoller wird ein solcher Fehler ihm werden und war er im Beginne kaum bemerkbar gewesen, so tritt er in den Folgen um so mehr hervor.

Das gilt aber ganz besonders für die theologische Wissenschaft. Wird da in der scharfen Aufstellung der Grundbegriffe etwas vernachlässigt oder gar ein wirklicher Fehler begangen, so zeigt sich das, mag auch die Schwäche im Anfange noch so unscheinbar gewesen, später für alle Zweige der theologischen Wissenschaft als verhängnisvoll. Die Vernunft, deren Natur es einmal ist, folgerichtig zu schließen, wird von dem einmal begangenen Fehler immer weiter in die Irre geführt, bis sie schließlich in einem Gehege von Widersprüchen kraftlos zusammenbricht und nicht einmal mehr hinreichend sicht, wic sie den zurückgelegten Weg bis zum Beginne zurückverfolgen kann. Sie würde dann leicht sich Rechenschaft geben könncu, wo der Irrweg angefangen hat. Anstatt dessen klagt sie dann nur zu oft den Gegenstand an, der zu dunkel sei; sie will, daß man sich nicht zu viel mit Spitzfindigkeiten befasse. Gleichwie Adam die Schuld der Sünde auf Gott schob mit den Worten: „Das Weib, welches Du mir gegeben, gab mir und ich aß," so wird dann die Gottesgabe der natürlichen und übernatürlichen Offenbarung beschuldigt, die Veranlassung der Verlegenheiten zu sein.

Man wird versucht sein, auch der nun vorzulegenden Schwierigkeit anfänglich den Vorwurf des „Duukels", der „Spitzfindigkeit" zu machen. „Anfänglich", denn wir zweifeln keinen Augenblick, daß ein solcher Vorwurf bald als völlig grundlos anerkannt werden wird. Es handelt sich um die Fundamentalwahrheit, daß das Selbsterkennen Gottes nach allen Richtungen hin als ein in sich ganz abgeschlossenes, dem vollen Wesen nach vom geschöpflichen Erkennen getrenntes hingestellt werden muß.

Gott erkennt nicht nur seine Substanz, sondern dicse ist sich selber der unumschränkt bestimmende Grund des Selbsterkennens und zwar tritt sie derart unumschränkt bestimmt auf, daß sie, die göttliche Substanz, das Erkennen selbst thatsächlich ist.

Das leugnet Herice und behauptet, die göttliche Substanz oder das göttliche Wesen sei wohl durch und durch erkannter Gegenstand für das Erkennen Gottes; jedoch sei sie nicht der einzige innerlich bestimmende Grund für das göttliche Selbsterkennen; sie sei nicht die species intelligibilis; wic z. B. die Gattungsform oder die Idee „Pflanze" in mir der bestimmende leitende Grund dafür ist, daß ich die wirkliche einzelne Pflanze, insoweit sie Pflanze ist, erkenne. Herice giebt folgende Gründe für seine Behauptung an.

I. Nach der Meinung[1]) aller ohne Ausnahme besteht zwischen der Substanz Gottes und dem göttlichen Erkennen keinerlei Unterschied; weder ein realer wie zwischen den drei göttlichen Personen noch ein virtueller, wie zwischen den Vollkommenheiten der Barmherzigkeit und Gerechtigkeit, deren Begriffe niemals ineinander fallen können, wenn auch das wirkliche Sein, welches Gott als Gerechten hinstellt auf Grund seiner schrankenlosen Vollkommenheit genau dasselbe ist, welches die Barmherzigkeit trägt; wäre ja doch eine Barmherzigkeit, die nicht gerecht wäre, eine Schwäche und eine Gerechtigkeit ohne Barmherzigkeit Ohnmacht. Ist nun aber das thatsächliche Erkennen in Gott unter jeder Beziehung ein und dasselbe wie das göttliche Wesen, so erscheint es unmöglich, daß letzteres der innere bestimmende Grund für das Erkennen sei und somit diesem den Charakter eines ganz vollendeten, eines göttlichen, verleihe; wie etwa die leitende Idee in unserer Vernunft die bestimmte Art des einzelnen Erkenntnisaktes bedingt. Denn nichts giebt sich selbst die Vollendung.

II. Zudem tritt die Frage entgegen, was denn am Ende das thatsächliche Erkennen Gottes vom göttlichen Wesen empfangen soll. Dem Formalgrunde des Erkennens, der Idee, ist es wesentlich eigen, den entsprechenden einzelnen Erkenntnisakt als einen von allen anderen unterschiedenen hinzustellen. Warum kann ich vermittelst der Idee „Pflanze" nicht den Stein erkennen? Einfach weil der Erkenntnisakt, welcher sich auf die wirkliche Pflanze richtet, eben dadurch abgeschlossen wird von dem thatsächlichen Erkennen aller anderen Arten. Das göttliche Erkennen ist aber an sich und durch sich reine Thatsächlichkeit und unendlich vollkommen; erscheint also bereits dadurch völlig abgeschlossen und unterschieden

---

[1]) L. c. tractat. I. disp. IV. c. 1. et disp. V. c. 4.

von allem, was der Entwicklung unterliegt und mehr Vermögen zu erkennen ist als wirkliches Erkennen.

III. Die leitende Idee ist der Ausgangspunkt für die thatsächliche Erkenntnis. Denn daß ich nun einen Menschen geistig auffasse und nicht ein Tier, dazu bewegt die Idee, d. h. der im Innern der Vernunft bestimmende und formende Erkenntnisgrund. Da aber das Wesen Gottes genau ein und dasselbe ist mit dem thatsächlichen Erkennen, so kann ersterem der Charakter eines bestimmenden Erkenntnisgrundes nicht innewohnen, denn es kann sich als völlig identisch mit dem Erkennen nicht zu selbem wie der bewegende Grund verhalten.

IV. Dasselbe gilt von der anderen Aufgabe des formalen Erkenntnisgrundes, der gemäß das thatsächliche Erkennen durch denselben begrenzt oder geendet wird. Natürlicherweise erkenne ich im einzelnen Sein ein Pflanzensein oder ein Tiersein oder ähnlich, je nachdem die Art der Idee mich bestimmt. Wo aber volle Einerleiheit besteht, da kann ebensowenig wie ein Verhältnis des Bewegenden und Bewegten ein solches von Begrenzendem und Begrenztem angenommen werden.

V. Nur wenn der formale Erkenntnisgrund die eben genannten Funktionen ausübt, kann vermittelst seiner das Einzeln-Wirkliche als Materialobjekt erkannt werden. In Gott kann das innere Wesen diese Funktionen nicht tragen, also ist es auch nicht der bestimmende Grund für die Erkenntnis des einzelnen als des Materialobjektes.

86. Zurückweisung des Einwurfes. Lehre des heiligen Thomas.

Werden diese Gründe zusammengefaßt, so ergiebt sich, daß Herice dem göttlichen Wesen die Eigenschaft des specifizierenden Objektes abspricht. Das Wesen Gottes wird erkannt, es liegt dem göttlichen Erkenntnisakte in voller Klarheit vor; aber es ist nicht die specifische Grenze des letzteren wie etwa die Idee „Pflanze" für mich die specifische Grenze meiner vernünftigen Kenntnis der einzelnen Pflanze ist. Der Erkenntnisakt erstreckt sich über das göttliche Wesen hinaus und hat seine bestimmende Erkenntnisform in sich selbst, abgesehen vom Wesen.

Dies ist nun zuvörderst ganz und gar gegen Thomas.[1]) Ausdrücklich lehrt er: „Der hauptsächliche bestimmende Erkenntnisgrund in Gott ist sein Wesen, in welchem alle Ideen von den Dingen inbegriffen sind. Deshalb bedarf es keinerlei anderen Bestimmungsgrundes für das göttliche thatsächliche Erkennen, als des göttlichen Wesens."

In der Summa C. G. giebt Thomas einen weiteren Grund für dieselbe Behauptung an:[2]) „Aus dem eben Gesagten geht hervor, daß Gott zuerst und unabhängig von allem sich selbst erkennt. Denn jenes Sein ist zuerst und nicht auf Grund von etwas anderem von der Vernunft erfaßt, dessen Wesensform ihr innerer formaler Erkenntnisgrund, also das Mittel für ihr thatsächliches Erkennen ist. Jegliche Thätigkeit nämlich entspricht genau dem Formalgrunde, durch den sie in maßgebender Weise geleitet wird. Das aber, vermittelst dessen Gott erkennt, ist nichts anderes als sein Wesen, wie dies (im Kap. 46) bereits erklärt worden, also ist Er selber auch in erster Linie und nicht im mindesten auf Grund von etwas anderem erkannter Gegenstand."

---

[1]) S. Th. qu. 14. art. 5 ad. III. Quod species principalis intellecti in Deo est sua essentia, in qua omnes species rerum comprehenduntur. Unde non oportet quod divinum intelligere specificetur per aliud quam per essentiam suam.

[2]) C. g. I. c. 48.: Ex praemissis autem apparet quod Deus, primo et per se, solum seipsum cognoscit. Illa enim res solum est primo et per se ab intellectu cognita, cujus specie intelligit. Operatio enim proportionatur formae quae est operationis principium. Sed id, quo Deus intelligit nihil est aliud quam sua essentia (c. 46); igitur intellectum ab ipso primo et per se nihil est aliud quam ipsemet.

Noch entschiedener erklärt sich Thomas in folgenden Worten:[1]) „Das Erkannte ist die Vollendung des Erkennenden. Gemäß demjenigen nämlich ist eine Vernunft vollkommen, was sie thatsächlich erkennt; und das rührt daher, daß sie eins ist mit dem, was erkannt wird. Ist also, was an erster Stelle und in unbedingt maßgebender Weise von Gott erkannt wird, etwas anderes als Er selbst, so ist seine Vollendung etwas anderes als Er selbst und natürlich Ihm vorzuziehen. Das aber ist unmöglich."

Wir sehen, Thomas leitet eben daraus, daß das Erkannte und das Erkennende in Gott genau ein und dasselbe ist, die Wahrheit ab, daß das Wesen Gottes nicht bloß im allgemeinen von Ihm gekannt wird, sondern daß es den für sich allein und an erster maßgebendster Stelle erkannten Gegenstand des göttlichen Erkennens bildet, die leitende und notwendig allein bestimmende Richtschnur alles Erkennens ab.

Das legt der heilige Lehrer noch ausführlicher dar in der Metaphysik:[2]) „In dreifacher Weise kann sich die Ver-

---

[1]) L. c. nr. 5. Intellectum est perfectio intelligentis. Secundum hoc enim intellectus perfectus est, quod actu intelligit quod quidem est per hoc quod est unum cum eo quod intelligitur. Si igitur aliquid aliud a Deo sit primo intellectum ab ipso, erit aliquid aliud perfectio ipsius et eo nobilius: quod est impossibile.

[2]) In metaph. lib. XII. lect. 11. Sciendum est, quod intellectus ad suum intelligere potest se habere tripliciter. Uno modo quod non conveniat ei intelligere in actu, sed in potentia tantum vel in habitu. Alio modo quod conveniat ei in actu. Alio modo, quod sit ipsum suum intelligere. Si intellectus primi moventis non intelligat in actu, sed solum in potentia vel in habitu, non erit aliquid nobile: bonum enim et nobilitas intellectus est in hoc quod actu intelligit . . . Si autem intellectus primi moventis intelligat quidem actu, sed principale ejus bonum, quod est operatio ejus, sit aliquid aliud ab ipso id est operatio intellectualis ipsius non est hoc quod sua substantia, comparatur ad ipsam sicut potentia ad actum et perfectibile ad perfectionem. Et

nunft zu ihrem Erkennen verhalten. Einmal so, daß sie nur ein Vermögen zu erkennen hat oder einen Zustand. Dann so, daß sie thatsächlich erkennt. Endlich in der Weise, daß sie ihr eigenes Erkennen ist. Ist nun die erste Vernunft, die da alles in Bewegung setzt, nur dem Vermögen nach erkennend, so ist sie im Bereiche des Vernünftigen nichts Vorzügliches: denn der Vorzug und die Vollkommenheit der Vernunft ist es, daß sie thatsächlich erkennt. Sie ist dann wie ein Schlafender, der wohl seine Vermögen für die verschiedenen Thätigkeiten behält, jedoch keine dieser Thätigkeiten wirklich ausübt, wo also auch der Glückliche nicht unterschieden ist vom Unglücklichen, der Tugendhafte nicht vom Lasterhaften. Ist die allbewegende Vernunft wohl thatsächlich erkennend, ihre Thätigkeit aber in ihrer Vollendung von etwas abhängig, was nicht sie selbst ist; kann also diese vernünftige Thätigkeit nicht als ein und dasselbe, als ganz und gar identisch betrachtet werden mit der eigenen Substanz des Erkennenden; so verhält sich die erste allbewegende Vernunft zu ihrer Thätigkeit wie ein Vermögen zu seiner Bethätigung, wie die Potenz zum Akt, wie das zu Vollendende zum Vollendenden. Und danach folgt dann, daß die erste Vernunft nicht die beste Substanz ist; denn sie gewinnt erst durch das thatsächliche Erkennen ihren Vorzug. Dieses thatsächliche Erkennen aber hat seinen bethätigenden und vollendenden Grund in etwas anderem als in der eigenen Substanz. Was jedoch erst nach Maßgabe eines anderen Ehre und Vorzug gewinnt, das ist keineswegs an sich das Vorzüglichste. Nur also dann ist die erste Vernunft die vollkommenste, wenn ihr thatsächliches Erkennen ihre Substanz ist."

---

sic sequitur quod primum intelligens non sit optima substantia: honorabilitas enim et nobilitas inest ei per suum intelligere; nihil autem quod est nobile secundum aliud est nobilissimum. Sic igitur videtur sequi quod substantia primi intelligentis non sit optima, sive intelligat in potentia tantum, sive in actu; nisi ponatur cum hoc quod sua substantia sit suum intelligere.

Wo bleibt hier Molina mit seiner supercomprehensio, die über das Wesen Gottes hinaus sich erstrecken soll! Gottes Erkennen ist eben deshalb seine Substanz und der tiefste Seinsgrund in Gott ist gerade darum genau ein und dasselbe mit der Thatsache des Erkennens; weil Gott die vollkommenste Einheit ist, weil sonach kein anderer bestimmender Erkenntnisgrund in Gott sich findet, als die göttliche Substanz selber. Letztere ist das principale objectum, das primo et per se[1]) intellectum, weil Gott alles andere nur auf Grund dieser Substanz und in allseitiger Abhängigkeit von dieser Substanz erkennt. Ähnlich erkenne ich in der wirklichen Pflanze vermittelst der Vernunft primo et per se und primario das Pflanzensein und alles übrige wie Farbe, Ausdehnung, Blätterform, Frucht ꝛc. nur auf Grund der Wesensform „Pflanze". Doch Thomas läßt auch darüber gar keinen Zweifel. Oberflächlichkeiten in der Anführung von Texten des heiligen Thomas strafen sich bei diesem heiligen Lehrer am allermeisten selber; denn er erklärt immer seine eigenen termini mit ganz ausdrücklichen Worten.

Thomas ist ganz formell in der folgenden Ausführung:[2])

---

[1]) Vergl. über diesen Ausdruck die weitläufige Erklärung in „Natur, Vernunft, Gott" S. 22 u. ff.

[2]) L. c. Si primum non intelligit seipsum, sed aliquid aliud, sequitur quod aliquid aliud erit dignius quam primum, id est intellectum ab ipso. Quod sic probat (Aristoteles). Ipsum intelligere in actu, quod est intelligentia, convenit alicui etiam intelligenti quodcunque indignissimum. Unde patet quod intelligere aliquod in actu est fugiendum; quia dignius est quod quaedam non videantur quam quod videantur. Non autem hoc esset, si intelligentia esset optimum, quia tunc nullum intelligere esset vitandum propter indignitatem intelligibilis; relinquitur, quod nobilitas ejus, quod est intelligere, dependeat ex nobilitate intelligibilis. Dignius est igitur ipsum intellectum quam ipsum intelligere. Cum igitur ostensum sit quod primum sit suum intelligere, sequitur, si intelligat aliud a se, quod illud aliud erit eo nobilius Cum igitur ipsum sit nobilissimum et potentis-

„Wenn die erste allbewegende Vernunft nicht sich selbst versteht, sondern etwas anderes, so folgt daraus, daß etwas anderes vorzüglicher sein wird als diese selbst, der Gegenstand nämlich ihres thatsächlichen Erkennens. Denn, so beweist dies Aristoteles, das thatsächliche Erkennen, also das Verständnis, besitzt auch jener, der etwas ganz Schmähliches erkennt. Es giebt somit ein gewisses Verständnis, welches vielmehr zu meiden, als zu suchen ist; vorzüglicher ist es nämlich in solchen Fällen, daß etwas nicht deutlich werde als daß es deutlich werde. Das könnte jedoch nicht der Fall sein, wenn das thatsächliche Erkennen an sich das Beste wäre; wäre doch dann auf Grund der Schmählichkeit des Erkennbaren keine Art Verständnis zu meiden. Es bleibt demnach nichts anderes übrig, als daß die Würde dessen, was man unter thatsächlichem Verständnis versteht, von der Würde des

---

simum, necesse est quod intelligat seipsum et quod in eo idem sit intellectus et intellectum. Considerandum autem est, quod Philosophus intendit ostendere quod Deus non intelligat aliud, sed seipsum, inquantum intellectum est perfectio intelligentis, et ejus, quod est intelligere. Manifestum est autem quod nihil aliud sic potest intelligi a Deo quod sit perfectio intellectus ejus. Nec tamen sequitur quod omnia alia a se sint ei ignota: nam intelligendo se, intelligit omnia alia. Quod sic patet. Cum enim ipse sit ipsum suum intelligere, ipsum autem est dignissimum et potentissimum, necesse est quod suum intelligere sit perfectissimum: perfectissime ergo intelligit seipsum. Quando autem aliquod principium perfectius intelligitur, tanto magis intelligitur in eo effectus ejus: nam principiata continentur in virtute principii. Cum igitur a primo principio, quod est Deus, dependeat coelum et tota natura, ut dictum est, patet, quod Deus cognoscendo seipsum, omnia cognoscit. Nec indignitas alicujus rei intellectae derogat dignitati ipsius. Nam intelligere actu aliquod indignissimum non est fugiendum, nisi in quantum intellectus in eo sistit et dum illud actu intelligit retrahitur a dignioribus intelligendis. Si enim intelligendo aliquod dignissimum etiam vilia intelligantur, vilitas intellectorum intelligentiae nobilitatem non tollit.

erkennbaren Gegenstandes abhängt. Vorzüglicher also im Vergleiche mit dem thatsächlichen Erkennen ist das Erkannte. Da nun gezeigt worden ist, daß das erste thatsächliche Verstehen sein eigenes Verstehen ist, so ergiebt sich, daß, im Falle etwas anderes als es selbst von ihm erkannt wird, dieses andere ihm an Vollkommenheit voranstehen muß. Da es aber selber das Allervollkommenste und das Allermächtigste ist, so darf es notwendigerweise nur sich selbst erkennen und in ihm ist dann eins das Erkennende und Erkannte. Nun ist jedoch zu erwägen, daß der „Philosoph" nur das beweisen will, wie Gott nichts anderes erkennt, sondern nur Sich selbst, insoweit dieses andere als Erkanntes etwa die Vervollkommnung des Erkennenden und des thatsächlichen Verstehens wäre. Dies ist also offenbar, daß nichts anderes in diesem Sinne von Gott erkannt werden kann, als ob dieses andere die Vollendung seiner Vernunft wäre. Es folgt trotzdem durchaus nicht, daß alles andere, was nicht Er selbst ist, Ihm unbekannt sei, denn dadurch, daß Er Sich selbst erkennt, erkennt Er alles andere. Das kann man sich folgendermaßen klar machen. Da nämlich Gott sein eigenes Erkennen, Er aber das allervollkommenste und allermächtigste Wesen ist, so muß auch sein Erkennen das allervollkommenste sein. Er muß Sich also auf das allervollkommenste erkennen. Je vollkommener nun eine Ursache erkannt wird, desto mehr wird die Wirkung begriffen, die von ihr ausgeht: denn das Verursachte ist eingeschlossen in der Kraft seiner Ursache. Nun hängt aber von Gott als der ersten Ursache, der Himmel ab und die ganze Natur in ihrer Gesamtheit wie bereits bewiesen worden ist. Also ist die Folge davon, daß Gott dadurch, daß Er Sich selber erkennt, alles erkennt. Auch kann die Unwürdigkeit eines erkannten Seins nicht seiner Vollkommenheit und Würde Eintrag thun. Denn von etwas Unwürdigen Kenntnis zu nehmen, das ist nicht meidenswert außer insoferne die Vernunft dabei stehen bleibt und von anderen würdigeren Erkenntnisgegenständen abgezogen wird. Denn wenn dadurch, daß etwas ganz Vollendetes erkannt wird, auch wertlosere Dinge Erkenntnisgegenstände werden, so kann die Wertlosigkeit der letzteren dem Verständnisse seine Würde und seine Vollendung nicht rauben."

Bemerkungen sind hier überflüssig. Gott kann nichts anderes erkennen, als sein eigenes Sein, wenn der die Erkenntniskraft innerlich bestimmende Formalgrund in Betracht gezogen wird; gleichwie ich mit der Idee der Pflanze nicht den Stein erkennen kann. Gott versteht anderes als Er selbst ist, nur insoweit in seinem Wesen wie auch immer der Grund davon besteht, also nur insoweit sein Wesen den formalen Erkenntnisgrund und somit auch das Erkannte bildet.

Vermittelst der eben entwickelten Lehre des heiligen Thomas können nun die Gründe des P. Herice in ihrer Nichtigkeit erkannt werden.

87. Der erste Grund des P. Herice.

Wenn P. Herice aus der völligen Identität der Substanz und des Erkenntnisaktes in Gott es herleiten möchte, daß erstere für das thatsächliche Erkennen nicht den Charakter einer species intelligibilis haben könne, des inneren formalen Erkenntnisgrundes nämlich, nach welchem die Art der Vollkommenheit der Erkenntnis sich im Erkennenden bestimmt, weil eben dasselbe nicht sich selber in Wirklichkeit die Vollkommenheit gebe (quia idem non dat sibi realiter perfectionem); so muß darauf erwidert werden, daß gerade deshalb die göttliche Substanz den Charakter des wirklichen vollen und ganzen formalen Erkenntnisgrundes für Gott trägt, weil dieselbe als ganz und gar identisch mit dem thatsächlichen Erkennen betrachtet werden muß. Die göttliche Substanz ist in dem Grade vollkommen, daß in ihr keinerlei Vermögen oder Entwicklung besteht. Sie verhält sich zu nichts Erkennbarem, wie die Potenz zum Akt, wie das Vervollkommnungsfähige zum Vervollkommnenden (vgl. oben den Text aus Thomas).

Und aus diesem Grunde eben ist sie davon die Formalursache, daß der göttliche Erkenntnisakt ebenfalls in derselben Weise wie sie selbst vollendet erscheint, daß sonach mit ihm nichts verknüpft ist, was zu vollenden wäre, daß er also die Substanz selber ist.

Herice geht fehl in der Art und Weise, wie er das geschöpflich Vollkommene auf den Schöpfer überträgt. Das Wesen allein einer Eigenschaft darf auf Gott vom Geschöpfe aus übertragen werden, falls dasselbe in seinem Begriffe keine Beschränktheit und Unvollkommenheit einschließt; keineswegs aber der Seinszustand, in welchem dasselbe sich vorfindet. Die Einheit also gerade muß beim Erkennen sowohl vom Geschöpfe ausgesagt werden als von Gott, denn sie ist das an sich vollkommene Wesen des Erkennens. Wie aber diese Einheit in der geschöpflichen einzelnen Wirklichkeit sich darstellt und ausdrückt, das muß notwendigerweise von Gott entfernt werden, denn da beginnt die Beschränktheit und Entwicklungsfähigkeit.

Jede Substanz ist an sich betrachtet unveränderlich (substantiae sunt sicut numeri). Weil also das thatsächliche Erkennen des Geschöpfes nicht seine Substanz ist, deshalb ist es unvollkommen und veränderlich; und weil der Erkenntnisgrund, die Idee, im geschöpflichen Erkennen an und für sich nur das Vermögen verleiht, etwas Bestimmtes zu erkennen, in linea potentiae ist; — deshalb vermag das Geschöpf kraft dieses seines bestimmenden inneren Erkenntnisgrundes immer mehr zu erkennen, ist darin also entwicklungsfähig.

Eben nun weil die göttliche Substanz durch und durch vollkommen ist, deshalb ist der Erkenntnisakt durch und durch vollkommen; — und weil die göttliche Substanz reine Thatsächlichkeit ist, deshalb ist sie der maßgebende innere Grund in Gott, daß der Erkenntnisakt nur und ganz reine Thatsächlichkeit, sonach die Substanz selber ist. Thomas bezeichnet dies im hier erklärten Texte mit den Worten: Si intelligere Dei est aliud quam ejus substantia, oporteret quod aliquid aliud esset actus et perfectio substantiae divinae, ad quod se haberet substantia divina sicut potentia ad actum: quod est impossibile.

Im Geschöpfe verhält sich die Substanz als innerer Formalgrund zum wirklich-thatsächlichen Sein wie das Vermögen zum Wirklichsein, wie die Potenz zum Akte. Im Geschöpfe verhält sich demnach auch der formale Erkenntnisgrund, die Idee, die ja nur die Substanz als reine von den Einzelnbedingungen losgelöste Wesensform ist, zum thatsächlichen Erkenntnisakte, wie das Vermögen zum Wirklichsein. Im Geschöpfe erscheint die Einheit, welche für das Erkennen erforderlich ist, nur als ein Vermögen, nämlich als das für das einzelne Erkennen durch die äußere Substanz hinreichend geformte Vernunftvermögen.

In Gott aber erstreckt sich diese Einheit auf das thatsächliche Erkennen; in Gott ist die Substanz und das Sein zu einander nicht im Verhältnisse von Potenz und Akt; in Gott ist nur reines wirkliches Erkennen — und dafür kann der innere voll und ganz bestimmende Grund nur eben die göttliche Substanz sein. Beherrscht demnach im Geschöpfe der Formalgrund des Erkennens nicht durchaus den Erkenntnisakt, denn er selber, der Formalgrund, besagt, daß noch mehr erkannt werden kann; schließt er zudem den notwendigen bestimmenden Grund für die sogenannten zufälligen Einzelnheiten nicht in sich ein; giebt er somit auch nicht die ausreichende Erklärung für alles, was vermittelst des wirklichen Erkenntnisaktes erkannt wird; — so verhält sich dies gerade gegenteilig in Gott. Da ist der Erkenntnisakt die Substanz selber, es wird nichts erkannt als die göttliche Substanz oder allein auf Grund der Substanz; im höchsten Sinne des Wortes ist da eben die Substanz der volle Formalgrund für alles einzelne, was erkannt wird.

Nicht weil sich in Gott, wie Herice sich ausdrückt, ebendasselbe sich seine Vollendung giebt, ist die Substanz in Gott formaler Erkenntnisgrund; sondern weil diese Substanz die höchste Vollendung und die reinste Einheit ist. Die Einheit ist für die Stufe des Erkennens maßgebend; kraft seiner Substanz ist Gott reinste Einheit; also ist die Stufe des Erkennens auf Grund dieser Substanz die höchstvollendete.

Es ist bereits ersichtlich, daß es sich hier ganz und gar nicht um eine Spitzfindigkeit handelt; sondern um den allerentscheidendsten Punkt. Ist die göttliche Substanz die wirkliche einzige innere Formalursache des göttlichen Erkennens, nun so hängt auch die Erkenntnis von allem und jedem Einzelnen in Gott von seiner Substanz als der einzig und ganz unabhängig bestimmenden Ursache ab. Die älteren Molinisten blickten tiefer als die modernen und behandelten deshalb solche Fundamentalfragen mit angemessener Ausführlichkeit.

Auch Thomas läßt nicht ab, auf unsere Wahrheit hinzuweisen. Er betont fortwährend, daß die Einheit für das Erkennen maßgebend ist und daß somit, was Grund der Einheit ist, auch der Formalgrund des Erkennens sein muß:[1] „Was da ausgeht" — so formell Thomas — „gemäß der Thätigkeit, die nach außen gerichtet ist (also wie die Wärme vom Feuer); das muß unterschieden sein von dem, wovon es ausgeht. Was aber nach innen ausgeht im Denkprozeß, von dem ist es nicht erfordert, daß es sich unterscheidet von dem, wovon es ausgeht. Vielmehr wird es desto vollkommener

[1]) S. Th. I. qu. 26. art 1. ad II Quod id quod procedit secundum processionem quae est ad extra, oportet esse diversum ab eo, a quo procedit; sed id quod procedit ad intra processu intelligibili, non oportet esse diversum; immo, quanto perfectius procedit, tanto magis est unum ab eo a quo procedit. Manifestum est enim, quod quanto aliquid magis intelligitur, tanto conceptio intellectualis est magis intima intelligenti et magis unum. Nam intellectus secundum hoc quod actu intelligit, secundum hoc fit unum cum intellecto. Unde cum divinum intelligere sit in fine perfectionis, necesse est quod Verbum divinum sit perfecte unum cum eo a quo procedit, absque omni diversitate.

sein und sein Ausgehen um so vollendeter, je mehr es eins ist mit dem, wovon es ausgeht. Denn das ist ja offenbar, daß je mehr etwas verstanden wird, desto tiefer das Gedachte mit dem Erkennenden verbunden und desto mehr eins mit demselben wird. Die Erkenntniskraft wird eben gerade insoweit eins mit dem Erkannten, inwieweit sie thatsächlich erkennt. Da nun das göttliche Erkennen die höchstmögliche Vollkommenheit besitzt, so ist es durchaus notwendig, daß das göttliche Wort in ganz vollkommener Weise eins ist mit dem, wovon es ausgeht, nämlich ohne daß damit die geringste Verschiedenheit verknüpft wäre."

Thomas bestätigt mit diesen Worten, was wir eben dargelegt haben. Das Wesen des Erkenntnisgegenstandes für sich allein betrachtet verlangt, weit entfernt unterschieden zu sein von der Erkenntniskraft, vielmehr durchwegige Einheit und sogar Einerleiheit. In demselben Grade ist das Erkennen unvollkommen, also mit thatsächlichem Nichterkennen gemischt, in welchem der Erkenntnisgegenstand unterschieden ist von der Erkenntniskraft. Dieser Unterschied aber besteht nun wieder seinerseits im mehr oder minder großen Vermögen sowohl des Erkenntnisgegenstandes als der Erkenntniskraft und demnach in der Entwicklungsfähigkeit auf beiden Seiten. Also ist jener Gegenstand ein ganz und gar vollkommener innerer Erkenntnisgrund, welcher ganz und gar in allem eins ist mit dem Erkennenden. Dann ist es aber wieder durchaus unmöglich, daß ein solcher Erkennender, der dasselbe ist wie sein Erkenntnisgegenstand, also seine Substanz, etwas erkenne, wozu diese Substanz nicht der bestimmende Grund wäre.

88. Der zweite Grund des P. Herice.

Unterscheidet sich dadurch der Stein von der Pflanze, daß er ist und daß die Pflanze ist? Offenbar nicht. Das unterscheidende Moment ist nicht, daß beide sind, sondern es liegt dasselbe in der inneren Substanz, vermöge deren beides je einer beschränkten Seinsart zugehört. Ebenso verhält es sich mit dem Erkennen. Nicht daß ein Erkenntnisakt thatsächliche Wirklichkeit hat, unterscheidet denselben von dem anderen; im Gegenteil, darin sind alle gleich. Vielmehr rührt die Verschiedenheit her vom inneren formalen Erkenntnisgrunde, der nun die eine nun die andere Seinsart wiedergiebt, nun zum thatsächlichen Erkennen der Pflanze nun zu dem des Steines bestimmt. Da läßt sich die Notwendigkeit eines solchen inneren Grundes begreifen. Das Sein des Geschöpfes ist eben an sich in allen Geschöpfen ein gleichmäßig unbestimmtes und erwartet seine Bestimmung erst durch die innere Substanz. Ebenso ist das wirkliche Erkennen an und für sich in allen Geschöpfen ganz gleichmäßig nichts anderes als die Einheit im erkennenden und erkennbaren Vermögen, d. h. allgemein die Einheit der Vernunft mit der substantiellen Wesensform. Soll eine Verschiedenheit hergestellt werden, so kann diese nur von einem verschiedenen inneren bestimmenden Erkenntnisgrund kommen; ein solcher Erkenntnisgrund ist also für jeden Erkenntnisakt notwendig.

Aber Gottes Erkennen ist bereits ohne weiteres geschieden von allem anderen; denn es ist reine Thatsächlichkeit. Wie soll da ein innerer wirklich bestimmender Grund auch nur möglich, geschweige denn notwendig sein? So Herice.

Wir benützen diese Einwände, um die richtige Lehre immer nachdrücklicher hervorzuheben und bei einem jeden derselben nach einer anderen Seite hin zu zeigen, wie sie angewendet werden muß.

Herice hat bei dieser Begründung seines Einwurfes den Umstand außer acht gelassen, daß der Unterschied der kreatürlichen Dinge voneinander und der Unterschied zwischen Gott und dem geschöpflichen Sein, somit aber auch die entsprechende Kenntnis durchaus nicht auf eine und dieselbe Weise begründet werden darf. Die Geschöpfe sind voneinander verschieden, weil einem jeden von ihnen mannigfacher Mangel und Unvollkommenheit zu Grunde liegt; Gott ist geschieden von allem Geschöpflichen, weil er die Fülle aller Güter ist.

So spricht sich Thomas aus:[1]) „Weil jede geschöpfliche Substanz notwendig der Vollkommenheit der göttlichen Güte ermangelt und von sich aus fallen muß, war es erforderlich, damit die Ähnlichkeit der göttlichen Güte den Dingen in vollkommenerer Weise mitgeteilt würde, daß in den Dingen Verschiedenheit herrsche. So wird, was von einem einzigen in keiner Weise vollkommen dargestellt werden kann, durch verschiedene Dinge in verschiedener Art und Weise vollkommener dargestellt. Denn auch der Mensch bedient sich vieler Worte, um einen Gedanken seiner Vernunft auszudrücken, wenn er sieht, daß ein einziges gesprochenes Wort denselben nicht mit genügender Klarheit wiedergeben kann. Darin kann aber auch die über alles hervorragende Würde der göttlichen Fülle betrachtet werden, daß die Güte Gottes, die da in Gott ist als eine ganz und gar einige und einfache, in den Geschöpfen nur gemäß einer gewissen Verschiedenheit und in vielen sein kann. Die Dinge aber sind dadurch voneinander verschieden, daß ihre Wesensformen verschieden sind, vermittelst deren sie ihre Seinsstufe in ihrer bestimmten Art einnehmen.“

Danach scheidet der engelgleiche Lehrer in den geschöpflichen Substanzen und demgemäß auch in den geschöpflichen Ideen, die nur diese selben Substanzen innerhalb der Ver-

---

[1]) C. g. III. c. 97. „Quia vero omnem creatam substantiam a perfectione divinae bonitatis deficere necesse est, ad hoc ut perfectius divinae bonitatis similitudo rebus communicaretur oportuit esse diversitatem in rebus, ut quod perfecte ab uno aliquo repraesentari non potest per diversa diversimode perfectiori modo repraesentaretur: nam et homo, cum mentis conceptum uno vocali verbo videt sufficienter non posse exprimi, verba diversimode multiplicat ad exprimendam per diversa suae mentis conceptionem. Et in hoc etiam divinae perfectionis eminentia considerari potest, quod perfecta bonitas, quae in Deo est unite et simpliciter, in creaturis esse non potest nisi secundum diversa et plura. Res autem per hoc diversae sunt quod formas habent diversas, a quibus speciem sortiuntur.“

nunft sind, in nachdrücklichster Weise das Vollkommene aus vom Unvollkommenen. Warum sind die Geschöpfe verschieden voneinander? Weil sie mangelhaft sind. Das Sein des einen ist nicht das Sein des anderen, weil ein jedes nur eine beschränkte Vollkommenheit zu tragen vermag. Ihre Natur ist von ihnen selbst aus nur ein deficere, ein Abfall von der göttlichen Vollkommenheit.

Warum ist somit im Bereiche des Geschöpflichen das eine thatsächliche Erkennen unterschieden vom anderen? Weil in jedem Falle eine Idee als bestimmende Formalursache zu Grunde liegt, vermittelst deren die thatsächliche Erkenntnis einer anderen Seinsart nicht geschehen kann. Die geschöpflichen Ideen sind zu schwach, um zugleich anderes Sein zu tragen, als das jener Gattungsart, zu welcher sie bestimmen und hinneigen; „deficiunt“, sagt Thomas, und deshalb sind verschiedene notwendig, damit was durch die eine nicht erkannt werden kann, durch die andere erkannt wird. Im Zustande des Vermögens sind diese Ideen und deshalb kann die thatsächliche Kenntnis erfolgen und sie kann auch nicht erfolgen; es kann eine tiefer eindringende Kenntnis oder eine oberflächliche, eine größere oder eine geringere stattfinden. Der hinreichende Grund für das thatsächliche Erkennen, sowie es sich im einzelnen Akte darstellt, kann nicht durchaus vollständig in der inneren Idee bestehen, die ja ihrer Natur nach indifferent ist und nichts als eine wenn auch in sich bestimmte Möglichkeit für das wirkliche Erkennen bildet, somit auch verschiedenen einzelnen Erkenntnisakten zu Grunde liegt.

Ein solcher Grund für das thatsächliche Sein des Erkenntnisaktes kann nur von außen kommen. Daß also die innere Idee nicht alles auf einmal erkennt und deshalb der Grund verschiedener Erkenntnisakte ist; — das kommt von ihrer Unvollkommenheit und ihrem Mangel — und dieser Mangel muß von Gott entfernt werden. Er hat keinen Erkenntnisgrund für die Verschiedenheit des Seins, der da nur die thatsächliche Kenntnis des einen vermitteln könnte und nicht die des anderen; seine Substanz scheidet ihn nicht in dieser Weise von der Kenntnis andersgearteten Seins. Das ist die Unvollkommenheit der geschöpflichen Idee, die in Gott nicht sich vorfindet.

Die Idee liegt aber andererseits im einzelnen Falle dem wirklichen Erkenntnisakte thatsächlich zu Grunde und befähigt zum positiven und vernünftigen Durchdringen des vorliegenden Gegenstandes seinem Wesen nach. Davon ist nun der volle Grund nicht gerade die für alles einzelne innerhalb derselben Art an sich gleichgültige Idee als solche, sondern in letzter Linie jenes Sein, welches dem Wesen nach reine Thatsächlichkeit ist und sonach auch thatsächliches Sein und damit das Positive im Vermögen verursacht. Das ist Vollkommenheit, in solcher Weise den thatsächlich bestimmenden Grund im vernünftigen Erkennen zu verursachen. Und eine solche Vollkommenheit muß natürlich ihrer Wesenheit nach in Gott sein, sonst könnte Er sie nicht verursachen. Mit anderen Worten: Für Gottes Erkennen selber ist seine eigene Substanz in ihrer reinen Thatsächlichkeit der innerlich bestimmende Formalgrund, die leitende Idee, die species intelligibilis.

Daß Gott, wie Thomas oben sagt, in seiner Einheit und Einfachheit alle Güter in sich enthält; das ist der Grund, daß Er Sich selbst erkennt als den absolut Einen und Einfachen. Nach dieser Kenntnis leitet Er die Natur zur Einheit und verursacht in ihr die bereits bestehende Einheit. Je einheitlicher die Geschöpfe, desto mehr sind sie Gott nahe. „Die Ähnlichkeit aber,“ [1]) so Thomas a. a. O., „die in ihrer Beziehung zur höchsten Einfachheit betrachtet wird, kann in der Verschiedenheit nur so begründet sein, daß die

---

[1]) Similitudo autem, ad unum simplex considerata, diversificari non potest, nisi secundum quod magis et minus similitudo est propinqua vel remota. Quanto autem aliquid propinquius ad divinam similitudinem accedit, tanto perfectius est.

verschiedenen Dinge mehr oder minder der höchsten Einheit sich nähern. Je mehr aber etwas der göttlichen Ähnlichkeit nahe kommt, desto mehr ist es vollkommen."

Anstatt also daß der Einwand Herices die aufgestellte Behauptung gefährdet, führt gerade der Unterschied der Dinge und der diesem entsprechende Unterschied im Erkennen zu hellerer Beleuchtung derselben. Was vollkommen ist in den Dingen, das muß auch in Gott sein und zwar in äußerst vollkommener Weise.

Das geschöpfliche Vernunftvermögen enthält den bestimmenden Erkenntnisgrund innerhalb seiner selbst und ist deshalb Meister seines eigenen thatsächlichen Erkennens.

Also muß auch Gott in Sich selber den bestimmenden Formalgrund seines Erkennens haben. Zudem trägt er denselben in der äußerst vollkommenen Weise in Sich. Denn im Geschöpfe ist zwar innerhalb seiner Vernunft der erkennbare Gegenstand gemäß seiner Substanz, jedoch nur dem Vermögen nach; kann es ja doch mit der in ihm befindlichen Idee erkennen, es kann aber auch nicht erkennen; und ferner schließt eine jede solcher Ideen nach Maßgabe der darin wiedergegebenen Substanz die Kenntnis anderen Seins aus. In Gott aber, der das einzelne Erkennen als wirkender Grund verursacht, ist die Substanz reine Thatsächlichkeit und deshalb vollkommenster Formalgrund mit Ausschluß alles Vermögens.

Insoweit deshalb Gott die eigene Substanz als reine Einheit ansieht, resp. mit ihr ein und dasselbe ist, hat Er Selbsterkenntnis. Insoweit Er die göttliche Substanz als den Inbegriff alles Guten (perfectio divinae bonitatis) betrachtet, hat Er Wollen.

Die anderen Gründe des P. Herice für seinen Einwurf beruhen, genau wie die zwei eben widerlegten, auf der Verwechselung des Geschöpflichen mit dem Schöpferischen oder auf falscher Anwendung des Geschöpflichen auf Gott. Sie übersehen die Notwendigkeit, daß Gott seinem ganzen Wesen nach von der Schöpfung und dem in ihr enthaltenen Sein getrennt werden; daß Er in Sich selbst, abgeschlossen von allem übrigen, die bedingungslose Vollendung alles Seins enthalten muß.

89. Drei genauere Bestimmungen.

Wie das nun zu denken sei, dies lehrt Thomas im letzten Teile seines vierten Artikels. Worin ist genau genommen die Identität vom Sein und Erkennen innerhalb des göttlichen Seins zu setzen?

I. Das Wesen oder die Substanz Gottes kann entweder als absolut betrachtet werden oder inwieweit es die drei göttlichen Personen einschließt und die verschiedenen Vollkommenheiten. Es fragt sich also zuvörderst um die genauere Bestimmung, in welcher Weise aufgefaßt das Wesen Gottes der unmittelbare Erkenntnisgegenstand und somit der innere Formalgrund des göttlichen Erkennens ist.

II. Bilden die göttlichen Vollkommenheiten mit ihrer Verschiedenheit untereinander und vom Wesen, sowie dieselbe wenigstens von uns erkannt wird, einen selbständigen, wenn auch vom Wesen abhängigen Erkenntnisgegenstand Gottes, ein objectum secundarium, wie z. B. für das Auge der unmittelbare Hauptgegenstand das Licht ist, aber ein objectum secundarium jeder Körper, der beleuchtet wird, der also wohl auf Grund des Lichtes und insoweit er dem Einflusse des Lichtes unterliegt, gesehen wird, trotzdem jedoch an und für sich im Lichte nicht als Gegenstand eingeschlossen erscheint? Giebt es somit in Gott selber ein objectum secundarium des Wissens, welches wohl auf Grund des Wesens gesehen wird als das medium quo; das aber im Wesen an und für sich nicht enthalten ist?

III. Wie verhält es sich mit dem Selbstbewußtsein Gottes, insofern nämlich Gott sein eigenes Erkennen weiß?

Nur wenn die Selbsterkenntnis Gottes nach allen Seiten hin klar hingestellt worden ist, kann in den vielen Kontroversen über das göttliche Wissen eine Entscheidung zur Anerkennung gelangen.

90. Das Wesen Gottes, insofern es die Relationen und die Attribute einschließt, ist der Formalgrund des göttlichen Wissens. Der Syllogismus des letzten Teiles von Artikel IV.

Das Wesen oder die Substanz Gottes ist reiner Akt.

Das Wissen Gottes ist reiner Akt.

Also ist das Wesen Gottes und sein Sein thatsächliches Wissen.

So resumiert sich der zweite Teil des vierten Artikels und mit diesen Worten giebt auch Thomas die Antwort auf die erste der drei berührten Fragen.

Das Wesen Gottes ist reiner Akt, weil sein Wesen das wirkliche Sein ist, Wirklichsein ist aber dasselbe wie Thatsächlichkeit, oder wie Akt.

Dieses göttliche Sein ist deshalb Gott zugehörig, weil nichts so eigentümlich ist, wie das innere Wesen, durch das man ist, was man ist und insoweit man ist; Gott ist nur Er selbst und Er ist ganz Er selbst; Er ist sein im wahren Sinne des Wortes. Das thatsächliche Erkennen aber ist gerade der Grund, weshalb etwas dem Erkennenden selber zugehört und seine eigene Vollendung ist; denn sein Wesen besteht darin, daß es immanent ist, innerhalb des Erkennenden bleibt, nur seine Vollendung bildet (perfectio et actus ejus) und nicht die eines anderen. Also gerade weil sein Wesen thatsächliches Erkennen ist, deshalb ist Gott ganz und gar und in seinem ganzen Sein innerlich nur Sich selbst zugehörig. So erklärt Thomas des weiteren die Art und Weise, wie das Wissen Gottes seine Substanz ist. Dann kann aber auch nichts anderes der Formalgrund dieses Wissens sein als das göttliche Wesen in seinem ganzen Umfange, insoweit es die Relationen und alle Eigenschaften und Vollkommenheiten in sich einbegreift.

91. Die Meinungen der Gegner.

Dem scheint nun entgegenzustehen, daß das göttliche Wissen drei Vollkommenheiten besitzt, die es durchaus scheiden vom geschöpflichen, resp. menschlichen.

I. Es ist zuvörderst ein Wissen der Anschauung, eine cognitio intuitiva. Sein Gegenstand ist nicht eine von allen Einzelnheiten losgelöste Substanz und kraft dieser allgemeinen Substanz erst das, was wirklich und einzeln ist; sondern unmittelbar das Einzelne und Wirkliche. Dann müßte aber Gott zum unmittelbaren Gegenstande und demgemäß als Formalgrund seines Erkennens die drei göttlichen Personen haben; denn Er existiert und subsistiert als der eine Gott in drei Personen. Zudem sagt Thomas:[1] „Jeder, welcher erkennt, ist eben dadurch, daß er erkennt, das Princip von etwas innerhalb seiner selbst, was da von ihm ausgeht, und das ist der Begriff oder das Wort;" — und will mit diesen Worten darthun, daß in Gott es eine Zeugung des Wortes giebt, weil Gott Sich selbst erkennt. Sonach kann die ratio formalis, der Formalgrund des Selbsterkennens in Gott nur die Dreiheit der Personen sein, da ja dieses Selbsterkennen ausgeht in die Zeugung des göttlichen Wortes. Die ratio formalis aber ist auch zugleich der terminus, der Ausgang, in den das vernünftige Erkennen als immanentes mündet.

Ebendasselbe wird nahegelegt durch das Wesen der seligen Anschauung der Heiligen, die deshalb übernatürlich ist und alle geschaffenen Kräfte übersteigt, weil die Dreiheit der göttlichen Personen als ihr Gegenstand erscheint. Dann muß notwendig auch Gott selber als Gegenstand der Selbsterkenntnis die drei göttlichen Personen haben, da Er ja „geschaut werden wird, wie Er ist".

II. Dagegen behaupten andere, das Wesen Gottes

---

[1]) S. Th. I. qu. 27· art. 1. Omnis intelligens ex eo quod ntelligit aliquid producit intra ipsum, quod est conceptio mentis

sei nur insoweit objectum primarium der göttlichen Kenntnis, inwieweit dasselbe präscindiert von allem anderen; sowohl von den drei göttlichen Personen als auch von den Attributen. Denn offenbar ist das göttliche Wesen die Wurzel und Grundlage aller jener Erkennbarkeit, welche in den Vollkommenheiten Gottes und in den Relationen besteht. Nur vermittelst des Wesens hat z. B. die Allmacht, die Barmherzigkeit, die Ewigkeit Gottes den Charakter des Erkennbaren und dasselbe gilt, ja im gewissen Sinne noch mehr von den drei göttlichen Personen, da dieselben dieses eine Wesen gemeinsam haben und auf dasselbe sich gründen, somit aber auch an sich nur deshalb erkennbar sind, weil dieses Wesen substantiell erkennbar ist. Nun wird hier nichts anderes gesucht als das erste unmittelbare Objekt des göttlichen Erkennens. Also kann dies auch nur das Wesen an sich betrachtet sein, denn alles andere in Gott hat erst Erkennbarkeit kraft dieses Wesens, nicht in und aus sich selbst.

III. Schließlich legen wieder andere das Hauptgewicht auf den Umstand, daß das Wissen Gottes als ein allbegreifendes, voll komprehensives betrachtet werden muß und daß es gerade dadurch von allem anderen Wissen wesentlich getrennt ist, auch von jenem, welches sich auf Gott erstreckt, „wie Er ist.“ Demgemäß meinen sie, der Gegenstand des göttlichen Wissens sei das Wesen Gottes, insoweit es der Grund ist für die Beziehungen des Geschöpflichen zu Ihm und daß somit Gott zum Gegenstande seines Wissens direkt oder unmittelbar wohl sein eigenes Wesen habe, aber nur, indem Er darin sein eigenes Selbstbewußtsein erkenne und sein eigenes Wissen als alle geschöpflichen Beziehungen durchaus umfassend. Diese Gelehrten stützen ihre Ansicht darauf: auch nach Thomas unterscheide sich die Selbstanschauung Gottes in dem Punkte von der Anschauung der Seligen, daß Er kraft seines Wesens alle wirklichen und möglichen Beziehungen der Geschöpfe untereinander und zu Ihm wisse, während die Seligen nur so viel davon erkennen, als Gott ihnen offenbaren will.

92. Das Wesen Gottes als reine Thatsächlichkeit ist der unmittelbare Gegenstand des göttlichen Wissens.

Nichtsdestoweniger ist allem dem gegenüber festzuhalten, daß Gottes Wesen das objectum primarium, der unmittelbare Formalgrund des göttlichen Erkennens sei, insoweit dieses die Relationen und Attribute in sich einschließt und reine Thatsächlichkeit, actus purus, ist.

Ein Text aus Thomas wird Licht verbreiten:[1] „Es wird etwas erkannt in doppelter Weise, ebenso nämlich, wie es sich auch mit dem Gegenstande des Sehens verhält. Denn was zuerst gesehen wird, das ist das Lichtbild des sichtbaren Gegenstandes in der Sehkraft selber befindlich und die Fähigkeit zu sehen verleihend; es ist die Vollendung des Sehenden, das Princip des Schauens und das Mittel der Verbindung mit dem sichtbaren Gegenstande: und dann giebt es einen gesehenen Gegenstand in zweiter Linie, nämlich das Ding, welches außerhalb des Auges ist. In ähnlicher Weise ist das Erstverstandene die Ähnlichkeit, das Bild der Sache, welches innerhalb der Vernunft sich befindet: und das in zweiter Linie Verstandene ist die Sache selbst, deren Bild

---

[1] I. dist. 35. q. 1. a. 2.: Intellectum dupliciter dicitur sicut visum etiam. Est enim primum visum quod est ipsa species rei visibilis in potentia existens, quae est etiam perfectio videntis et principium visionis et medium lumen ipsius visibilis: et est secundum visum, quod est ipsa res extra oculum. Similiter intellectum primum est ipsa rei similitudo, quae est in intellectu: et est intellectum secundum quod est ipsa res, quae per similitudinem illam intelligitur. Si ergo consideretur intellectum primum, nihil aliud intelligit Deus nisi se; quia non recipit species rerum, per quas cognoscat; sed per essentiam suam cognoscit quae est similitudo omnium rerum. Sed si accipiatur intellectum secundum, sic non tantum se intelligit sed etiam alia.

in der Vernunft sich vorfindet. Wird also der zuerst bezeichnete Erkenntnisgegenstand berücksichtigt, so erkennt Gott nur Sich selbst, denn von keinem anderen Sein empfängt Er Ideenbilder, vermittelst deren Er erkennte; sondern einzig und allein vermittelst seines Wesens erkennt Er, weil dieses die Ähnlichkeit aller Dinge in sich enthält. Wird aber das in zweiter Linie Erkannte berücksichtigt, so erkennt Er nicht nur Sich selbst, sondern auch anderes."

Thomas zeigt in diesen Worten den Weg, auf welchem eine ganz positive Antwort auf die Frage nach dem eigentlichen Gegenstande des göttlichen Wissens in Gott selber gegeben werden kann.

Zuvörderst soll man nicht meinen, der heilige Kirchenlehrer widerspreche sich selber, wenn er hier als primarium objectum der Erkenntnis, als primum visum, das Bild hinstellt, welches innerhalb der Vernunft oder innerhalb des Auges ist; wogegen er doch sonst ganz gewöhnlich das einzelne wirkliche Sein als solchen unmittelbaren direkten Gegenstand des Erkennens bezeichnet. Er gebraucht selbst den erklärenden Ausdruck.

„In potentia existens", sagt er bezeichnend von dem ersterkannten Gegenstande. Ich erkenne das Äußerliche nur dadurch, daß das Bild desselben innerhalb meiner (Potenz) Erkenntniskraft sich befindet; und zwar innerhalb meines Auges als Lichtbild, innerhalb meiner Vernunft als Wesensbild. Dieses Bild jedoch ist, wie Thomas immer bei solchen Gelegenheiten bemerkt, in der Erkenntniskraft nur dem Vermögen nach, in potentia. Es ist dies der Angelpunkt aller Erkenntnislehre. Die Idee hat kein wirkliches, zum Handeln aus sich allein geeignetes Sein, sondern ist nur subjektive Möglichkeit zu erkennen, ebenso wie das Lichtbild nicht sieht, sondern das einzelne Auge vermittelst des Lichtbildes.

Das ist somit ganz ausgeschlossen und zwar durch die Worte des Heiligen selbst, daß dieses Lichtbild, diese Idee, soweit sie im Innern der Erkenntniskraft sich befindet, der unmittelbare Gegenstand des Erkennens, das objectum primarium sei. Denn eine solche Idee ist nur in potentia existens, sie ist also nur in potentia erkennbar; keineswegs sonach in actu.

Was versteht nun Thomas unter dem primum visum et primum intellectum in dieser Stelle? Dasselbe, was er darunter versteht, wenn er sagt, quod actu est, cognoscitur; in quantum aliquid actu est, cognoscitur. Nur was Einzelnsein hat, ist wirklich und thatsächlich. Also die Vernunft erkennt zuerst und als ihren unmittelbaren Gegenstand nicht zwar die Substanz, welche vermittelst der Idee in ihr ist; wohl aber die Substanz, insoweit diese außen thatsächliches Sein im einzelnen hat. Sie erkennt nicht das Einzelne als Einzelnes, sondern sie erkennt genau das im einzelnen, was kraft der Idee in ihr erkennbar gemacht wird und erst nach einer gewissen Reflexion erkennt sie einerseits die Idee als eine in der Vernunft bestehende und das Einzelne außen als Einzelnes; es sind dies objecta secundaria.

Nur weil das Auge die Farbe als ersten Erkenntnisgegenstand hat, erkennt es vermittelst seiner Verbindung mit anderen Fähigkeiten in der Substanz „Mensch" auch die Ausdehnung und Figur oder, wie Thomas sagt, die res visibilis. In ähnlicher Weise, meint Thomas, ist das erste Objekt der Vernunft nicht das Einzelne, was von der Substanz durchdrungen und auf eine gewisse Seinsstufe gehoben wird; — sondern die Substanz im einzelnen Dinge, d. h. das Bild, welches innerhalb der Vernunft selbst sich befindet. Was ist die Idee anderes als die äußere Substanz selber, insoweit diese aller thatsächlichen Beschränkungen von Zeit und Ort entbehrt, als reine potentia substantialis? Und was kann also die Vernunft, die da von dieser Idee zum thatsächlichen Erkennen befähigt wird, anderes zuerst erkennen als diese selbe Substanz, wie sie außen für das Einzelne die Vermittlung bildet, um wirkliches Sein zu haben. Der ein=

zelne Mensch ist nur, weil er die Substanz Mensch hat. Nun dieses maßgebende Moment im wirklichen Dinge, das ist der Gegenstand der vernünftigen Erkenntnis. Ehe der Mensch als kleiner oder großer, als weiser oder thörichter, im allgemeinen in seinen Einzelnheiten erkannt wird, die ihn zum wirklichen Menschen machen, ist er als Mensch Gegenstand der vernünftigen Erkenntnis und erst auf Grund dieses formalen Gegenstandes wird erkannt, daß er Sein hat und daß er alle die Eigenheiten der Gattung „Mensch" trägt. Die Vernunft sieht im Gegenstande sich selbst.

Daraus ergiebt sich unmittelbar der Schluß für die vorgelegte Frage. Weshalb ist das göttliche Wesen Formalgrund für die Selbsterkenntnis Gottes? Einzig und allein deshalb, weil es reine Thatsächlichkeit, reine Einheit ist. Deshalb ist es ein und dasselbe mit dem thatsächlichen Erkennen. Erkennen ist Einheit. Da wird das Erkennen Substanz sein, wo die Substanz eine wesentlich und substantiell durchaus in sich einige ist. Da ist notwendig Erkenntnis, da ist notwendig reinste Wirklichkeit.

Das ist zugleich notwendig der unmittelbare Gegenstand des göttlichen Erkennens und alles andere ist es erst auf Grund dessen: die eine reine Thatsächlichkeit. Der Unterschied zwischen dem geschöpflichen primum cognitum und dem Gottes ist ganz den bisher befolgten allgemeinen Regeln entsprechend. Die Kreatur sieht im äußeren wirklichen Sein dasselbe Vermögen, welches in ihrer Vernunft als bestimmendes Element vorhanden ist; absolute Trennung herrscht zwischen dem wirklichen einzelnen Sein und dem einzelnen Erkenntnisakt. Gott sieht Sich selbst als reinen thatsächlichen Akt, Er sieht die absolute Einheit zwischen Sein und Erkennen. Das ist sein Wesen. Das ist, soweit er sich auch immer erstreckt, sein formaler Erkenntnisgrund und zugleich sein ganzer Erkenntnisgegenstand.

Objectum secundarium für die Kreatur und ihr Erkennen ist das Einzelnsein, die Einzelnheiten als solche oder, wie Thomas sagt, „ipsa res“, in welcher die Substanz ist; für das Auge der gesehene Gegenstand. Ein solches objectum secundarium aber gründet sich ganz und gar auf das primarium. Nur insoweit der gesehene Gegenstand Farben hat, wird er gesehen; nur insoweit der Einfluß der Gattungsart reicht, soweit der einzelne Mensch vom Wesen „Mensch“ beherrscht wird, wird der einzelne Mensch von der vernünftigen Erkenntnis erreicht.

In ähnlicher Weise, sagt oben Thomas, ist alles andere, was nicht Wesen Gottes ist, erkannt von Gott, inwieweit nämlich das göttliche Wesen die Ähnlichkeit davon enthält. Gottes Wesen ist gerade das Selbstbewußtsein, das „Ich“ Gottes, im eigentlichsten Sinne: also nur inwieweit anderes vom Willen Gottes abhängt; inwieweit das „Selbst“ Gottes darin durchscheint, wird es erkannt von Gott. Die Geschöpfe und zwar die Geschöpfe allein sind von Gott erkannt als objectum secundarium oder als objectum materiale.

Selbst die Sünde steht nur in dieser Weise vor Gottes Antlitz. Sie wird erkannt, weil ein von Gott gegebenes Vermögen auch inmitten der thatsächlichen Sünde noch zu Gott kommen kann und trotzdem im einzelnen Falle fällt; wie die Krankheit, sagt Thomas, der Arzt erkennt auf Grund des guten Vermögens, gesund zu werden, welches thatsächlich im einzelnen Falle der ihm an und für sich geschuldeten Gesundheit beraubt ist. Doch darüber später.

Die drei Ansichten, welche der eben auseinandergesetzten entgegenstehen, widerlegen sich durch das Gesagte.

93. Die drei göttlichen Personen sind nicht der unmittelbare Erkenntnisgegenstand Gottes.

Die drei göttlichen Personen zuvörderst können nicht den unmittelbaren Erkenntnisgegenstand für Gott bilden. Es hat sich bereits aus der Besprechung des ersten Artikels dieser Quästion ergeben, daß der formale Grund für die

Existenz eines Wissens in Gott von vornherein dessen Entfernung von der Materie ist. Nun haben aber die drei göttlichen Personen eine und dieselbe Immaterialität; sie sind zumal ein und derselbe reine Akt; also können sie auch nur ein und dieselbe Erkennbarkeit begründen.

Noch mehr. Die Zeugung des Sohnes ist per modum intelligentis. Alles aber, was sich innerhalb des thatsächlichen Erkennens hält, ist gegründet auf die Einheit; denn thatsächliches Erkennen ist eben wesentliche Einheit. Die göttliche Zeugung somit gründet sich gerade darauf, daß Gott als reiner, einer Akt Sich selbst als Einheit erkennt.[1]) Was also in den drei göttlichen Personen erkennbar ist, das setzt die höchste Einheit voraus und wird nur kraft dieser Einheit von Sein und Erkennen geschaut. Die Liebe ist ja auch wesentlich auf Erkennen gegründete Einheit. Dieselbe Voraussetzung gilt damit auch, wenn die Prozession des heiligen Geistes in Betracht kommt. Da besteht kein objectum secundarium, sondern die drei Personen haben ihre Erkennbarkeit innerhalb und kraft der Einheit und gerade sie beweisen, daß nur diese absolute Identität von esse et intelligere in Gott der Formalgrund alles Erkennens sein kann.

Wenn gesagt worden ist, daß Gott in den drei Personen subsistiert und daß deshalb das Wissen Gottes, welches nur als Anschauung (intuitiva visio) Wissen sei, zum unmittelbaren Gegenstande die Dreipersönlichkeit habe und nicht so sehr das Wesen: so beruht dieser Grund auf einer Verwechselung von „Person" und „Sein". Allerdings ist das göttliche Wissen Anschauung und richtet sich demgemäß auf das Einzelne und Thatsächliche, aber dieses Einzelne und Thatsächliche ist das Sein und nicht die Person. „Esse est primum quod intelligitur," wiederholt Thomas häufig[2]) und nur auf Grund des Seins wird etwas verstanden.

---

[1]) Vgl. oben Thom. S. Th. 1. q. 27. art. 1.

[2]) S Th. I. q. 5. art. 2.; q. 11. art 2 ad 4.; 1 d. 8. q. 1. art. 3.; 1 de Ver. q. 1. art. 1.; 9. de Pot. art. 7. ad 6 etc.

Die „Person" aber ist weit davon entfernt, mit dem Sein identisch zu sein; vielmehr könnte sie als das subjektive Princip der Trennung, also des Nicht-Sein bezeichnet werden. Zumal aber in Gott ist das Sein ein einiges und der Personen sind drei. Letztere werden deshalb insofern erkannt, als sie mit dem einen Sein durchdrungen und innerhalb dieses Seins die reine Thatsächlichkeit und die Abwesenheit jeder Möglichkeit der Entwicklung zum selbständigen Ausdruck bringen.

Was auf Grund der Übernatürlichkeit der Anschauung Gottes von seiten der Seligen entgegnet wird, die ja den Dreieinigen zum Formal-Gegenstande hat, also auch für Gott die Dreipersönlichkeit als Formal-Gegenstand vorauszusetzen scheint: so ist das wohl etwas oberflächlich. „Übernatürlich" ist jedenfalls auch das Wesen Gottes an sich, insoweit es positiv eins und dasselbe ist mit dem thatsächlichen Erkennen. Auf dem Pilgerwege aber, d. h. im Bereiche der reinen Natur, können wir eben nur etwa erkennen, was Gott nicht ist, nicht aber, was und wie Er ist. Daß nun Gott in Sich selbst in drei Personen ist, das ist nicht der Formalgrund der Übernatürlichkeit des seligen Anschauens, sondern eine Bedingung desselben von seiten Gottes, der eben, wenn Er übernatürlich geschaut wird, erscheint, wie Er ist, d. h. in drei Personen.

Daß aber Thomas gerade aus der Natur des Erkennens die Zeugung des ewigen Wortes zu veranschaulichen sucht (convenit intelligenti producere verbum), das beweist eben, daß eine solche Zeugung nicht Formalgrund des Erkennens sein kann, sondern vielmehr, daß sie nur erkannt wird, weil der Formalgrund sich auf sie erstreckt: weil der Vater eins ist und bleibt mit dem Sohne.

94. Die göttliche Substanz ist nicht, abgesehen von den Attributen, der Formalgrund und Gegenstand der göttlichen Erkenntnis.

Die Meinung der an zweiter Stelle genannten Autoren beengt im Gegensatze zu der ersterwähnten in allzu hohem Grade die schöpferische Formalursache des Wissens. Sie will, daß das Wesen Gottes wohl der Formalgrund und der unmittelbare Gegenstand göttlichen Wissens sei; aber daß dabei von den Attributen abgesehen werde, die erst ein objectum secundarium, einen von der eigentlichen Formalursache abhängigen Erkenntnisgegenstand bilden könnten.

Es kann bei dieser ganzen fundamentalen Frage nach der Begründung des Selbstbewußtseins Gottes nicht vorsichtig genug zu Werke gegangen werden. Wir müssen von allen Seiten her zeigen, daß nur die Kreaturen, wie Thomas oben berührte, ein solches objectum secundarium oder materiale seien. Es kann, wenn die göttlichen Vollkommenheiten, die ja doch zum größten Teil eine Beziehung der Kreaturen zu Gott in sich konnotieren, in dieser Weise vom eigentlichen Erkenntnisgegenstande getrennt werden, gar zu leicht geschehen, daß dieser letztere zu einem wesenslosen Schatten zusammenschrumpft und die Kreaturen als eigentlich bestimmende Faktoren des göttlichen Erkennens ihren Einzug in dasselbe halten.

Was bleibt in der That vom göttlichen Wesen schließlich zu erkennen übrig, wenn die Vollkommenheiten davon getrennt werden? Die Allmacht steht dem Nichts gegenüber, die Barmherzigkeit der Sünde, die Freiheit der geschöpflichen Notwendigkeit, die Weisheit der Unordnung 2c. Ist mit all diesen Vollkommenheiten zusammen das göttliche Wesen nicht das objectum primarium et unicum der Erkenntnis und wird zudem noch das objectum secundarium, also diese Vollkommenheiten an und für sich nicht in volle Abhängigkeit vom ersteren gebracht, so ist schwer zu bestimmen, welche Kennt=

nis im einzelnen das göttliche Wesen unabhängig für sich vermitteln soll. Das ist aber nicht so. Die göttlichen Vollkommenheiten sind im Wesenssein Gottes als objectum primarium mitenthalten.

Allerdings werden sie gemäß unserer Art und Weise zu erkennen, voneinander und vom Wesen Gottes unterschieden: Die Barmherzigkeit ist nicht die Gerechtigkeit, die Weisheit ist nicht die Allmacht und keine dieser Vollkommenheiten ist gleichbedeutend mit dem Begriffe „Wesen". Warum aber wird dieser Unterschied gemacht? Weil etwa derselbe in der That im wirklichen Sein besteht? Weil etwa nach einem anderen Sein Gott gerecht wäre und nach einem anderen barmherzig und wiederum nach einem anderen seine innerste Substanz Bestand hätte?

Keineswegs. Die Schwäche unserer Vernunft gelangt in der Weise zu Gott, daß sie die im geschöpflichen Sein vorhandenen Vollkommenheiten prüft und, falls sie in deren Begriff kein Hindernis für ihr Bestehen in einem ganz vollendeten Sein findet, sie auf Gott überträgt. Sie kann das Meer nicht mit einem Blicke ermessen und sucht sich dafür durch die Erwägung der Gewalt und des Umfanges der kleineren Ströme, angefangen von den noch kleineren Bächlein, die in den Strom fließen, eine schwache Idee davon zu machen, wie groß und gewaltig das Meer sein muß, welches ja zu diesen Bächlein, Flüssen und gewaltigen Strömen in keinem Verhältnisse stehen kann.

Und was dient der Vernunft dabei als Maßstab? Sie untersucht, ob eine geschöpfliche Vollkommenheit, wenn ihrem reinen Begriffe das subjektive wesentliche Sein entspräche, irgend eine Beschränkung oder eine Zusammensetzung in demselben, also einen inneren Gegensatz verursachen oder voraussetzen müßte. Ich habe den Begriff „gerecht". Kann ich eine Gerechtigkeit dem wirklichen Sein nach voraussetzen, also einen Gerechten, welcher, so vollkommen er auch immer, so groß seine Seinsfülle ist, doch immer gerecht bleibt? Ohne

Zweifel. Eine Gerechtigkeit, die barmherzig, die weise, die allmächtig u. s. w. gemäß ihrem subjektiven Wesenssein ist, die ist nur um so mehr immer gerecht. Das könnte ich nicht voraussetzen bei dem Begriffe „warm", denn sein Gegensatz ist „kalt"; darin ist er begrifflich beschränkt.

Was besagt dies aber anders, als daß selbst nach unserer Denkweise für eine jede dieser Vollkommenheiten, soll sie als eine wesentlich unbeschränkte gedacht werden, ein ganz und gar einfaches, in sich völlig unendliches, nach außen hin aller Schranken entbehrendes Wesen vorausgesetzt wird. Jede dieser Vollkommenheiten, weit entfernt, daß sie, selbst nach unserer Art, die Sache aufzufassen, ein anderes Sein der göttlichen Erkenntnis vorstellte, verlangt von sich aus ganz dasselbe volle reine Sein, um in der subjektiven Wirklichkeit unbeschränkt zu existieren, welches die anderen verlangen.

Nicht also als ein objectum secundarium stellt sich eine jede dieser Vollkommenheiten Gott dar, sondern als reines objectum primarium, als reines einiges unbeschränktes Sein. Das Wesen Gottes giebt diesen Vollkommenheiten Erkennbarkeit, Trennung vom Stoffe, gänzliche Reinheit. Ihre Verschiedenheit rührt nicht daher, daß sie in Gottes Sein wirklich verschieden sind, sondern daß geschöpfliche Vermögen die eine tragen oder tragen können und nicht die andere und einen gewissen Grad der einen besitzen oder besitzen können und nicht einen höheren. Das aber giebt nur Grund zu einer verschieden gearteten und verschieden abgestuften Erkennbarkeit im Bereiche des geschöpflichen Erkennens. Diese Vollkommenheiten sind unvollkommener- und beschränkterweise im Geschöpflichen und deshalb sind sie für die diesem Kreise angehörenden Fähigkeiten nur unvollkommen, getrennt voneinander und jede einzelne in mangelhafter Weise erkennbar. In Gott haben sie ein einiges Sein, was da das thatsächliche Erkennen selber ist, also sind sie auch alle zusammen im Wesen der Formalgrund der göttlichen Wissenschaft.

Es ist wahr, daß ihre Begriffe auch für Gott verschieden sind. Aber woher rührt diese Verschiedenheit? Aus ihrem thatsächlichen subjektiven Sein? Nein; vielmehr ist ihr einiges, unbeschränktes Sein in Gott die Ursache ihrer rein begrifflichen Verschiedenheit und also ist ihre Eigenschaft, dem wirklichen subjektiven Sein nach den Formalgrund und unmittelbaren Gegenstand des göttlichen Wissens zu bilden, die nächste Ursache für die Verschiedenheit ihrer Begriffe. Denn gerade an ihrem vollendeten, ganz und gar freien Sein in Gott liegt es, daß diese Vollkommenheiten in endlos vielen Abstufungen, die eine ohne die andere, den geschöpflichen Vermögen oder dem Stoffe in welcher Gestalt auch immer eingeprägt werden können, ohne ihr eigenes wirkliches Sein in Gott zu erschöpfen. Sind sie thatsächlich geschieden voneinander, so bestehen sie doch immer nur substantiell als Vermögen; ihr wesentliches Sein in Gott aber ist unbegrenzte Wirklichkeit. „Die Ströme fließen vom Meer aus und ins Meer zurück, das Meer jedoch bleibt fortwährend dasselbe.“

95. Das „Ich“ Gottes.

„In imagine pertransit homo.“ „Im Bilde geht der Mensch vorüber.“ Das ist die Zusammenfassung des rein natürlichen menschlichen Lebens. Aber kein Vorübergehen ohne Zweck und ohne Ende ist des Menschen Los. Es giebt ein Bild, welches zwar nicht in ihn eintritt, in welches er aber hineingebildet werden soll, das da bleiben und ihn selber in glückseliger Ewigkeit unsterblich machen wird. Von diesem Bilde sagt Paulus (II. Cor. 3, 18.): „Von einer Helle wandern wir zur anderen, bis wir über unsere Kräfte hinaus hineingeformt werden alle in dasselbe Bild, wie vom Geiste des Herrn.“

Wir sind hier am Schlusse der positiven Lehre von dem Selbsterkennen Gottes. Wir müssen in wenigen Zügen noch dessen auf ewigem Herrschersitze thronende und alles überragende Allgewalt zeichnen. Einheit, die höchste denkbare Einheit, volle Identität ist das Selbstbewußtsein Gottes. Gott ist nur Er selbst und Er kann dies nur sein, weil Er sein Erkennen ist. Nur was man selbstbewußt versteht, besitzt man. Nur wer sich selbstbewußt ohne Schranken auffaßt, der besitzt sich selber, der ist er selbst. Danach bemißt sich der Wert der Kreatur und die Abstufung des geschöpflichen Seins.

Überall wo Einheit ist, da ist das die Wirkung derjenigen Einheit, bei welcher ein Zerreißen völlig unmöglich ist. Alles Zufällige muß zum Notwendigen; alles, was seine innere Einheit von außen empfangen hat, muß zu jener Einheit zurückgeführt werden, welche in sich selbst den bindenden Grund der Notwendigkeit trägt. Alles in der Schöpfung ist nur, weil es geworden ist; alles demgemäß ohne Ausnahme, was in der Schöpfung besteht, hat mit dem wirklichen Sein nicht eine in sich selbst begründete, sondern nur eine rein zufällige, von außen „zugefallene“ Einheit. Alles ruht, was sein wirkliches Sein betrifft, auf jener Einheit, die innerlich notwendig ist. Diese Einheit allein kann notwendigerweise nur eine, nur eine einzige sein, denn sie ist eben ihr Sein selbst. Von ihr fließt zu allererst jene Einheit, welche das geschaffene Wesen als Vermögen für das Sein mit dem wirklichen Sein verbindet und ohne ihren wirkenden Einfluß hört ohne weiteres diese Einheit auf und das substantielle Vermögen selbst verliert alles irgendwie beschaffene Bestehen in der Wirklichkeit.

Aber die geschaffenen Wesenheiten selber, welche dem einzelnen wirklichen Sein zu Grunde liegen und je nach ihrem Vermögen die eigentümliche Seinsstufe verleihen, besitzen auch innerhalb ihrer eine mehr oder minder große Einheit.

Da giebt es zuerst solche, bis zu welchen sozusagen nur ein Schatten der voll und ganz selbstbewußten Einheit von da oben her dringt. Ein Schatten ist es, denn sie tragen in sich selber bereits ihrem Begriffe nach die Möglichkeit und sogar, um den genaueren Ausdruck zu wählen, die Notwendigkeit der Trennung, sobald sie Wirklichkeit gewinnen. Kaum geworden, streben sie schon von ihrem eigenen Innern aus der Trennung zu. Das Wasser beginnt, erst entstanden, seiner eigenen Substanz nach sich auch schon in Dampf aufzulösen. Die Frucht verdorrt. Teilung der inneren Teile; das ist das Princip des Stofflichen. Nur beständiger Einfluß von außen kann diese stofflichen Wesen in ihrer Substanz erhalten. In ihnen herrscht die sklavische Notwendigkeit des Zwanges, welche beständig von außen her abhängig ist. Kaum eine schwache Spur jener inneren Notwendigkeit, welche die Quelle vollster Freiheit ist und in sich allein ihr Genügen findet, offenbart sich im reinen Stoffe. „Alles Fleisch ist Heu; verdorrt ist die Blume des Feldes, kaum daß sie aufgegangen;" dieses Schicksal trägt das Stoffliche in sich, schon seinem Wesen nach.

Ebenfalls nur ein Schatten der göttlichen inneren Einheit zeigt sich im Pflanzenleben, obgleich ein etwas hellerer. Hier besteht bereits ein Anfang jener Herrschaft, welche das Selbstbewußtsein voll und ganz verleiht. Das Lebensprincip in der Pflanze bewegt die Säfte nach oben oder nach unten, nach rechts oder nach links, sowie es dem Besten der Pflanze selber und nicht wie es dem Walten rein äußerer Kräfte zukommt. Eine Einheit bereits besteht hier nicht nur in der wechselseitigen Durchdringung von Form und Stoff, so daß daraus ein Ganzes wird wie beim Stein; sondern auch für die Thätigkeit. Das innere Lebensprincip wird eins mit der betreffenden Thätigkeit der erhaltenden und vermehrenden Säfte.

Noch heller wird dieser Schatten des allgewaltigen, des voll einen Selbstbewußtseins im Tiere. War bei der Pflanze eine Einheit vorhanden zwischen dem Lebensprincip im Ganzen und den in Bewegung gesetzten Säften, bei dem Wachsen und dem Fortpflanzen im allgemeinen, so tritt bei dem Tiere diese Einheit bereits für das Princip der einzelnen Bewegung und

Thätigkeit ein. Hier besteht schon die Identität des Gesehenen mit dem Sehenden, des Gehörten mit dem Hörenden, indem das Lichtbild sowohl außen als innen im Auge, der Ton sowohl außen als innen kraft des entsprechenden Bildes im Ohre ist; und dasselbe für die übrigen Sinne gilt. Das Vermögen zu sehen im Tiere ist geformt durch das Lichtbild, welches genau dem außen befindlichen Gegenstande entspricht und bildet so im Tiere die bestimmte Fähigkeit, diesen Gegenstand zu finden. Die Außenwelt drückt sich je nach den verschiedenen Verhältnissen und Organen des Tieres in selbem ab, immer jedoch nur gemäß den ganz bestimmten Einzelnheiten, die Ort und Zeit begleiten und nimmer nach der inneren Substanz, die an den einzelnen Ort als solchen keineswegs gebunden ist. Und dieser Abdruck der Außenwelt erscheint in so vielen Fällen, wenn er auf Grund der beschriebenen Grenzen betrachtet wird, im höchsten Grade bewunderungswürdig.

Wenn die Bienen jede einzelne Bienen- oder Drohnenzelle mit außerordentlicher Regelmäßigkeit und peinlichster Genauigkeit aufbauen, so daß eine jede ein regelrechtes Sechseck wie mit dem Lineal gezogen bildet; wenn sie alle Ritzen ihres Wohnhauses bis auf das Flugloch mit Harz dicht verkitten, welches ihnen meist die Nadelhölzer liefern, damit ja nicht die ihnen so nötige Wärme entweicht; wenn sie ihre Wintervorräte immer oben im Stocke aufspeichern, jede Zelle damit füllend, die von junger Brut frei wird, weil der Honig da vor Räubern sicherer ist und es oben mehr Wärme giebt; wenn die junge Biene zuerst nur schüchtern unmittelbar vor dem Stocke in orientierendem Vorspiele ausfliegt, um sich die Wohnung von außen zu besehen, sich ihre Umgebung, ihre ganze äußere Konstellation zu merken und erst nach und nach sich weiter wagt; — was anderes zeigt dies an, als daß in ihren Sinnen die Außenwelt nach ihrer äußeren Erscheinung und nach ihren äußeren einzeln bestimmten und beschränkten Verhältnissen sich abdrückt!

Die bestimmte Gestalt des Herrn prägt sich ein im Sinne des Hundes und deshalb kommt er wieder zu ihm zurück. Die heilende Pflanze hat sich das wunde Reh in seinem Sinne eingedrückt, sie ist eingedrückt durch die Natur selbst und deshalb findet es dieselbe. Jedes Tier kennt seine Beute, es kennt seine Feinde. Da ist bereits eine Identität zwischen der Form innerhalb der Sinne und der äußeren Erscheinung; eine schwache, es ist wahr, aber es ist eine Identität, welche von Natur aus dem einzelnen Tiere die Möglichkeit giebt, das entsprechende wirkliche einzelne Sein zu suchen oder sich vor selbem zu hüten.

Aber besteht da Selbstbewußtsein? Ist da Freiheit? Darf da von Herrschaft gesprochen werden? Wird die Biene jemals das Wachs dazu gebrauchen, um es zu bearbeiten, daß es ein Licht werde und brenne und die ihr so nötige Wärme verbreite? Wird sie den Honig zum Heilen von Wunden benützen? Wird sie jemals eine quadratische, in mancher Beziehung vielleicht bequemere Zelle bauen? Und doch liegt es in der Substanz des Wachses, daß es erleuchten und wärmen kann; doch liegt es in der Substanz des Honigs, daß er heilt. Aber eben die innere Substanz ist nicht das innerlich leitende Princip in der Thätigkeit der Tiere. Nur äußere ganz bestimmte Beziehungen der Dinge tragen die Tiere in ihren Sinnen. Sie können die letzteren nicht beherrschen; denn wozu diese Dinge sonst noch brauchbar oder wie sie schädlich sind, das wissen sie nicht. Vielmehr werden sie so beherrscht von allen diesen Schranken sinnlicher Eindrücke, daß sie eher zu Grunde gehen als ihrem Einflusse sich entwinden.

Der Löwe kann nicht anders als brüllen, der Hund kann nicht anders als bellen. Kein Tier kann die Stimme des anderen nachahmen und möchte es auch sein Leben kosten. Die Tiere nehmen nicht die Substanz der Dinge in sich auf und sonach können sie auch nicht über die Schranken der Einzelnheiten hinaus diese Einzelnheiten selbst leiten; sie können nicht ihre eigene Substanz auffassen und demgemäß zum „Ich" kommen.

Erst im Menschen leuchtet, wenn auch oft noch sehr matt, ein Abglanz des Lichtes der Einheit Gottes, seines Selbstbewußtseins. Stufenweise dringt er dazu vor. Seine Erkenntniskraft wird im Bereiche des Vermögens eins nicht mehr bloß mit einzelnen Äußerlichkeiten der Dinge gemäß den Sinnen. Nein; die das wirkliche Einzelnsein unmittelbar tragenden und innerlich begründenden Substanzen werden eins mit ihm; sie werden die bestimmenden Formen in seinem Vernunftvermögen. Das ist aber noch nicht das Selbstbewußtsein.

Wenn vor dem Geiste des achtjährigen Knaben Bernini die schönsten Kunstgebilde stehen und er mit ruheloser vor Entzücken zitternder Hand sie im Stoffe festzuhalten sucht — das ist Kunst, aber nicht Selbstbewußtsein. Wenn vor dem trunkenen Auge des Dichters die Welt der Ideale emporsteigt und es ihn treibt und treibt ohne Rast und Ruh mit Vernachlässigung aller anderen Bedürfnisse, sie zu verdichten in begeisterten Worten, in sanft klingenden Reimen — das ist Kunst, aber nicht Selbstbewußtsein. Der wahre Künstler kann gar nichts für seine Kunstidee. Er hat sie nicht durch Sorge und Studium erlangt, sie ist ihm entgegengesprungen, hat ihn überwältigt und hält ihn fest.

Es ist ein ungemein großer Irrtum, zu meinen, daß diese Identität im Vermögen der Vernunft: die volle Einheit der Substanz, die außen die Einzelndinge leitet, und des im Vernunftvermögen bestimmenden Grundes, der Idee; wir sagen, es ist falsch, zu glauben, daß eine solche Identität, die nur im Bereiche des Vermögens besteht, unbewußt, also nicht thatsächlich erkannt und dem Geiste gegenwärtig ist, keine Kraft und keinen Einfluß habe. Sie ist Vermögen im Vergleiche zum thatsächlichen Erkennen, im Verhältnisse zum entsprechenden Selbstbewußtsein, sie bewirkt nicht das „Ich erkenne"; aber ihr Einfluß auf das niedrigere Sein ist mächtig.

Sie eben, diese Identität, ist die Kunst. Das deutsche Wort ist so treffend. Ein Können ist die Kunst. Aber kein bewußtes Wissen ist sie. Sie beruht auf reinem Vermögen. Die wahre Kunst treibt, ohne daß der Mensch sich dessen bewußt ist.

Und gleich bei diesem menschlichen Können, das rein von der Natur und nicht von Selbstthätigkeit kommt, zeigt sich der Vorrang vor dem Tiere; trotzdem das eigentliche Selbstbewußtsein noch nicht es beherrscht, davon ausgeht, sondern nur von ferne ein wenig hineinleuchtet. Das Kind spielt bereits ganz anders mit seiner Puppe, wie etwa das Hündchen. Es disponiert über den Stoff. Es macht neue Kleider, wenn die alten zerrissen sind, es schlägt die Puppe, wenn es unzufrieden ist.

In der Behandlung der Einzelnheiten sind ja die Tiere unsere Meister. Kein Baumeister wird so regelmäßig und zweckmäßig ein Haus bauen, wie die Ameise ihre Gänge baut. Kein Kriegsherr wird solche Disciplin im Heere haben und solch vollkommene Ordnung wie die Ameisen in ihren ungezählten Haufen. Darin also liegt nicht die eigentlich menschliche Kunst.

Diese zeigt sich alsogleich im Einhauchen eines freieren Geistes. Die Dinge sind gemäß ihrer Substanz im Geiste des Menschen; aber sie sind da nicht gemäß der äußeren Substanz mit ihren einzelnen äußeren Erscheinungen, wie sie Wirklichkeit hat. Vielmehr ist diese selbe Substanz, welche außen in ihrem Wirklichsein eingeschränkt und voller Beengtheit sich vorfindet, im Vernunftvermögen gegenwärtig als Vermögen, welches auch unter anderen Einzelnheiten existieren kann. Sie ist da als das vom Wirklichen freie Vermögen und als solche führt sie über die außen erscheinenden Einzelnheiten weit hinaus. Das ist Ideal, leitendes Ideal, die Quelle des künstlerischen Schaffens zuerst und dann überhaupt die Quelle jeden Schaffens.

Das Ideal ist noch nicht das Selbstbewußtsein. Aber

es verleiht dazu die innere positive Möglichkeit; denn vermittelst fremder Substanzen kann ich auch die eigene kennen. Substanz bleibt immer Substanz; sie ist immer in linea substantiae. Kann ich eine einzige kennen, so kann ich, wenn sonst keine Hindernisse vorliegen, wenigstens von seiten des Vernunftvermögens alle erkennen. Das wirklich thatsächliche Selbstbewußtsein, die Einheit, welche am meisten der göttlichen Einheit nahe kommt, kann nur die Wirkung dieser letzteren, der göttlichen, sein. Vermögen dazu ist wohl im Geschöpfe Vermögen, was Gott verliehen hat; aber ein Vermögen, das da nie aus sich heraus wirkliches Selbstbewußtsein hervorbringt. Oder kommt denn der wahre Künstler jemals zu vollem Verständnisse seiner Kunstidee oder seines Kunstwerkes? Ohne Ende; das ist die Losung der wahren Kunst. Und doch liegt die Idee in ihm und sie kann ihm mehr zum Bewußtsein kommen; der Künstler kann immer mehr mit dem „Können" das Wissen verbinden.

Die höchste Einheit im Geschöpflichen kann noch weniger aus sich selber kommen oder von einem subjektiven Vermögen gegeben werden, wie die niedrigste, die des stofflichen Wesens. Das höchst vollendete Selbstbewußtsein, die absolute Identität, Gott nämlich ist ganz und gar frei, jene Wirkung, welche Ihm am ähnlichsten ist, zu verursachen oder nicht: nämlich das Verständnis der eigenen Substanz, die Identität des Erkennens mit der erkennenden Substanz, das geschöpfliche „Ich".

Wie unvollkommen ist aber dieses an sich betrachtet auch dann! Wie wesentlich verschieden von dem allbewirkenden Selbstbewußtsein Gottes!

Nur vermittelst der äußeren Substanzen kommt das nächste Vermögen für das Selbstbewußtsein im Menschen zustande. Nur weil ich eine äußere Substanz erkenne, kann ich sagen: Ich erkenne. Nur erst auf Grund des Eintrittes der äußeren Substanzen in mein Vernunftvermögen und ihrer Identität mit dem inneren Grunde, der das letztere be-

stimmt, kann ich erkennen. Nur wenn ich wirklich das äußere Sein gemäß der Substanz erkenne, sage ich: Ich erkenne. Nur wenn ich dann auf Grund der Erkenntnis des äußeren Seins in mich selber zurückkehre und nun die darin befindliche reine Substanz prüfe, kann ich dann auch das eigene Erkenntnisvermögen und vermittelst dessen die eigene menschliche Substanz prüfen.

Überall Können; nirgends von uns aus etwas Wirkliches. Wir sind darauf angewiesen, immer wieder und zumal um so mehr bei der höchsten Ehre, die uns menschlichen Geschöpfen im Bereiche der Natur widerfährt, bei dem wirklichen Akte des Selbstbewußtseins, zu Gott uns zu wenden und müssen Ihm um so näher kommen, je höher und dem ganzen Wesen nach vollkommener sein Selbstbewußtsein dasteht, das da zum formalen Erkenntnisgegenstande nicht ein Vermögen besitzt, sondern die reine Fülle wirklicher Thatsächlichkeit.

Die Ehre Gottes ist unsere Ehre. Je mehr Er in uns wirkt, desto mehr herrschen wir; desto mehr sind wir Meister unserer selbst; denn desto mehr besitzen wir uns selbst. Gott ist die höchste innere Einheit, Er ist das reine Selbst — und deshalb muß alles auf Ihn blicken, was ist. Denn nur was eines ist und insoweit etwas einig ist, existiert es und je höher seine innere Einheit ist, desto mehr empfängt es von der innerlich notwendigen Einheit. Weit ist das Thor, durch welches die Geschöpfe zurückkehren können zu Gott ihrem Herrn. Der Psalmist sagt mit Recht (Ps. 99):

„Dienet dem Herrn in Jubel und Freude; tretet hin vor sein Antlitz mit Entzücken. Wisset, der Herr selbst ist euer Gott; Er hat uns gemacht und nicht wir haben uns gemacht. Tretet ein in die heiligen Vorhallen mit Preis und Danksagung, in feierlichen Hymnen lobet Ihn; in Ewigkeit dauert seine Barmherzigkeit und seine Wahrheit von Geschlecht zu Geschlecht!“

Wahrlich, o Mensch! Eine Freude muß es dir sein, Gottes Macht zu bekennen und seine Herrlichkeit zu feiern.

„Du wandelst vorüber im Bilde" der Geschöpfe und ach! so selten bist du dir und noch seltener bleibst du dir bewußt, wozu die Geschöpfe dich eigentlich führen. Ist es der Geiz, der dich in deren Gebrauche leitet? Ist es der Neid, der dich sprechen lehrt? Giebst du Almosen aus Nächstenliebe oder aus Ehr= und Selbstsucht? Wie schwer, wie unmöglich ist es, dieses in dir befindliche Bild oder Vermögen zu prüfen! Die Unendlichkeit, die Unergründlichkeit trägt das Einzelne, die Unendlichkeit, die Unergründlichkeit trägt das Ganze mit sich herum. Eitle Mühe da, zum Selbstbewußtsein zu kommen; dich zu erkennen, wie du bist. Lasse dich belehren vielmehr von den Kreaturen, wie viel bei jeder Kenntnis noch übrig bleibt. Lasse dich besonders belehren, wenn es sich um Selbst=kenntnis handelt, wie dir in dir selber alles zu erkennen übrig bleibt. Und dann mache es wie die Künstler! Das ist die höchste Kunst, seine Seele zu retten und die Schönheit einst zu schauen, zu der sie von Gott befähigt ist. Der Künstler folgt dem Ideale, das er nicht selbstbewußt kennt; er läßt sich treiben vom Geiste. Sein Ideal ist das Vaterland; sein Ideal ist das Freundesglück; sein Ideal ist Wohlthun.

Nun wohl, ich will dir ein Ideal zeigen, welches alle diese Ideale in sich enthält, welches zum dauernden Frieden führt, zum Gleichwerden mit dir selbst und mit deiner Kraft in ihm selber. Es ist derjenige, von dem Paulus sagt: Nunc cognosco ex parte; tunc cognoscam sicut et cognitus sum. Es ist derjenige, der da in Sich selber beständig gleich, allein Friede und Glück im Herzen zu verbreiten vermag. Von seinem Geiste lasse dich führen, wohin es Ihm beliebt. Er weiß besser wie du, was du einst sein sollst. Betrachte jetzt seine Herrlichkeit im Glauben und du wirst einst in Wahrheit dich selbst in Ihm finden. Erst wenn sein Anschauen uns in Ewigkeit ohne Wechsel stärkt, werden wir in seiner Gleichheit und in seinem Frieden auch den unsrigen finden. „Der Herr ist Geist," schreibt der Apostel, „wo aber der Geist des Herrn, da ist Freiheit. Wir aber alle werden, wenn wir einmal die Herrlichkeit des Herrn mit enthülltem Antlitz schauen, von einem Glanze zum anderen (vom Glanze des Glaubens zum Glanze des Schauens) hinübergebildet werden in das eine und nämliche Bild des ewigen Wortes wie vom Geiste des Herrn."

§. 3.

Entgegenstehende Irrtümer.

96. Die Meinung des Suarez.

Das hier Auseinandergesetzte ist geeignet, die Haltlosigkeit der Suaresischen Aufstellungen darzuthun.

Bei einem so einzig hervorragenden Gelehrten wie Suarez, erscheint es erst so recht, wie verderblich die Wirkung vorgefaßter Gedanken ist. Der Anlaß zur Erfindung der scientia media war ja nicht die Verlegenheit, welche die bis dahin verbreiteten Annahmen über das Wissen Gottes als einer göttlichen Vollkommenheit etwa gemacht hätten. Nicht davon ging die scientia media aus, daß in den Vollkommenheiten Gottes an und für sich ein Mangel oder eine Disharmonie nach den bis dahin gelehrten Ansichten entdeckt worden wäre. Nicht von seiten der Betrachtung des göttlichen Seins fand man es als unzureichend, daß das Wesen Gottes der einzige Formalgrund für das göttliche Erkennen sei. Es war kein bis dahin unbeachtet gebliebener Fehler in den Schlußfolgerungen über das Sein Gottes, der eine Korrektur nötig gemacht hätte. Nein. Der vorgefaßte Gedanke von einer falsch verstandenen Freiheit des Geschöpfes war die leitende Idee, welche zur Aufstellung der scientia media trieb.

Wir sind weit davon entfernt zu behaupten, daß dieser Gedanke mit Molina entstand oder auch nur sich mit ihm einbürgerte. Solche Gedanken liegen, sozusagen, in der Luft und schreiben, oft genug für Jahrhunderte, der wissenschaftlichen und socialen Entwicklung ihre Bahn vor. Und wer kann sich dem Einflusse derselben ganz entziehen. Es ist dies eben ein neuer Beweis für die Existenz solcher im menschlichen Geiste vorhandenen, aber unbewußt führenden Ideen. Sie werden dem Geiste nicht thatsächlich gegenwärtig, bleiben demnach, was die persönliche Entwicklung des Einzelnen anbelangt im Zustande des Vermögens, aber sie wirken deshalb, sind sie schlecht, um so verderblicher, sind sie gut, um so mächtiger.

Erst wenn die Folgen solcher welthistorischer Ideen nach langer Arbeit gleichsam mit Augen geschaut werden; erst wenn dieselben in verschiedenen Ländern und verschiedenen Zeiten gleichmäßig immer in derselben häßlichen Gestalt sich gezeigt haben; erst wenn infolge dessen es leicht ist zu sagen, daß diese Ideen falsch sein müssen, da die verderblichen Wirkungen nur von ihnen herrühren können; — erst dann geht man etwas zurück und sucht sowohl in wissenschaftlicher als in socialer Beziehung die Axt an die Wurzel zu legen.

Der Mensch will einmal fühlen, erfahren. Seine Vernunft war im Paradiese zu schwach, um die Folgen der Sünde wirksam vorauszusehen, trotzdem Gott selbst sie angedroht; er wollte *erfahren*. Wie soll die unsrige, die noch dazu durch die Erbsünde und die persönlichen Missethaten geschwächt ist, es besser machen. Der verlockende Ruf: „Ihr werdet wie Gott sein wissend das Gute und das Böse" ertönt noch immer. Gott weiß das Gute nicht nur begrifflich, sondern Er *ist* und *schaut* gleichsam *erfahrungsweise* in Sich selber alles Gute und somit kann Er auch allein den ganzen Abgrund des Bösen praktisch ermessen, das da nichts anderes ist als freiwillige Entfernung von Ihm, dem Allguten. Die Menschheit ist die Tochter der Stammeltern. Sie verliert das Gute und erst dann erkennt sie nach trauriger *Erfahrung*, was sie eigentlich verloren hat.

Gott weist wohl dann bei dem Anblicke des selbstverschuldeten inneren und äußeren Elends darauf hin und sagt, wie er nach dem Falle Adams sagte: „Da sehet nun, wie Adam einer von uns geworden ist, wissend das Gute und Böse." Bittere Worte im Munde der ewigen Weisheit, im Munde der Allgüte, die da dem Menschen alles gegeben hatte, damit er glücklich sei und nun sieht, wie ihre Gaben verloren sind, wie Pein und Qual an ihre Stelle treten.

Heutzutage ist es leicht zu sehen, wie der falsche Begriff der Freiheit, welcher die Eigentümlichkeiten der sinnlichen Freiheit der geistig-vernünftigen zuschreibt, sowohl die Wissenschaft als die sociale Ordnung in falsche und verderbliche Bahnen getrieben hat. Was ist aus der philosophischen Wissenschaft geworden? Das Nichts, die Zerstörung hat sich offen als das ausdrückliche Ergebnis der modernen Wissenschaft herausgestellt. „Zum Schlechten sind wir bestimmt," sagt Schopenhauer. „Zum Nichts hin entwickeln wir uns," Hartmann. Wo besteht heutzutage noch eine Einheit zwischen den verschiedenen menschlichen Wissenszweigen? Welches sind die allgemein anerkannten Principien für alle Arten philosophischer Forschung? Die Welt ist losgerissen vom Gedanken der wahren Vernunft; Gott von der Welt; der Mensch von sich selber. Die Vernunft verzichtet nicht selten freiwillig darauf, die Wirklichkeit der Natur zu verstehen und sehr oft selbst sie anzuerkennen. Gott geht seine Wege, wenn man noch an Einen denkt; Er ist zur Phrase geworden; der Mensch versteht nicht nur nicht sich selber, sondern er will es auch gar nicht.

„Der König," und dasselbe gilt von jeder Macht, „herrscht, aber er regiert nicht;" das ist die Devise der modernen socialen Ordnung; mit anderen Worten: „Die zu Regierenden regieren; das Volk ist souverän und die Regierungsmacht unterworfen."

Wir schauen mit Augen, daß die Freiheit, welche zu solchen Ergebnissen geführt hat, ein falscher Ausgangspunkt für Wissenschaft und sociale Ordnung war. Wir können sagen, jener Begriff, der solcher Freiheit zu Grunde liegt, muß falsch sein und da ist es leicht, wieder den wahren Begriff als solchen zu finden und anzuerkennen. Aber das war nicht leicht, ja vielleicht moralisch unmöglich zu den Zeiten jener bedeutenden und hochgelehrten Männer. Wir brauchen bloß einen Blick in ihre voluminösen Werke zu werfen, da finden wir jenen hohen Ernst, jenes wissenschaftliche Eingehen in die Einzelnheiten, jene Tragweite und Konsequenz in der Anwendung einmal aufgestellter Principien, jenen umfassenden Blick für alle Wissenszweige, der am besten verrät, wie tief ihr Geist war und wie sehr ihn die Anhänglichkeit an die großen Meister der Scholastik und an die Väter belebte.

Der Begriff der falschen „Freiheit" war in so einschmeichelnder Weise aufgestellt worden! Wer wollte der Unabhängigkeit, Selbstentscheidung und was dieser Worte mehr sind, entgegen sein! Es schien, man könne die Gegner nicht besser und wirksamer bekämpfen, als indem man einigermaßen auf ihre Ideen einging und ihnen so allen Anlaß zum Festhalten an offenbaren Irrtümern nahm. Deshalb wurde die freie Selbstbestimmung im entscheidenden Punkte von der Ursächlichkeit Gottes entfernt und dann konnte auch Gott nicht mehr rein in Sich selbst die freien Akte sehen. Es mußte gerüttelt werden am unabhängigen göttlichen Selbstbewußtsein. Denn natürlich mußte Gott auch bei der Kenntnis der von ihm unabhängigen freien Akte sagen können: „Ich erkenne," konnte also nicht mehr in seinem inneren Wesen allein den Formalgrund seines Selbstbewußtseins haben, sondern in der comprehensio et supercomprehensio, im decretum futurum, im objektiv Wahren und dergl. mehr.

Es mußte gerüttelt werden an der reinen Stofflosigkeit Gottes, an seiner unbedingten Immaterialität. Denn waren die freien Akte des Geschöpfes in ihrer Selbstbestimmung unabhängig von Ihm und mußte Er sie trotzdem kennen, um leiten zu können, so mußte von außen her, vom Stoffe aus,

der in notwendig natürlicher Beziehung zur menschlichen Natur steht, ein notwendiger Zusammenhang mit Gott hergestellt werden; das Erkannte und Erkennende ist ja identisch.

Es mußte gerüttelt werden an der Ewigkeit. Es durfte nur eine begriffliche Gegenwart der Geschöpfe vor dem Ewigen geduldet werden und nicht eine reelle, physische. Denn letztere fordert unzweifelhaft, daß der Wille Gottes der allein an erster Stelle bestimmende Grund des freien Aktes sei; sonst wäre etwas physisch Reelles und Gott Gegenwärtiges vorhanden ohne den Willen Gottes.

Und so kann man den Gang der Sache weiter verfolgen bis in alle Zweige der Theologie hinein. Überallhin dringen die Ausläufer des einmal vorhandenen falschen Gedankens von der geschöpflichen Freiheit.

Die Konsequenz gerade, mit welcher die älteren Molinisten sich von diesem Gedanken durch alle Zweige der Theologie leiten ließen, macht es heutzutage verhältnismäßig leicht oder wenigstens möglich, das Falsche der vorgefaßten Idee nachzuweisen an den Irrtümern, die sich daraus ergeben haben. Der Leser möge es deshalb für eine Anmaßung unsererseits nicht ansehen, wenn wir die Ansicht solcher Gelehrter zurückweisen und als eine irrtümliche zeigen müssen. Es bedarf eben keines großen Arztes, um an den vorliegenden Gliedern und Organen eines toten Menschen zu sehen, woran derselbe gestorben ist; wohl aber ist es auch für den scharfsinnigsten Arzt sehr schwer und manchmal vielleicht unmöglich, an einem Leibe, der äußerlich ganz und gar gesund erscheint, den totbringenden Keim der Krankheit im inneren Organismus zu entdecken.

Das ist einmal das Gesetz. „Siehe da, Adam ist geworden wie einer von uns, wissend das Gute und Böse; daß er nun aber nicht seine Hand ausstrecke und nehme vom Baume des Lebens und davon esse und lebe in Ewigkeit." Gott schaut in die weite Zukunft. Der erste Adam ist geworden wie „Einer von uns", denn er weiß nun in etwa aus eigener Erfahrung, er schaut es gleichsam an seinen Übeln, ein wie großes Gut Gott sein muß; er kann es einigermaßen ermessen aus der Größe der Gaben, die ihm Gott aus reiner Güte gegeben und die er verloren. Den zweiten Adam aber sieht der himmlische Vater zu gleicher Zeit, als ob Er bereits in seiner heiligen Menschheit vor ihm gegenwärtig wäre; Ihn, der da wirklicher Gott ist und wirklicher Mensch, in der That „Einer von uns", die zweite Person in der Gottheit. Hat Er die Hand ausgestreckt und das Paradies wieder geöffnet und von der Frucht des Lebensbaumes genommen, „daß Er den Tod nicht sehe?" „Es ist dem Menschen einmal gesetzt zu sterben." Dieses Gesetz gilt auch vom Erlöser. Der Herr hat den Kampf und den Tod nicht aufgehoben. Dornen und Disteln bringt immer noch die Erde. Mit Mühe wird die Frucht des Feldes gewonnen; mit Mühe und unter vieler Anstrengung und mit Aufwand langer Zeit und auf geheimnisvollen Wegen, die nur Gott allein bekannt sind, die Frucht der Wahrheit.

Unsere Vernunft ist gekräftigt worden, aber nur durch das Kreuz. Die Wahrheit bleibt in der Welt und kommt zum Siege, aber nur nach langem Ringen, in welchem „tausend Jahre vor Gott sind, wie ein Tag, der vorübergegangen". „Wie Einer von uns" ist der Mensch in Christo geworden; aber „die Hand darf er nicht ausstrecken und nehmen vom Baume des Lebens und essen und leben, ohne den Tod zu sehen"; ohne Mühe hat er nicht das Gut der Wahrheit. Gott läßt zu, daß selbst große Männer irren und daß sie von den geringsten berichtigt werden, damit Ihm allein und in allen Fällen Ihm die Ehre gegeben werde. Er allein weiß, auf welchen Wegen seine Ehre befördert werden soll.

97. Allgemeine Zurückweisung des decretum futurum.

Wir haben bereits bemerkt, wie darin alle einig seien, daß Kreatürliches weder eigentliche Formalursache noch primäres Objekt für Gottes Erkenntnis sein kann, sondern nur sekundärer und materialer Erkenntnisgegenstand Gottes. Die Frage ist nur die, ob die Molinistische scientia media diesem Satze, den sie ebenfalls ausspricht, auch thatsächlich gerecht wird. Das ist offenbar nach der Auffassung des Suarez nicht der Fall.

Suarez verwirft die supercomprehensio des Molina mit den klaren Worten:[1]) „Diese Ansicht ist sowohl mit Rücksicht auf das absolut wie auch mit Rücksicht auf das bedingt Zukünftige zu verwerfen, wie sie Thomas, Kajetanus und Ferrariensis, Capreolus, Scotus, Occam und alle übrigen Theologen verwerfen. Das ist mir ganz unzweifelhaft. Der Grund im allgemeinen dafür besteht darin, daß die Wirkung in der Ursache nicht erkannt werden kann außer gemäß dem Sein, welches sie in selber hat. In seiner nächsten Ursache aber, nämlich im freien Willen, hat der freie Akt kein sicheres und zuverlässiges Sein, auch wenn alle Vorbedingungen für den Willen erfüllt sind, sondern vielmehr bleibt dieser in seiner Indifferenz, vermöge deren er thatsächlich wollen kann oder nicht, dies wollen kann oder das Gegenteil davon; also

---

[1]) Opusc. 2. lic. 2. Haec sententia (Molinae), sicut in contingentibus absolute futuris rejicitur, ita et in conditionalibus est a nobis rejiciendus . . . improbant illam S. Thomas I. q. 14. a 13.; q. 57. a. 3; q. 86. a. 4.; 2. 2. q. 171. a. 6. ad 2.; I. c. g. c. 66 et 67. Cajetanus et Ferrariensis his loc. Capreolus late in d 38. q. 1. ubi in hoc conveniunt Scotus cum suis, Ocham cum Nominalibus et denique reliqui theologi. Et mihi est indubitata sententia. Ratio vero generalis est, quia effectus in causa cognosci non potest, nisi secundum esse quod habet in illa; sed effectus in sua causa proxima, etiam proxime disposita ad agendum cum omnibus praerequisitis, non habet esse certum et determinatum, sed indifferens; quia virtus causae neque est ex se ad illum determinata, neque ex omnibus adjunctis sufficienter determinatur, ergo non potest talis effectus in tali causa cum certitudine cognosci.

kann eine solche Ursache keine Gewißheit gewähren für eine zuverlässige Kenntnis."

Es ist erstaunlich, mit welcher Schärfe Suarez in diesen Worten die Wahrheit definiert gegen Molina. Aber noch erstaunlicher ist es, wie er nicht sah, daß er selbst mit seiner eigenen Annahme der gegen Molina gemachten Begründung in einer Weise gegenübertritt, wie dies nicht entschiedener geschehen kann. Molina hat wenigstens mit seiner supercomprehensio noch einige Anhänger wie Fonseca, Becanus. Auch ließe sich gegen die Suaresische Ausführung seitens der Anhänger Molinas einwenden, die supercomprehensio sei da ganz falsch aufgefaßt, denn nicht, weil der freie Akt irgendwie im Willensvermögen sei, sehe ihn Gott, sondern wegen seiner eigenen unendlich großen und tiefen Verstandeskraft, die als schöpferische das geschöpfliche Vermögen ganz durchdringt und daselbst das voraussehe, was selbst das Geschöpf noch nicht gesetzt habe.

Suarez aber steht für seine Ansicht, sowie sie da für sich allein genommen wird, ohne jeden Anhänger ein. Die Molinisten haben entweder sein decretum futurum nicht begriffen oder die es begriffen haben, sind dessen entschiedene Gegner geworden wie Vasquez disp. 65. c. 4., Arrubal disp. 47., Herice disp. 7. c. 9.

Suarez spricht allerdings auch von der objektiven Wahrheit als dem Erkenntnisgrunde der scientia media, wie z. B. in der Stelle:[1]) „Gott erkennt diese bedingt zu-

---

[1]) Opusc. II. lib. I. de scientia absoluta futurorum conting. c. 8. nr. 2. „Dicendum est, Deum cognoscere haec futura conditionata sua infinita virtute intelligendi, penetrando immediate veritatem, quae in ipsis est seu concipi potest, neque indigere alio medio ut illa cognoscat. Qui modus dicendi est consentaneus his auctoribus qui dicunt Deum cognoscere futura contingentia immediate intuendo veritatem eorum et in idem fere cedit, quod alii dicunt! cognoscere Deum futura ex vi infinita repraesentationis suarum idearum."

künftigen freien Akte kraft seiner ungemessenen Erkenntniskraft, und durchdringt unmittelbar ihre Wahrheit." Aber dies geschieht nicht im Sinne des Vasquez und der modernen Molinisten. Suarez würde ja in ganz unverhüllten Widerspruch mit sich selbst geraten, wenn er in der einen Stelle Molina zurückweist, weil dieser sagt, Gott erkenne die freien Akte supercomprehensione, also „sua infinita virtute", ohne daß nichts erkennbares besteht, was etwa das indifferente Willensvermögen bestimmte; — und hier, an der anderen Stelle behauptet: Gott sehe die freien Akte „infinita sua virtute penetrando veritatem, quae in ipsis est".

Ist der Grund, warum diese freien Akte „wahr" sind und sonach als „wahre" gesehen sind, im freien Willen des Geschöpfes oder in der „unendlichen Kraft der göttlichen Vernunft"? Sagt Suarez das erstere, so behauptet er nun, was er vorher geleugnet; daß nämlich der freie Wille aus sich heraus für den freien Akt bestimmt sei. Sagt er das zweite, daß Gott nur in der unendlichen Kraft seiner Vernunft das Freie erkenne und daß deshalb der das freie Willensvermögen erst bestimmende Grund nur in Gott sei, so verwirft er die scientia media.

Es bleibt deshalb nichts anderes übrig, als daß nach Suarez Gott wohl in der Wahrheit des freien Aktes — das sagen ja notwendig alle, denn nur in der Wahrheit kann ich etwas erkennen, — diesen letzteren, den freien Akt, mit Gewißheit weiß; aber daß der Grund, weshalb der freie Akt eine bestimmte Wahrheit habe, also als ein wahrer gesehen werden könne, in seinem, Gottes, Dekrete liegt. Kraft dieses Dekretes nämlich bestimmt Gott, was der freie Wille thatsächlich thun wird, respektive wozu Er frei seine Gnade geben will, nachdem Er durch die scientia media gesehen, wozu der Wille in den einzelnen Fällen aus sich heraus sich entschließen werde.

Nicht in der sogenannten „objektiven Wahrheit", in der nämlich das Objekt selber abgeschlossen in sich der formale

Grund der Wahrheit ist, erkennt bei Suarez Gott; sondern in der Wahrheit des freien Aktes, insoweit diese auf seinem eigenen, auf Gottes Beschlusse beruht. Das Objekt, nämlich der freie Wille, kann bei ihm nicht selbständig die bestimmte Wahrheit enthalten, denn dieser freie Wille ist an sich „etiam cum omnibus praerequisitis“ für den freien Akt unbestimmt und indifferent seinem ganzen Wesen nach. Suarez nimmt wohl auch die supercomprehensio des Molina an, aber er leugnet, daß vermittelst ihrer allein der freie Akt zu erkennen sei. Mit der Superkomprehension weiß Gott nur, was der freie geschöpfliche Wille unter bestimmten Verhältnissen allein aus sich heraus thun wird oder würde; denn die Wirklichkeit und somit auch den die Wahrheit wie die Erkenntnis bestimmenden Grund sieht Er im Dekrete. Die Wahrheit also, in welcher nach Suarez Gott die freien Akte erkennt, setzt als bestimmenden Grund einerseits die eventuellen freien Willensentschlüsse voraus und andererseits das Dekret, welches mit Rücksicht auf diese Willensbeschlüsse und auf die mit ihnen verbundene scientia media ein „zukünftiges“, ein „futurum“ genannt wird.

Der Widerspruch in dieser Suaresischen Annahme kommt von einer anderen Seite.

Was nützt dem Suarez sein „Dekret“? Vor dem „Dekret“ erkennt Gott (natürlich ist bei diesem „vor“ an keine Zeit zu denken, sondern nur an einen virtuellen Unterschied, der in den Begriffen liegt) als dessen Voraussetzung die freien Willensentschlüsse, welche im gegebenen Falle eintreten werden oder würden; letztere Unterscheidung von „werden“ und „würden“ ist bei ihm von keinem Belang. Wozu aber dann ein Dekret? Ein solches kann doch nur dazu dienen, um die freien Akte als freie zu erkennen; darum handelt es sich hier allein. Es handelt sich durchaus nicht darum, zu erkennen, welche einzelnen Akte wirklich sein werden; dafür ist niemand um ein Erkenntnismittel verlegen. Die Frage ist die, zu bestimmen, wie sie als „freie“ erkannt werden sollen.

Ob der Wille seinen Zweck wirklich erreicht, ob also Gott ihm in der wirklichen Setzung des Aktes hilft oder nicht; darauf kommt gar nichts an. Daß aber der Wille sich zu dem oder jenem „frei" entschließen werde, das erkennt Gott vor dem Dekret. Wozu dann aber das Dekret?

Ist diese Auffassung falsch und soll die gegenteilige richtig sein, daß er den freien Akt als freien erst vermittelst des „Dekretes" erkennt, dann nützt das „Dekret" wieder nichts. Denn es hat keine Voraussetzung. Wird sich der freie Wille entschließen oder nicht? Darüber kann das „Dekret" nichts besagen, denn der Wille ist „frei" „etiam cum omnibus praerequisitis".

Der Widerspruch eines „Dekretes" mit der scientia media, insofern in beiden ein formales Mittel für die Erkenntnis des freien geschöpflichen Aktes gesehen wird, tritt jedoch erst recht hervor, wenn die oben angegebenen Hauptpunkte der Suaresischen Doktrin geprüft werden.

I. Gott erkennt die freien Akte innerhalb Seiner selbst, denn der bestimmende Grund des göttlichen Erkennens darf ja nicht von außen kommen. Dabei aber ist das Willensvermögen jedenfalls außerhalb des göttlichen Wesens und für dieses selbe Willensvermögen kommt die Bestimmung im freien Akte nicht von Gott; trotzdem wird sie aber erkannt. Gott weiß nämlich, bevor Er sich entschließt, was der Wille frei thun wird. Woher kommt diese Bestimmung nun im Erkennen Gottes? Jedenfalls nicht von Ihm selber, weder von seinem Wesen, noch von seinem Willen. Auf der einen Seite ist also der bestimmende Grund außen und auf der anderen in Gott.

II. Gott erkennt in seinem Wesen alles Notwendige, auch die Natur des freien Willens. Er erkennt also die Natur sowohl seines eigenen als auch die des geschöpflichen freien Willens. Kann in seinem eigenen freien Willen etwas für die Zukunft zu entscheiden übrig bleiben, auch nur dem Begriffe nach? Kann der göttliche freie Wille als positiv indifferent, als subjektiv vermögend sich so oder anders zu entscheiden, thatsächlich auch nur gedacht werden, selbst abgesehen von aller Zeit? Durchaus nicht. Gott ist wesentlich Thatsächlichkeit, Bestimmtheit. Seine Freiheit ist in Ihm Wesen, d. h. innere Notwendigkeit und besagt nicht die mindeste Indifferenz gegen den Akt, sondern weist dies als Unvollkommenheit von Sich schroff zurück. Sie besteht in der vollen Herrschaft über Sich selbst, in der ausschließlichsten Unabhängigkeit.

Die Freiheit des Geschöpfes schließt umgekehrt die Indifferenz gegen den freien Akt in ihrem Wesen ein und zwar so ein, daß in der Natur dieses freien Willens gerade gesehen wird, wie innerhalb desselben niemals und nimmer ein positiver Akt als aus ihm allein und voll unabhängig hervorgehend gesehen werden kann. Das zukünftige „Dekret" ist also gegen die Natur Gottes und gegen die Natur des Geschöpfes.

III. Gott erkennt den freien Willensentschluß des Geschöpfes durch die scientia media. — Aber eben hat Gott in der Natur dieses Willens gesehen, daß keiner darin ist, sonderu daß dieselbe indifferens ist ad utrumque; und nun sieht die scientia media, daß in dem geschöpflichen Willen ganz allein ohne weitere höhere Vermittlung und Bestimmung doch ein freier Willensentschluß vorhanden sei!

IV. Wie soll aber Gott erst, was Nr. 4 besagt, kraft seines „Dekretes" als eines „zukünftigen" den freien Willensbeschluß erkennen! Ist Gott von der Erkenntnis des freien Willensbeschlusses im Geschöpfe so abhängig, daß Er nur beschließen kann, was Er im bereits gegebenen Falle thun werde? Kann der freie Wille Gottes erst beschließen, nachdem die Ergebnisse des freien geschöpflichen Willens bekannt sind? Da wäre allerdings ein „zukünftiges" Dekret auch der Zeit nach, wenigstens abhängig von der Zeit, in Gott notwendig anzunehmen, denn der Willensbeschluß des Geschöpfes ist notwendig verknüpft mit der Zeit, das aber leugnet Nr. V durchaus und mit vollem Rechte.

Die Sache des Suarez wird nicht besser, wenn seine Gründe berücksichtigt werden.

98. Der erste Grund des Suarez.

Der erste Grund ist demjenigen parallel, mit welchem Molina von seiner supercomprehensio überzeugen will. Mit dem Wesen[1]) und der Natur des Willens Gottes ist sein freies Dekret noch nicht gegeben; Gott aber begreift sein ganzes Sein, das freie Dekret mit eingeschlossen; also sieht Er, indem Er sein Wesen und die Natur seines Willens begreift, sein Dekret als ein mit Rücksicht auf das Wesen zukünftiges. Der Obersatz könnte bereits distinguiert werden nach dem eben in II Gesagten. Doch bleiben wir in der Meinung des Suarez, die allerdings nur allzusehr die Art und Weise des geschöpflichen Wesens und Willens auf Gott überträgt. Den Untersatz geben wir gern zu. Die Schlußfolge aber ist ganz und zwar eben in der Ansicht des Suarez falsch. Wenn das Wesen Gottes und die Natur seines Willens indifferent ist, so daß der freie Beschluß nicht darin gesehen werden kann; so vermag eben dieses „Dekret“ nicht als ein „zukünftiges“, sondern höchstens als ein „mögliches“ geschaut zu werden.

99. Der zweite Grund des Suarez.

Die freien „Dekrete“ Gottes, wie z. B. das der Weltschöpfung, sind dem Willen Gottes, insoweit dieser als noch nicht zum Schaffen bestimmt aufgefaßt wird, nicht in sich selber thatsächlich gegenwärtig. Folglich sind sie mit Rücksicht auf die Natur des göttlichen Willens „zukünftig“.

---

[1]) De scientia condit l. c. Deus pro illo signo rationis, in quo nondum intelligitur habere liberum decretum, comprehendit suam essentiam et voluntatem. Sed non potest illam comprehendere nisi cognoscat in ea sua decreta ut futura in sequenti signo; cum enim cognitio comprehensiva sit perfectissima debet se extendere ad id omne quod in objecto comprehenso continetur. Ergo Deus cognoscit sua decreta ut futura

Hierauf antworten die Salmanticenses.[1]) Suarez verwechselt hier das Ausgehen mit dem Vorhergehen. Gott sieht zwar die Natur seines Willens, insoweit von seiten der Welt, ehe diese ist, kein Einfluß auf denselben geübt werden kann: Er sieht also, daß von seinem Willen allein es abhängt, die Welt zu schaffen oder nicht. Er kann somit seinen Willen ebenso betrachten, insofern derselbe nicht der Grund der Welt sein kann, wie Er denselben betrachten kann, insofern er den Grund für die Existenz der Welt in sich enthält. Was sieht Er aber zugleich damit? Daß eben gar kein Grund für die Welt existiert als sein eigener Wille, der niemals indifferent ist; daß sein Wille immer und zwar allein von sich aus der Grund für die Existenz der Welt ist und war; und wie allein sein Wille von Ewigkeit her thatsächlich den Grund dafür bildet, daß die Welt in einem bestimmten Augenblicke ins Dasein trat.

Wie Grund und Folge hängen der göttliche Wille und die Welt zusammen; nicht aber wie indifferentes Vermögen und Bethätigung, wie Potenz und Akt. Das erstere ist das instans **a** quo: vom göttlichen Willen geht die Welt aus; und diese Wahrheit war immer vorhanden. Im letzteren Falle wäre der göttliche Wille das instans **in** quo: die Indifferenz nämlich, welche vom Akte aus bestimmt und für die der Akt „zukünftig" ist, das aber war nie vorhanden.

Oder wird denn, um die Ausdrucksweise des Suarez recht deutlich zu machen, Suarez sagen wollen: Die Relationen in divinis seien „zukünftig" mit Rücksicht auf das Wesen; der Vater, von dem der Sohn ausgeht, erkenne diesen als

---

[1]) Scientia Dei disp. 7. dub 4. Licet inter actus liberos et necessarios sit aliqua prioritas instantis **a** quo, quatenus scilicet actus necessarii sunt rationes liberorum, a quibus quasi a prioribus pendent; et etiam prioritas instantis **in** quo secundum modum nostrum imperfectum concipiendi, qui tamen non habet fundamentum in re: non tamen admitti debet prioritas instantis in quo in ordine ad intellectum divinum et fundata in ipso objecto.

„zukünftig"; denn jedenfalls ist doch die ewige Zeugung nicht als in der Auffassung der göttlichen Natur inbegriffen zu bezeichnen.

Wir können allerdings nur gemäß der Beschaffenheit unseres Wesens und gemäß der Natur unseres Willens über Gottes Wesen und seinen Willen nachdenken; aber wenn es gilt, dann als Ergebnis unseres Denkens etwas von Gott zu behaupten, müssen wir alles Unvollkommene, alles Indifferente, alle Unentschiedenheit von Gott entfernen und dürfen nur sagen, daß in Gott Erkennen und Sein ganz und gar identisch ist.

Der heilige Thomas scheint sich mit ausdrücklichen Worten gegen Suarez zu wenden, wenn er sagt:[1]) „Der Akt der Prädestination (also sicher per excell. das freie „Dekret") wird durch die Ewigkeit gemessen und kann deshalb nie als vergangen betrachtet werden wie auch niemals als zukünftig: sondern immer als ausgehend vom Willen als ein freier."

100. Der dritte Grund des Suarez.

Der folgende Grund, den Suarez für sein „decretum futurum" anführt, schlägt ihn selber. Er verläßt sich auf die veritas determinata.

Soweit, dies sagt Suarez, der göttliche Wille seiner Natur nach als den freien Willensbeschlüssen vorhergehend aufgefaßt wird (in illo signo in quo Deus antecedit sua decreta), ist dieser Satz: „Gott wird im freien Willensbeschlusse nicht entscheiden, die Welt zu schaffen," falsch; denn das Gegenteil davon ist für den so aufgefaßten Willen wahr: „Gott wird entscheiden, die Welt zu schaffen;" also ist dies auch als „wird", d. h. als „zukünftig" für Gott erkennbar.

---

[1]) 6. de verit. art. 3. ad 10. Actus praedestinationis cum mensuretur aeternitate, nunquam cadit in praeteritum, sicut nunquam est futurus; sed semper consideratur, ut egrediens a voluntate per modum libertatis.

Suarez stützt sich hier auf die veritas determinata, nach welcher dieses Glied des kontradiktorischen Gegensatzes: „Gott wird die Welt schaffen," von jeher wahr ist. Aber wenn die veritas determinata schon genügt, warum denn sein „Dekret"? Oder soll die Wahrheit eine bestimmte, „determinata", sein auf Grund des „Dekretes" und das „Dekret" ein „futurum" auf Grund der veritas determinata?

Zudem, wenn auch alles dem Suarez zugegeben wird, ist doch noch die Grundlage seines Argumentes nicht stichhaltig. Mag der Wille in primo signo, nämlich als Natur aufgefaßt „indifferent" sein, was eben zurückgewiesen wird; mag es eine veritas determinata (ex se natürlich) geben, was später zurückgewiesen werden wird; — es ist noch zu bestreiten, daß dieser Satz: „Gott wird nicht entscheiden, die Welt zu schaffen," bei allen Voraussetzungen des Suarez falsch ist. Das „wird" bezeichnet die Zukunft; der Akt aber, in welchem Gott sich bestimmt oder bestimmt wird, die Welt zu schaffen, muß Gott immer gegenwärtig sein, denn Gottes Wissen ist Anschauung. Der Satz ist also richtig. Gott wird niemals entscheiden, die Welt zu schaffen.

101. Der vierte Grund des Suarez.

Der vierte Grund des Suarez basiert auf dem Vergleiche des „Möglichen" zum „Zukünftigen". Er meint, das Schaffen der Welt sei jedenfalls im Verhältnisse zum Wesen Gottes als solchem „möglich" und somit auch als so beschaffen erkannt. „Zukünftig" aber stehe im selben Verhältnisse zum Wesen Gottes; ja es sei noch weniger vom Wirklichen abstehend` weil es bestimmt sei. Findet also das eine „das Mögliche" in der „Ewigkeit" kein Hindernis, dann könne dies auch beim anderen nicht der Fall sein.

Suarez vergißt hier, was er selber als großer Metaphysiker sonst so oft betont. Das „Mögliche" hat zwei Bedeutungen: 1) daß es in sich, in den Merkmalen seines Begriffes keinen Gegensatz enthält; und 2) daß es zuvörderst nur in der Ursache, in potentia causae, sich vorfindet, die da in ihrem Sein indifferent ist für die Hervorbringung der Wirkung oder nicht. Das freie „Dekret“ Gottes ist für das Erkennen Gottes „möglich“ in der ersten Auffassung; nicht in der zweiten.

102.

Für den Molinismus sind die Glaubenssätze eine Zwangsjacke. Er verehrt dieselben als Gottes Offenbarung, aber sie beengen ihn. Anstatt daß von ihnen aus Licht in die Schöpfung fließt, rufen sie der folgerichtigen Entwicklung seiner Grundsätze ohne Aufhören Halt zu. Nicht wir, sondern Heinrich hat, wie bereits früher bemerkt, die offenbare Verwandtschaft zwischen dem modernen Pantheismus und dem Molinismus durch seine treffende Definition des ersteren klargelegt. Der Pantheismus will die Entwicklung eines reinen Vermögens aus sich heraus; der Molinismus geht von diesem selben leitenden Gedanken aus, er will, der menschliche Wille soll sich selbst in erster Linie bestimmen. Daß das katholische Dogma den weiteren Folgerungen aus diesem leitenden Grundgedanken Schranken setzt, das hat bewirkt, daß der Molinismus innerhalb der Kirche geblieben ist. Der moderne Pantheismus kennt diese Schranken nicht. Er hat aus dem Begriffe der falsch verstandenen geschöpflichen Freiheit alle Folgen gezogen und ist auch vor den letzten: der völligen Vernichtung der menschlichen Freiheit und dem Nichts alles Seins nicht zurückgeschreckt. Wer den Molinismus in seinen Folgen sehen, also schon daraus auf das Falsche seines leitenden Grundsatzes schließen will, der muß den Pantheismus in Vergleich mit ihm stellen.

Ehe wir die Lehre Fichtes vorlegen, müssen wir an die richtige Lehre über das Selbstbewußtsein, also über die Identität des „Ich“ erinnern. Der Glaube verhält sich zum Wissen in ähnlicher Weise wie sich die Kunst zum Wissen verhält. Der Künstler glaubt an sein Ideal, er ist eins mit demselben, er wird durch dasselbe getrieben und alles

Große, was er leistet, verdankt er ihm. Dieses Ideal ist zwar in ihm, aber es ist ihm nicht thatsächlich gegenwärtig, er schaut und begreift es nicht. Im selben Maße, daß er es sieht und begreift mit seinem Geiste, hört die Kunst, das reine Können, auf und das Wissen, das den Gegenstand thatsächlich gegenwärtig macht, geht an. Er ist dann im vollen Besitze der Idee; sie unterliegt seiner Verfügung; sein einzelnes Ich ist identisch mit der Idee, soweit diese reicht. Er sagt: **ich** weiß das. Es ist seine Vernunft nicht bloß als allgemeines, vom einzelnen Ich thatsächlich losgelöstes, als absolutes Vermögen zu denken, die da durch das Ideal oder durch die allgemeine Kunstidee, nämlich durch die vom Einzelnen thatsächlich losgelösten, absoluten Substanz bestimmt wird und mit ihr eins geworden nun unbewußt, rein begeisternd und deshalb von sich aus unfrei wirkt und schafft; sondern das Wirken- und Schaffen ist ganz in der Hand des einzelnen Subjektes; letzteres schafft und wirkt in freier Weise.

Gäbe es den Fall, daß jemand als Ich eine allgemeine Idee erschöpfend durchdränge und somit ganz und durchaus als einzelnes Ich die allgemeine Idee nach ihrer ganzen Ausdehnung würde, mit ihr identisch, eins wäre; so wäre auch Kunst und Wissenschaft, das nur in sich allein Begrenzte und das nach außen hin Unbegrenzte identisch: das Ich und das Allgemeine wäre dasselbe.

Wir müssen alle diese Begriffe streng auseinanderhalten, um zur Klarheit zu kommen. Im Glauben und in der Kunst, welche nach dieser Seite hin auf durchaus gleicher Stufe stehen, ist der Formalgrund der Erkenntnis wohl innerhalb des Vernunftvermögens; — „Christus wohnt in euch durch den Glauben," sagt Paulus (Ephes. 3 17.) — aber dieser Formalgrund ist dem einzelnen Ich nicht thatsächlich gegenwärtig. Die Werke, welche daraus entstehen, haben den Charakter des leitenden Formalgrundes: sie sind, ist der Glaube ein übernatürlicher, verdienstlich; das Leben, welches unter dem betreffenden Formalgrunde erblüht, entspricht diesem letzteren ganz und gar; — „der Gerechte lebt aus dem Glauben" —; aber das einzelne Ich ist nicht identisch mit diesem Formalgrunde; das Erkannte ist da noch nicht das Erkennende. Es ist nur ein Vermögen da für das wirkliche Wissen, in welch letzterem dann der Erkenntnisgegenstand wirklich und thatsächlich mit dem „Ich" identisch sein wird.

Der Glaube hat eine treibende Macht, aber sein Inhalt tritt nicht bewußterweise vor den Geist. Ich bin mir wohl bewußt zu glauben, aber einen inneren Formalgrund aus der Sache selbst, die ich glaube, habe ich nicht. „Ich weiß, wem ich glaube," sagt der Apostel; aber ich weiß nicht, warum ich glaube. Der Glaube ist im Innern unbewußt dem Glaubenden, was seinen formellen und positiven Inhalt betrifft. Der innere Grund des Glaubens ist derartig, daß er nur das Vermögen der Vernunft als allgemeines Vermögen bestimmt; dem „Ich" selber wird er thatsächlich nicht gegenwärtig.

Deshalb ist er als reiner Glaube auch nicht der Quell persönlicher Freiheit, die vom „Ich" getragen wird und die da Herr des Handelns ist, weil sie den inneren Grund ihres Handelns in sich hat; sondern als Glaube „nimmt er vielmehr", wie Paulus sagt (II Cor. 10. 5.), „das Wissen, die persönliche Vernunft" als Quelle der Freiheit „gefangen". Wohl aber erhöht der übernatürliche Glaube die Freiheit, weil er die Ursache ist, daß Gott, die Freiheit dem Wesen nach, daß die Liebe selber, wenu auch dem „Ich" unbewußt, in der Seele wohnt.

Es möge deshalb nach Thomas wohl auseinandergehalten werden die Identität zwischen Vermögen und Vermögen, wonach das Vernunftvermögen mit der äußeren Substanz als dem Seinsvermögen eins wird; — und die Identität zwischen dem thatsächlichen einzelnen „Ich" und dem thatsächlichen einzelnen Sein. Die erstere hat nur Möglichkeit, zum wirklichen Selbstbewußtsein zu werden; die letztere ist aus sich und an sich und nur Selbstbewußtsein, allen anderen formalen Erkenntnisgrund und Erkenntnisgegenstand von sich ausschließend. Wir kommen darauf zurück, nachdem wir die Lehre Fichtes vorgelegt haben werden.

103. Die Lehre Fichtes.

Spinoza hatte den Determinismus gelehrt,[1] nach welchem ein Sein frei genannt wird, was da nur durch die Notwendigkeit seiner eigenen Natur existiert und durch sich selber zum Handeln bestimmt wird; notwendig aber, oder vielmehr erzwungen, was da von einem anderen Sein, sei es für die Existenz, sei es für das Handeln genau bestimmt wird. Da nun nach Spinoza die „absolute Substanz" allein in allen Dingen wirklich ist und alles andere nur als Modifikation und Attribut bezeichnet werden kann, so existiert auch für kein einzelnes Wesen eine wahre Freiheit, sondern nur für das, was er „Substanz" nennt. Das „Determiniertwerden von einem anderen" (determinari ab alio) meint mit dem alius etwas dem einzelnen Dinge durchaus Fremdes und doch mit ihm als Substanz zu einem Sein Verbundenes. Die Modifikation ist ja Nichtsubstanz und das Attribut nur eine Äußerung der Substanz. Die Determinierung ab alio wäre hier also in demselben Sinne zu verstehen, wie etwa das Holz als Subjekt die äußere Gestalt der Figur, z. B. das Dreieck determiniert. Das alius des Spinoza ist kein dem Wesen und Sein nach vom einzelnen Dinge getrenntes Sein, das da Sein und Wesen verleihen und zu eigen geben kann, sondern es ist die eigene Substanz, die jedoch wesentlich und ihrem ganzen Begriffe nach von der äußeren Erscheinung getrennt ist.

Kant hatte nicht einer äußeren unabhängigen, für alle gleichen absoluten Substanz, sondern der inneren subjektiven

---

[1] Definitio VII. Ea res libera dicitur quae ex sola suae naturae necessitate existit et a se sola ad agendum determinatur. Necessaria autem vel potius coacta quae ab alio determinatur ad existendum ac operandum certa ac determinata ratione.

Vernunft, als dem Sitze der Kritik, das maßgebende Moment zugeteilt und der äußeren Welt eine maßgebende Wirklichkeit abgesprochen.

Fichte aber will die Erscheinung mit dem inneren substantiellen Sein, die Außenwelt mit der innerlichen versöhnen.

Kant hatte die Kausalität auf Phänomena, auf Erscheinungen eingeschränkt und eine kausalitätslose sittliche Freiheit des „Ich" als eines Noumenon behauptet. Fichte leugnet die Entstehung des Stoffes der Vorstellungen, also der äußeren Objekte, durch eine Affektion, welche die „Dinge an sich", das unfaßbare und unsichtbare Unendliche in den Dingen, auf das Subjekt ausüben und läßt den Stoff ebensogut wie die Form der Erscheinung aus der Thätigkeit des „Ich" hervorgehen und zwar aus demselben synthetischen Akt, der die Anschauungsformen und die Kategorien erzeuge. Das Mannigfaltige der Erfahrung wird ebenso, wie die apriorischen Formen durch ein schöpferisches Vermögen von uns produziert. Nicht etwas thatsächlich Bestehendes, was da Einfluß ausübt, sonderu diese Handlung der Produktion selbst ist der Grund alles Bewußtseins.

Das „Ich" setzt sich selbst sowohl als auch das „Nicht-Ich" und erkennt sich als eins mit dem „Nicht-Ich"; der Prozeß der Thesis, der Antithesis und der Synthesis ist die Form aller Erkenntnis.

Dieses schöpferische „Ich" aber ist bei Fichte nicht das einzelne „Ich" als solches, das Individuum; sondern es ist das „absolute Ich". Darauf muß bei der Lehre Fichtes das Hauptgewicht gelegt werden. Aus dem „absoluten Ich" sucht Fichte das Individuum erst zu deduzieren. Dies geht klar hervor aus seiner „Grundlage der Wissenschaftslehre".

Das Princip aller philosophischen Kenntnis findet Fichte in der transcendentalen Einheit der Apperception des Ich-Bewußtseins; nicht nämlich in dem subjektiven Ich-Bewußtsein des Einzelnen, sondern darin daß alle dieses Ich-Bewußtsein haben oder haben können. Er spricht den Inhalt seines

Systems in drei Grundsätzen aus, deren logisches Verhältnis als Thesis, Antithesis und Synthesis in der Gliederung des Systems sich überall wiederfindet.

I. Das „Ich" setzt schlechthin sein eigenes Sein. Diese „Thathandlung" ist der Realgrund des logischen Grundsatzes A = A, aus welchem dieselbe zwar nicht erwiesen, aber gefunden werden kann. Wird in dem Satze „Ich bin" von dem bestimmten subjektiven Inhalte abstrahiert, dem „Ich" nämlich, und die bloße Form der Folgerung vom Gesetztsein auf das Sein übrig gelassen, wie es zum Behufe der Logik geschehen muß, so erhält man als Grundsatz der Logik den Satz A = A. Wird in dem Satze A = A auf das erkennende Subjekt reflektiert, so wird das „Ich" als das prius alles Urteilens gefunden.

II. Das „Ich" setzt sich entgegen ein „Nicht-Ich" (Non A ist nicht = A).

III. Das „Ich" setzt dem teilbaren „Ich" ein teilbares „Nicht-Ich" entgegen, worin das Doppelte liegt:

a) Theoretisch· Das „Ich" setzt sich als bestimmt oder beschränkt durch das Nicht-Ich.

b) Praktisch: Das „Ich" setzt das „Nicht-Ich" als bestimmt durch das „Ich".

Der entsprechende logische Satz ist der Satz des Grundes: A ist zum Teil Non A und umgekehrt; jedes Entgegengesetzte ist seinem Entgegengesetzten in einem Merkmale = X gleich und jedes Gleiche ist seinem Gleichen in einem Merkmale = X entgegengesetzt; ein solches Merkmal X heißt der Grund, im ersten Falle der Beziehungs-, im zweiten der Unterscheidungsgrund.

Das „Ich", von welchem die Wissenschaftslehre ausgeht oder das „Ich" der intellektuellen Anschauung ist die bloße Identität des Bewußtseienden und des Bewußten, die reine Form der Ichheit, welche noch nicht Individuum ist; das „Ich" als Idee aber ist das Vernunftwesen, wenn es die allgemeine Vernunft in und außer sich vollkommen dargestellt hat. Mit diesem schließt die Vernunft in ihrem praktischen Teile, und stellt dasselbe als das Endziel des Strebens unserer Vernunft auf; welchem diese jedoch nur ins Unendliche sich anzunähern vermag; dieses Vernunftwesen ist nicht mehr Individuum, weil durch die Bildung nach allgemeinen Gesetzen die Individualität verschwunden ist (vgl. 2. Einleitung i. d. W. 1797; Werke, I. 515 ff.).

Abstrahiert man von allem Urteilen als bestimmtem Handeln in dem Satze: „Ich bin" und sieht dabei bloß auf die Handlungsart des menschlichen Geistes überhaupt, so hat man die Kategorie der Realität. Abstrahiert man in gleicher Art bei dem zweiten Grundsatze von der Handlung des Urteiles, so hat man die Kategorie der Negation, bei dem dritten Satze die der Limitation. In ähnlicher Weise ergeben sich die übrigen Kategorien, wie auch die Formen und der Stoff der Anschauung mittelst der Abstraktion aus der Thätigkeit des „Ich".

Im „Naturrecht" erst konstruiert dann Fichte aus diesem absoluten „Ich" die Mehrheit der Individuen. Das „Ich" kann sich nicht als freies Subjekt denken, ohne sich durch ein Äußeres auch zur Selbstbestimmung bestimmt zu finden; zur Selbstbestimmung aber kann es nur durch ein Vernunftwesen erweckt werden; es muß also nicht nur die Sinnenwelt, sondern auch andere Vernunftwesen außer sich denken, also sich als ein „Ich" unter mehreren setzen.

Das System der Sittenlehre nach den Principien der „Wissenschaftslehre" (1798) findet das Princip der Sittlichkeit in dem notwendigen Gedanken der Intelligenz, daß sie ihre Freiheit nach dem Begriffe der Selbständigkeit schlechthin und ohne Ausnahme bestimmen solle. Die Äußerung und Darstellung des reinen „Ich" im individuellen „Ich" ist das Sittengesetz. Durch die Sittlichkeit geht das empirische „Ich" vermöge einer unendlichen Annäherung in das reine „Ich" zurück.

„Die lebendige und wirkende moralische Ordnung" (Abhandlung über den Grund unseres Glaubens an eine göttliche Weltregierung 1798) „ist selbst Gott. Wir bedürfen keines anderen Gottes und können keinen anderen fassen. Es liegt kein Grund in der Vernunft, aus jener moralischen Weltordnung hinauszugehen und vermittelst eines Schlusses vom Begründeten auf den Grund noch ein besonderes Wesen als die Ursache derselben anzunehmen."

Das genügt von der Lehre Fichtes für den vorliegenden Zweck.

104. Erläuterung der Lehre Fichtes.

Der Angelpunkt dieses Systems ist das „absolute", das „reine Ich" und dessen Unterschied vom individuellen „Ich". Aus dem ersteren entwickelt sich das letztere, wie aus dem Allgemeinen das Besondere. Worin besteht nun dieses „reine Ich"? Soll irgend ein Verständnis in das System dieses Philosophen gebracht werden, so kann dieses „absolute Ich" nichts anderes sein wie das Vernunftvermögen als solches, als „allgemeines", wie Fichte selber sagt, in seiner Identität mit dem allgemeinen formalen Grunde eines Dinges; in seiner Identität nämlich mit der Substanz, die von allem Einzelnen, was im Dinge vorhanden ist, als der gemeinsame Grund erscheint, soweit die Seinsstufe der Gattung in Frage kommt.

Fichte bildet so die Ergänzung von Spinoza und Kant. Denn ersterer betrachtete alles unter dem Gesichtspunkte der „absoluten", (objektiven) „Substanz", die allein wirklich besteht, während alles andere nur als Attribut oder gar nur als modus anzusehen ist. Letzterer aber hielt für allein maßgebend die „reine" subjektive Vernunft und erachtet alles andere nur als Form und Erscheinung der Vernunft. Fichte sieht den Mittelpunkt der Philosophie in der Verbindung, in der Identität beider Momente und darin hat er jedenfalls recht. Thomas würde dies als die erste naturnotwendige Funktion der Vernunft, als die apprehensio indivisibilium, die Auffassung der allgemeinen Substanz im Dinge, als die natürliche innere Form des Denkprozesses bezeichnen.

Von diesem Gesichtspunkte aus läßt sich das System des Philosophen ohne große Schwierigkeit verstehen.

Er nennt die absolute Identität des Vernunftvermögens mit der Substanz als dem Vermögen für das Sein das „absolute Ich", weil sie in jeder Vernunft die erste innere Möglichkeit für das thatsächliche Denken bildet; das selbstbewußte Denken aber ist das Unterscheidende der im „Ich", in der Person. Er nennt sie „absolutes" oder „reines Ich", weil sie abstrahiert von allem Thatsächlichen und Einzelnen.

Diese „Thathandlung" ist der Realgrund des logischen Satzes A = A. Die genannte Identität ist nicht dieser logische Satz selber, sondern bietet nur die subjektive erste Möglichkeit, um selben zu formen; und sie kann deshalb wie alles erste nicht bewiesen werden, sondern „findet sich vor", nämlich als naturnotwendig. Das Wort „Thathandlung" ist nicht im Sinne von „thatsächlich" oder „einzeln" zu nehmen, denn Fichte sagt selber, man müsse abstrahieren vom bestimmten Inhalt, dem „Ich"; sondern es bezeichnet die Verbindung von Objekt und Subjekt im Bereiche der Möglichkeit.

Das bestätigt auch der zweite Grundsatz, nach welchem das „Ich" ein „Nicht=Ich" sich entgegensetzt. Denn als sich identisch erkennend rücksichtlich der allgemeinen objektiven Substanz und der allgemeinen Vernunft erkennt das „Ich", insoweit es ein einzelnes individuelles ist, daß es nicht das Erkannte ist, insoweit auch dieses als ein einzelnes individuelles dasteht; daß vielmehr, wie der dritte Satz besagt, zum Teil, nämlich was das Allgemeine betrifft, eine Gleichheit und zum Teil, eben auf Grund dieser Art von Gleichheit, eine Ungleichheit im Individuellen vorliegt.

Das Gleiche aber sowohl ist ein „Grund", nämlich für

die Gleichheit, das Allgemeine; und auch das, worin ein Gegensatz ruht, ist ein „Grund“, nämlich für die Nichtgleichheit, das Besondere. In der That rührt alles Allgemeine im thatsächlichen einzelnen Denkprozesse von der zu Grunde liegenden erwähnten Identität von Vermögen und Substanz her — und alles Besondere von der Trennung im subjektiven einzelnen Sein.

Diese „reine Form der Ichheit“, also diese Identität im Bereiche des Vermögens oder des Allgemeinen ist, insoweit sie vom besonderen individuellen „Ich“ erkannt wird, die Idee oder das Vernunftwesen; sie ist das Allgemeine in entsprechender Form und als solche der Anfang und die Grenze des einzelnen Erkennens, über die das Individuum nicht hinaus kann.

Vielmehr kann die einzelne Vernunft sich demselben nur „ins Unendliche“ nähern. Denn sowohl das erkennende Vernunftvermögen ist „ohne Ende“ seinem Wesen nach, da es immer mehr erkennen kann; als auch ist die reine Substanz als Erkanntes „ohne Ende“, da sie immer mehr Einzelnheiten durchdringen und formen, sich also immer mehr offenbaren und erkannt werden kann.

Handeln innerhalb dieser Grenzen, welche die Idee oder das Vernunftwesen zieht, ist Sittlichkeit und Freiheit, denn es macht den Menschen selbständig, hat er doch die Regel seines Handelns innerhalb seiner selbst; — eine Auffassung der Freiheit, welche übrigens über die des Spinoza und auch über die des Kant weit hinausgeht.

Das ganze System ist recht eigentlich das, was wir oben als Kunst oder als Glaube bezeichnet haben. Zu einem wirklichen Selbstbewußtsein und demgemäß zu einer Erklärung des Entstehens und der Beschaffenheit des thatsächlichen Denkens gelangt dasselbe nicht. Das einzelne „Ich“ als Individuum wird vielmehr vom „absoluten, reinen oder allgemeinen Ich“ unbewußt getrieben. Dieses Allgemeine, das vorhandene innere durch die Substanz bestimmte Vermögen der Vernunft als solches, faßt Fichte vorzugsweise auf und legt dessen verschiedenartigen Beziehungen vor. Daraus erklärt sich die Begeisterung Fichtes für einmal in ihn versenkte Ziele; es ist dies eine Erscheinung, welche ja aller Kunst und allem lebendigen Glauben innewohnt. Sein sittliches Bewußtsein (sagen wir einmal so, sittlich im obigen Sinne Fichtes verstanden) ist ein voll energisches.

Die Welt ist ihm das versinnlichte Ideal der Pflicht (jener Pflicht nämlich, die Grenzen der Ideen des absoluten „Ich“ einzuhalten). Die ursprünglichen Schranken des Individuums erklärt Fichte ihrer Entstehung nach für unbegreiflich. Gott ist die sittliche Weltordnung. Indem Fichte vom Absoluten ausgeht, nimmt sein Philosophieren immer mehr den Charakter des Religiösen an, ohne den anfänglichen Charakter zu verleugnen. Seine Reden an die deutsche Nation waren gerade infolge dieses Umstandes von seltener Kraft und zündender Wirkung. Sie entsprangen aus felsenfester Überzeugung, nicht aus kalter Überlegung.

105. Zurückweisung des Fichteschen Systems.

Es muß Fichte zugestanden werden; setzt man sein „absolutes Ich“ als „Thathandlung“ voraus, dann findet sich schwerlich in seinem Systeme etwas Inkonsequentes. Aber hier liegen die Schwierigkeiten oder vielmehr Unmöglichkeiten. Was die Grundlage Spinozas und Kants Haltloses darbietet, das erscheint bei Fichtes philosophischer Grundlage verdreifacht. Sie enthält die Unmöglichkeiten der absoluten objektiven Substanz und der reinen subjektiven Vernunft miteinander vereint und somit noch diejenigen mit, welche aus der Verbindung beider entspringen.

Die absolute Substanz Spinozas ist ein Vermögen von seiten des Objektes, welches weiterer Bestimmungen in den Attributen und modi bedarf; die „reine Vernunft“ Kants ist ein allgemeines reines Vermögen, welches (nach Kant selber) höchstens ganz allgemeine Ideen als angeborene in sich trägt, also nichts Bestimmtes erkennen kann. Das „absolute Ich" ist einfach das aus diesen beiden zusammengesetzte allgemeine Vermögen. Wer setzt aber zusammen, wenn das „absolute Ich" das Grundprincip ist? Doch nicht ein einzelnes Ich; — das wird ja erst aus dem allgemeinen abgeleitet. Auch nicht das einzelne Objekt; — denu das existiert gar nicht vor dem „absoluten Ich"; es wird erst in diesem.

Von vornherein gegeben kann ein solch allgemeines Vermögen auch nicht sein, denu es kann allein gar nicht Existenz haben. Es *vermag* eben nur zu sein. Könnte es gegeben sein und sonach die Annahme gestattet werden, daß etwas Allgemeines, was da eben subjektiv nur *vermag* zu sein, aus dem Unstande bereits seine Subsistenz herleitet, daß es etwas allgemein Unbestimmtes ist, so müßte es seiner ganzen Ausdehnung nach eben zuerst *sein*; mit anderen Worten: Alles, was vermag zu sein, müßte in Wirklichkeit sein.

Fichte selbst sagt vom Satze des Bewußtseins, welcher bei Reinhold lautet: „Im Bewußtsein wird die Vorstellung durch das Subjekt vom Subjekt und Objekt unterschieden und auf beide bezogen;" — er reiche nur zu, um eine theoretische Philosophie (sagen wir vielmehr eine imaginäre) zu begründen; für die gesamte Philosophie aber müsse es noch einen höheren Begriff als den der Vorstellung und einen höheren Grundsatz als jenen geben. Er setzt dann den wesentlichen Inhalt der kritischen Doktrin in den Nachweis, daß der Gedanke von einem Dinge, das an sich, unabhängig von einem Vorstellungsvermögen, Existenz und gewisse Beschaffenheiten haben solle, eine Grille, ein Traum, ein Nichtgedanke sei.

Freilich müssen die beiden Extreme vermieden werden. Ein unabhängiges Sein, welches auf keine Weise als begriffen gedacht wäre, müßte allerdings eine Chimäre sein; aber noch mehr ein Sein, welches nur allgemein, ganz unbestimmt ist und trotzdem existieren soll, obgleich Existenz und Bestimmtheit korrelative Begriffe sind. Ein reiu „Absolutes" soll „Ich" sein; also etwas, was von allem einzelnen „absolut", „losgelöst" ist, soll den Inbegriff, den Träger der Einzelnheit, den subjektiven Grund des Individuums bilden! Ein „Ich" ist ja gar nicht zu denken, außer in voller und allseitiger Bestimmtheit; soweit es nur immer sich erstreckt, verbreitet es Bestimmtheit und Trennung; — und hinwiederum ist ein „Absolutes", ein subjektiv „Allgemeines" gar nicht zu deuken ohne Gemeinsamkeit und Unbestimmtheit.

Es muß hervorgehoben werden, daß besonders Suarez auf derselben Grundlage arbeitet wie Fichte, mag er auch nicht die Folgerungen ziehen wie dieser. Man möge nur kalten Siunes und mit aller Nüchternheit die Grundsätze seiner Ansicht über das Wissen Gottes erwägen. Vermögen und Vermögen sind bei Fichte identisch und finden sich zusammen, natürlich wieder als Vermögen, als „absolutes Ich". Dasselbe möchte sich bei einiger Konsequenz aus den Suaresischen Aufstellungen ergeben. Es besteht diese Schwierigkeit oder vielmehr dieses Unmögliche im Fundamente der Doktrin nicht bei Molina.

Nach Suarez sicht Gott das Vermögen des Willens als solches. Er schaut nicht dessen thatsächlich eintretende Entscheidung. Diese hängt erst von seinem (Gottes) „Dekrete" ab. Er schaut im Vermögen als solchem, in dem allgemeinen, von allem einzelnen losgelösten Willensvermögen des Geschöpfes vermittelst der scientia media, was daraus ohne weitere Bestimmung von außen her hervorgehen wird oder nicht, was hervorgehen würde oder nicht. Wie kann das Gott?

Aber noch mehr. Er durchdringt dieses Vermögen, es ist also sein Erkenntnisgegenstand. Erkennen heißt eins sein mit dem Erkannten. Ist also ein Vermögen als solches — und wohlbemerkt das Willensvermögen bleibt rein Vermögen, solange in ihm nach dem freien Akte gesucht wird, erst das Dekret von seiten Gottes giebt bei Suarez die Entscheidung; während Molina wenigstens die thatsächlich eintretende Entscheidung in dem sich selbst bestimmenden Willensvermögen geschaut werden läßt; — ist also ein Vermögen als solches erkannt, und zwar unmittelbar aus sich, nicht kraft der Bestimmung Gottes, wofür ja die scientia media wie pro aris et focis einsteht, so ist davon die notwendige Folge, daß der Erkennende auch nur Vermögen, daß also das erkennende „Ich“ nur ein allgemeines, ein absolutes und kein einzelnes sei. Gegen diese Schlußfolge läßt sich nichts einwenden.

Objekt und Subjekt sind identisch, soweit das Erkennen reicht.

Das Objekt ist ein reines Vermögen; — also ist auch das Subjekt ein reines Vermögen. Mit anderen Worten: Wir haben ein „reines absolutes Ich“ mit allem, was daran hängt.

Man möge nicht sagen, das Willensvermögen des Suarez sei von Gott geschaffen und werde somit von Ihm als sein Werk gesehen. Das könnte wohl eingewendet werden, wenn Gott einzig und allein in und vermittelst seines gänzlich unabhängigen Dekretes die Willensentscheidung sehen würde. Aber nein! bei Suarez ist das Vermögen als solches der unmittelbare Erkenntnisgegenstand. Da kann auch, was den Erkennenden als solchen betrifft, nur ein Vermögen angenommen werden und der einzelne individuelle Willensbeschluß leitet sich dann vom „reinen allgemeinen Ich“ ab.

Wir könnten noch weiter gehen, wir wollen aber nur soweit die Sache erörtern, als es für den vorliegenden Zweck notwendig ist. Was folgt aus dem Suaresischen Systeme für das Selbstbewußtsein Gottes? Hier ist die Quelle der dritten oben bezeichneten Meinung über das Selbstbewußtsein Gottes, das da wohl mit dem göttlichen Sein identisch sein soll, aber nur weil Gott sein eigenes Erkennen erkennt. Und dieses letztere, das Erkennen, geschieht nicht auf Grund des göttlichen

Wesens als der Formalursache, sondern auf Grund des reinen Erkennens selber, das da nämlich auch die freien Akte der Geschöpfe einschließt. Wenn nun aber erstens Gott nur dadurch Sich selbst bewußt ist, daß Er sein Erkennen erkennt, was ja an und für sich, abgesehen von jeglichem Formalgrunde, nicht bestritten wird; wenn dann zweitens Gottes Erkennen zum Gegenstande ein bestimmbares Vermögen hat; wenn dann drittens dieser Gegenstand wie dies bei jedem Erkenntnisgegenstande der Fall ist, für Gott unmittelbar bestimmend ist; — dann fragen wir, wie steht es mit dem Selbstbewußtsein Gottes? Es muß offenbar mitverursacht werden durch das Vermögen; ist ja Gott Sich selbst bewußt nur weil Er sein Erkennen erkennt. In das Selbstbewußtsein Gottes muß als bestimmender Formalgrund das Vermögen miteintreten und da dieses Selbstbewußtsein nur eines und zwar ein ganz einfaches sein kann, so muß Gott Sich eben nur als bestimmbares Vermögen erkennen; denn Er erkennt Sich als identisch mit dem Erkannten.

Uud in der That hat der Gebrauch des „Unendlichen" bei Suarez eine große Ähnlichkeit mit der Art und Weise, wie es Fichte gebraucht. Es dient als schützende Decke für alle Unmöglichkeiten. Die vis infinita intellectus divini bietet immer die letzte Zuflucht. Wenn aber danach gefragt wird, was das für ein infinitum sei, so stellt sich heraus, daß es nicht als jenes infinitum betrachtet werden müsse, was da in sich selbst sowohl für sich als für alles andere die festesten Grenzen und unumschränkte Bestimmtheit besitzt und deshalb von außen her in keiner Weise bestimmt zu werden oder auch nur den geringsten Einfluß von außen her zu erleiden vermag, sondern es ist jenes infinitum, welches in sich ohne Ende ist und immer mehr von außen her bestimmt werden kann, ohne jemals in seiner Bestimmbarkeit erschöpft zu sein.

So ist die Substanz in jedem Geschöpfe „unendlich", d. h. in sich endlos, denn sie bringt nicht die allseitige Bestimmtheit des wirklichen Seins mit sich, sondern kann un gezählten Einzelnheiten in der Wirklichkeit als Unterlage dienen, ohne jemals erschöpft zu werden. So ist die erkennende Vernunft in ihrem Vermögen „unendlich", „endlos", denn sie bringt nicht den bestimmten Gedanken oder die bestimmte Idee in ihrer Natur mit sich, sondern sie vermag nur immer weiteren Gedanken und Ideen als thatsächliche Unterlage zu dienen.

In diesem Sinne hat Spinoza eine endlose Substanz; in diesem Sinne Kant eine endlose Vernunft; in diesem Sinne sagte oben Fichte: „Die praktische Vernunft könne sich in ihrer einzelnen Bethätigung dem allgemeinen Vernunftwesen bis ins unendliche annähern." Es bleibt beim einzelnen Erkenntnisakte immer noch etwas von der allgemeinen Idee übrig, was noch erkannt zu werden vermag.

Welches „Unendliche" finden wir in der **scientia media**, zumal nach der Auffassung des Suarez? Bringt die göttliche Erkenntnis von seiten Gottes die thatsächliche Bestimmtheit in dem Erkennen des freien geschöpflichen Aktes mit sich? Ist diese **vis divini intellectus** also **„infinita"**, weil von ihr allein das Ende, die allseitige Grenze in der Erkenntnis kommt und weil alles außer ihr „ohne Ende" ist, also der Beendung, der Bestimmung von ihrer Seite her bedarf, um ein eigenes Ende zu haben? Die geschöpfliche Natur ist unendlich in dem Sinne, daß sie immer mehr von außen her bestimmt oder geendet werden kann; sie hat kein Ende innerhalb ihres Seins, sondern ist immer weiterer Entwicklung offen. Die schöpferische Natur dagegen ist unendlich, weil sie, in sich ganz abgeschlossen, die Kraft hat, allem Denkbaren ein Ende, Grenzen und Bestimmtheit zu geben.

Erkennt die **scientia media** ein solches „Unendliche" in Gott an? Wenn ja, dann ist sie überflüssig in der katholischen Theologie. Die Bestimmtheit und Thatsächlichkeit des freien Aktes kommt dann von Gott und in Sich allein schaut denselben Gott vermittelst und kraft seiner eigenen wirkenden

Ursächlichkeit. In diesem Wirklichen, Thatsächlichen schaut Er das freie Vermögen, wie es von Ihm ausgegangen ist und deshalb seine letzte Bestimmung von Ihm erwartet, und wie es darum gerade von sich aus „ohne Ende“, unendlich ist, weil Er, Gott, es geschaffen hat und immer mehr bestimmen kann.

Will die scientia media aber in Gott ein „ohne Ende“, ein solches Unendliche nämlich setzen, was da immer mehr schauen kann, dem da somit vom endlosen Vermögen aus immer mehr Erkenntnisgegenstände vorgestellt werden können, damit sie dieselben gleichviel auf welche Weise erkenne, so stellt sie sich auf dieselbe Grundlage wie die erwähnten Systeme.

„Gottes Kenntnis wird nicht von außen her bestimmt, erhält nicht ihre Specifikation von außen.“ Das sagt allerdings Suarez und will diese Wahrheit dadurch retten, daß er den wirklichen freien Akt vom „Dekrete“ abhängig sein läßt. Aber die Frage ist die: Was ist thatsächlich die Lehre des Suarez? Ist Gottes Wesen offen für den Einfluß äußerer Gegenstände? Ist etwas Erkennbares vorhanden (um mit Thomas zu reden), was da nicht in der prima veritas begründet wäre und von derselben seine ganze Erkennbarkeit hätte? Wenn nur der geringste Schatten von Erkennbarem vorhanden ist, ohne daß dieses Erkennbare von Gott, als erstem Grunde, herrührt, so wird Gott „geendet“ durch die Geschöpfe. Er ist dann was sein inneres Sein betrifft unendlich im Sinne von „ohne Ende“. Er hat ein Vermögen in sich, dessen bestimmendes Moment, die Wahrheit nämlich des freien Aktes, sich außen vorfindet. Ist aber der leiseste Schatten von Vermögen und demgemäß von Bestimmbarkeit in Gott, so ist die ganze göttliche Substanz nichts als Möglichkeit geradeso wie die geschöpfliche. Denn in einer Substanz, die reine Thatsächlichkeit wäre, kann durchaus nichts Bestimmbares sich vorfinden. Wo der Akt des Erkennens, d. h. das Allerthatsächlichste und Inner=

lichste den Formalgrund des Seins bilden soll, ist ein Einfluß von außen undenkbar. Da die Substanz nun, was sie ist, immer ganz ist, so wäre die göttliche nach der Annahme des Suarez auch ganz Potenz, ganz Entwicklungsfähigkeit und Bestimmbarkeit.

Oder soll das geschöpfliche Vermögen als sich thatsächlich bestimmend in Gott selber gesehen werden und in dieser Weise der bestimmende Formalgrund doch immer Gott sein? Jedenfalls ist ein solches Vermögen gemäß der scientia media nicht im Wesen Gottes offenbar. Also nur im göttlichen Sein. Das Sein Gottes aber erstreckt sich gerade so weit, wie das Wesen, und das Wesen soweit, wie das Erkennen; alles ist innerlich, alles thatsächlich, nichts „ohne Ende".

Es ist da gar nicht herauszukommen, außer durch die ohne Klauseln anerkannte schrankenlose Identität zwischen Sein und Erkennen, zwischen Subjekt und Objekt, zwischen Wesen und Wirklichkeit. Wo eine reine Wirklichkeit dem Wesen nach besteht, also jeder Einfluß von außen und damit jede subjektive Möglichkeit innerhalb dieses Wesens von vornherein abgeschnitten ist; da kann eine wahre Wirkung auch gedacht werden. Vom Feuer zuerst geht die subjektive Möglichkeit aus, daß etwas warm werden kann und besteht dann auf Grund dieser Möglichkeit das thatsächlich Warme. Dabei bleibt das Zimmer, welches möglich ist vom Feuer erwärmt zu werden, dem ganzen Wesen nach subjektiv getrennt vom Wesen des Feuers. Und ist nun dasselbe wirklich auf Grund der vorhergehenden in ihm bestehenden subjektiven Möglichkeit warm geworden, so dauert trotzdem die Wesenstrennung des warmen Zimmers vom warmen Feuer fort. Nicht das Zimmer als möglich warm zu werden veranlaßt den Einfluß der Wärme und nicht nach ihm kann irgendwie der bestimmte Grad der Wärme bemessen werden, sondern das Feuer, welches dem Wesen nach warm ist, enthält den bestimmenden Grund der Wärme in sich.

Von der Wirklichkeit dem Wesen nach allein kann das Vermögen wirklich zu sein, herkommen und auf Grund und nach Maßgabe dieses Vermögens auch das thatsächliche Wirklichsein. Was Selbstbewußtsein an sich dem ganzen Wesen nach ist, das allein kann das Vermögen zu erkennen hervorbringen und auf Grund und nach Maßgabe eines solchen Vermögens das wirklich thatsächliche Erkennen, zumal das Sichselbsterkennen.

In diesem Falle vermag eine Substanz aufgefaßt zu werden, die da „ohne Ende" durch wirkliches Sein vollendet werden kann, wenigstens keine Notwendigkeit für ein solches Ende in sich selber besitzt. Die Endlosigkeit oder Unendlichkeit in der Möglichkeit vervollkommnet zu werden, mahnt an die thatsächlich absolute Vollendung, welche als wirkende und bestimmende Ursache dasteht. Da ist eine Vernunft zu verstehen, die völlig „rein" ist, d. h. in ihrem Wesen kein schließliches Ende für das thatsächliche Erkennen enthält, sondern von sich aus immer mehr erkennen kann; denn sie kommt von demjenigen, dessen Vollendung ein in sich völlig entwickeltes Erkennen ist.

Da kann das Verständnis eines „absoluten, reinen Ichs" gefunden werden, denn Gott ist ein einzelner Akt und alles in Ihm ist Thatsächlichkeit und reines Erkennen. Von dieser thatsächlichen Identität, die wesentlich Thatsache ist, kann eine Identität dem Vermögen nach verursacht werden, welche den geschöpflichen Erkenntnisakt: Trennung nämlich im subjektiven einzelnen Sein, Identität in der allgemeinen Wesensform zu tragen geeignet ist.

Da quillt aus dem Bereiche des Geschöpflichen freiwillig sozusagen heraus die Thatsache der Existenz eines Erkennens, das da mit seinem eigenen substantiellen Träger völlig identisch ist; eine durchaus dem Wesen nach Wirklichkeit seiende Identität und die glorreichen Vollkommenheiten eines solchen Seins ergeben sich wie von selbst. Sein und Erkennen decken sich in diesem Falle voll und ganz.

Nicht nur dies aber. Das ganze geschöpfliche Sein und Leben, d. h. alles, was von innen heraus der Entwicklung zugänglich ist und ihrer bedarf, zeigt mit der gleichen Augenscheinlichkeit, mit der es die Existenz dieser wesentlichen Identität darthut, auch ebenso, daß die letztere im inneren formalen Grunde ihres Seins und ihrer Vollkommenheiten niemals vom Kreatürlichen begriffen werden kann, außer soweit sie selbst dazu die Kraft giebt. Was wesentlich Vermögen ist, das bedarf ja zu jeder Bethätigung in erster Linie immer dessen, was wirkliche Thatsächlichkeit ist. Nur an dessen Hand, nie aber aus sich heraus kann es sich entwickeln. So eng verbunden die wirkende Kraft Gottes mit dem Wesen des Geschöpfes ist und so tief deshalb der schöpferische Blick in das Leben und Wirken der Kreatur reicht, so streng ist auch in der ganzen Linie getrennt das Wesen des Geschöpflichen, reines Vermögen vom Wesen des Schöpfers, der reinen That.

Es ist so, wie oben der große Gregor sagt: Je mehr Gott mit seinem Wirken in das Innere des Geschöpfes hinabsteigt, desto mehr sieht dieses letztere das eigene Selbst; es sieht, daß es nur Möglichkeit zu seiner Seins-Grundlage hat, nur Ohnmacht. Sein wahres Selbstbewußtsein ist dem Wesen nach das Wissen dessen, was das Geschöpf in der That nicht ist; daß es nämlich nur unter dem wirkenden Einflusse Gottes, der sein eigenes Wissen, sein eigenes Selbst ist, etwas werden und erkennen kann. Möglichkeit sieht es unter dem Einflusse der allwirkenden Ursache in sich als sein alleiniges Eigentum; nicht aber unabhängige Selbstbestimmung. Nicht nach unserem Bilde soll Gott sein Urteil und sein „Dekret" einrichten, sondern wir sollen seine belebenden Gesetze nicht vergessen. **In aeternum non obliviscar justificationes tuas, quia in ipsis vivificasti me.** In Ewigkeit nicht will ich Deine Satzungen vergessen, denn in ihnen hast Du mich belebt." Nicht in unser Bild soll Gott schauen, sondern „wir sollen vom Geiste des Herrn aus einer Klarheit in die andere geführt werden, bis wir über unsere Kräfte hinaus hineingeformt sind alle in ebendasselbe Bild;" a claritate in claritatem transformamur in eandem imaginem tanquam a Domini spiritu.

§. 4.

Die Väterlehre.

106. Dionysius.

Der moderne Pantheismus, die Selbstbestimmung und Selbstentwicklung eines reinen Vermögens aus sich heraus, ist, auch in der modernen Form, nicht so neu in der Kirche. Simon, der Magier, lehrte so: [1]) „Aus einer einzigen Wurzel

---

[1]) Philosophoumena, ed. a Dunker et Schneidewin, Gottingae, 1859, p 252: Ὑμῖν οὖν λέγω ἃ λέγω καὶ γράφω ἃ γράφω. Τὸ γράμμα τοῦτο· δύο εἰσὶ παραφυάδες τῶν ὅλων αἰώνων, μήτε ἀρχὴν μήτε πέρας ἔχουσαι, ἀπὸ μιᾶς ῥίζης, ἥτις ἐστὶ δύναμις σιγὴ ἀόρατος, ἀκατάληπτος, ὧν ἡ μία φαίνεται ἄνωθεν, ἥτις ἐστὶ μεγάλη δύναμις, νοῦς τῶν ὅλων, διέπων τὰ πάντα, ἄρσην· ἡ δὲ ἑτέρα κάτωθεν, ἐπίνοια μεγάλη, θήλεια, γεννῶσα τὰ πάντα. Ἔνθεν ἀλλήλοις ἀντιστοιχοῦντες συζυγίαν ἔχουσι καὶ τὸ μέσον διάστημα ἐμφαίνουσιν ἀέρα ἀκατάληπτον μήτε ἀρχὴν μήτε πέρας ἔχοντα. Ἐν δὲ τούτῳ πατὴρ ὁ βαστάζων πάντα καὶ τρέφων τὰ ἀρχὴν καὶ πέρας ἔχοντα. Οὗτος ἐστὶν ὁ ἑστώς, στάς, στησόμενος, ὢν ἀρσηνόθελυς δύναμις κατὰ τὴν προϋπάρχουσαν δύναμιν ἀπέραντον, ἥτις οὔτ' ἀρχὴν οὔτε πέρας ἔχει, ἐν μονότητι οὖσαν· ἀπὸ γὰρ ταύτης προελθοῦσα ἡ ἐν μονότητι ἐπίνοια ἐγένετο δύο. Κἀκεῖνος ἦν εἷς· ἔχων γὰρ ἐν ἑαυτῷ αὐτὴν ἦν μόνος, οὐ μέντοι πρῶτος, καίπερ προϋπάρχων, φανεὶς δὲ αὐτῷ ἀπὸ ἑαυτοῦ, ἐγένετο δεύτερος. Ἀλλ' οὐδὲ πατὴρ ἐκλήθη πρὶν αὐτὴν αὐτὸν ὀνομάσαι πατέρα. Ὡς οὖν αὐτὸς ἑαυτὸν ὑπὸ ἑαυτοῦ προαγαγὼν ἐφανέρωσεν ἑαυτῷ τὴν ἰδίαν ἐπίνοιαν, οὕτως καὶ ἡ φανεῖσα ἐπίνοια οὐκ ἐποίησεν, ἀλλὰ ἰδοῦσα αὐτὸν, ἐνέκρυψε τὸν πατέρα ἐν ἑαυτῇ, τουτέστι τὴν δύναμιν, καὶ ἔστιν ἀρσενόθηλυς δύναμις καὶ ἐπίνοια, ὅθεν ἀλλήλοις ἀντιστοιχοῦσιν (οὐδὲν γὰρ διαφέρει δύναμις ἐπινοίας) ἓν ὄντες. Ἐκ μὲν τῶν ἄνω εὑρίσκεται δύναμις, ἐκ δὲ τῶν κάτω ἐπίνοια. Ἔστιν οὖν οὕτως καὶ τὸ φανὲν ἀπ' αὐτῶν, ἓν ὄν, δύο εὑρίσκεσθαι, ἀρσηνόθηλυς ἔχων τὴν θήλειαν ἐν ἑαυτῷ. Οὕτως ἐστὶ νοῦς ἐν ἐπινοίᾳ, ἃ χωριστὰ ἀπ' ἀλλήλων, ἓν ὄντες, δύο εὑρίσκονται.

kommen alle Ewigdauernden, die keinen Anfang und kein Ende haben. Und diese Wurzel ist das unsichtbare und unbegreifliche Stillschweigen. Paarweise gehen sie aus dieser Wurzel hervor, das männliche gebende Element oben, das weibliche empfangende unten. Die eine Wurzel in sich selbst dieselbe bleibend, ist zugleich in sich alles zusammenfassend; sie hält alles aufrecht; es ist die ungemessene Möglichkeit (potestas infinita), die da weder Anfang noch Ende hat. Von ihr ist ausgegangen, aber immer in derselben Einheit verharrend die Einsicht oder das Verständnis (επίνοια). Die Urmöglichkeit, der Vater ist nur einer; er ist vor der Idee und ist doch nicht der erste, sondern die Idee schließt er in sich und bleibt doch der eine; nur ist er durch die Idee sich selber offenbar und konnte auch nicht Vater genannt werden, bevor die Idee, welche aus ihm hervorging, ihn Vater genannt hatte. Sowie er also sich selbst zeugend sich die eigene Idee offenbarte, so hat auch letztere ihn nicht zum Vater gemacht, sondern sie hat ihn verborgen in sich selbst und so wurde die eine männlich-weibliche Urmöglichkeit sich selbst gegenwärtig; denn die Idee ist nicht verschieden vom Urvermögen: beides ist eins. Die ἐπίνοια ist im νοῦς, die Idee im Denkvermögen. Sie ist die Urmöglichkeit, die Urpotenz, das unbegrenzte Vermögen, der νοῦς, wenn das obere gebende Princip in Betracht kommt; sie ist die Idee, d. h. das thatsächliche Verständnis, sobald das niedere empfangende Princip erwogen wird. Was aber daraus als offenbares hervorgeht, ist zwar thatsächlich in seiner Erscheinung eins, wird aber doch als ein doppeltes erfunden, denn es schließt das empfangende weibliche Princip in sich ein. So ist der νοῦς in der ἐπίνοια, das Vernunftvermögen in der Idee, zwar getrennt dem Begriffe nach, aber trotzdem in Wirklichkeit eins."

Simon erklärt dieses Urvermögen weiter:[1] „In einem

---

[1]) S. 248. l. c. *Ἔστιν οὖν κατὰ τὸν Σίμωνα το μακάριον καὶ ἄφθαρτον ἐκεῖνο ἐν παντὶ κεκρυμμένον δυνάμει, οὐκ ἐνεργείᾳ, ὅπερ*

jeden also ist jenes ruhige, verborgene, selige, unzerstörbare Urvermögen, aber es besteht nicht in voll wirklicher Thatsächlichkeit; jenes Urvermögen, das da gleichbedeutend ist mit dem, der da ist, war und sein wird. Er ist oben in der ungezeugten Möglichkeit (δυνάμει); er war unten im strömenden Wasser (Stoff), im Bilde wiedererzeugt; er wird sein gleichförmig der ungemessenen Potenz in der ausgebildeten, d. i. voll entwickelten Wirklichkeit. Denn drei sind, die da bestehen und ohne diese drei Ewigdauernden wird die Welt nicht gezeugt, die ja nur das sichtbare Bild von dem Unsichtbaren und Ungewordenen ist. Deshalb sagen sie: Ich und du bin eins: du bist vor mir; das, was nach dir ist, bin ich. Das ist die einige einzige Gewalt und trotzdem ist sie geteilt; sie ist oben und sie ist unten, sie erzeugt sich selbst, sie nährt sich selbst, sie unterhält sich selbst, sucht nur sich selbst, findet nur sich selbst, ist sich selber Mutter, Vater, Schwester, Gatte, Sohn, alles in sich selbst, als die eine bleibend die Wurzel alles Seins."

Der moderne Pantheismus wird wohl gegen diese Lehre nichts einzuwenden haben. Seine Grundlage ist auch deren Grundlage. Er findet daselbst sogar ein Muster, wie man Schriftstellen und kirchlich ausgesprochene Dogmen mißbrauchen oder parodieren kann.

ἔστιν ὁ ἑστώς, στάς, στησόμενος, ἑστὼς ἄνω, ἐν τῇ ἀγεννήτῳ δυνάμει, στὰς κάτω, ἐν τῇ ῥοῇ τῶν ὑδάτων ἐν εἰκόνι γεννηθείς, στησόμενος ἄνω, παρὰ τὴν μακαρίαν ἀπέραντον δύναμιν ἐὰν ἐξεικονισθῇ. Τρεῖς γάρ, φησίν, εἰσὶν ἑστῶτες καὶ ἄνευ τοῦ τρεῖς εἶναι ἑστῶτας αἰῶνας οὐ κοσμεῖται ὁ γέννητος ὁ κατ᾽ αὐτοὺς ἐπὶ τοῦ ὕδατος φερόμενος, ὁ καθ᾽ ὁμοίωσιν ἀναπεπλασμένος τέλειος ἐπουράνιος, κατ᾽ οὐδεμίαν επίνοιαν ἐνδεέστερος τῆς ἀγεννήτου δυνάμεως γενόμενος, τουτέστιν ὃ λέγεται· ἐγὼ καὶ σὺ ἕν, πρὸ ἐμοῦ σύ, τὸ μετὰ σὲ ἐγώ. Αὕτη, φησίν, ἐστὶ δύναμις μία, διῃρημένη ἄνω, κάτω, αὐτὴν γεννῶσα, αὐτὴν αὔξουσα, αὐτὴν ζητοῦσα, αὐτὴν εὑρίσκουσα, αὐτῆς μήτηρ οὖσα, αὐτῆς πατήρ, αὐτῆς ἀδελφή, αὐτῆς σύζυγος, αὐτῆς θυγάτηρ, αὐτῆς υἱός, μήτηρ, πατήρ, ἕν, οὖσα ῥίζα τῶν ὅλων.

Gegenüber diesem Simon, der von seinen Zeitgenossen der πάισοφος genannt wurde und über dessen reiu menschliche Geburt selbst Zweifel laut wurden, stellte Dionysius der Areopagite die Wahrheit fest. Es ist schwer, einen Kirchenvater und Kirchenlehrer zu finden, der die Trennung Gottes von der Welt dem Wesen nach und ihre Verbindung einzig und allein gemäß der wirkenden Ursächlichkeit mit ausdrücklicheren Worten ausgesprochen hat.

Gleich im Beginne seines Werkes de div. nom. sagt er: „Ich will nun, nachdem ich bereits die göttlichen Personen behandelt, auch auseinandersetzen, welche Namen den drei göttlichen Personen gemeinschaftlich zukommen. Hier wollen wir wiederum der von Gott geoffenbarten Schrift folgen und nicht uns auf das verlassen, was die „verführerischen Worte menschlicher Weisheit" lehren, sondern auf die „Kraft des Geistes" wollen wir bauen, der die Apostel und Propheten inspiriert hat. Denn es handelt sich darum, mit dem Unaussprechlichen und Unfaßbaren in Verbindung zu treten und das kann nur geschehen auf Grund einer unaussprechlichen und unfaßbaren Vereinigung desselben mit dem Verstande, der Vernunft, welche dessen natürlich begrenzten Kräfte weit übersteigt. Man darf sich nicht anmaßen, etwas von der geheimnisvollen und über alle Begriffe großen Gottheit aussagen oder denken zu wollen, was nicht diese Gottheit selbst uns geoffenbart hat durch die heiligen Schriften oder was auf dieselben zurückgeführt werden kann" (παρά τά θειωδώς ήμῖν ἐκ τῶν ἱερῶν λόγων ἐκπεφασμένα).

Gott ist damit als außerhalb aller geschöpflichen Notwendigkeit, als frei in sich selber, hingestellt. Er offenbart, was Ihm gefällt, und unterliegt nicht dem mindesten Einflusse von außen, ist somit keinerlei Entwicklung zugänglich. Er sicht sich nicht erst innerhalb irgend cines reinen Vermögens um und schaut darin, was demselben paßt oder nicht paßt, sondern ist einzig und allein auf Sich angewiesen.

„Kein Begriff," so fährt Dionysius fort, „erreicht dieses

über allen Begriff erhabene Sein, kein Ausdruck entspricht diesem ganz vollkommenen Gute, im Vergleich zu welchem alles sonstige Gut ein Nicht-Gut ist; es ist die Einheit, welche jede andere Einheit verursacht; die mit keiner anderen etwas dem Wesen nach Gemeinsames hat; die Vernunft, die da ihrer Fülle zufolge unbegriffen bleibt; das Wort, welches keinem gegeben ist auszusprechen; — und deshalb muß die Vernunft, soweit wir sie kennen, also so weit sie geschöpflich ist, von ihm entfernt werden; das Denken, soweit es unserer Natur eigentümlich ist, gilt nicht vom göttlichen Sein und es ist unmöglich, Ihm einen sein Wesen ausdrückenden Namen zu geben. So aufgefaßt ist dieses Sein Vernunftlosigkeit *ἀλογία*, Verständnislosigkeit *ἀνοησία*, Unnennbarkeit *ἀνωνυμία;* denn es ist nichts von dem, was irgendwie existiert. Wohl aber ist es die Ursache von allem dem, was ist und was nicht es selber ist; erhaben steht es da über alle Substanz, so daß von keiner Substanz es offenbart werden kann, sondern es an ihm, dem göttlichen Sein allein liegt, ob und inwieweit es sich offenbaren will."

Dionysius ist also weit davon entfernt, behaupten zu wollen, daß aus irgend einem geschöpflichen Vermögen, möchte dies auch ein solches wie der geschöpfliche freie Wille sein, Gott eine Offenbarung zugeht, wie sich dies oder jenes entscheiden wird oder entscheiden würde, wonach Gott selbst dann etwa seinen Entschluß einrichtete. Einen Mangel in seiner *δύναμις ἀπέραντος* hatte Simon gekennzeichnet mit diesen nämlichen Worten *ἀλογία*, *ἀνωνυμία* 2c.; Dionysius gebraucht diese Ausdrücke ebenfalls von Gott, jedoch infolge der unerschöpflichen Seinsfülle desselben.

In der „mystischen Theologie" (c. 1) sagt er von Gott kurz: „Der über alle natürliche Wesenheit und Möglichkeit erhabene Voll-Glanz." „O Dunkel," so im selben Kapitel, „welches, umgeben von den dichtesten Finsternissen überaus hell leuchtet in einem Glanze, der alles Können der Natur weit übertrifft, und das da, obgleich jedem geschaffenen Auge vollständig unsichtbar und unfaßbar, wenn es will, die von Natur so blinden vernünftigen Wesen über alles Maß reichlich anfüllt mit unnennbarem Entzücken!"

„Wird also" (myst. theol. c. 1.) „erwogen, daß Gott die wirkende Ursache von allem ist, so müssen alle Vorzüge der Geschöpfe auch von Ihm gelten; — wird jedoch darauf Rücksicht genommen, daß Gott seiner Substanz nach von allem getrennt und über alles erhaben ist, so dürfen dieselben Vorzüge nicht von Ihm ausgesagt werden . . . Denn allen diesen geschöpflichen Vorzügen haftet von Natur ein Mangel an — und deshalb dürfen sie nicht in der Weise, wie sie wesentlich im Geschöpfe existieren, vom Sein Gottes gelten, welches in seiner Einfachheit und Unteilbarkeit über allen Mangel und allen Fehl hoch erhaben ist."

In de div. nom. c. 1. §. 4. drückt der Areopagite nach einer anderen Seite hin die im Vorstehenden von uns entwickelte Lehre des heiligen Thomas mit aller Kraft und Entschiedenheit aus: „Halten wir uns an die überwesentliche, d. h. alle Wesen wesentlich und substantiell überragende Helle, welche in unaussprechlicher Weise alle unsere Erkenntnisgegenstände in sich enthält, und die da unserer Vernunft und unserer Rede und unserem wie auch immer aufgefaßten geistigen Schauen unerreichbar ist, denn sie ist außerhalb von allem, trotzdem sie innerhalb ihrer selbst vor allem Geschaffenen alle Grenzen der vernünftigen Erkenntnis und aller natürlichen Kräfte in sich enthält; sie erhebt sich in ihrer unbegreiflichen Gewalt über alles ohne Ausnahme und entzieht sich so aller Kenntnis seitens der Geschöpfe."

Noch genauer §. 5: „Die göttliche Substanz . . . beherrscht unumschränkterweise alle und jede Substanz, sie kommt allem zuvor, durchdringt alles und ist das Ziel von allem (περιληπτική, συλληπτική, προληπτική); sie ist völlig unbegreifbar und übersteigt allen Sinn, alle Einbildung, alle Meinung, alle Benennung, Beschreibung, Wissenschaft, Berührung."

C. 5. §. 5.: „Alle Seinsarten haben von Ihm, daß sie sind und keine ist Ihm fremd; Er selbst ist vor allem und alles hat seine Subsistenz durch Ihn; kurz, nur in Ihm, der da das erste Sein ist, besteht alles; nur infolge dessen kann alles aufgefaßt (weil also alles in Gott ist und nicht, weil Gott in den Geschöpfen sucht) und zum schließlichen Heile geführt werden."

C. 2 §. 3.: „Eben weil Er dem Wesen und der Substanz nach getrennt ist von allem, ist Er der erste wirkende Grund in aller Ursächlichkeit, im Guten, im Schönen, Lebendigen, Weisen."

C. 9. §. 4.: „Gott ist nur Er selbst. Er ist wesentlich seiner Substanz nach ewig, bleibt stets in Sich selbst, immer Sich selbst in jeder Beziehung gleich, gegenwärtig allem (nicht, wohlbemerkt sagt er, alles Ihm), Er ist selber durch und durch, in Sich unveränderlich Festigkeit und Glanz, Sich selbst sein Maß, unerschütterlich, unvermischt, stofflos, ohne Bedürfnis, weder der Vervollkommnung fähig noch der Verminderung, unerzeugt, ungeworden, vollkommen in sich, schaffend alles, was Sein hat . . . ordnend alles, Quelle und Ursprung der Gleichförmigkeit (cf. oben) und der Beständigkeit im Geschaffenen."

C. 4. §. 14.: „Gott hat nicht irgendwie Sein, sondern Er ist eben einfach und in grenzenloser Vollkommenheit; Er besitzt in seiner Substanz die Vollendung alles Seins von vornherein, ganz und gar unabhängig," ὁ Θεὸς οὐ πώς ἐστιν ὢν ἀλλὰ ἅπλως καὶ ἀπεριορίςως, ὅλον ἐν ἑαυτῷ τὸ ἐιναι συνειληφὼς καὶ προειληφώς.

C. 5. §. 9.: „Gott ist alles als Urheber von allem;" ἐστὶν πὰιτα ὡς πάντων αἴτιος.

C. 7. §. 2.: „Wenn Gott vernünftig genannt wird,[1])

---

[1]) Ὥστε ὁ θεῖος νοῦς πάντα συνέχει τῇ πάντων ἐξῃρημένῃ γνώσει κατὰ τὴν πάντων αἰτίαν ἐν ἑαυτῷ τὴν πάντων εἴδησιν

so ist das so zu verstehen, wie es Gott zukömmt. Gott hat keine einzelnen Erkenntnisakte, wie etwa wir, sondern die göttliche Vernunft umfaßt in ihrer jegliche natürliche Erkenntnisweise wesentlich überragenden Weisheit alles, weil sie als erster wirkender Grund alles in sich enthält. Die göttliche Vernunft nämlich erkennt nicht die verschiedenen Geschöpfe, indem sie etwa deren Sein durchforscht; vielmehr besitzt sie die Kenntnis aller Dinge reiu durch sich selbst und in sich selbst (*ἐξ αὐτοῦ καὶ ἐν αὐτῷ*) in ihrer Eigenschaft als Ursache (*κατ' αἰτίαν τὴν πάντων εἴδησιν*). Dadurch, daß die göttliche Weisheit sich erkennt, erkennt sie alles (*Ἑαυτὴν οὖν γινώσκουσα ἡ θεῖα σοφία γνώσεται πάντα*): das Stoffliche in stoffloser Weise, das Teilbare und Vielfache ungeteilt und einfach; sie erkennt in ihrer einen und einfachen Substanz; denn das kann ihr nicht verbor-

---

προειληφως, πρὶν ἀγγέλους γενέσθαι εἰδὼς καὶ παράγων ἀγγέλους καὶ πάντα τὰ ἄλλα ἔνδοθεν καὶ ἀπ' αὐτῆς, ἵν' οὕτως εἴπω, τῆς ἀρχῆς εἰδὼς, καὶ εἰς οὐσίαν ἄγων, καὶ τοῦτο οἶμαι παραδιδόναι τὸ λόγιον ὁπόταν φησίν. Ὁ εἰδὼς τὰ πάντα πρὶν γενέσεως αὐτῶν. Οὐ γὰρ ἐκ τῶν ὄντων τὰ ὄντα μανθάνων, οἶδεν ὁ θεῖος νοῦς, ἀλλ' ἐξ αὐτοῦ καὶ ἐν αὐτῷ, κατ' αἰτίαν τὴν πάντων εἴδησιν καὶ γνῶσιν καὶ οὐσίαν προέχει καὶ προσυνείληφεν, οὐ κατ' ἰδέαν ἑκάστοις ἐπιβάλλων, ἀλλὰ κατὰ μίαν τῆς αἰτίας περιοχὴν τὰ πάντα εἰδὼς καὶ συνέχων· ὥσπερ καὶ τὸ φῶς κατ' αἰτίαν ἐν ἑαυτῷ τὴν εἴδησιν τοῦ σκότους προείληφεν, οὐκ ἄλλοθεν εἰδὼς τὸ σκότος ἢ ἀπὸ τοῦ φωτός.

Ἑαυτὴν οὖν ἡ θεῖα σοφία γινώσκουσα, γνώσεται πάντα, ἀΰλως τὰ ὑλικα, καὶ ἀμερίστως τὰ μεριστὰ καὶ τὰ πολλὰ ἑνιαίως, αὐτῷ τῷ ἑνὶ τὰ πάντα καὶ γινώσκουσα καὶ παράγουσα· καὶ γὰρ εἰ κατὰ μίαν αἰτίαν ὁ θεὸς πᾶσι τοῖς οὖσι τοῦ εἶναι μεταδίδωσι, κατὰ τὴν αὐτὴν ἑνικὴν αἰτίαν εἴσεται πάντα ὡς ἐξ ἑαυτοῦ ὄντα καὶ ἐν ἑαυτῷ προϋφεστηκότα καὶ οὐκ ἐκ τῶν ὄντων λήψεται τὴν αὐτῶν γνῶσιν, ἀλλὰ καὶ αὐτοῖς ἑκάστοις τῆς αὐτῶν καὶ ἄλλοις τῆς ἄλλων γνώσεως ἔσται χορηγός. Οὐκ ἄρα ὁ Θεὸς ἰδίαν ἔχει τὴν ἑαυτοῦ γνῶσιν, ἑτέραν δὲ τὴν κοινῇ τὰ ὄντα πάντα συλλαμβάνουσαν· αὐτὴ γὰρ ἑαυτὴν ἡ πάντων αἰτία γινώσκεται, σχολῇ που τὰ ἀπ' αὐτῆς καὶ ὧν ἐστιν αἰτία ἀγνοήσει. Ταύτῃ γοῦν ὁ Θεὸς τὰ ὄντα γινώσκει, οὐ τῇ ἐπιστήμῃ τῶν ὄντων, ἀλλὰ τῇ ἑαυτοῦ.

gen bleiben, was sie selber verursacht. Und wenn Gott als erste Ursächlichkeit allem das Sein verleiht, so muß Er auch kraft dieser selben Eigenschaft als erste Ursache alles wissen, was von Ihm kommt und was vorher nur in Ihm Sein hatte. Und nicht aus dem, was besteht, nimmt Er den Anlaß zu seiner Kenntnis, sondern Er giebt es auch allen anderen Dingen, daß sie sich selbst und anderes kennen. Nicht also hat Gott ein eigenes Wissen für die Kenntnis Seiner selbst und ein anderes, welches sich auf die Kenntnis des anderen erstreckt: denn die erste Ursache von allem kann eben dadurch, daß sie sich selbst kennt, keineswegs in Unkenntnis sein rücksichtlich dessen, was von ihr kommt, und dessen, von dem sie die Ursache ist. So also kennt Gott die Dinge, nicht vermittelst jener Wissenschaft, die von den Dingen kommt, sondern kraft seiner Selbstkenntnis."

Soll man wirklich sagen können, der Areopagite habe das, was heute mit dem Namen scientia media belegt wird, nicht gekannt! Er scheint sie sogar ex professo vor seinem Geiste stehen gehabt zu haben, als er diese Worte schrieb; so oft wiederholt er in den verschiedensten Wendungen: „Gott habe nur Kenntnis des Geschöpflichen, weil und insoweit er dessen erste Ursächlichkeit sei und sonst habe er keine Kenntnis davon; dieselbe Wissenschaft, mit welcher Er Sich selbst begreift, mache Ihm auch das andere bekannt." Er hebt mit Entschiedenheit die Gefahr hervor, welche bei der gegenteiligen Meinung droht, nämlich, daß dann auch die reine Ursächlichkeit Gottes als einzige Verbindung, welche Gott mit der bloßen Natur verknüpft, geleugnet und eine Wesenseinheit oder Wesensgleichheit Gottes mit der Welt behauptet werden müsse.

Der Areopagite faßt seine Lehre zusammen c. 8. §. 2.: „Gott ist die Macht: 1) weil Er von vornherein und in sich abgeschlossen in überwesentlicher Erhabenheit alle Macht besitzt; 2) weil Er der Urheber aller Macht ist; 3) weil Er alles mit unbeugsamer und von nichts außer Ihm beschränkter Macht thatsächlich hervorbringt; 4) weil von Ihm alles Vermögen herrührt, sowohl allgemeines wie besonderes (*ὡς αὐτοῦ τοῦ εἶναι δύναμιν ἢ τὴν ὅλην ἢ τὴν καθ' ἕκαστον ἄιτιος ὤν*); 5) weil Er in Sich selber jede Macht und jedes Vermögen wesentlich, also unberechenbar (*ἀπειροδύναμος*) überragt."

Wir werden im weiteren Verlaufe der Abhandlung noch Gelegenheit haben zu zeigen, wie der heilige Dionysius die ganze hierher bezügliche Lehre in scharf bestimmter Form und mit den bezeichnendsten Ausdrücken vorgetragen hat. Seine termini technici sind die der kirchlichen Lehre geworden. Wir schließen für jetzt einige Väterstellen an, welche diese Anschauung, soweit es das eben Dargelegte betrifft, bestätigen. Die schärfste Wesenstrennung Gottes vom Geschöpflichen ist zugleich die Grundlage für die thomistische Ansicht von dem ganz und gar gemäß seinem inneren Formalgrunde durchaus in sich abgeschlossenen Wissen Gottes und bedeutet die Notwendigkeit des Ausschlusses der scientia media von der theologischen Wissenschaft. Denn ist Gott durch den Formalgrund seines Wissens ganz abgeschlossen in Sich und besitzt Er also nur sein eigenes Wesen als maßgebenden inneren Grund all seines Erkennens und zugleich als einzigen unmittelbaren Erkenntnisgegenstand, so ist natürlich jeder andere Erkenntnisgegenstand, der sich von sich selber aus dem göttlichen Erkennen vorstellen wollte, sei es ohne allen maßgebenden inneren Grund, sei es mit einem solchen, der im Wesen Gottes irgendwie bestehen soll, aber nicht dasselbe ist, schlechterdings unmöglich gemacht. Nur auf Grund wirkender Ursächlichkeit, wie Dionysius und Thomas sagten, nur weil Gott selber dem Wesen nach die Wirklichkeit ist, kann Er anderes als Er selber ist, erkennen.

Die Abgeschlossenheit des göttlichen Wissens und Seins muß vollständig zerstört werden, wenn, ohne das Sein und Wesen Gottes zum Formalgrunde zu haben, ein Erkenntnisgegenstand von sich aus, „als objektive Wahrheit" nämlich, sich in Gott eindrängt.

Eine solche ganz absolute Abgeschlossenheit und Unzugänglichkeit des göttlichen Seins gegenüber allem anderen Sein wird nun von den Vätern bei jeder Gelegenheit gepredigt und zwar zuvörderst nach dem Beispiele der Schrift. „Dem Könige von Zeit und Ewigkeit,[1]) dem unsterblichen, dem unsichtbaren, dem alleinigen Gott sei Ehre und Preis," sagt Paulus, und wiederum: „Gott wohnt in unzugänglichem Lichte und kein Mensch hat Ihn gesehen noch kann er Ihn sehen."[2]) Isaias ebenso: „Du bist wahrhaft ein verborgener Gott.") „Groß im Ratschlusse und für jeden Gedanken unbegreiflich,"[4]) nennt Ihn Jeremias. „Und wer soll deinen Sinn erspähen, wenn du selber nicht Weisheit giebst,"[5]) ruft das Buch der Weisheit aus. „Alles hat aber Gott gemacht und denen, die auf Ihn vertrauen, verleiht Er Weisheit,"[6]) der Ecclesiastikus. Paulus faßt dann alles zusammen in den Worten: „O Erhabenheit des Reichtums der Weisheit und der Wissenschaft Gottes; wie unbegreiflich sind seine Urteile und unerforschlich seine Wege. Wer denu hat jemals den Sinn des Herrn erkannt? Oder wer war sein Ratgeber? Denn von Ihm, durch Ihn, in Ihm ist alles."[7])

---

[1]) I. Tim. 1, 7. Regi saeculorum, immortali invisibili.

[2]) I. Tim. 6, 16. Qui lucem habitat inaccessibilem, quem nullus hominum vidit, nec videre potest.

[3]) Isai. 45, 15. Vere tu es Deus absconditus.

[4]) Jer. 32, 19. Magnus consilio et incomprehensibilis cogitatu.

[5]) Sap. 6, 18. Sensum autem tuum quis dicet nisi tu dederis sapientiam.

[6]) Eccli 43, 37. Omnia autem Dominus fecit et pie agentibus dedit sapientiam.

[7]) Rom. 11, 33. O altitudo divitiarum sapientiae et scientiae Dei, quam incomprehensibilia sunt judicia ejus et investigabiles viae ejus. Quoniam ex ipso et per ipsum et in ipso sunt omnia.

Die Väter lehren demgemäß zuvörderst, daß alle Wahrheiten, welche die Natur Gottes an sich betreffen, „Geheimnisse" sind, unzugänglich aller natürlichen Vernunft und nur durch den Willen Gottes uns eröffnet. Drei solcher Geheimnisse nennt bereits der heilige Ignatius: „Den Fürsten dieser Welt war verborgen die Jungfräulichkeit Mariens, die Geburt und der Tod Christi; drei Geheimnisse der Predigt, welche im Stillschweigen (σίγῃ; vgl. den nämlichen Ausdruck ständig bei Dionysius) Gottes sich vollendet haben."[1]) „Nicht die Verwaltung," sagt der Brief an Diognet, „menschlicher Geheimnisse ist ihnen überlassen worden, sondern Gott selber hat vom Himmel herab die Wahrheit und das heilige und unermeßliche Wort unter die Menschen gesetzt, und wollte, daß es in ihrem Herzen eine feste Wohnstätte habe."[2]) Wie aus den Wirkungen allein das Innere Gottes nicht erkannt werden kann, sondern wie diese gerade offenbaren, daß, was Gott an Sich dem Wesen nach ist, ganz und gar getrennt vom Wesen des Geschöpfes dasteht und keinerlei andere Verbindung zwischen beiden besteht, wie jene zwischen der durchaus und nach allen Seiten in sich selbst vollendeten Ursache und den Wirkungen ihrer Macht; zeigt derselbe Verfasser noch mit den Worten: „Ihn selbst hat keiner der Menschen gesehen, keiner kennt Ihn. Er selbst hat Sich selbst gezeigt. Er zeigt Sich aber durch den Glauben."[3])

---

[1]) Ad Eph. a. 19. Et principem hujus mundi latuit Mariae virginitas et partus ipsius, similiter et mors Domini: tria mysteria clamoris, quae in silentio Dei patrata sunt.

[2]) Ep. ad Diog. c. 7. Neque humanorum mysteriorum oeconomia illis commissa est, sed ipse Deus e coelis veritatem et sanctum et incomprehensibile (ἀπερινόητον, cf. oben den Ausdruck bei Dion.) inter homines locavit et in cordibus eorum firmam habere sedem voluit.

[3]) L. c. c. 8. Hominum vero nemo vidit, nemo novit eum sed ipse seipsum ostendit. Ostendit autem se per fidem.

Wenn auch der scientia media alle ihre Hypothesen zugegeben werden, sie kann doch niemals leugnen, daß nach ihr es einen Gegenstand der göttlichen Erkenntnis giebt, nämlich den freien Akt, der da nicht vermittelst des Wesens Gottes allein erkannt wird, sondern an und für sich als frei außerhalb dieser Vermittlung steht. Es ist also diese Erkenntnis nicht durch das Sein Gottes allein bedingt, denu das Wesen Gottes ist sein Sein. Dann kann aber Gott auch nicht frei aus seinem Wesen und Sein heraus offenbaren; ebensowenig wie das Feuer ohne den zu Grunde liegenden Stoff als den Gegenstand seiner Thätigkeit brennen und das Licht ohne Gegenstand leuchten kann. Das Geschöpfliche muß, sowie es reiu von sich aus ohne vorherige entscheidende Bestimmung Gottes in die Kenntnis tritt, in derselben Weise auch in den göttlichen Willen als maßgebendes Element eintreten.

Alle Stellen der Väter, welche sonach eine freie, allein von Gott durch und durch abhängige Offenbarung behaupten, richten sich ebenmäßig gegen den Molinismus.

Wenn deshalb Irenäus sagt:[1]) „Wir wissen sehr gut, daß die heiligen Schriften ihrerseits vollkommen sind, weil vom Worte und dem heiligen Geiste geoffenbart; wir aber bedürfen in demselben Grade der Wissenschaft seiner Geheimnisse, in welchem wir gering sind und weit entfernt vom Worte Gottes und seinem Geiste," so bezeichnet er damit so recht klar das Verhältnis Gottes zu uns Geschöpfen und umgekehrt. Wir haben in jedem einzelnen Falle not, von Gott zu empfangen, wollen wir etwas sein oder erkennen. Dem gegenüber aber stellt sich die scientia media

---

[1]) Iren. C. haer. lib. 2. c. 18. nr. 2. Rectissime scientes quia scripturae quidem perfectae sunt quippe a Verbo sancto dictae; nos autem secundum quod minores sumus et novissimi a Verbo Dei et Spiritu ejus, secundum hoc et scientia mysteriorum ejus indigemus.

und sagt: Nein; der freie Akt, also gerade das Entscheidendste im geschöpflichen Leben, steht allein von sich aus vor dem Erkennen Gottes. Er hat nicht not, zu empfangen, um erkennbar zu sein (non indiget scientia), sondern er hat seine Erkennbarkeit in sich und ist demgemäß als Erkenntnisgegenstand zu Gott vielmehr im Verhältnisse des Vollendenden, des Vervollkommnenden, als des Bestimmbaren, Empfangenden.

Dagegen sagt der große Gregor:[1]) „Erkennen von seiten des Königs, nämlich Gottes, will besagen, daß Er, wenn eine beliebige Sache, die erkennenswert ist, auftaucht, uns die Erkenntnis giebt.“ Wenn also Gott unsere Akte erkennbar machen muß, damit und soweit wir sie verstehen, dann dürfen diese selben Akte nicht vor Gott als von sich aus erkennbare stehen. Und Origenes sagt sehr treffend:[2]) „Wie Strahlen verhalten sich die Werke Gottes und das ganze kunstvolle Universum zur göttlichen Substanz und Natur.“ Unter den Werken Gottes befindet sich jedenfalls der freie Akt. Derselbe ist also wie ein Strahl, der vom Lichte ausgeht, nicht wie das Licht, von dem der Strahl ausgeht. Seine thatsächliche Erkennbarkeit ist einzig und allein von Gott.

Und später: „Durch seine Kraft begreift Gott alles und Er wird von keinem Geschöpfe begriffen.“ Ist der freie Akt von sich aus, also vermittelst seiner eigenen Wahrheit vor Gott, so wird durch ihn Gott begriffen; denn nach allen Regeln der Erkenntnis ist das Erkennende das Er-

---

[1]) Moral. lib. 21. c. 5. Cognoscere regis est, ex cujuslibet causae emergentis articulo nobis cognitionem praebere.

[2]) De principiis l. 1. (Parii p. 51). Ita ergo quasi quidam radii sunt Dei naturae opera divinae providentiae et ars universitatis ejus, ad comparationem ipsius substantiae naturae.

Lib. 4. nr. 35. Virtute sua (Deus) omnia comprehendit et ipse nullius creaturae sensu comprehensus est.

kannte. Das Erkannte begreift und umgreift (comprehendit) die Erkenntniskraft.

Mit derselben Bestimmtheit sagt Gregor von Nazianz:[1] „Gott ist von allem, was ist, das Schönste und Erhabenste, wenn nicht jemand besser und genauer behaupten will, daß Er über alle Wesenheit sei oder daß alle Wesenheit in Ihm sei, weil nämlich alles, was nicht Er selbst ist, es von Ihm hat, daß es ist" (vgl. oben Dionysius fast mit denselben Worten).

Solche und ähnliche Stellen bieten nur dann einen Sinn, wenn das „alle Wesenheit" als inneres subjektives Vermögen zu sein aufgefaßt wird, dessen wirkende Ursache außerhalb stehen muß, nämlich in dem Sein, was da seinem Wesen nach Wirklichkeit ist. Eine Wesenheit, welche in sich wirkliches Sein einschlösse, könnte in keiner Weise in Gott sein; denn Gott ist nur sein eigenes Wesen und schließt in diesem Sinne keinerlei fremdes Sein in sich ein. Er wäre dann nicht *über* alle Wesenheit; denn Wirklichsein bleibt seiner Natur nach immer Wirklichsein, es ist überall an sich betrachtet ein und dasselbe. Enthält das Geschöpf im Wesen Wirklichsein und nicht bloßes Möglichsein, so steht es auf derselben Stufe wie der Schöpfer.

Ist aber „alle Wesenheit" Vermögen und steht sie somit der wirkenden Ursächlichkeit nach, auf die sie als Vermögen ja ganz angewiesen erscheint, *in* Gott, so kann von ihr allein auch kein wirklicher und demnach aus sich erkennbarer Akt ausgehen, außer insoweit dies von der wirkenden Ursache kommt. Gott ist dann „*Sein*" im wahren Sinne; Er ist wesentlich *sein eigen*, weil Er von sich allein Wirklichkeit hat. Deshalb sagt ganz deutlich derselbe heilige

---

[1]) Greg. Naz. or. 6. nr. 12.: Deum omnium quae sunt pulcherrimum et sublimissimum esse, nisi quis tamen eum malit supra omnem essentiam ponere aut in ipso collocare, utpote a quo alia quoque ut sint acceperint.

Kirchenlehrer:[1]) „Soweit es zu wissen uns erlaubt ist, sind die Namen „Sein“ und „Gott“ gewissermaßen vielmehr Namen, die das Wesen bezeichnen und von diesen beiden ist auch das Wort „Sein“ geeigneter, um das Wesen zu bezeichnen; nicht bloß deshalb, weil Gott selbst, als Er zu Moses auf dem Berge sprach, sich so nannte, sondern auch, weil dieser Name, wie wir dessen gewiß geworden sind, das ausdrückt, was Gott zum Unterschiede von allem anderen allein eigen ist. Wir suchen nach der Bezeichnung des Wesens desjenigen, der da aus sich selber das Sein besitzt und in keiner Weise mit anderem durch sein Wesen verbunden erscheint. Das Sein an sich ist Gott allein eigen und zwar ganz zu sein, durch nichts beengt und umschlossen, was vor Ihm oder nach Ihm wäre, denu Er war weder noch wird Er sein; das kommt Ihm zu.“

Das ist wieder solch eine bestimmte Äußerung, wie wir deren in den Schriften der alten Väter nicht selten finden, die da so recht zeigt, wie sehr Thomas den Vätern folgt. Gott allein ist es eigen, wirklich zu sein und zwar deshalb, weil sein Wesen dies so verlangt, das da zum Unterschiede von der Kreatur reine Wirklichkeit ist. An und für sich hat Gott das Sein (καθ' ἑαυτὸ) und es besteht keinerlei Wesensverbindung zwischen Ihm und dem Geschöpfe.

---

[1]) Or. 30. nr. 18. Quantum nobis assequi concessum est, Ens et Deus magis quodammodo essentiae nomina sunt; ex iisque etiam vox Ens ad eam indicandam aptior est; non hoc solum nomine quod ipse, cum Moysi in monte oraculum ederet.., ita seipsum appellavit; sed etiam quia nomen illud magis proprium (κυριωτερον) esse comperimus . . . Naturam ejusmodi exquirimus, quae ipsum esse per se habeat ac non cum alio quopiam copuletur (τὸ εἶναι καθ' ἑαυτὸ καὶ οὐκ ἄλλῳ συνδεδεμένον· τὸ δὲ ὂν ἴδιον οὕτως Θεοῦ καὶ ὅλον, μήτε τὸ πρὸ αὐτοῦ, μήτε τῷ μετ' αὐτοῦ, οὐ γὰρ ἦν ἢ ἔσται, περατούμενον ἢ περικοπτόμενον). Ens proprium sane est Deo ac totum nec priore aliqua re nec posteriore (nec enim erat nec erit) definitum ac circumcisum.

Hätte das Geschöpf in seinem Wesen irgend welche Wirklichkeit, so würde Gottes Wesen etwas an Wirklichkeit fehlen, ist doch das Geschöpf seinem Wesen nach getrennt von Gott. Erkännte Gott den freien Akt, weil dieser einmal besteht und aus sich heraus Wahrheit hat, so ist unzweifelhaft eine von außen her Gott aufgelegte Verbindung zwischen Ihm und dem Geschöpfe vorhanden. Denn daß Gott Sich selbst erkennt, ist sein Wesen; also ist es auch sein Wesen, daß Er weiß, wie Er den freien Akt erkennt. Dieser freie Akt hat aber nach den Molinisten seine Erkennbarkeit nicht auf Grund der göttlichen Ursächlichkeit, sondern er ist erkennbar, weil er einmal ist; und er bedingt in dieser Weise das göttliche Erkennen, dessen Gegenstand ja die Sachen sein müssen, wie sie einmal sind. Folglich besteht eine notwendige Verbindung zwischen Gottes Wesen und dem des Geschöpfes. Gregor von Nazianz aber sagt: non copuletur. Die Väter weisen den Molinismus bestimmt von der katholischen Lehre ab; die ganze Frage ist ihnen sehr wohl gegenwärtig und je älter sie sind, desto bestimmter drücken sie sich aus. Andere Stellen aus dem Nazianzener behalten wir uns für später vor.

Irenäus hatte bereits die Anwendung der wesentlichen Getrenntheit Gottes von den Kreaturen auf das Wissen gemacht.[1] „Gott ist ganz Vernunft, ganz maßgebender Grund, ganz wirkender Geist, ganz Licht und immer ganz und gar der nämliche in seinem Sein."

Es ist doch klar, daß wenn Gott ganz und gar Vernunft ist, daß dann auch der maßgebende Grund für sein Erkennen nur seine Substanz sein kann; daß Er nichts erkennen kann, wozu nicht diese letztere als maßgebender Grund allein und durchaus unabhängig Ihn bestimmte.

---

[1]) Irenaeus lib. 2. c. 47.: Deus cum sit totus mens, totus ratio et totus spiritus operans et totus lux et semper idem et similiter existens.

Irenäus aber fügt noch ganz ausdrücklich hinzu: „ganz wirkender Geist". Gott richtet sich also in seinem Wirken nicht im mindesten nach etwas anderem als nach der aus seinem Wesen geschöpften und von seinem Wesen bedingten Kenntnis.

Bei Augustin ist es stehender Ausdruck: „Das ist für Gott Sein, was Vernunftsein." „Ibi non est aliud et aliud intelligere; anima vero, quia est, etiam dum non intelligit aliud est quod est et aliud quod intelligit" (ep. 102).

Beinahe mit denselben Worten Gregor der Große:[1] „In jener einfachen und unwandelbaren Wesenheit ist nicht etwas anderes die Erkennbarkeit und etwas anderes die innere Natur; sondern seine Natur selbst ist seine Erkennbarkeit und seine Erkennbarkeit selbst ist seine Natur."

Entschiedener kann der Molinismus nicht zurückgewiesen werden, insofern das Wesen Gottes dadurch berührt wird. Gott ist seine Erkennbarkeit vermöge seines Wesens. Also erkennt Er in keinem Falle, weil etwas Erkennbares vorliegt, was nicht Er selbst ist, sondern weil, was nicht Er selbst ist, nur und einzig und allein durch Ihn erkennbar wird.

Johann Damascenus schließt die Lehre der Väter gleichsam ab mit den Worten:[2] „In uns verhält sich Klugheit

---

[1]) Gregor. M. mor. lib. 18. 28. „Neque enim illi simplici et incommutabili essentiae aliud est claritas aliud natura; sed ipsa ei natura sua claritas, ipsa claritas natura est."

[2]) Joan. Dam. lib. I. de fide c. 8. In nobis prudentia et sapientia et consilium tanquam habitus (ὡς ἕξις συμβαίνει) accidit et abscedit. Non autem in Deo. In ipso enim nihil oritur et desinit. Est enim variationis et mutationis expers; neque de ipso dici accidens oportet (οὐ χρὴ συμβαβηκὸς ἐπ' αὐτοῦ λέγεται). Didymus in enarrat. epist. canon. St. Joannis c. 3. Tom. 9. Bibl. PP.: „Igitur Trinitas scientia substantialis est; creaturarum vero affectus quidam suscipiens magis et minus. Cum Deus mens sit, intellectu naturali et substantiali novit ea quae novit.

und Weisheit und Ratschluß wie ein Zustand, der kommt und geht. So ist es aber nicht in Gott. In Ihm entsteht nichts und hört nichts auf. Von Ihm kann kein zufällig hinzutretendes Sein ausgesagt werden." Vor ihm hatte bereits Didymus jenen positiven Ausdruck vom Wissen Gottes gebraucht, den wir noch heute gern anwenden: „Das Wissen der heiligsten Dreieinigkeit ist Substanz; das der Geschöpfe aber eine Eigenschaft, etwas Zufälliges, ein mehr und ein minder zulassend."

Etwas weiter unten: „Da Gott Vernunft ist, so erkennt Er auf Grund seiner Natur und Substanz als des maßgebenden Erkenntnisgrundes. Die Geschöpfe aber, wenn sie auch eine Vernunft besitzen, haben doch nur ein Wissen, das da etwas machen kann oder auch nicht machen kann; denn ihre Vernunft selber ist gemacht."

Die Lehre ist ganz dieselbe, welche oben des weiteren dargelegt worden. Wer etwas machen kann oder auch nicht machen kann, der giebt nicht aus sich selbst heraus seinen Wirkungen wirkliches bestimmtes Sein, was da insoweit nicht anders sein kann; er würde ja sonst das Gegenteil von sich selber bewirken. Danach ist auch, was von demselben ausgeht, nicht aus sich heraus erkennbar, denn nur so wie ein Ding ist, so ist es erkennbar.

Wir werden bei dem Fortgange der Untersuchung noch genug Gelegenheit haben, nachzuweisen, wie der Molinismus eben so gut als der Pantheismus, d. h. die Lehre von dem selbständig aus sich heraus zur Wirklichkeit sich entwickelnden Vermögen, nicht nur keinerlei Stütze in den Vätern findet, sondern positiv von denselben geleugnet wird. Es findet sich da bereits klar ausgesprochen die Wahrheit, welche das Vatikanum als Glaubenssatz vorgestellt hat: die absolute Trennung nämlich zwischen der übernatürlichen Offenbarung

---

Creaturae autem licet habeant, ut sint mens, attamen et scientiam habent, quae est factura, dum mens eorum sit facta."

und dem Ergebnisse reiu menschlichen Forschens. Für jene, die übernatürliche Offenbarung, ist der unmittelbar innerlich bestimmende Formalgrund das göttliche Wesen, die Substanz Gottes, das reiu Wirkliche; für dieses, das natürliche Wissen nämlich, das Wesen des stofflichen Geschöpfes, die geschaffene Substanz, das an und für sich nur allein Mögliche. Erstere ist vollauf innerlich bestimmt und vollendet; letztere trägt in sich endlose Entwicklungsfähigkeit. Es erscheint da als völlig ausgeschlossen, daß Gott außerhalb seines Wesens und unabhängig von selbem einen Erkenntnisgegenstand habe, während von seinem Wesen eben das absolut wirkende Vollenden für alle andere Erkenntnis, die da wesentlich verschieden von Ihm ist, mit Notwendigkeit ausgehen muß; soll es überhaupt eine solche Vollendung geben.

„Eine doppelte Ordnung,"[1] so das Konzil, „besteht im Erkennen und zwar ist die eine von der anderen unterschieden sowohl dem subjektiven Princip des Erkennens nach als auch, was den Gegenstand anbetrifft. Das Princip des Erkennens ist in der einen Ordnung die aus der umgebenden stofflichen Natur schöpfende und durch dieselbe bestimmte

---

[1]) Vatic. c. 4. de fide et ratione: Hoc quoque perpetuus Ecclesiae catholicae consensus tenuit et tenet, duplicem esse ordinem cognitionis, non solum principio sed objecto etiam distinctum: principio quidem, quia in altero naturali ratione, in altero fide divina cognoscimus: objecto autem, quia praeter ea, ad quae naturalis ratio pertingere potest, credenda nobis proponuntur mysteria in Deo abscondita, quae, nisi revelata divinitus, innotescere non possunt.

Quocirca Apostolus . . . pronunciat: Loquimur Dei sapientiam in mysterio quae abscondita est, quam Deus praedestinavit ante saecula in gloriam nostram, quam nemo principum hujus saeculi cognovit: nobis autem revelavit Deus per Spiritum suum: Spiritus enim omnia scrutatur etiam profunda Dei. Et ipse Unigenitus confitetur Patri quia abscondit haec a sapientibus et prudentibus et revelavit ea parvulis.

Vernunft; in der anderen jedoch der Glaube. Der Gegenstand für den letzteren bilden nicht nur die Wahrheiten, welche die natürliche Vernunft zu erkennen befähigt ist, sondern auch die in Gott verborgenen (vgl. oben in den Väterstellen) Geheimnisse, welche, wenn sie nicht von Gott geoffenbart werden, der Vernunft nicht bekannt werden können. . . Deshalb sagt der Apostel: Wir sprechen im Geheimnisse Gottes Weisheit, welche verborgen ist, die da Gott vorausbestimmt hat vor aller Zeit zu unserer Verherrlichung, welche keiner der Fürsten dieser Zeit erkannt hat; uns aber hat sie Gott geoffenbart durch seinen Geist; denu der Geist durchforscht alles, auch die Tiefen Gottes. Und der Eingeborene selber preist den Vater, weil Er dics „verborgen habe vor den Weisen und Klugen und es offenbar gemacht den Kleinen."

Augustinus hat bereits in ähnlicher Weise die beiden Ordnungen geschieden.[1]) „Gott also hat innerhalb Seiner selbst," so in der Erklärung zur Genesis, „die Ursachen mancher Thatsachen verborgen und sie nicht in die Natur der Geschöpfe gelegt und er wirkt gemäß diesen in Ihm verborgenen Ursachen nicht nach der Richtschnur jener Vorsehung, kraft dercn Er die Naturen einsetzte, damit sie scien, sondern nach der Richtschnur jener, kraft deren Er lenkt und regiert, wie Er will, dasjenige, was Er, ebenfalls wie Er wollte, geschaffen hat. Da befindet sich auch die Gnade, durch welche die Auserwählten gerettet werden. . .

---

[1]) Aug. in Gen. ad litt. l. 9. c. 18. Habet ergo Deus in seipso absconditas quorundam factorum causas, quas rebus creatis non inseruit; easque implet non illo opere providentiae, quo naturas instituit ut sint, sed illo quo eas administrat ut voluerit, quas ut voluit condidit. Ibi est gratia, per quam salvi fiunt peccatores . . . . Propterea mysterium gratiae hujus Apostolus absconditum dixit, non in mundo, in quo sunt absconditae causales rationes omnium rerum naturaliter oriturarum . . . sed in Deo, qui universa creavit.

Deshalb nennt der Apostel das Geheimnis der Gnade ein verborgenes, nicht als ob es in der Welt verborgen wäre, in welcher verborgen sind die Ursachen aller auf natürliche Weise entstehenden Dinge, . . . sondern sie sind verborgen in Gott, der alles geschaffen."

Wie wenig sich die **scientia media** mit dem Dekrete des Vatikanum und mit diesen Worten, d. h. wie wenig sie sich mit zwei scharf und durchaus dem Erkenntnisgrunde und Erkenntnisgegenstande nach voneinander geschiedenen Ordnungen der Erkenntnis verträgt, wird des weiteren offenbar werden in der Erklärung des fünften Artikels.

CPSIA information can be obtained
at www.ICGtesting.com
Printed in the USA
BVHW090947211118
533722BV00026B/1320/P